수학 실력 100% 충전

- **교과서 개념을 다양한 기본 문제로 익힌다!**

  교과서 개념을 쉽게 이해하고 문제로
  익힐 수 있습니다.

- **개념 유형 익히기로 개념 이해를 넓힌다!**

  중요한 유형 문제를 통해 개념을 깊이 이해하고
  수학 실력을 향상시킬 수 있습니다.

- **실생활·서술형 문제로 응용력 향상!**

  실생활·서술형 문제 속 핵심을 체크하고, 힌트를
  확인해 단계별로 쉽게 공부할 수 있습니다.

- **단원 평가로 학교 시험 100점 달성!**

  다양한 문제 유형 연습으로 학교 시험 100점을
  달성할 수 있습니다.

- **연산 문제로 기본을 다진다!**

  연산 반복 학습을 통해 기본 개념을 완벽히
  보충할 수 있습니다.

계단식으로 공부하는
초등 국어 문해력 충전

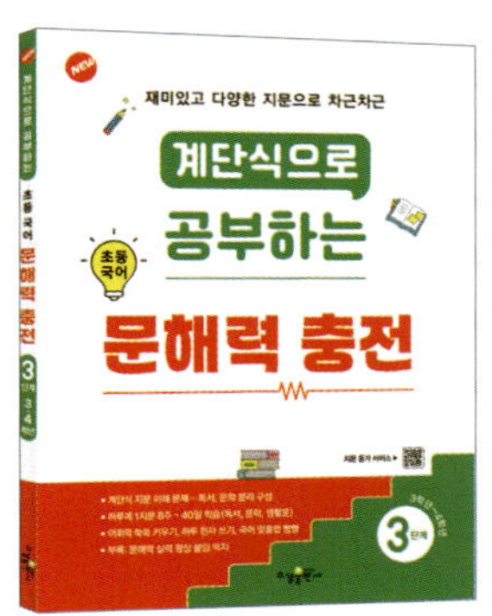

① 계단식 지문 이해 문제

- 계단식으로 문제를 구성하여 문해력이 쉽게 충전됩니다.
- 독서와 문학을 분리해서 집중적으로 공부할 수 있습니다.

학습 계단		계단 1	계단 2	계단 3
독서	설명글 주장글	• 중심 낱말 찾기 • 중심 문장 찾기	• 문단 요약하기 • 문단 간의 관계 파악하기	• 글의 짜임 알기 • 주제 찾기
문학	동시	말하는 이, 중심 대상 찾기	상황, 정서, 태도 파악하기	표현상 특징 파악하기
	동화	중심 인물, 배경 찾기	중심 사건, 갈등 파악하기	서술상 특징 파악하기

② 하루 1지문 8주 – 40일 학습

① **독서** : 국어, 수학, 사회, 과학, 예체능 전 과목의 지문을 고르게 선정하여 설명글 2지문, 주장글 1지문으로 한 주차를 구성하였습니다.

② **문학** : 동시와 전래 민요, 동요를 선정하고 전래 동화, 외국 동화, 현대 창작 동화 등 다양한 이야기를 실었습니다.

③ **생활문** : 각 주차에 1지문씩 총 8개가 수록되었습니다. (안내문, 편지글, 날씨 예보, 일기문, 초대장, 독서 감상문, 학급 회의, 학교 신문 등)

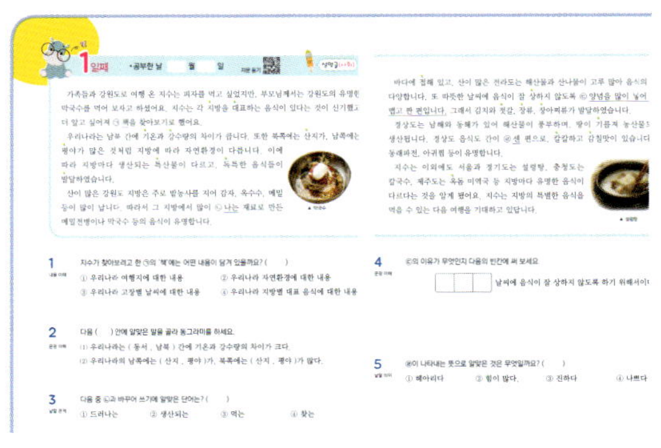

③ 어휘력 쑥쑥 키우기 + 하루 한자 쓰기

- 지문에서 배운 어휘를 다양한 유형의 문제로 복습할 수 있습니다.
- 지문의 중요 한자어를 뜻과 함께 써 보면서 쉽고 재미있게 익힐 수 있습니다.

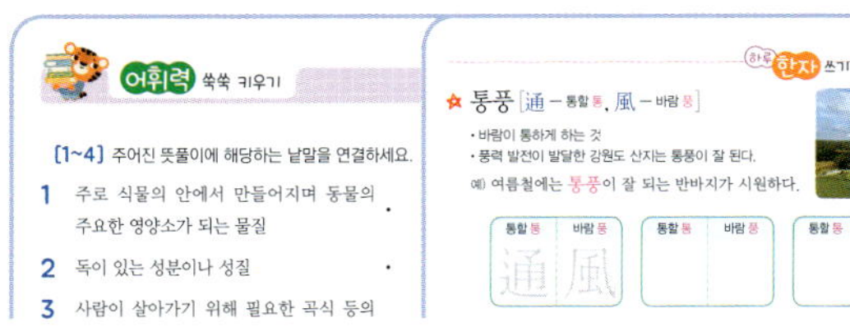

④ 국어 맞춤법 빵빵

초등학생이 헷갈려 하기 쉬운 국어 맞춤법을 재미난 실생활 이야기로 풀어 설명하였습니다.

☆ 계단식으로 공부하는 **문해력 충전**

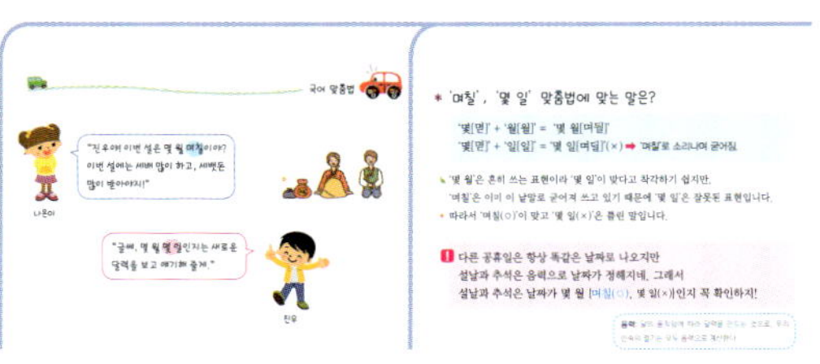

단계	추천 학습 대상
0단계	예비 초등
1단계	1학년 ~ 2학년
2단계	
3단계	3학년 ~ 4학년
4단계	
5단계	5학년 ~ 6학년
6단계	

자이스토리·수경출판사

수력충전의 차례

수력충전의 구성과 특징

 STEP 1 교과서 개념 학습

★ 개념을 쉽게 이해할 수 있도록 간단하게 그림으로 정리했습니다.

★ 꼭 기억해야 할 내용은 캐릭터가 한 번 더 설명했습니다.

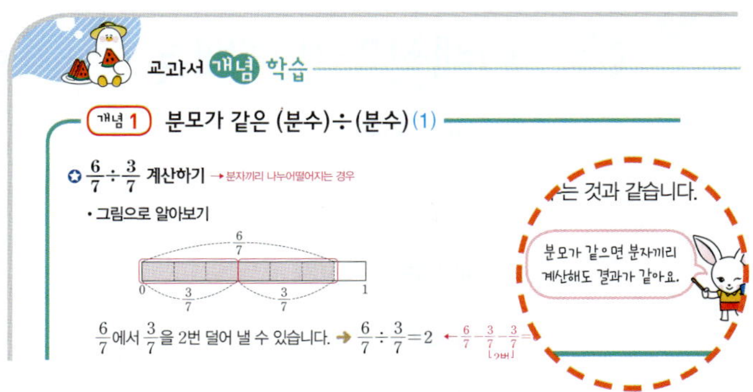

STEP 2 개념 문제 연습

★ 기본 문제를 통해 개념을 충실히 익히고 연산 능력을 익힐 수 있습니다.

★ 개념 체크 

빈칸 채우는 문제로 개념을 다시 한번 체크할 수 있습니다.

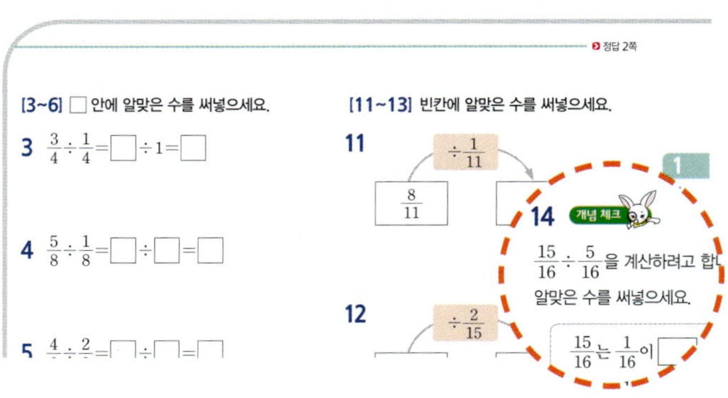

STEP 3 개념 유형 익히기

★ 한 번 더 생각해야 하는 문제로 수학의 생각하는 힘을 키울 수 있습니다.

★ 문제를 풀어가는 방법을 연습해 실력을 다집니다.

STEP 4 실생활 문제 다잡기

★ 핵심 체크

문제에서 묻고 있는 중요한 핵심을 찾아 해결 전략을 세우는 연습을 할 수 있습니다.

★ 단계별 해결

단계별로 친절하게 접근해 문제를 해결해 봅니다.

서술형 대비 문제 — 서술형 문제의 힌트 체크 방법과 풀이 방법 연습

♻ 힌트 체크
힌트가 되는 부분에 표시를 하며 서술형 문제의
힌트를 찾아 보는 연습을 할 수 있습니다.

⭐ 연습 문제
대표 문제와 쌍둥이 문제를 한 번 더 풀어 보며
서술형 문제를 완벽하게 정복할 수 있습니다.

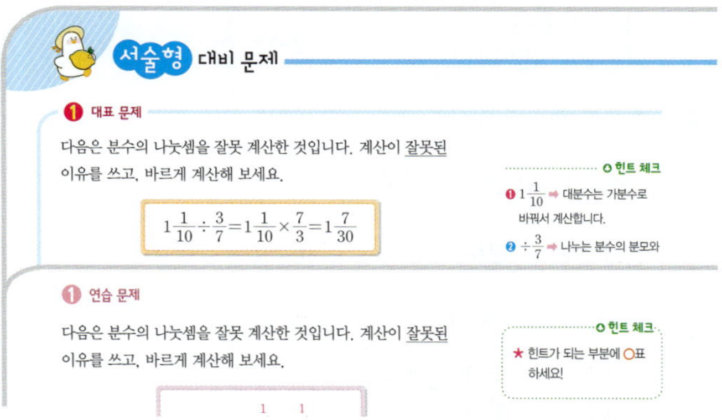

단원 평가 — 학교 시험을 100점 맞을 수 있는 문제로 구성

★ 시험에 꼭!
학교 시험에 반드시 출제되는 문제입니다.

★ 도전해 얍!
실력을 키울 수 있는 난이도 중상 수준의
문제입니다.

★ 서술형 문제
학교 시험에 자주 출제되는 서술형 문제입니다.

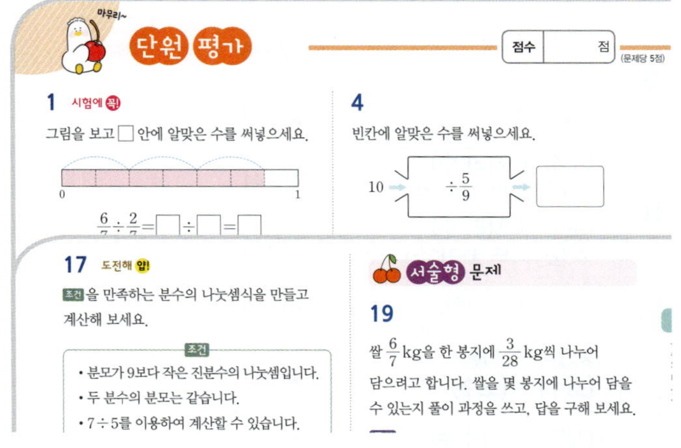

반복 연습으로 연산 실력 보충
연산 반복 학습을 통해 개념을 이해하는
연산 실력이 대폭 향상됩니다.

수력충전 학습 계획표 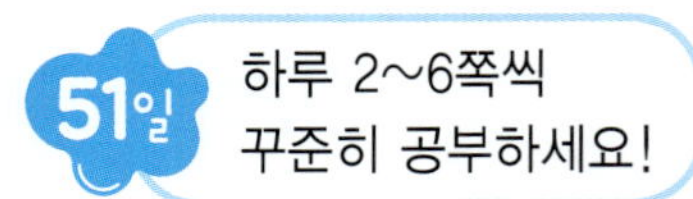

일	공부할 분량 — 학습 내용	쪽	스스로 평가 😄	🙂	😣
1	• 분모가 같은 (분수) ÷ (분수) (1)	10~11			
1	• 분모가 같은 (분수) ÷ (분수) (2)	12~13			
2	＊개념 유형 익히기	14~15			
3	• 분모가 다른 (분수) ÷ (분수)	16~17			
3	• (자연수) ÷ (분수)	18~19			
4	＊개념 유형 익히기	20~21			
5	• (분수) ÷ (분수)를 곱셈으로 나타내 계산하기	22~23			
5	• 대분수의 나눗셈	24~25			
6	＊개념 유형 익히기	26~27			
7	＊실생활 문제 다잡기	28~29			
8	＊서술형 대비 문제	30~31			
9	＊단원 평가	32~35			
9	＊연산 다지기	36~37			
10	• (소수 한 자리 수) ÷ (소수 한 자리 수)	40~41			
10	• (소수 두 자리 수) ÷ (소수 두 자리 수)	42~43			
11	＊개념 유형 익히기	44~45			
12	• 자릿수가 다른 (소수) ÷ (소수)	46~47			
12	• (자연수) ÷ (소수)	48~49			
13	＊개념 유형 익히기	50~51			
14	• 나눗셈의 몫을 반올림하여 나타내기	52~53			
14	• 나누어 주고 남는 양 알아보기	54~55			
15	＊개념 유형 익히기	56~57			
16	＊실생활 문제 다잡기	58~59			
17	＊서술형 대비 문제	60~61			
18	＊단원 평가	62~65			
18	＊연산 다지기	66~67			
19	• 바라본 방향에 따라 보이는 모습 알아보기	70~71			
19	• 여러 방향에서 본 모양 알아보기	72~73			
20	＊개념 유형 익히기	74~75			
21	• 쌓기나무의 개수 구하기 (1)	76			
21	• 쌓기나무의 개수 구하기 (2)	77			
21	• 위에서 본 모양에 수 쓰기	78~79			
22	＊개념 유형 익히기	80~81			
23	• 층별로 나누어 보기	82~83			
23	• 여러 가지 모양 만들기	84~85			
24	＊개념 유형 익히기	86~87			
25	＊실생활 문제 다잡기	88~89			
26	＊서술형 대비 문제	90~91			
27	＊단원 평가	92~95			
27	＊연산 다지기	96~97			
28	• 비의 성질	100~101			
28	• 간단한 자연수의 비로 나타내기	102~103			
29	＊개념 유형 익히기	104~105			
30	• 비례식	106~107			
30	• 비례식의 성질	108~109			
31	＊개념 유형 익히기	110~111			
32	• 비례식의 활용	112~113			
32	• 비례배분	114~115			
33	＊개념 유형 익히기	116~117			
34	＊실생활 문제 다잡기	118~119			
35	＊서술형 대비 문제	120~121			

일	공부할 분량		스스로 평가		
	학습 내용	쪽	😆	🙂	😣
36	*단원 평가	122~125			
	*연산 다지기	126~127			
37	•원주	130~131			
	•원주율	132~133			
	•원주와 지름 구하기	134~135			
38	*개념 유형 익히기	136~137			
39	•원의 넓이 어림하기	138~139			
	•원의 넓이 구하기	140~141			
	•원의 둘레와 넓이 활용하기	142~143			
40	*개념 유형 익히기	144~145			
41	*실생활 문제 다잡기	146~147			
42	*서술형 대비 문제	148~149			
43	*단원 평가	150~153			
	*연산 다지기	154~155			
44	•원기둥	158~159			
	•원기둥의 전개도	160~161			
45	*개념 유형 익히기	162~163			
46	•원뿔	164~165			
	•구	166~167			
47	*개념 유형 익히기	168~169			
48	*실생활 문제 다잡기	170~171			
49	*서술형 대비 문제	172~173			
50	*단원 평가	174~177			
	*연산 다지기	178~179			
51	2학기 학업 성취도 평가	180~182			

*스스로 평가해 보고 O를 그리세요.

이렇게 공부하세요!

1 하루에 2~6쪽, 매일 30분~1시간씩 꾸준히 공부합니다.

2 개념을 확실하게 이해한 후에 개념 연산 문제를 풉니다.

3 개념 유형 익히기로 다양한 유형을 접하여 실력을 다집니다.

4 실생활 문제로 생활 속에서 찾을 수 있는 친숙한 주제의 문제를 학습합니다.

5 서술형 대비 문제는 아래와 같이 연습합니다.

- 문제를 천천히 읽으며 힌트를 찾아 보고, 중요 조건에 밑줄을 그어 보세요.
- 힌트를 통해 식을 세워 해결합니다.

6 단원 평가는 학교 시험처럼 시간을 재어 풀어 봅니다.

7 기초가 부족하다 느껴지면 연산 다지기로 연산력을 강화합니다.

8 틀린 문제는 꼭 다시 풀어 보고 시험을 준비하세요.

1
단 원

분수의 나눗셈

빵 하나를 만드는 데
밀가루 $\frac{3}{4}$컵이 필요해.

밀가루 $5\frac{1}{4}$컵으로는 빵을
몇 개 만들 수 있을까?

빵을 만드나 봐.
맛있으면 좋겠다.

분수의 나눗셈을
이용하여 몫을
구하면 되지.

밀가루

✪ 분수의 나눗셈에서 분모가 같으면 분자끼리 나누어요.

분모가 같으면 분자끼리만 계산해요.

$$\dfrac{2}{5} \div \dfrac{3}{5} = 2 \div 3 = \dfrac{2}{3}$$

✪ 분수의 나눗셈에서 분모가 다르면 분모를 같게 만들어요.

$$\dfrac{3}{5} \div \dfrac{1}{2} = \dfrac{6}{10} \div \dfrac{5}{10} = 6 \div 5 = \dfrac{6}{5} = 1\dfrac{1}{5}$$

분모를 같게 만들어요.

✪ 분수의 나눗셈을 곱셈으로 바꾸어 계산할 수 있어요.

÷를 ×로 바꿔요.

$$\dfrac{3}{4} \div \dfrac{2}{3} = \dfrac{3}{4} \times \dfrac{3}{2} = \dfrac{9}{8} = 1\dfrac{1}{8}$$

분모와 분자를 바꿔요.

개념 1 　분모가 같은 (분수)÷(분수) (1)

★ $\dfrac{6}{7} \div \dfrac{3}{7}$ 계산하기 → 분자끼리 나누어떨어지는 경우

• 그림으로 알아보기

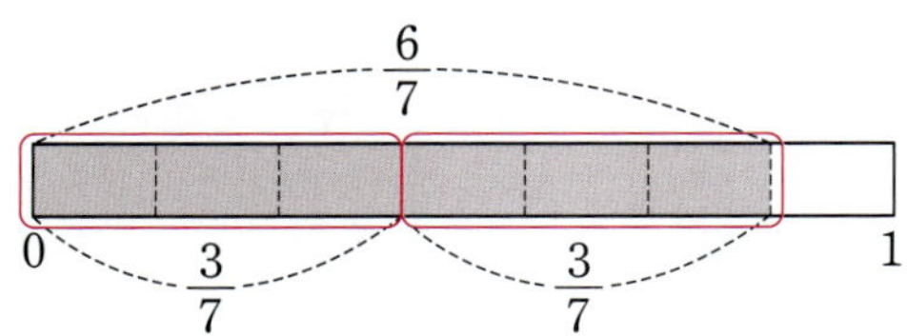

$\dfrac{6}{7}$ 에서 $\dfrac{3}{7}$ 을 2번 덜어 낼 수 있습니다. → $\dfrac{6}{7} \div \dfrac{3}{7} = 2$ ← $\dfrac{6}{7} - \dfrac{3}{7} - \dfrac{3}{7} = 0$ [2번]

• **분자끼리의 나눗셈으로 계산하기**(분모가 같으면 분자끼리 나누어요.)

$\dfrac{6}{7}$ 은 $\dfrac{1}{7}$ 이 6개이고, $\dfrac{3}{7}$ 은 $\dfrac{1}{7}$ 이 3개이므로 6개를 3개로 나누는 것과 같습니다.

→ $\dfrac{6}{7} \div \dfrac{3}{7} = 6 \div 3 = 2$

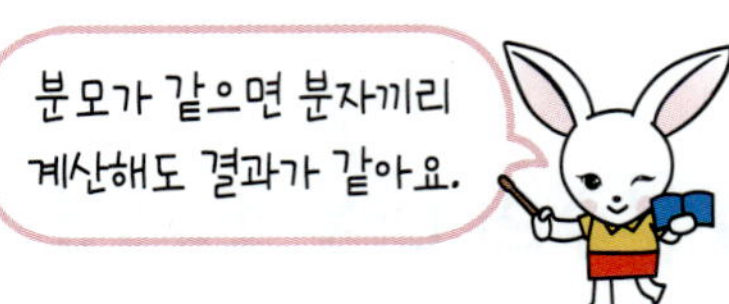

---

1 그림을 보고 $\dfrac{4}{7} \div \dfrac{1}{7}$ 을 계산하려고 합니다. ☐ 안에 알맞은 수를 써넣으세요.

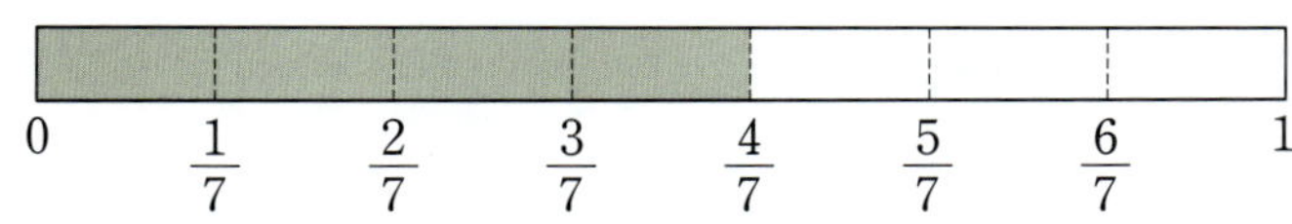

$\dfrac{4}{7}$ 에서 $\dfrac{1}{7}$ 을 ☐ 번 덜어 낼 수 있습니다. → $\dfrac{4}{7} \div \dfrac{1}{7} =$ ☐

2 $\dfrac{8}{9} \div \dfrac{2}{9}$ 를 계산하려고 합니다. ☐ 안에 알맞은 수를 써넣으세요.

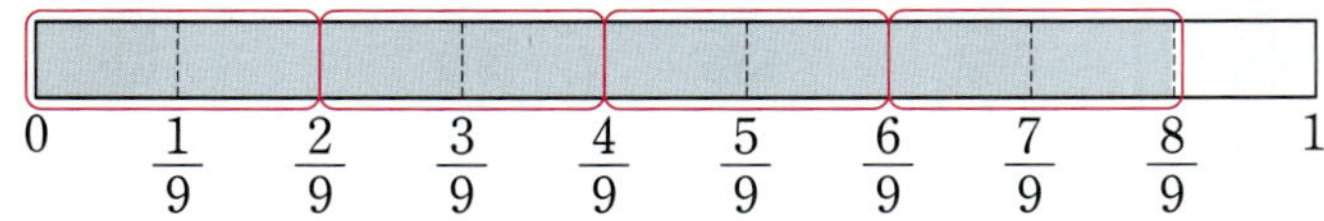

(1) $\dfrac{8}{9}$ 에서 $\dfrac{2}{9}$ 를 ☐ 번 덜어 낼 수 있습니다. → $\dfrac{8}{9} \div \dfrac{2}{9} =$ ☐

(2) $\dfrac{8}{9}$ 은 $\dfrac{1}{9}$ 이 ☐ 개, $\dfrac{2}{9}$ 는 $\dfrac{1}{9}$ 이 ☐ 개입니다. → $\dfrac{8}{9} \div \dfrac{2}{9} = 8 \div$ ☐ $=$ ☐

[3~6] □ 안에 알맞은 수를 써넣으세요.

3 $\dfrac{3}{4} \div \dfrac{1}{4} = \boxed{} \div 1 = \boxed{}$

4 $\dfrac{5}{8} \div \dfrac{1}{8} = \boxed{} \div \boxed{} = \boxed{}$

5 $\dfrac{4}{9} \div \dfrac{2}{9} = \boxed{} \div \boxed{} = \boxed{}$

6 $\dfrac{9}{14} \div \dfrac{3}{14} = \boxed{} \div \boxed{} = \boxed{}$

[7~10] 계산해 보세요.

7 $\dfrac{7}{9} \div \dfrac{1}{9}$

8 $\dfrac{11}{15} \div \dfrac{1}{15}$

9 $\dfrac{12}{13} \div \dfrac{4}{13}$

10 $\dfrac{16}{25} \div \dfrac{2}{25}$

[11~13] 빈칸에 알맞은 수를 써넣으세요.

11

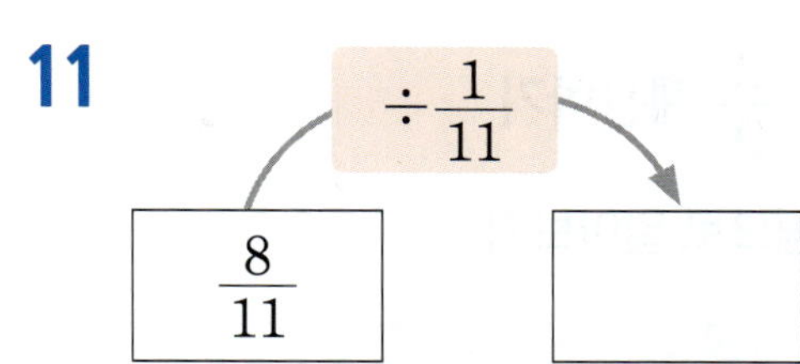

12

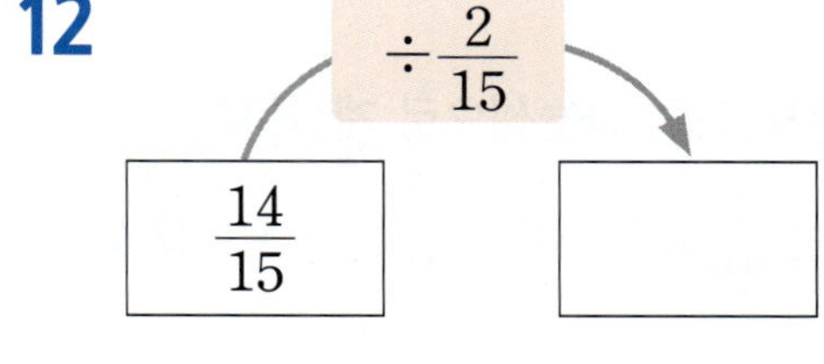

13

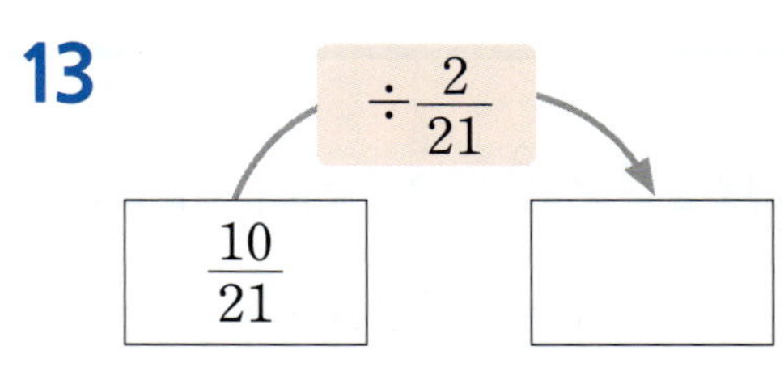

14 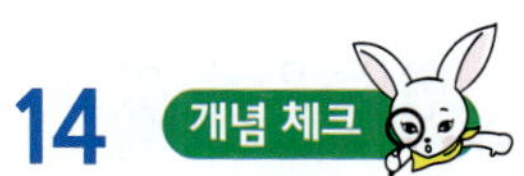 개념 체크

$\dfrac{15}{16} \div \dfrac{5}{16}$ 를 계산하려고 합니다. □ 안에 알맞은 수를 써넣으세요.

$\dfrac{15}{16}$ 는 $\dfrac{1}{16}$ 이 $\boxed{}$ 개이고,

$\dfrac{5}{16}$ 는 $\dfrac{1}{16}$ 이 $\boxed{}$ 개이므로

$\dfrac{15}{16} \div \dfrac{5}{16}$ 는 $\boxed{} \div \boxed{}$ (으)로 계산할 수 있습니다.

➡ $\dfrac{15}{16} \div \dfrac{5}{16} = \boxed{} \div \boxed{} = \boxed{}$

개념 2 분모가 같은 (분수)÷(분수) (2)

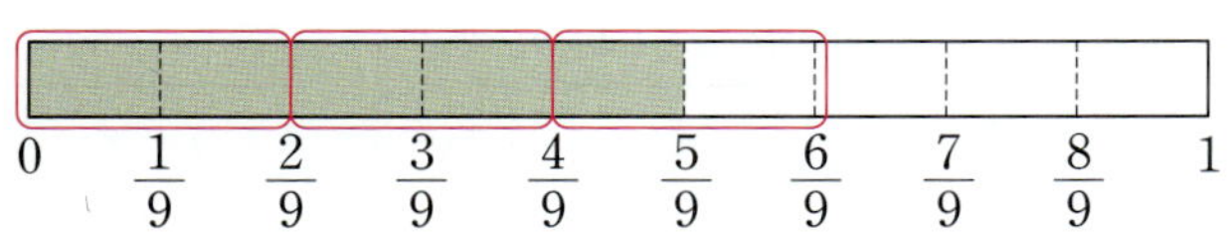

☆ $\dfrac{5}{9} \div \dfrac{2}{9}$ 계산하기 → 분자끼리 나누어떨어지지 않는 경우

• 그림으로 알아보기

| 0 | $\dfrac{1}{9}$ | $\dfrac{2}{9}$ | $\dfrac{3}{9}$ | $\dfrac{4}{9}$ | $\dfrac{5}{9}$ | $\dfrac{6}{9}$ | $\dfrac{7}{9}$ | $\dfrac{8}{9}$ | 1 |

$\dfrac{5}{9}$ 는 $\dfrac{2}{9}$ 씩 2번 묶을 수 있고, 남는 부분은 $\dfrac{2}{9}$ 의 $\dfrac{1}{2}$ 입니다. ➡ $\dfrac{5}{9} \div \dfrac{2}{9} = 2\dfrac{1}{2}$

• 분자끼리의 나눗셈으로 계산하기

$\dfrac{5}{9}$ 는 $\dfrac{1}{9}$ 이 5개이고, $\dfrac{2}{9}$ 는 $\dfrac{1}{9}$ 이 2개이므로 5개를 2개로 나누는 것과 같습니다.

➡ $\dfrac{5}{9} \div \dfrac{2}{9} = 5 \div 2 = \dfrac{5}{2} = 2\dfrac{1}{2}$

나누어떨어지지 않으므로 몫을 분수로 나타내요.

---

1 그림을 보고 $\dfrac{4}{7} \div \dfrac{3}{7}$ 을 계산하려고 합니다. ☐ 안에 알맞은 수를 써넣으세요.

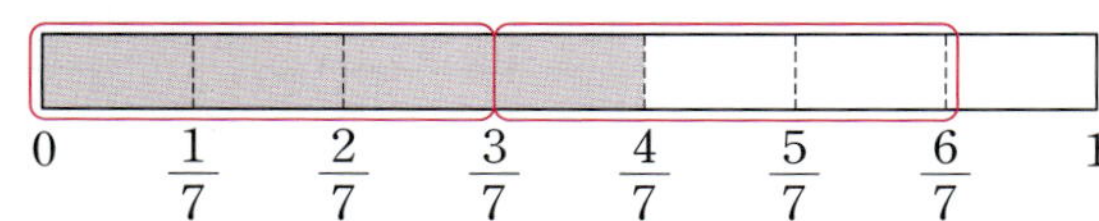

| 0 | $\dfrac{1}{7}$ | $\dfrac{2}{7}$ | $\dfrac{3}{7}$ | $\dfrac{4}{7}$ | $\dfrac{5}{7}$ | $\dfrac{6}{7}$ | 1 |

$\dfrac{4}{7}$ 는 $\dfrac{3}{7}$ 씩 ☐ 번 묶을 수 있고, 남는 부분은 $\dfrac{3}{7}$ 의 $\dfrac{\boxed{}}{3}$ 입니다.

➡ $\dfrac{4}{7} \div \dfrac{3}{7} = \boxed{}\dfrac{\boxed{}}{\boxed{}}$

2 $\dfrac{5}{7} \div \dfrac{2}{7}$ 를 계산하려고 합니다. ☐ 안에 알맞은 수를 써넣으세요.

> $\dfrac{5}{7}$ 는 $\dfrac{1}{7}$ 이 ☐ 개이고, $\dfrac{2}{7}$ 는 $\dfrac{1}{7}$ 이 ☐ 개이므로
>
> $\dfrac{5}{7} \div \dfrac{2}{7}$ 는 ☐ ÷ ☐ (으)로 계산할 수 있습니다.

➡ $\dfrac{5}{7} \div \dfrac{2}{7} = 5 \div \boxed{} = \dfrac{\boxed{}}{\boxed{}} = \boxed{}\dfrac{\boxed{}}{\boxed{}}$

[3~5] □ 안에 알맞은 수를 써넣으세요.

3 $\dfrac{4}{7} \div \dfrac{5}{7} = \square \div \square = \dfrac{\square}{\square}$

4 $\dfrac{8}{11} \div \dfrac{5}{11} = \square \div \square = \dfrac{\square}{\square} = \square\dfrac{\square}{\square}$

5 $\dfrac{9}{13} \div \dfrac{4}{13} = \square \div \square = \dfrac{\square}{\square} = \square\dfrac{\square}{\square}$

[6~9] 계산해 보세요.

6 $\dfrac{5}{6} \div \dfrac{3}{6}$

7 $\dfrac{11}{12} \div \dfrac{7}{12}$

8 $\dfrac{14}{19} \div \dfrac{5}{19}$

9 $\dfrac{15}{20} \div \dfrac{17}{20}$

[10~12] 빈칸에 알맞은 수를 써넣으세요.

10
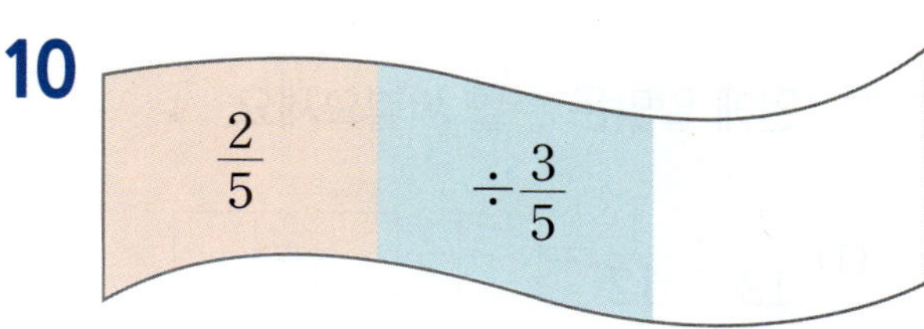

11
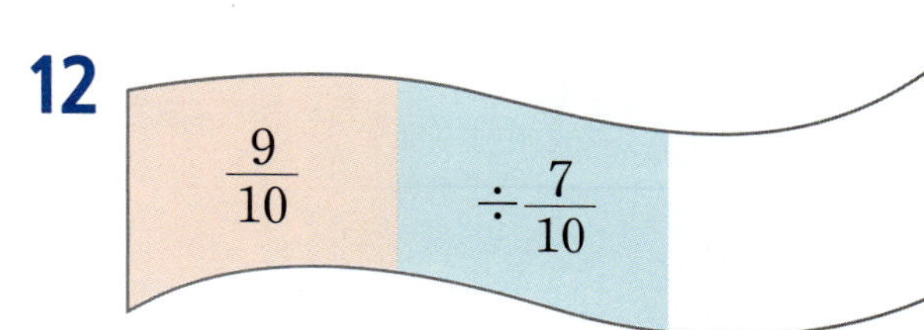

12

13   개념 체크

$\dfrac{3}{8} \div \dfrac{5}{8}$ 를 계산하려고 합니다. □ 안에 알맞은 수를 써넣으세요.

$\dfrac{3}{8}$ 은 $\dfrac{1}{8}$ 이 $\square$ 개이고,

$\dfrac{5}{8}$ 는 $\dfrac{1}{8}$ 이 $\square$ 개이므로

$\dfrac{3}{8} \div \dfrac{5}{8}$ 는 $\square \div \square$ (으)로

계산할 수 있습니다.

$\rightarrow \dfrac{3}{8} \div \dfrac{5}{8} = \square \div \square = \dfrac{\square}{\square}$

개념 1 분모가 같은 (분수)÷(분수) (1)

1 □ 안에 알맞은 수를 써넣으세요.

(1) $\dfrac{7}{12} \div \dfrac{1}{12} = \boxed{} \div \boxed{} = \boxed{}$

(2) $\dfrac{16}{23} \div \dfrac{4}{23} = \boxed{} \div \boxed{} = \boxed{}$

2 ㉠과 ㉡에 알맞은 수를 각각 구해 보세요.

$$\dfrac{18}{19} \div \dfrac{6}{19} = 18 \div ㉠ = ㉡$$

㉠ (   )

㉡ (   )

3 관계있는 것끼리 이어 보세요.

$\dfrac{5}{6} \div \dfrac{1}{6}$ •   • 5

$\dfrac{20}{21} \div \dfrac{5}{21}$ •   • 3

$\dfrac{6}{17} \div \dfrac{2}{17}$ •   • 4

4 잘못 계산한 것을 찾아 기호를 쓰고, 바르게 계산한 값을 구해 보세요.

$$㉠ \ \dfrac{4}{9} \div \dfrac{1}{9} = 4 \qquad ㉡ \ \dfrac{6}{14} \div \dfrac{3}{14} = 3$$

(,   )

5 계산 결과를 비교하여 ○ 안에 >, =, < 를 알맞게 써넣으세요.

$$\dfrac{3}{10} \div \dfrac{1}{10} \ \bigcirc \ \dfrac{8}{21} \div \dfrac{2}{21}$$

6 가장 큰 수를 가장 작은 수로 나눈 몫을 구해 보세요.

$$\dfrac{15}{26} \qquad \dfrac{5}{26} \qquad \dfrac{25}{26}$$

(   )

7 그림에 알맞은 (진분수)÷(진분수)를 만들고, 답을 구해 보세요.

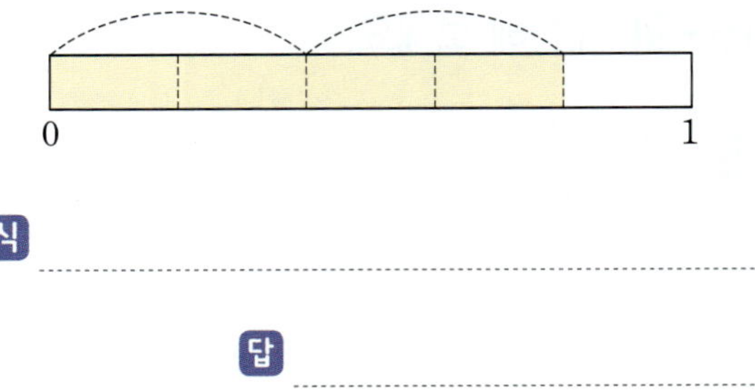

식

답

8 은주가 마트에서 사려고 하는 감자의 무게는 버섯의 무게의 몇 배인지 구해 보세요.

(   )

개념 2 **분모가 같은 (분수)÷(분수) (2)**

9 □ 안에 알맞은 수를 써넣으세요.

(1) $\dfrac{9}{13} \div \dfrac{11}{13} = \dfrac{\square}{\square} \div \square = \dfrac{\square}{\square}$

(2) $\dfrac{11}{18} \div \dfrac{5}{18} = \square \div \square = \dfrac{\square}{\square}$

$= \square\dfrac{\square}{\square}$

10 보기 와 같이 계산해 보세요.

> **보기**
>
> $\dfrac{13}{18} \div \dfrac{7}{18} = 13 \div 7 = \dfrac{13}{7} = 1\dfrac{6}{7}$

$\dfrac{10}{11} \div \dfrac{9}{11}$

11 호영이가 설명하는 수를 $\dfrac{5}{9}$ 로 나눈 몫을 구해 보세요.

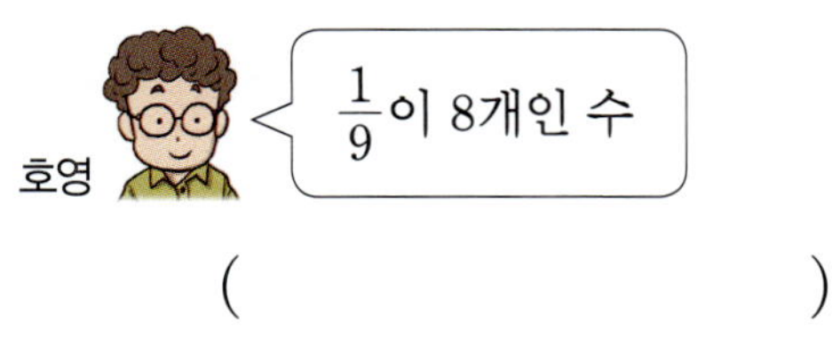

( )

12 직사각형의 가로는 세로의 몇 배인지 구해 보세요.

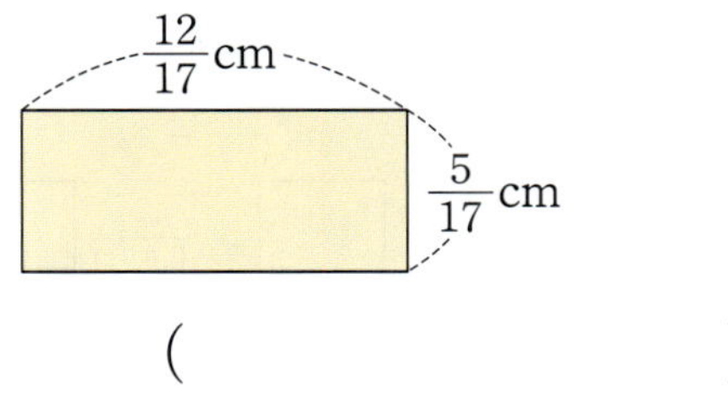

( )

13 바르게 계산한 것에 ○표 하세요.

$$\dfrac{7}{13} \div \dfrac{2}{13} = 2 \div 7 = \dfrac{2}{7} \quad (\quad)$$

$$\dfrac{12}{15} \div \dfrac{11}{15} = 12 \div 11 = 1\dfrac{1}{11} \quad (\quad)$$

14 □ 안에 알맞은 수를 구해 보세요.

$$\square \times \dfrac{3}{16} = \dfrac{13}{16}$$

( )

15 현지는 피자 한 판의 $\dfrac{5}{8}$ 를 먹었고, 진성이는 피자 한 판의 $\dfrac{3}{8}$ 을 먹었습니다. 현지가 먹은 피자의 양은 진성이가 먹은 피자의 양의 몇 배인지 구해 보세요.

( )

개념 3 분모가 다른 (분수)÷(분수)

☆ $\dfrac{2}{3} \div \dfrac{2}{9}$ 계산하기 → 통분한 후 분자끼리 나누어떨어지는 경우

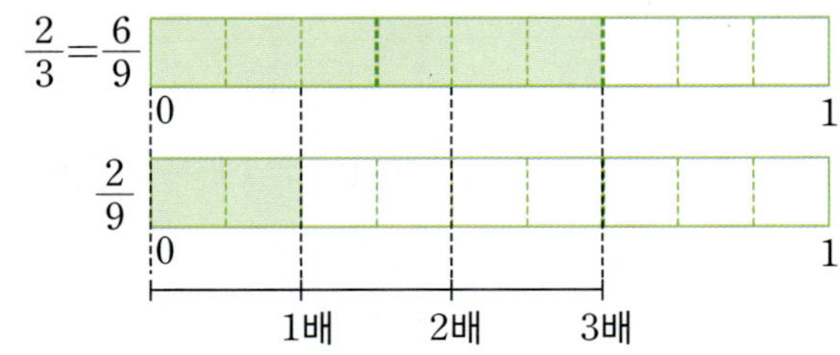

$$\dfrac{2}{3} \div \dfrac{2}{9} = \dfrac{6}{9} \div \dfrac{2}{9} = 6 \div 2 = 3$$

통분하기 / 분자끼리 나누기

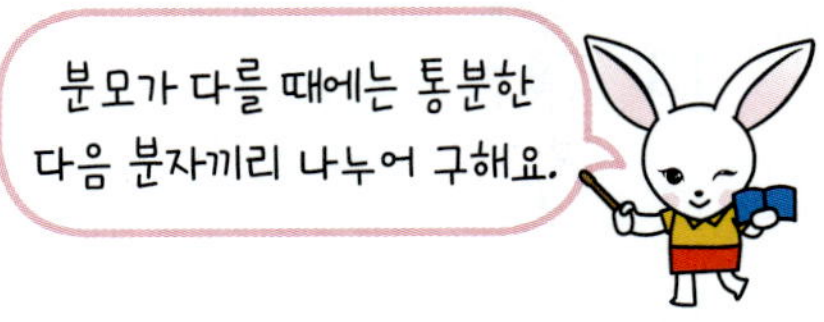

☆ $\dfrac{7}{10} \div \dfrac{2}{5}$ 계산하기 → 통분한 후 분자끼리 나누어떨어지지 않는 경우

$$\dfrac{7}{10} \div \dfrac{2}{5} = \dfrac{7}{10} \div \dfrac{4}{10} = 7 \div 4 = \dfrac{7}{4} = 1\dfrac{3}{4}$$

통분하기 / 분자끼리 나누기

---

1 그림을 보고 $\dfrac{3}{5} \div \dfrac{3}{10}$ 을 계산하려고 합니다. ☐ 안에 알맞은 수를 써넣으세요.

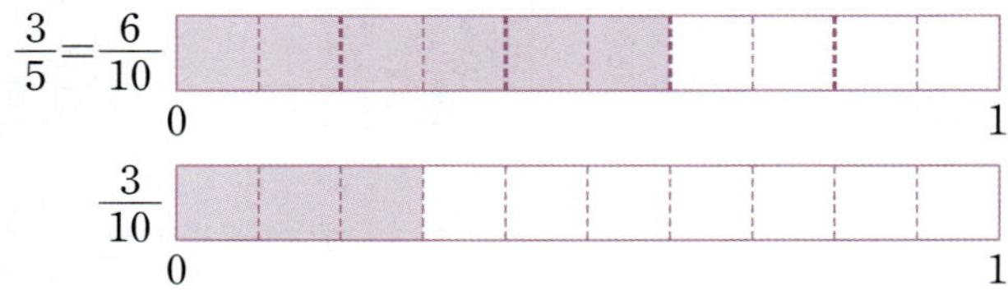

$$\rightarrow \dfrac{3}{5} \div \dfrac{3}{10} = \dfrac{\square}{10} \div \dfrac{3}{10} = \square \div 3 = \square$$

[2~3] ☐ 안에 알맞은 수를 써넣으세요.

2 $\dfrac{4}{9} \div \dfrac{5}{18} = \dfrac{4 \times \square}{9 \times \square} \div \dfrac{5}{18} = \dfrac{\square}{18} \div \dfrac{5}{18} = \square \div 5 = \dfrac{\square}{5} = \square\dfrac{\square}{\square}$

3 $\dfrac{5}{7} \div \dfrac{1}{2} = \dfrac{5 \times \square}{7 \times \square} \div \dfrac{1 \times \square}{2 \times \square} = \dfrac{\square}{14} \div \dfrac{7}{14} = \square \div 7 = \dfrac{\square}{7} = \square\dfrac{\square}{\square}$

[4~6] ☐ 안에 알맞은 수를 써넣으세요.

4 $\dfrac{3}{4} \div \dfrac{3}{8} = \dfrac{\square}{8} \div \dfrac{3}{8} = \square \div \square = \square$

5 $\dfrac{5}{12} \div \dfrac{3}{8} = \dfrac{10}{24} \div \dfrac{\square}{24} = \square \div \square$

$= \dfrac{\square}{\square} = \square\dfrac{\square}{\square}$

6 $\dfrac{2}{3} \div \dfrac{3}{7} = \dfrac{14}{21} \div \dfrac{\square}{21} = \square \div \square$

$= \dfrac{\square}{\square} = \square\dfrac{\square}{\square}$

[7~10] 계산해 보세요.

7 $\dfrac{1}{9} \div \dfrac{1}{36}$

8 $\dfrac{3}{4} \div \dfrac{1}{2}$

9 $\dfrac{4}{5} \div \dfrac{1}{6}$

10 $\dfrac{9}{10} \div \dfrac{7}{15}$

[11~14] 빈칸에 알맞은 수를 써넣으세요.

11
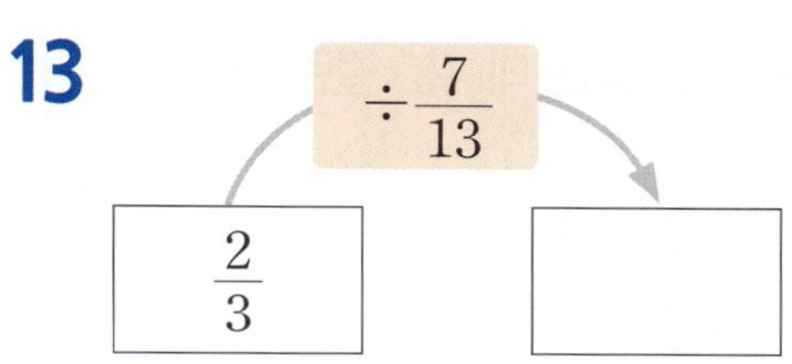

12
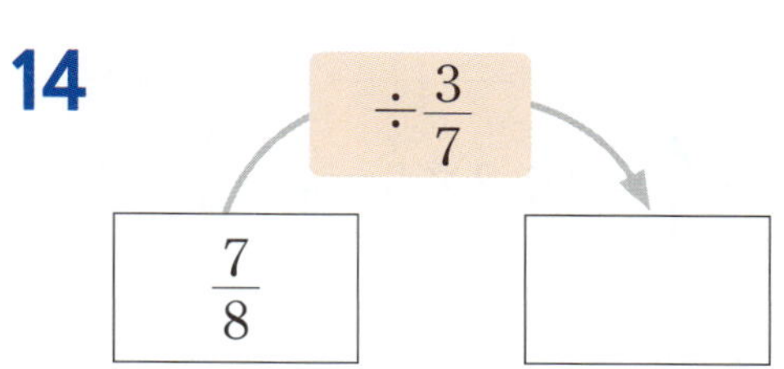

13

14

15 개념 체크

☐ 안에 알맞은 말을 써넣으세요.

> 분모가 다른 (분수)÷(분수)는 ☐하여 분모를 같게 한 다음 분자끼리 나누어 계산합니다.

개념 4 (자연수)÷(분수)

✪ (자연수)÷(단위분수)

예) 물 $\frac{1}{3}$ L 담는 데 5분 걸린다면 1 L 담는 데 몇 분 걸리는지 구하기

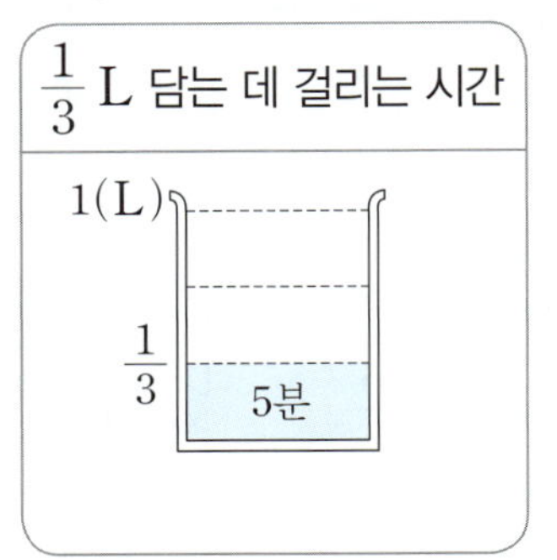

×3

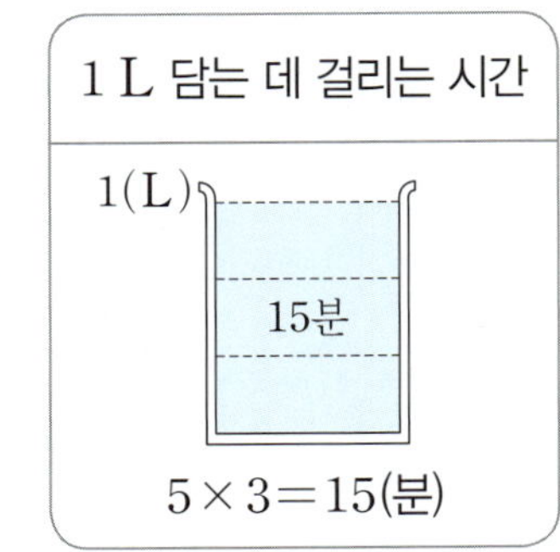

$$5 \div \frac{1}{3} = 5 \times 3 = 15(분)$$

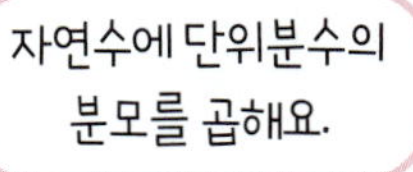

✪ (자연수)÷(분수)

예) 물 $\frac{2}{3}$ L 담는 데 4분 걸린다면 1 L 담는 데 몇 분 걸리는지 구하기

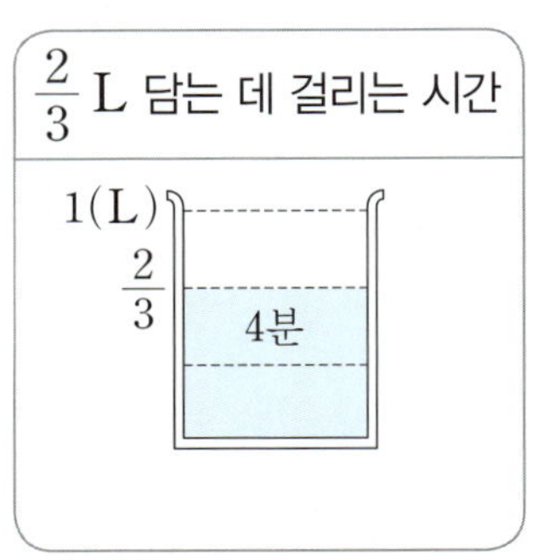

÷2

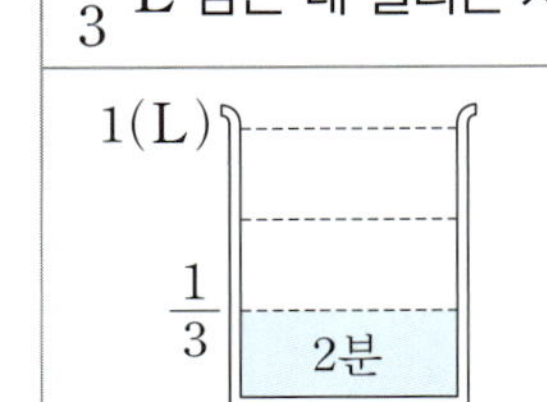

×3

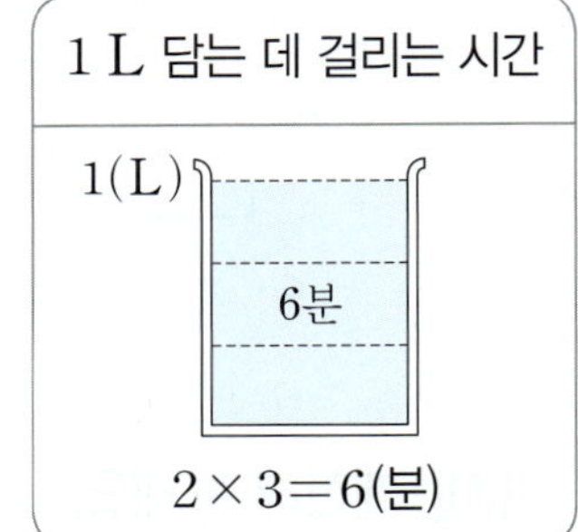

$$4 \div \frac{2}{3} = 4 \div 2 \times 3 = 4 \times \frac{1}{2} \times 3 = 4 \times \frac{3}{2} = 6(분)$$

1 지우는 자전거를 타고 3 km를 가는 데 $\frac{1}{4}$시간이 걸렸습니다. 같은 빠르기로 1시간 동안 갈 수 있는 거리는 몇 km인지 구하려고 합니다. ☐ 안에 알맞은 수를 써넣으세요.

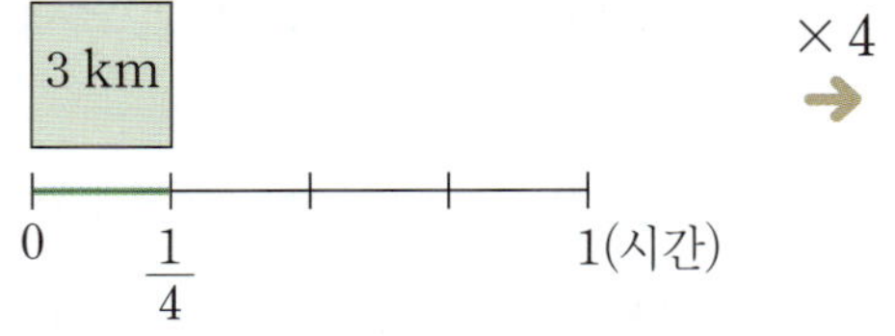

×4

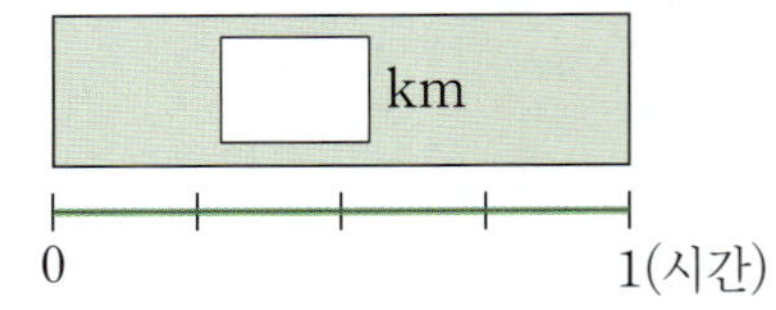

$$3 \div \frac{1}{4} = 3 \times \boxed{} = \boxed{} (km)$$

[2~4] 수박 $\dfrac{3}{5}$ 통의 무게가 $6\,\mathrm{kg}$일 때 수박 1통의 무게를 구하려고 합니다. 물음에 답하세요.

2 수박 $\dfrac{1}{5}$ 통의 무게를 구해 보세요.

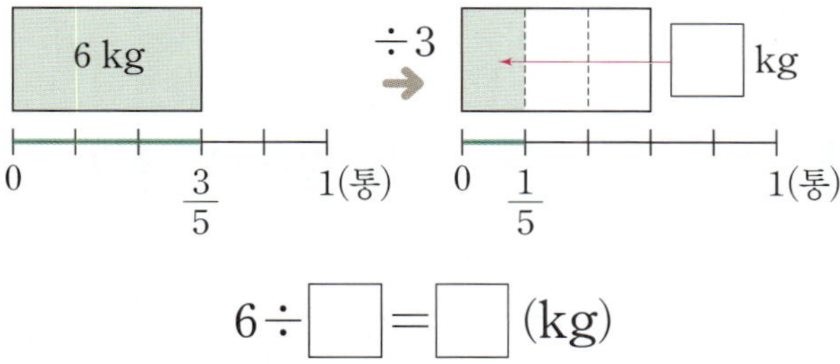

$$6 \div \boxed{} = \boxed{}\ (\mathrm{kg})$$

3 수박 1통의 무게를 구해 보세요.

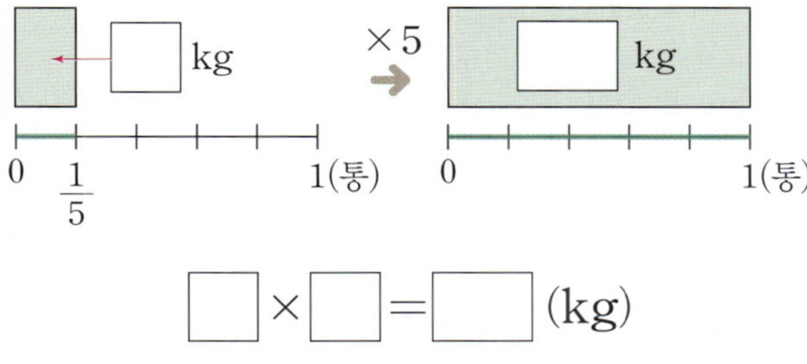

$$\boxed{} \times \boxed{} = \boxed{}\ (\mathrm{kg})$$

4 위 **2**와 **3**에서 계산한 과정을 하나의 식으로 나타내어 보세요.

$$6 \div \dfrac{3}{5} = 6 \div 3 \times \boxed{} = 6 \times \dfrac{1}{3} \times \boxed{}$$

$$= 6 \times \dfrac{\boxed{}}{\boxed{}} = \boxed{}\ (\mathrm{kg})$$

[5~6] ☐ 안에 알맞은 수를 써넣으세요.

5 $6 \div \dfrac{1}{8} = \boxed{} \times \boxed{} = \boxed{}$

6 $20 \div \dfrac{4}{9} = \dfrac{\boxed{}}{\boxed{}} \times \dfrac{\boxed{}}{\boxed{}} = \boxed{}$

[7~12] 계산해 보세요.

7 $8 \div \dfrac{1}{5}$

8 $16 \div \dfrac{1}{5}$

9 $10 \div \dfrac{7}{8}$

10 $18 \div \dfrac{4}{7}$

11 $25 \div \dfrac{5}{6}$

12 $35 \div \dfrac{7}{12}$

13 개념 체크

☐ 안에 알맞은 말을 써넣으세요.

$$\text{(자연수)} \div \text{(분수)}$$
$$= \text{(자연수)} \div \dfrac{\text{(분자)}}{\text{(분모)}}$$
$$= \text{(자연수)} \div (\boxed{}) \times (\boxed{})$$
$$= \text{(자연수)} \times \dfrac{(\boxed{})}{(\boxed{})}$$

개념 3 분모가 다른 (분수) ÷ (분수)

1 □ 안에 알맞은 수를 써넣으세요.

(1) $\dfrac{6}{11} \div \dfrac{3}{22} = \dfrac{\boxed{}}{22} \div \dfrac{3}{22}$

$\qquad = \boxed{} \div 3 = \boxed{}$

(2) $\dfrac{19}{27} \div \dfrac{2}{3} = \dfrac{19}{27} \div \dfrac{\boxed{}}{27} = 19 \div \boxed{}$

$\qquad = \dfrac{19}{\boxed{}} = \boxed{} \dfrac{\boxed{}}{\boxed{}}$

2 잘못 계산한 곳을 찾아 바르게 계산해 보세요.

$$\dfrac{1}{8} \div \dfrac{1}{32} = \dfrac{4}{32} \div \dfrac{1}{32} = 1 \div 4 = \dfrac{1}{4}$$

$\dfrac{1}{8} \div \dfrac{1}{32}$

3 큰 수를 작은 수로 나눈 몫을 구해 보세요.

$$\boxed{\dfrac{7}{9}} \qquad \boxed{\dfrac{5}{8}}$$

(   )

4 계산 결과를 비교하여 ◯ 안에 >, =, < 를 알맞게 써넣으세요.

$$\dfrac{14}{18} \div \dfrac{1}{9} \;\bigcirc\; \dfrac{20}{28} \div \dfrac{1}{7}$$

5 계산 결과가 1보다 작은 것을 모두 찾아 기호를 써 보세요.

$$\boxed{\begin{array}{ll} \bigcirc\; \dfrac{5}{14} \div \dfrac{1}{2} & \bigcirc\; \dfrac{16}{35} \div \dfrac{2}{5} \\[2mm] \bigcirc\; \dfrac{5}{6} \div \dfrac{9}{20} & \textcircled{\tiny ㄹ}\; \dfrac{11}{16} \div \dfrac{3}{4} \end{array}}$$

(   )

6 넓이가 $\dfrac{5}{12}\ \text{cm}^2$이고 밑변의 길이가 $\dfrac{4}{9}\ \text{cm}$ 인 평행사변형이 있습 니다. 이 평행사변형의 높이는 몇 cm인지 구해 보세요.

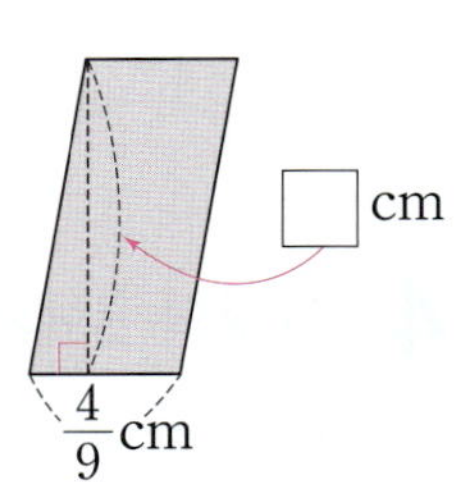

(   )

7 어느 거북은 $\dfrac{7}{10}\ \text{m}$를 기어가는 데 $\dfrac{1}{15}$시간 이 걸립니다. 이 거북이 같은 빠르기로 기어 간다면 1시간 동안 갈 수 있는 거리는 몇 m 인지 식을 쓰고, 답을 구해 보세요.

 식

답

개념 4 (자연수)÷(분수)

8 자연수를 분수로 나눈 몫을 빈칸에 써넣으세요.

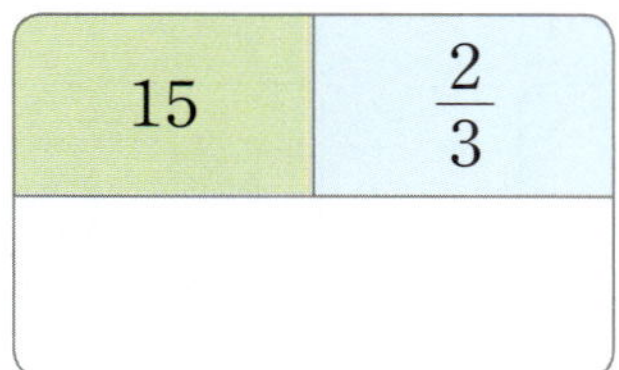

15	$\dfrac{2}{3}$

9 보기 와 같이 계산해 보세요.

보기

$$15 \div \dfrac{6}{5} = \overset{5}{\cancel{15}} \times \dfrac{5}{\underset{2}{\cancel{6}}} = \dfrac{25}{2} = 12\dfrac{1}{2}$$

$$14 \div \dfrac{4}{7}$$

10 사다리를 타고 내려가서 도착한 빈 곳에 몫을 써넣으세요.

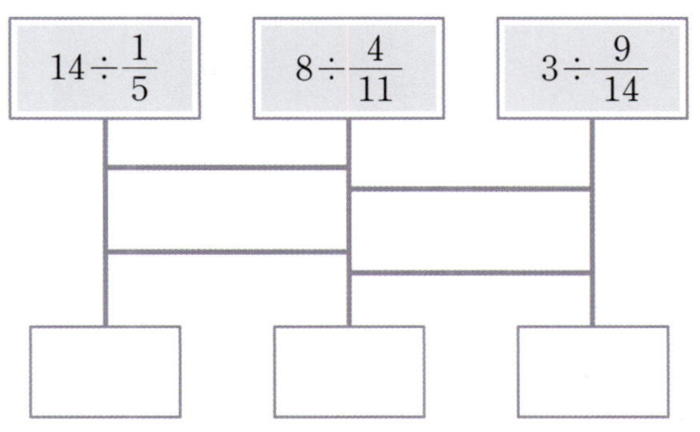

$14 \div \dfrac{1}{5}$	$8 \div \dfrac{4}{11}$	$3 \div \dfrac{9}{14}$

11 빈칸에 알맞은 수를 써넣으세요.

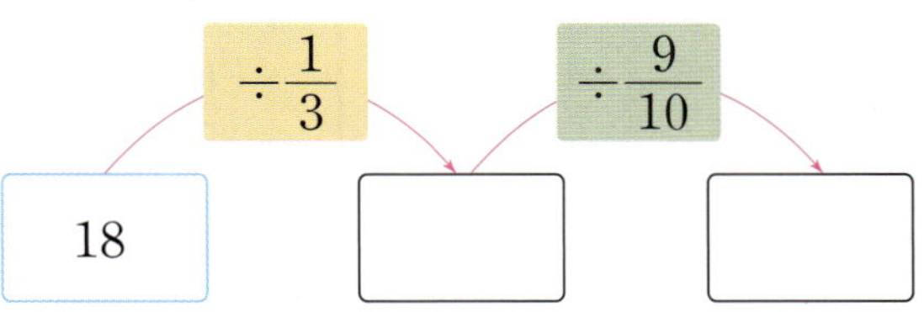

18　　$\div \dfrac{1}{3}$　　$\div \dfrac{9}{10}$

12 두 나눗셈의 몫의 차를 구해 보세요.

$6 \div \dfrac{1}{7}$	$8 \div \dfrac{2}{9}$

(　　　　　　)

13 계산 결과가 큰 것부터 차례로 기호를 써 보세요.

ⓐ $15 \div \dfrac{9}{10}$　　ⓑ $24 \div \dfrac{3}{8}$　　ⓒ $30 \div \dfrac{7}{8}$

(　　　　　　)

14 서희는 길이가 9 m인 끈으로 리본을 모두 몇 개 만들 수 있는지 식을 쓰고, 답을 구해 보세요.

식

답

개념 5 (분수)÷(분수)를 곱셈으로 나타내 계산하기

☆ $\dfrac{3}{4} \div \dfrac{2}{5}$ 를 곱셈으로 나타내 계산하기

예) 물 $\dfrac{3}{4}$ L로 물통의 $\dfrac{2}{5}$ 를 채웠을 때 물통을 가득 채울 수 있는 물의 양 구하기

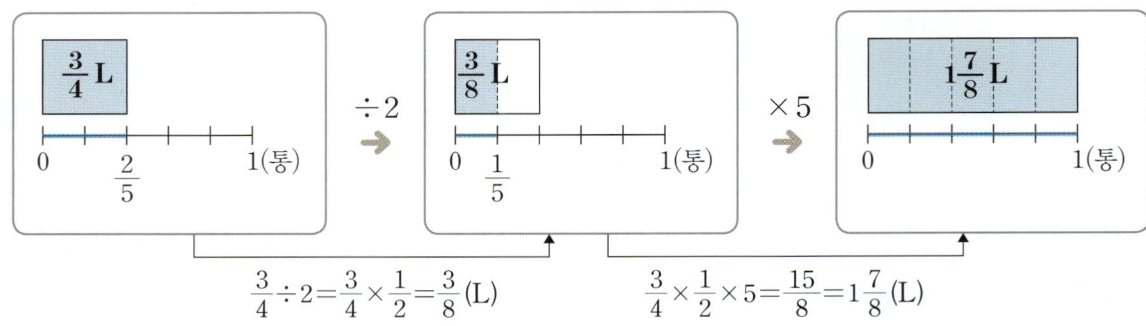

$$\frac{3}{4} \div 2 = \frac{3}{4} \times \frac{1}{2} = \frac{3}{8} \,(\text{L}) \qquad \frac{3}{4} \times \frac{1}{2} \times 5 = \frac{15}{8} = 1\frac{7}{8} \,(\text{L})$$

$$\frac{3}{4} \div \frac{2}{5} = \frac{3}{4} \times \frac{1}{2} \times 5 = \frac{3}{4} \times \frac{5}{2} = \frac{15}{8} = 1\frac{7}{8}$$

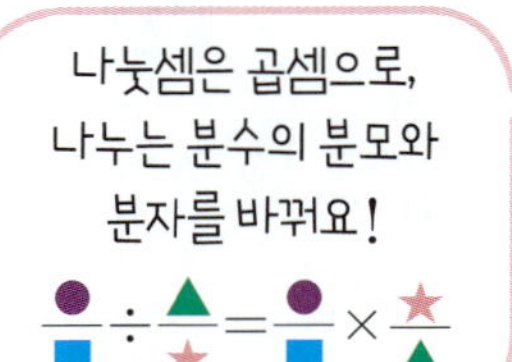

[1~2] ☐ 안에 알맞은 수를 써넣으세요.

1 $\dfrac{1}{9} \div \dfrac{3}{5} = \dfrac{1}{9} \div 3 \times 5 = \dfrac{1}{9} \times \dfrac{1}{\square} \times \square = \dfrac{1}{9} \times \dfrac{\square}{\square} = \dfrac{\square}{\square}$

2 $\dfrac{6}{7} \div \dfrac{7}{8} = \dfrac{6}{7} \div \square \times \square = \dfrac{6}{7} \times \dfrac{1}{\square} \times \square = \dfrac{6}{7} \times \dfrac{\square}{\square} = \dfrac{\square}{\square}$

[3~4] 분수의 나눗셈을 곱셈으로 바르게 나타낸 것에 ◯표 하세요.

3 $\dfrac{5}{8} \div \dfrac{2}{7}$

$\dfrac{5}{8} \times \dfrac{2}{7}$ $\dfrac{5}{8} \times \dfrac{7}{2}$

(   )   (   )

4 $\dfrac{5}{6} \div \dfrac{3}{4}$

$\dfrac{5}{6} \times \dfrac{4}{3}$ $\dfrac{6}{5} \times \dfrac{3}{4}$

(   )   (   )

[5~7] ☐ 안에 알맞은 수를 써넣으세요.

5 $\dfrac{1}{3} \div \dfrac{6}{7} = \dfrac{1}{3} \times \dfrac{\boxed{}}{\boxed{}} = \dfrac{\boxed{}}{\boxed{}}$

6 $\dfrac{4}{7} \div \dfrac{3}{5} = \dfrac{4}{7} \times \dfrac{\boxed{}}{\boxed{}} = \dfrac{\boxed{}}{\boxed{}}$

7 $\dfrac{7}{12} \div \dfrac{5}{6} = \dfrac{7}{\cancel{12}_{2}} \times \dfrac{\boxed{}}{\boxed{}} = \dfrac{\boxed{}}{\boxed{}}$

[8~11] 계산해 보세요.

8 $\dfrac{5}{8} \div \dfrac{2}{9}$

9 $\dfrac{3}{10} \div \dfrac{5}{7}$

10 $\dfrac{4}{13} \div \dfrac{7}{8}$

11 $\dfrac{4}{9} \div \dfrac{2}{17}$

[12~14] 빈칸에 알맞은 수를 써넣으세요.

12 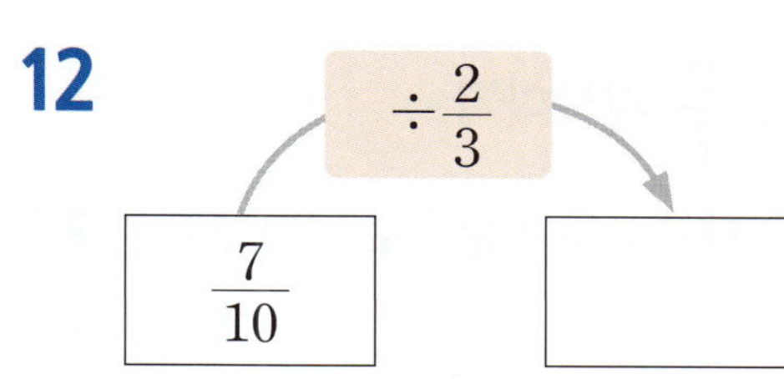

13 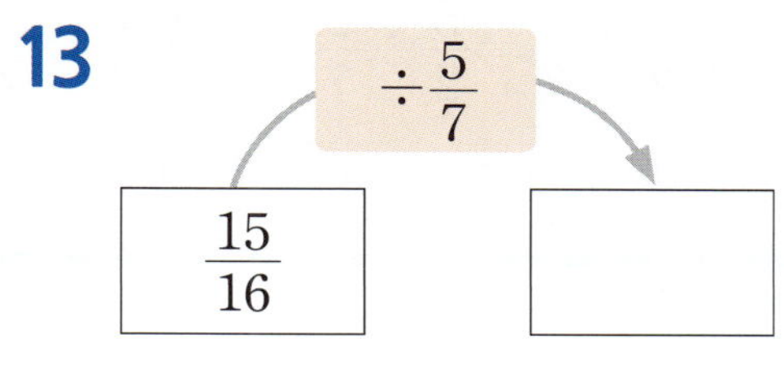

14 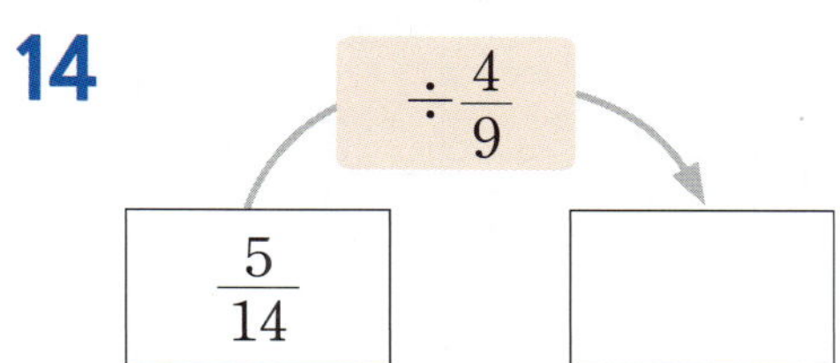

15 개념 체크

☐ 안에 알맞은 말을 써넣으세요.

$$(분수) \div (분수) = (분수) \div \dfrac{(분자)}{(분모)}$$
$$= (분수) \times \dfrac{(\boxed{})}{(\boxed{})}$$

개념 6) 대분수의 나눗셈

⭐ $2\dfrac{1}{2} \div \dfrac{2}{7}$ 계산하기

방법 1 대분수를 가분수로 나타내고 <u>분모를 같게</u> 하여 계산하기

$$2\dfrac{1}{2} \div \dfrac{2}{7} = \dfrac{5}{2} \div \dfrac{2}{7} = \dfrac{35}{14} \div \dfrac{4}{14} = 35 \div 4 = \dfrac{35}{4} = 8\dfrac{3}{4}$$

대분수 → 가분수

방법 2 대분수를 가분수로 나타내고 <u>분수의 곱셈</u>으로 나타내 계산하기

곱셈으로 바꾸기

$$2\dfrac{1}{2} \div \dfrac{2}{7} = \dfrac{5}{2} \div \dfrac{2}{7} = \dfrac{5}{2} \times \dfrac{7}{2} = \dfrac{35}{4} = 8\dfrac{3}{4}$$

대분수 → 가분수   분모와 분자 바꾸기

---

1 $1\dfrac{1}{7} \div \dfrac{5}{9}$ 를 두 가지 방법으로 계산하려고 합니다. ☐ 안에 알맞은 수를 써넣으세요.

방법 1 $1\dfrac{1}{7} \div \dfrac{5}{9} = \dfrac{\square}{7} \div \dfrac{5}{9} = \dfrac{\square}{63} \div \dfrac{\square}{63} = \square \div \square = \dfrac{\square}{\square} = \square\dfrac{\square}{35}$

방법 2 $1\dfrac{1}{7} \div \dfrac{5}{9} = \dfrac{\square}{7} \div \dfrac{5}{9} = \dfrac{\square}{7} \times \dfrac{\square}{\square} = \dfrac{\square}{\square} = \square\dfrac{\square}{35}$

2 $2\dfrac{1}{5} \div 1\dfrac{1}{3}$ 을 두 가지 방법으로 계산하려고 합니다. ☐ 안에 알맞은 수를 써넣으세요.

방법 1 $2\dfrac{1}{5} \div 1\dfrac{1}{3} = \dfrac{\square}{5} \div \dfrac{\square}{3} = \dfrac{\square}{15} \div \dfrac{\square}{15} = \square \div \square = \dfrac{\square}{\square} = \square\dfrac{\square}{20}$

방법 2 $2\dfrac{1}{5} \div 1\dfrac{1}{3} = \dfrac{\square}{5} \div \dfrac{\square}{3} = \dfrac{\square}{5} \times \dfrac{\square}{\square} = \dfrac{\square}{\square} = \square\dfrac{\square}{20}$

[3~4] 보기 와 같이 계산해 보세요.

보기

$$20 \div 1\frac{1}{5} = 20 \div \frac{6}{5} = \overset{10}{\cancel{20}} \times \frac{5}{\underset{3}{\cancel{6}}}$$
$$= \frac{50}{3} = 16\frac{2}{3}$$

3 $8 \div 1\frac{2}{4}$

4 $9 \div 1\frac{2}{13}$

[5~8] 계산해 보세요.

5 $2\frac{3}{4} \div \frac{5}{6}$

6 $3\frac{1}{10} \div \frac{2}{3}$

7 $\frac{7}{8} \div 2\frac{1}{4}$

8 $2\frac{4}{5} \div 1\frac{2}{9}$

[9~11] 빈칸에 알맞은 수를 써넣으세요.

9

10

11

12 개념 체크 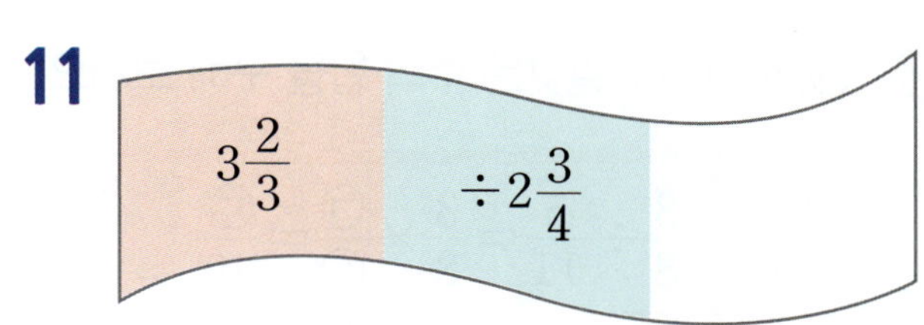

☐ 안에 알맞은 말을 써넣으세요.

대분수의 나눗셈을 계산할 때에는 먼저
대분수를 ☐☐☐☐ (으)로 바꾸어 계산합니다.

1
분수의 나눗셈

개념 유형 익히기

1 □ 안에 알맞은 수를 써넣으세요.

(1) $\dfrac{1}{7} \div \dfrac{6}{11} = \dfrac{1}{7} \times \dfrac{\square}{\square} = \dfrac{\square}{\square}$

(2) $\dfrac{5}{14} \div \dfrac{7}{8} = \dfrac{\square}{\overset{}{\underset{7}{14}}} \times \dfrac{\overset{4}{8}}{\square} = \dfrac{\square}{\square}$

2 분수의 곱셈으로 나타내어 계산해 보세요.

$$\frac{3}{4} \div \frac{2}{7}$$

3 ㉠, ㉡, ㉢에 알맞은 수의 합을 구해 보세요.

$$\frac{3}{8} \div \frac{5}{11} = \frac{3}{8} \times \frac{㉠}{㉡} = \frac{㉢}{40}$$

( )

4 바르게 계산한 사람의 이름을 써 보세요.

경수: $\dfrac{7}{10} \div \dfrac{2}{9} = \dfrac{10}{7} \times \dfrac{2}{9} = \dfrac{20}{63}$

보영: $\dfrac{5}{7} \div \dfrac{9}{11} = \dfrac{5}{7} \times \dfrac{11}{9} = \dfrac{55}{63}$

( )

5 길이가 $\dfrac{3}{4}$ m인 고무관의 무게가 $\dfrac{5}{16}$ kg일 때, 이 고무관 1 m의 무게는 몇 kg인지 식을 쓰고, 답을 구해 보세요.

식

답

6 계산 결과가 1보다 작은 것에 ○표 하세요.

$\dfrac{13}{18} \div \dfrac{5}{6}$	$\dfrac{5}{14} \div \dfrac{1}{8}$
( )	( )

7 어떤 수에 $\dfrac{6}{7}$ 을 곱했더니 $\dfrac{9}{20}$ 가 되었습니다. 어떤 수를 구해 보세요.

( )

8 윤호가 만든 치즈의 양은 진서가 만든 치즈의 양의 몇 배인지 구해 보세요.

( )

개념 6 대분수의 나눗셈

9 $1\dfrac{3}{5} \div \dfrac{7}{9}$을 두 가지 방법으로 계산하려고 합니다. ☐ 안에 알맞은 수를 써넣으세요.

방법 1 분모를 같게 하여 계산하기

$$1\dfrac{3}{5} \div \dfrac{7}{9} = \dfrac{\boxed{}}{5} \div \dfrac{7}{9} = \dfrac{\boxed{}}{45} \div \dfrac{\boxed{}}{45}$$

$$= \dfrac{\boxed{}}{\boxed{}} = \boxed{}\dfrac{\boxed{}}{\boxed{}}$$

방법 2 분수의 곱셈으로 나타내 계산하기

$$1\dfrac{3}{5} \div \dfrac{7}{9} = \dfrac{\boxed{}}{5} \div \dfrac{7}{9} = \dfrac{\boxed{}}{5} \times \dfrac{\boxed{}}{\boxed{}}$$

$$= \dfrac{\boxed{}}{\boxed{}} = \boxed{}\dfrac{\boxed{}}{\boxed{}}$$

10 관계있는 것끼리 이어 보세요.

$1\dfrac{3}{4} \div \dfrac{2}{3}$ •   • $\dfrac{1}{4} \times \dfrac{7}{16}$

$2\dfrac{1}{4} \div 1\dfrac{2}{5}$ •   • $\dfrac{9}{4} \times \dfrac{5}{7}$

$\dfrac{1}{4} \div 2\dfrac{2}{7}$ •   • $\dfrac{7}{4} \times \dfrac{3}{2}$

11 보기와 같이 계산해 보세요.

보기
$$2\dfrac{2}{3} \div \dfrac{3}{5} = \dfrac{8}{3} \div \dfrac{3}{5} = \dfrac{8}{3} \times \dfrac{5}{3}$$
$$= \dfrac{40}{9} = 4\dfrac{4}{9}$$

$4\dfrac{1}{2} \div \dfrac{5}{7}$

12 계산 결과를 비교하여 ◯ 안에 >, =, <를 알맞게 써넣으세요.

$$2\dfrac{1}{3} \div 1\dfrac{2}{7} \; \bigcirc \; 2\dfrac{1}{7} \div \dfrac{7}{10}$$

13 가장 큰 수를 가장 작은 수로 나눈 몫을 구해 보세요.

$$5 \qquad 1\dfrac{2}{9} \qquad 3\dfrac{1}{10}$$

(   )

14 태희가 가진 색 테이프를 한 사람에게 $\dfrac{3}{5}$ m 씩 나누어 주면 몇 명에게 나누어 줄 수 있는지 구해 보세요.

(   )

실생활 문제 다잡기

유형 **1** 단위 시간(들이)의 길이(무게) 구하기

굵기가 일정한 양초의 길이가 $2\frac{1}{5}$분 동안 $1\frac{1}{5}$ cm 줄었을 때 1분 동안 양초는 몇 cm 줄어드는지 구해 보세요.

핵심 체크

● 분 동안 줄어든 양초의 길이 ▲ cm

÷●   ÷●

1분 동안 줄어든 양초의 길이 ▲ ÷ ● (cm)

풀이

1단계 분수의 나눗셈식 세우기

(1분 동안 줄어든 양초의 길이)
＝(줄어든 양초의 길이)÷(걸린 시간)

$$= \dfrac{\Box}{\Box} \div \dfrac{\Box}{\Box}$$

2단계 1분 동안 줄어든 양초의 길이 구하기

$$\dfrac{\Box}{\Box} \div \dfrac{\Box}{\Box} = \dfrac{\Box}{5} \div \dfrac{\Box}{5}$$

$$= \Box \div \Box$$

$$= \dfrac{\Box}{\Box} \text{ (cm)}$$

답 ________________

유형 **1**-1

우진이가 $\frac{1}{4}$시간 동안 $1\frac{1}{7}$ km를 걸었습니다. 우진이가 같은 빠르기로 1시간 동안 걷는 거리는 몇 km인지 구해 보세요.

(　　　　　　　)

유형 **1**-2

오렌지 $\frac{5}{6}$ kg으로 오렌지주스 $\frac{7}{9}$ L를 만들 수 있습니다. 오렌지주스 1 L를 만드는 데 필요한 오렌지는 몇 kg인지 구해 보세요.

(　　　　　　　)

유형 ② 똑같이 나누기

물 $2\frac{4}{5}$ L를 한 명이 $\frac{2}{3}$ L씩 나누어 마시려고 합니다. 물을 몇 명까지 나누어 마실 수 있는지 구해 보세요.

 **핵심 체크**

나누어 마시는 사람 수는 자연수가 되어야 합니다. 즉, 결과를 대분수로 나타내었을 때 1보다 작은 분수 부분은 버림을 이용합니다.

풀이

1단계 분수의 나눗셈식 세워 계산하기

(나누어 마실 수 있는 사람 수)

=(전체 물의 양)÷(한 명이 마시는 물의 양)

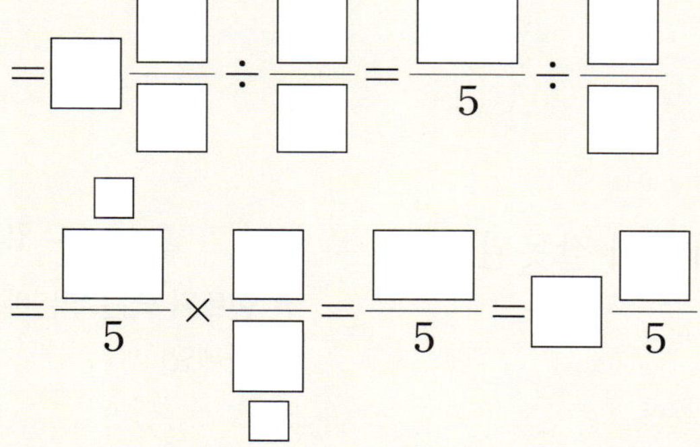

$$=\frac{\square}{\square}\div\frac{\square}{\square}=\frac{\square}{5}\div\frac{\square}{\square}$$

$$=\frac{\square}{5}\times\frac{\square}{\square}=\frac{\square}{5}=\square\frac{\square}{5}$$

2단계 나누어 마실 수 있는 사람 수 구하기

사람 수는 자연수가 되어야 하므로 1보다 작은 분수 부분은 버립니다.

따라서 물을 $\square$명까지 나누어 마실 수 있습니다.

 **답** ....

유형 ②-1

젤리 $\frac{9}{8}$ kg을 한 명에게 $\frac{3}{20}$ kg씩 나누어 주려고 합니다. 젤리를 몇 명까지 나누어 줄 수 있는지 구해 보세요.

(   )

유형 ②-2

컵케이크 한 개를 만드는 데 설탕 $\frac{3}{50}$ kg이 필요합니다. 설탕 2 kg으로 컵케이크를 몇 개까지 만들 수 있는지 구해 보세요.

(   )

대비 문제

1 대표 문제

다음은 분수의 나눗셈을 잘못 계산한 것입니다. 계산이 잘못된 이유를 쓰고, 바르게 계산해 보세요.

$$1\frac{1}{10} \div \frac{3}{7} = 1\frac{1}{10} \times \frac{7}{3} = 1\frac{7}{30}$$

○ 힌트 체크

❶ $1\frac{1}{10}$ ➡ 대분수는 가분수로 바꿔서 계산합니다.

❷ $\div \frac{3}{7}$ ➡ 나누는 분수의 분모와 분자를 바꿔서 곱해야 합니다.

$$\frac{●}{■} \div \frac{▲}{★} = \frac{●}{■} \times \frac{★}{▲}$$

잘못된 이유

대분수를 [   ](으)로 바꾸지 않았습니다.

바른 계산

$$1\frac{1}{10} \div \frac{3}{7} = \frac{\boxed{}}{10} \div \frac{3}{7} = \frac{\boxed{}}{10} \times \frac{\boxed{}}{\boxed{}}$$

$$= \frac{\boxed{}}{\boxed{}} = \boxed{}\frac{\boxed{}}{\boxed{}}$$

1 연습 문제

다음은 분수의 나눗셈을 잘못 계산한 것입니다. 계산이 잘못된 이유를 쓰고, 바르게 계산해 보세요.

$$\frac{3}{10} \div \frac{5}{9} = \frac{\overset{1}{\cancel{3}}}{\underset{2}{\cancel{10}}} \times \frac{\overset{1}{\cancel{5}}}{\underset{3}{\cancel{9}}} = \frac{1}{6}$$

○ 힌트 체크

★ 힌트가 되는 부분에 ○표 하세요!

잘못된 이유

____

____

바른 계산

____

____

② 대표 문제

■ 안에 들어갈 수 있는 가장 작은 자연수는 얼마인지 풀이 과정을 쓰고, 답을 구해 보세요.

$$■ > 4\frac{1}{5} \div \frac{9}{10}$$

○ 힌트 체크

❶ $■ > 4\frac{1}{5} \div \frac{9}{10}$

➡ $4\frac{1}{5} \div \frac{9}{10}$ 를 먼저 계산한 다음 ■ 안에 들어갈 수 있는 자연수를 생각합니다.

풀이

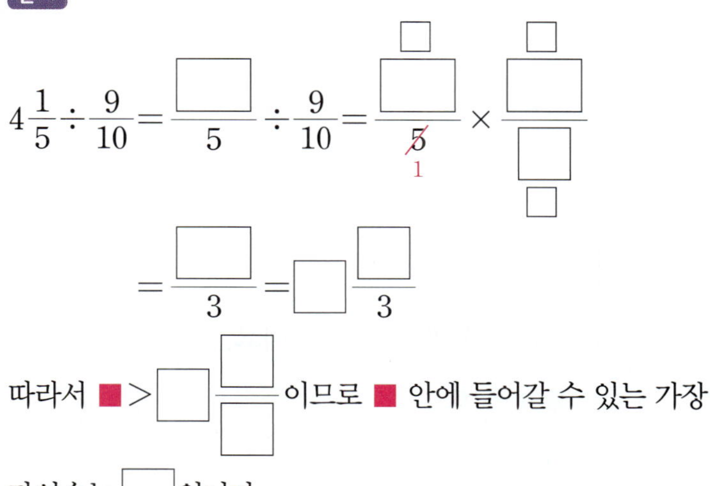

따라서 ■ > □/□ 이므로 ■ 안에 들어갈 수 있는 가장 작은

자연수는 □ 입니다.

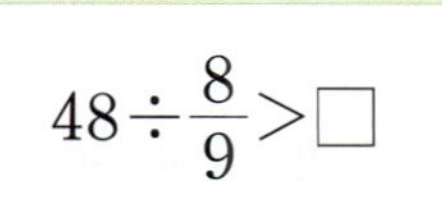

---

② 연습 문제

□ 안에 들어갈 수 있는 가장 큰 자연수는 얼마인지 풀이 과정을 쓰고, 답을 구해 보세요.

$$48 \div \frac{8}{9} > □$$

○ 힌트 체크

★ 힌트가 되는 부분에 ◯표 하세요!

풀이

답

점수	점

(문제당 5점)

1

그림을 보고 □ 안에 알맞은 수를 써넣으세요.

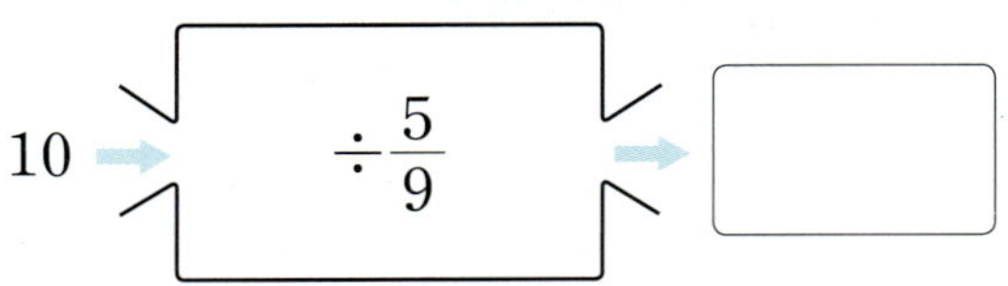

$$\frac{6}{7} \div \frac{2}{7} = \boxed{} \div \boxed{} = \boxed{}$$

2

계산해 보세요.

$$\frac{9}{11} \div \frac{4}{11}$$

(   )

3 시험에 꼭!

보기 와 같이 계산해 보세요.

보기

$$\frac{5}{9} \div \frac{1}{2} = \frac{10}{18} \div \frac{9}{18} = 10 \div 9 = \frac{10}{9} = 1\frac{1}{9}$$

$$\frac{2}{3} \div \frac{5}{8}$$

4

빈칸에 알맞은 수를 써넣으세요.

$$10 \rightarrow \boxed{\div \frac{5}{9}} \rightarrow \boxed{}$$

5

관계있는 것끼리 이어 보세요.

$$\frac{2}{3} \div \frac{3}{5} \qquad \cdot \qquad \cdot \qquad \frac{4}{21}$$

$$\frac{1}{7} \div \frac{3}{4} \qquad \cdot \qquad \cdot \qquad 1\frac{1}{9}$$

6

계산 결과를 비교하여 ○ 안에 >, =, <를 알맞게 써넣으세요.

$$\frac{12}{18} \div \frac{1}{6} \bigcirc \frac{18}{27} \div \frac{1}{9}$$

7

하준이가 빵을 만들기 위해 준비한 재료입니다. 준비한 밀가루의 양은 설탕의 양의 몇 배인지 구해 보세요.

재료	준비한 양(kg)
밀가루	$\dfrac{8}{15}$
설탕	$\dfrac{2}{15}$

(   )

8

큰 수를 작은 수로 나눈 몫을 빈칸에 써넣으세요.

$1\dfrac{1}{5}$	$2\dfrac{1}{8}$

9

배 $\dfrac{6}{7}$ kg을 한 명에게 $\dfrac{6}{21}$ kg 씩 나누어 주려고 합니다. 몇 명에게 나누어 줄 수 있나요?

(   )

10

계산 결과가 1보다 큰 것을 찾아 기호를 써 보세요.

$$\text{㉠ } \frac{9}{13} \div \frac{11}{13} \qquad \text{㉡ } \frac{4}{5} \div \frac{7}{15}$$

(   )

11

넓이가 $\dfrac{14}{15}$ m²이고 세로가 $\dfrac{7}{8}$ m인 직사각형의 가로는 몇 m인지 구해 보세요.

(   )

12

수 카드 3, 4 를 한 번씩만 이용하여 몫이 가장 작은 나눗셈식을 만들어 계산해 보세요.

$$\boxed{} \div \dfrac{\boxed{}}{7}$$

식

답

13

미소가 수족관의 가로와 세로의 길이를 재고 있습니다. 이 수족관의 가로는 세로의 몇 배인지 구해 보세요.

(   )

14

계산 결과가 가장 큰 것을 찾아 기호를 써 보세요.

$$\text{㉠}\ 2 \div \dfrac{8}{17} \qquad \text{㉡}\ \dfrac{5}{8} \div \dfrac{1}{6} \qquad \text{㉢}\ \dfrac{8}{9} \div \dfrac{4}{5}$$

(   )

15 시험에 꼭!

체리 $\dfrac{4}{5}$ kg의 가격이 8000원입니다. 체리 1 kg의 가격은 얼마인지 식을 쓰고, 답을 구해 보세요.

식

답

16

나눗셈의 몫이 자연수일 때 $\square$ 안에 들어갈 수 있는 수 중 가장 큰 수를 구하세요.

$$\dfrac{7}{8} \div \dfrac{\square}{16}$$

(   )

17 도전해 얍!

조건 을 만족하는 분수의 나눗셈식을 만들고 계산해 보세요.

> 조건
> - 분모가 9보다 작은 진분수의 나눗셈입니다.
> - 두 분수의 분모는 같습니다.
> - $7 \div 5$를 이용하여 계산할 수 있습니다.

식 ________________________________

답 ________________________________

18 도전해 얍!

들이가 $6\frac{1}{5}$ L인 물통이 있습니다. 이 물통에 물을 가득 채우려면 들이가 $\frac{1}{2}$ L인 양동이로 물을 적어도 몇 번 부어야 하는지 구해 보세요.

(   )

서술형 문제

19

쌀 $\frac{6}{7}$ kg을 한 봉지에 $\frac{3}{28}$ kg씩 나누어 담으려고 합니다. 쌀을 몇 봉지에 나누어 담을 수 있는지 풀이 과정을 쓰고, 답을 구해 보세요.

풀이 ________________________________

____

____

답 ________________________________

20

어떤 수에 $\frac{3}{5}$을 곱했더니 $1\frac{1}{4}$이 되었습니다. 어떤 수를 $\frac{5}{7}$로 나눈 몫은 얼마인지 풀이 과정을 쓰고, 답을 구해 보세요.

풀이 ________________________________

____

____

답 ________________________________

❶ 분수의 나눗셈

[1~28] 계산해 보세요.

1 $\dfrac{11}{16} \div \dfrac{1}{16}$

2 $\dfrac{6}{11} \div \dfrac{2}{11}$

3 $\dfrac{12}{17} \div \dfrac{4}{17}$

4 $\dfrac{15}{23} \div \dfrac{3}{23}$

5 $\dfrac{4}{5} \div \dfrac{3}{5}$

6 $\dfrac{11}{14} \div \dfrac{3}{14}$

7 $\dfrac{17}{21} \div \dfrac{5}{21}$

8 $\dfrac{5}{6} \div \dfrac{1}{12}$

9 $\dfrac{13}{18} \div \dfrac{1}{9}$

10 $\dfrac{23}{28} \div \dfrac{1}{7}$

11 $\dfrac{2}{9} \div \dfrac{3}{4}$

12 $\dfrac{4}{7} \div \dfrac{2}{3}$

13 $\dfrac{5}{12} \div \dfrac{7}{16}$

14 $\dfrac{3}{14} \div \dfrac{4}{21}$

15 $6 \div \dfrac{4}{7}$

16 $15 \div \dfrac{9}{10}$

17 $36 \div \dfrac{9}{10}$

18 $16 \div \dfrac{8}{9}$

19 $\dfrac{7}{9} \div \dfrac{4}{5}$

20 $\dfrac{3}{8} \div \dfrac{4}{7}$

21 $\dfrac{11}{21} \div \dfrac{2}{7}$

22 $1\dfrac{7}{9} \div \dfrac{2}{3}$

23 $2\dfrac{3}{5} \div \dfrac{8}{9}$

24 $2\dfrac{1}{8} \div \dfrac{1}{6}$

25 $\dfrac{1}{3} \div 1\dfrac{8}{15}$

26 $\dfrac{2}{5} \div 2\dfrac{6}{13}$

27 $7\dfrac{1}{2} \div 1\dfrac{3}{7}$

28 $1\dfrac{3}{10} \div 2\dfrac{4}{11}$

소수의 나눗셈

2단원

아이들이 어린 나무를 옮겨 심고 있네.
그래. 지금은 비록 0.5 m 밖에 되지 않지만 약 13.5 m까지 자란대.
우아~. 그럼 대체 몇 배나 자라는 거야?
13.5÷0.5의 몫을 구하면 되잖아. 약 27배정도 자라는 거네!

⭐ (소수)÷(소수): 자연수의 나눗셈을 이용하여 계산해요!

10배 하여 계산하기	소수점을 오른쪽으로 옮겨 계산하기
$2.5 \div 0.5 = 5$ ↓10배 ↓10배 ↑ $25 \div 5 = 5$ 나누어지는 수와 나누는 수에 같은 수를 곱하면 몫은 변하지 않아요.	$0.5\,)\,\overline{2.5}$ 의 몫 5 $2\,5$ 0

⭐ (소수)÷(소수): 몫의 소수점은 옮긴 소수점의 위치에 맞추어 찍어요!

소수점을 오른쪽으로 한 번 옮기기	소수점을 오른쪽으로 두 번 옮기기
4.1 $0.6\,)\,\overline{2.4\,6}$ $2\,4$ 6 6 0	4.1 $0.60\,)\,\overline{2.4\,6\,0}$ $2\,4\,0$ $6\,0$ $6\,0$ 0

→ 위의 두 방법 중 어느 것으로 계산해도 몫은 같아요.

개념 1 (소수 한 자리 수)÷(소수 한 자리 수)

✪ **2.4÷0.6 계산하기**

방법 1 분수의 나눗셈으로 바꾸어 계산하기

$$2.4÷0.6=\frac{24}{10}÷\frac{6}{10}=24÷6=4$$

분모가 10인 분수로 바꾸기　　분자끼리 나누기

방법 2 자연수의 나눗셈을 이용하여 계산하기

나누어지는 수와 나누는 수를 똑같이 10배 하여 (자연수)÷(자연수)로 계산하면
(소수)÷(소수)와 몫이 같습니다.

10배

$$2.4÷0.6 \qquad 24÷6=4 \;→\; 2.4÷0.6=4$$

10배

방법 3 세로로 계산하기

$$0.6 \overline{)2.4} \;→\; 0.6 \overline{)2.4} \;→\; 6 \overline{)2.4}$$

소수점을 오른쪽으로
한 자리씩 옮기기

---

1 3.2 cm와 0.8 cm를 각각 mm 단위로 고쳐서 3.2÷0.8을 계산하려고 합니다. ☐ 안에 알맞은 수를 써넣으세요.

3.2 cm=☐ mm, 0.8 cm=☐ mm이므로 3.2 cm를 0.8 cm씩 자르는 것은

☐ mm를 ☐ mm씩 자르는 것과 같습니다.

→ 3.2÷0.8=32÷☐=☐

[2~3] 분수의 나눗셈으로 바꾸어 계산하려고 합니다. ☐ 안에 알맞은 수를 써넣으세요.

2 $4.5÷0.3=\dfrac{☐}{10}÷\dfrac{☐}{10}=45÷☐=☐$

3 $17.6÷0.4=\dfrac{☐}{10}÷\dfrac{☐}{10}=176÷☐=☐$

[4~6] 자연수의 나눗셈을 이용하여 계산하려고 합니다. ☐ 안에 알맞은 수를 써넣으세요.

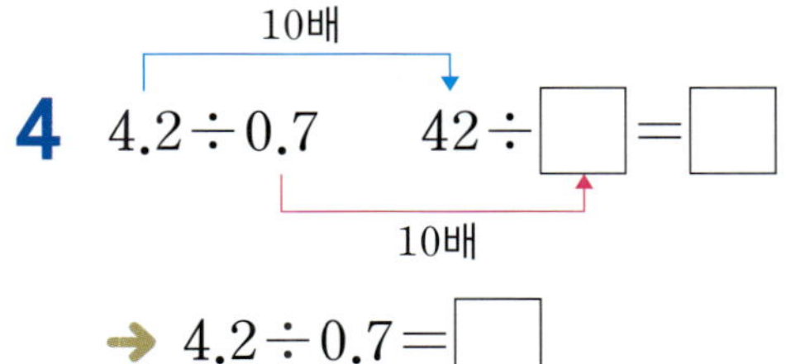

4 $4.2 \div 0.7$ $42 \div \boxed{} = \boxed{}$

➜ $4.2 \div 0.7 = \boxed{}$

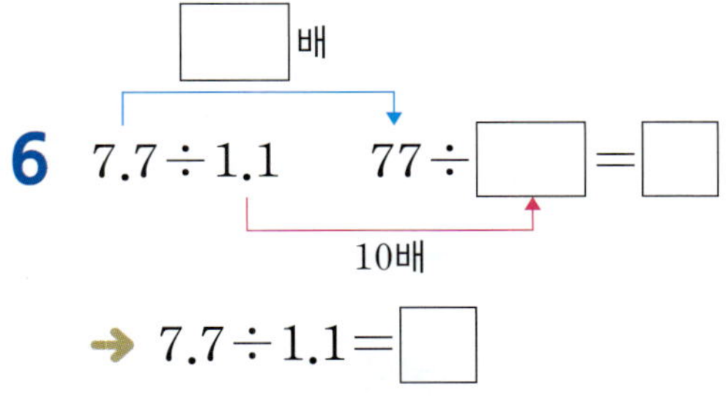

5 $4.5 \div 0.5$ $45 \div \boxed{} = \boxed{}$

➜ $4.5 \div 0.5 = \boxed{}$

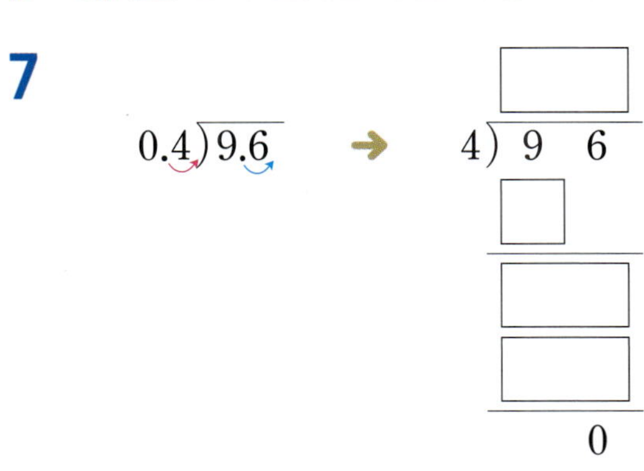

6 $7.7 \div 1.1$ $77 \div \boxed{} = \boxed{}$

➜ $7.7 \div 1.1 = \boxed{}$

[7~8] ☐ 안에 알맞은 수를 써넣으세요.

7 $0.4 \overline{)9.6}$ ➜ $4 \overline{)9 \quad 6}$

8 $2.4 \overline{)7.2}$ ➜ $24 \overline{)7 \quad 2}$

[9~12] 계산해 보세요.

9 $0.4 \overline{)3.6}$ **10** $0.7 \overline{)4.9}$

11 $1.2 \overline{)1\,3.2}$ **12** $3.4 \overline{)4\,7.6}$

13 개념 체크 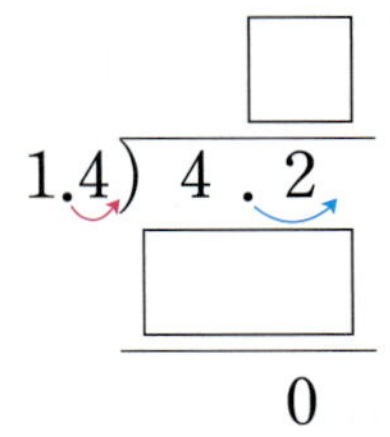

☐ 안에 알맞은 수를 써넣으세요.

방법 1   분수의 나눗셈으로 계산하기

$$4.2 \div 1.4 = \frac{42}{10} \div \frac{\boxed{}}{10}$$

$$= 42 \div \boxed{} = \boxed{}$$

방법 2   자연수의 나눗셈 이용하기

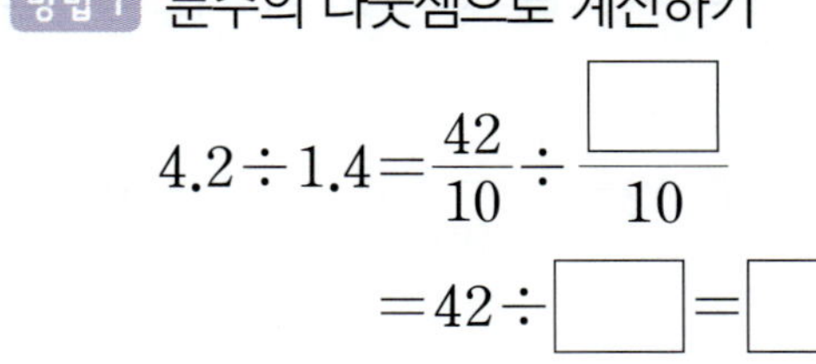

$$4.2 \div 1.4 = \boxed{}$$

$$42 \div 14 = 3$$

방법 3   세로로 계산하기

$1.4 \overline{)4\,.2}$

개념 2 (소수 두 자리 수)÷(소수 두 자리 수)

✪ 1.75÷0.35 계산하기

방법 1 분수의 나눗셈으로 바꾸어 계산하기

$$1.75 \div 0.35 = \frac{175}{100} \div \frac{35}{100} = 175 \div 35 = 5$$

분모가 100인 분수로 바꾸기　분자끼리 나누기

방법 2 자연수의 나눗셈을 이용하여 계산하기

나누어지는 수와 나누는 수를 똑같이 100배 하여 (자연수)÷(자연수)로 계산하면
(소수)÷(소수)와 몫이 같습니다.

100배

$$1.75 \div 0.35 \qquad 175 \div 35 = 5 \;\rightarrow\; 1.75 \div 0.35 = 5$$

100배

방법 3 세로로 계산하기

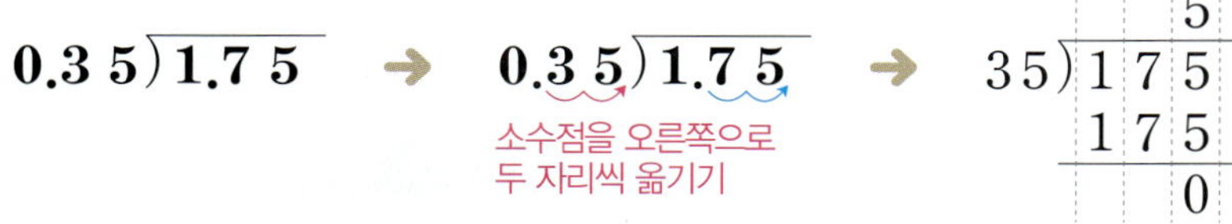

소수점을 오른쪽으로
두 자리씩 옮기기

[1~4] 분수의 나눗셈으로 바꾸어 계산하려고 합니다. ☐ 안에 알맞은 수를 써넣으세요.

1　$0.42 \div 0.02 = \dfrac{\boxed{}}{100} \div \dfrac{\boxed{}}{100} = 42 \div \boxed{} = \boxed{}$

2　$1.25 \div 0.25 = \dfrac{\boxed{}}{100} \div \dfrac{\boxed{}}{100} = 125 \div \boxed{} = \boxed{}$

3　$8.32 \div 2.08 = \dfrac{\boxed{}}{100} \div \dfrac{\boxed{}}{100} = 832 \div \boxed{} = \boxed{}$

4　$5.51 \div 0.19 = \dfrac{\boxed{}}{100} \div \dfrac{\boxed{}}{100} = \boxed{} \div \boxed{} = \boxed{}$

[5~7] 자연수의 나눗셈을 이용하여 계산하려고 합니다. ☐ 안에 알맞은 수를 써넣으세요.

5
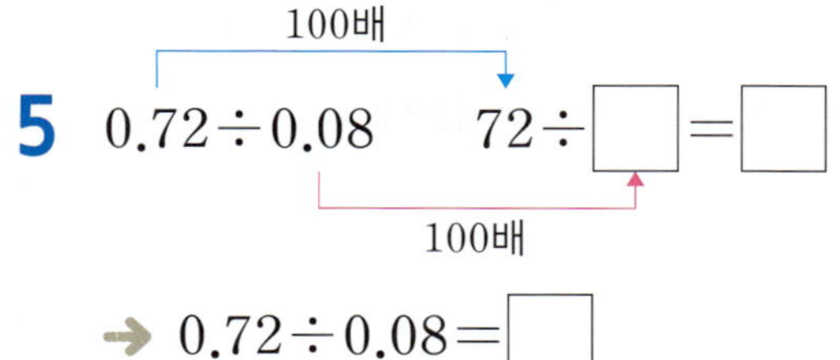
$0.72 \div 0.08$ $72 \div \boxed{} = \boxed{}$

➡ $0.72 \div 0.08 = \boxed{}$

6
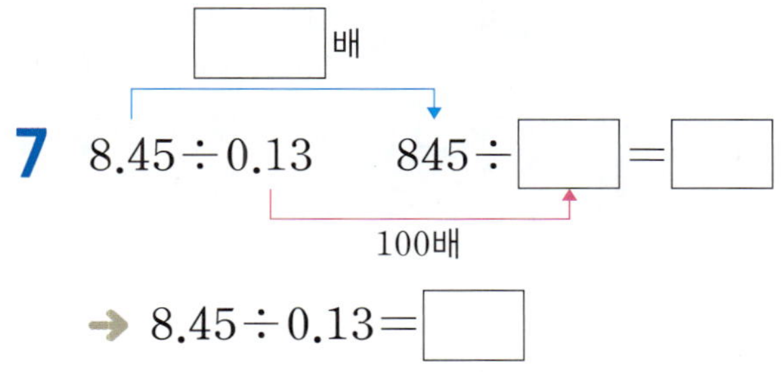
$0.98 \div 0.49$ $98 \div \boxed{} = \boxed{}$

➡ $0.98 \div 0.49 = \boxed{}$

7

$8.45 \div 0.13$ $845 \div \boxed{} = \boxed{}$

➡ $8.45 \div 0.13 = \boxed{}$

[8~9] ☐ 안에 알맞은 수를 써넣으세요.

8
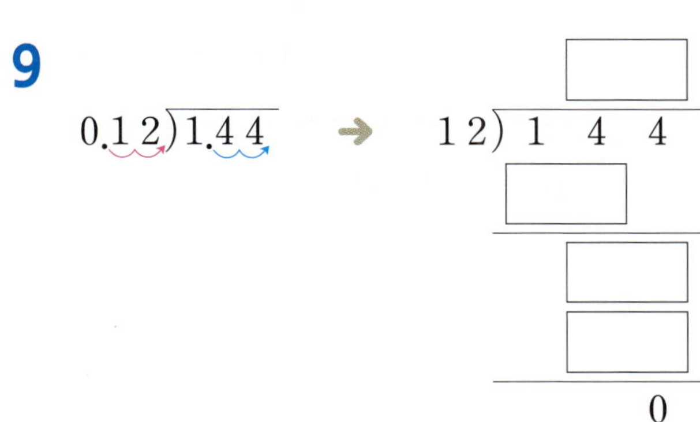

9

$0.12 \overline{)1.44}$ ➡ $12 \overline{)1\ 4\ 4}$

[10~13] 계산해 보세요.

10 $0.48 \overline{)3.36}$

11 $1.24 \overline{)7.44}$

12 $0.67 \overline{)8.04}$

13 $2.74 \overline{)46.58}$

14 개념 체크

☐ 안에 알맞은 수를 써넣으세요.

방법 1 분수의 나눗셈으로 계산하기

$$2.52 \div 0.63 = \frac{252}{100} \div \frac{\boxed{}}{100}$$

$$= 252 \div \boxed{}$$

$$= \boxed{}$$

방법 2 자연수의 나눗셈 이용하기

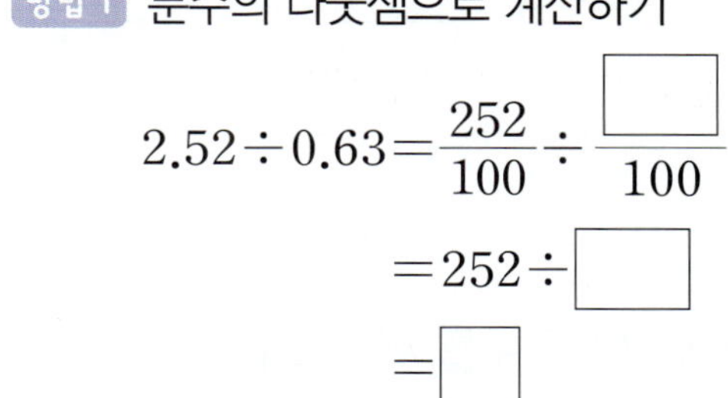

$2.52 \div 0.63 = \boxed{}$

$\downarrow$100배 $\downarrow$100배 $\uparrow$

$252 \div 63 = 4$

방법 3 세로로 계산하기

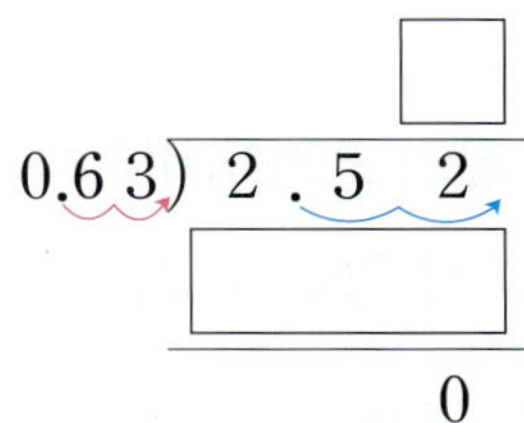

$0.63 \overline{)2.52}$

개념 1 (소수 한 자리 수)÷(소수 한 자리 수)

1 소수의 나눗셈을 자연수의 나눗셈을 이용하여 계산하려고 합니다. ☐ 안에 알맞은 수를 써넣으세요.

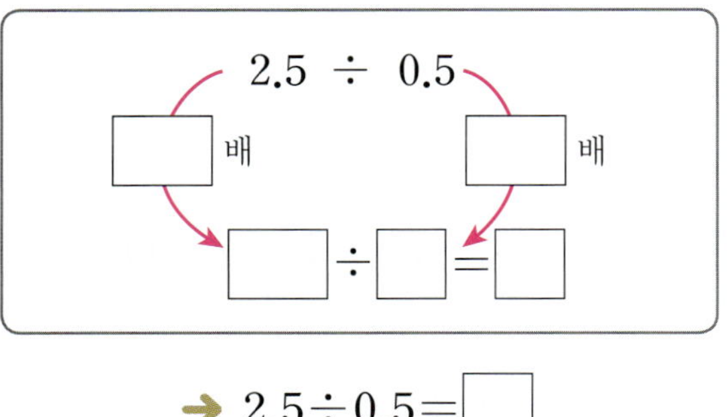

$$2.5 \div 0.5 = \boxed{}$$

→ $2.5 \div 0.5 = \boxed{}$

2 분수의 나눗셈으로 바꾸어 계산하려고 합니다. ☐ 안에 알맞은 수를 써넣으세요.

$$7.2 \div 0.9 = \frac{\boxed{}}{10} \div \frac{\boxed{}}{10}$$
$$= \boxed{} \div \boxed{} = \boxed{}$$

3 빈칸에 알맞은 수를 써넣으세요.

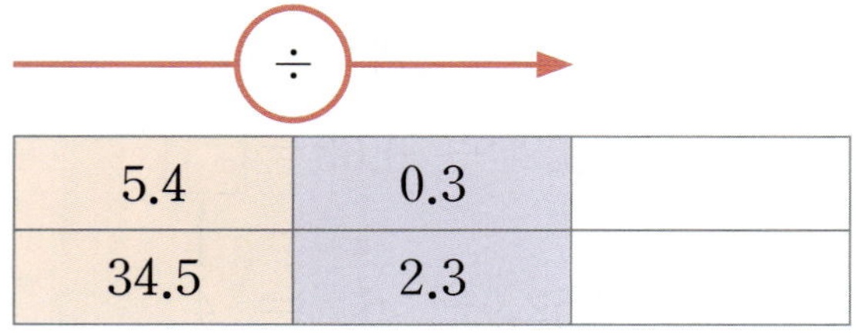

$\div$		
5.4	0.3	
34.5	2.3	

4 나눗셈의 몫의 크기를 비교하여 ◯ 안에 $>$, $=$, $<$ 를 알맞게 써넣으세요.

$$83.7 \div 2.7 \bigcirc 173.6 \div 6.2$$

5 1분에 물이 1.7 L씩 나오는 수도꼭지가 있습니다. 이 수도꼭지로 물 10.2 L를 받는 데 몇 분이 걸리는지 구해 보세요.

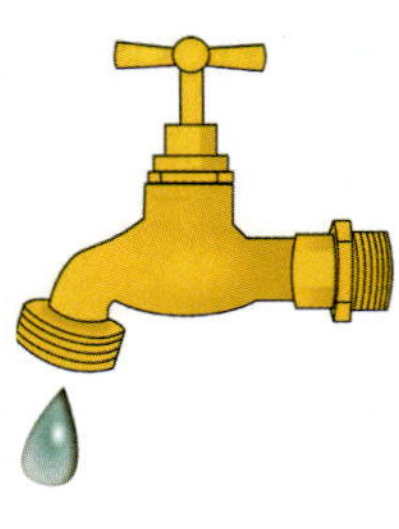

(   )

6 제빵사가 밀가루 152.4 g으로 만들 수 있는 팬케이크는 모두 몇 장인지 식을 쓰고, 답을 구해 보세요.

식 ______________________________

답 ______________________________

7 조건 을 만족하는 나눗셈식을 찾아 계산하고, 이유를 써 보세요.

> **조건**
> • 594÷2를 이용하여 풀 수 있습니다.
> • 나누는 수와 나누어지는 수를 각각 10배 하면 594÷2가 됩니다.

식 ______________________________

이유 ______________________________

개념 2 (소수 두 자리 수)÷(소수 두 자리 수)

8 보기와 같은 방법으로 계산해 보세요.

> **보기**
>
> $$8.25 \div 1.65 = \frac{825}{100} \div \frac{165}{100}$$
> $$= 825 \div 165 = 5$$

$2.45 \div 0.35$

9 □ 안에 알맞은 수를 써넣으세요.

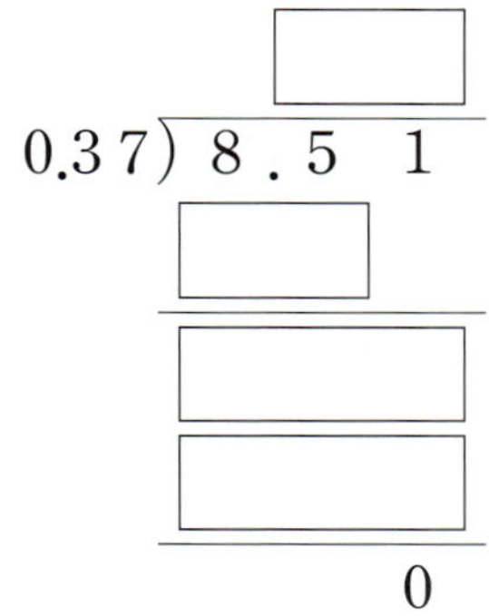

10 $50.82 \div 8.47$을 계산하려고 합니다. 소수점을 바르게 옮긴 것은 어느 것인가요?

(　　　)

① $508.2 \div 8.47$　　② $5.082 \div 84.7$

③ $50.82 \div 84.7$　　④ $5082 \div 847$

⑤ $5082 \div 84.7$

11 계산 결과가 더 큰 것에 ◯표 하세요.

$78.54 \div 1.54$	$19.08 \div 0.36$
(　　　)	(　　　)

12 1부터 9까지의 자연수 중에서 □ 안에 들어갈 수 있는 수를 모두 구해 보세요.

> $3.25 \div 0.65 > □$

(　　　　　　　　)

13 ㉮는 ㉯의 몇 배인지 구해 보세요.

> ㉮ 0.01이 984개인 수
>
> ㉯ 1이 1개, 0.1이 2개, 0.01이 3개인 수

(　　　　　　　　)

14 수호와 어머니는 주스를 컵에 나누어 담았습니다. 주스를 담은 컵의 수가 더 많은 사람은 누구인지 구해 보세요.

(　　　　　　　　)

개념 3 자릿수가 다른 (소수)÷(소수)

✪ 3.64÷2.6 계산하기

나누는 수가 자연수가 되도록 나누어지는 수와 나누는 수에 각각 10배 또는 100배 하여 계산합니다.

방법 1 (자연수)÷(자연수)로 계산하기

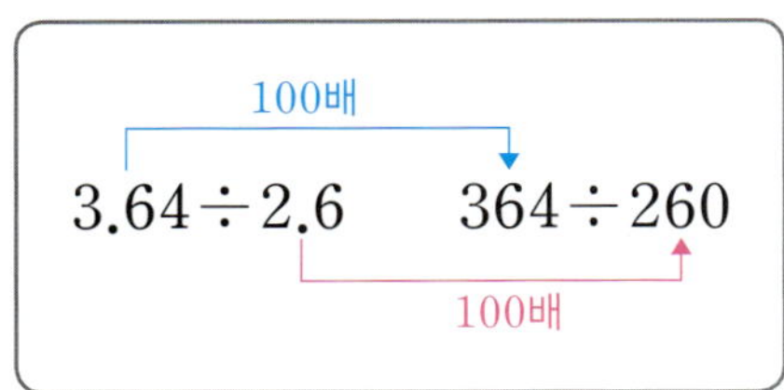

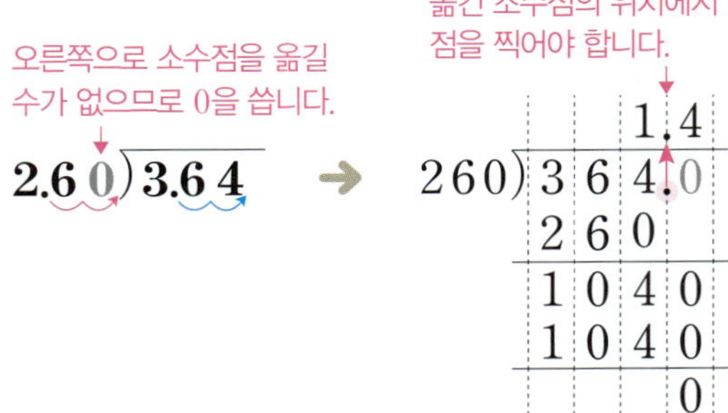

방법 2 (소수)÷(자연수)로 계산하기

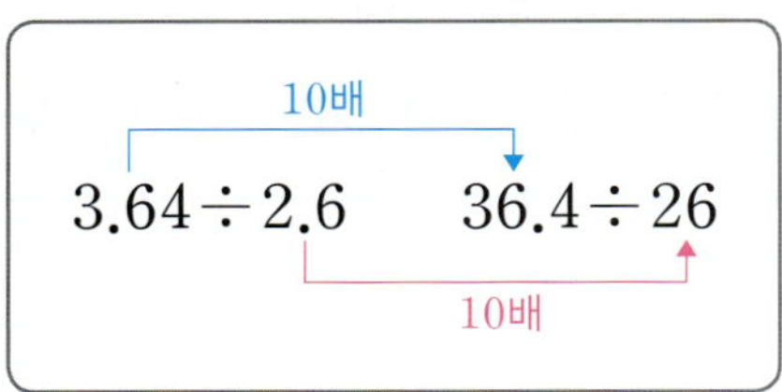

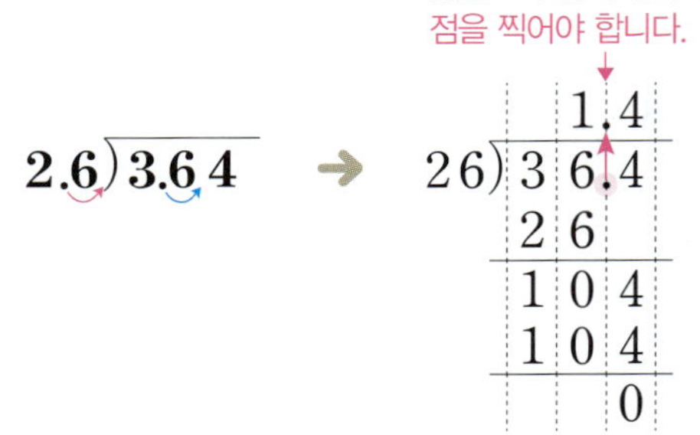

[1~3] 4.77÷0.9를 두 가지 방법으로 계산하려고 합니다. ☐ 안에 알맞은 수를 써넣고, 알맞은 말에 ◯표 하세요.

1 4.77과 0.9에 각각 100배 하여 계산하면 477÷☐ = ☐ 입니다.

2 4.77과 0.9에 각각 10배 하여 계산하면 ☐ ÷ ☐ = ☐ 입니다.

3 나누어지는 수와 나누는 수를 각각 100배 하여 계산한 결과는 ☐ 이고,

각각 10배 하여 계산한 결과는 ☐ 으로 결과는 서로 (같습니다 , 다릅니다).

[4~5] ☐ 안에 알맞은 수를 써넣으세요.

4

$$0.3\,0\,)\,1\,.\,3\,8\,0$$

5

$$4.3\,)\,1\,1\,.\,6\,1$$

[6~9] 계산해 보세요.

6 $0.9\,0\,)\,5.1\,3$ **7** $6.1\,)\,2\,6.2\,3$

8 $2.4\,0\,)\,9.3\,6$ **9** $0.4\,)\,3.6\,4$

[10~11] 빈칸에 알맞은 수를 써넣으세요.

10 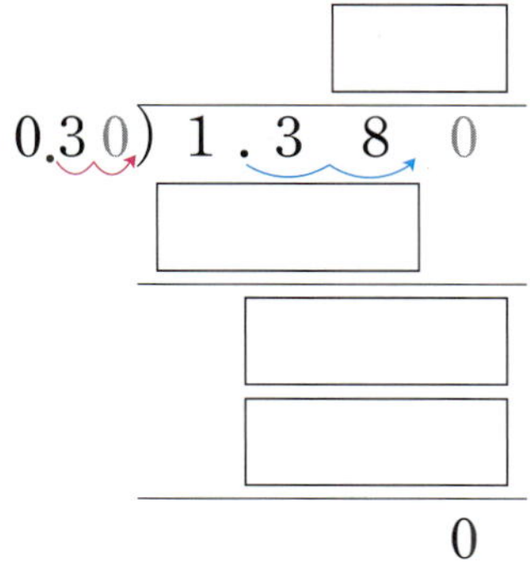

| 8.64 | 2.7 | |
| 13.78 | 5.3 | |

11 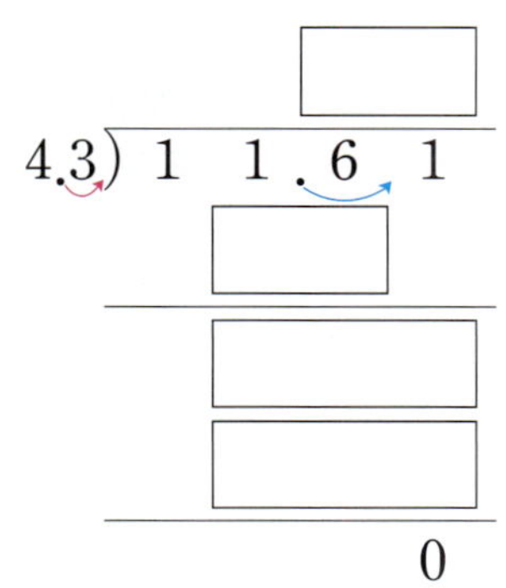

| 4.56 | 3.8 | |
| 28.98 | 4.2 | |

12 개념 체크

☐ 안에 알맞은 수를 써넣으세요.

방법 1 (자연수)÷(자연수)로 계산하기

$$2.46 \div 0.3 = \boxed{}$$

↓100배   ↓100배

$$246 \div \boxed{} = \boxed{}$$

방법 2 (소수)÷(자연수)로 계산하기

$$2.46 \div 0.3 = \boxed{}$$

↓10배   ↓10배

$$24.6 \div \boxed{} = \boxed{}$$

개념 **4**　(자연수)÷(소수)

⭐ $2 \div 0.25$ 계산하기

방법 1　분수의 나눗셈으로 바꾸어 계산하기

$$2 \div 0.25 = \frac{200}{100} \div \frac{25}{100} = 200 \div 25 = 8$$

나누는 수가 소수 두 자리 수이므로
분모가 100인 분수로 바꾸기

방법 2　자연수의 나눗셈을 이용하여 계산하기

100배

$$2 \div 0.25 \qquad 200 \div 25 = 8 \ \rightarrow \ 2 \div 0.25 = 8$$

100배

방법 3　세로로 계산하기

나누는 수가 자연수가 되도록 소수점을 각각 오른쪽으로
똑같이 옮겨요.

$$0.2\,5\,)\overline{2} \quad \rightarrow \quad 0.2\,5\,)\overline{2.0\,0} \quad \rightarrow \quad 25\,)\overline{2\,0\,0}$$

$$\begin{array}{r} 8 \\ 2\,0\,0 \\ \hline 0 \end{array}$$

[1~4] 분수의 나눗셈으로 바꾸어 계산하려고 합니다. ☐ 안에 알맞은 수를 써넣으세요.

1　$7 \div 1.4 = \dfrac{\boxed{}}{10} \div \dfrac{14}{10} = \boxed{} \div \boxed{} = \boxed{}$

2　$9 \div 1.5 = \dfrac{\boxed{}}{10} \div \dfrac{15}{10} = \boxed{} \div \boxed{} = \boxed{}$

3　$6 \div 0.75 = \dfrac{\boxed{}}{100} \div \dfrac{75}{100} = \boxed{} \div \boxed{} = \boxed{}$

4　$5 \div 1.25 = \dfrac{\boxed{}}{100} \div \dfrac{125}{100} = \boxed{} \div \boxed{} = \boxed{}$

[5~7] 자연수의 나눗셈을 이용하여 계산하려고 합니다. ☐ 안에 알맞은 수를 써넣으세요.

5 (1) $12 \div 2.4 = \boxed{} \div 24 = \boxed{}$

   (2) $12 \div 0.24 = \boxed{} \div 24 = \boxed{}$

6 (1) $32 \div 0.4 = \boxed{} \div 4 = \boxed{}$

   (2) $32 \div 0.04 = \boxed{} \div 4 = \boxed{}$

7 (1) $136 \div 0.8 = \boxed{} \div 8 = \boxed{}$

   (2) $136 \div 0.08 = \boxed{} \div 8$

                 $= \boxed{}$

[8~9] ☐ 안에 알맞은 수를 써넣으세요.

8

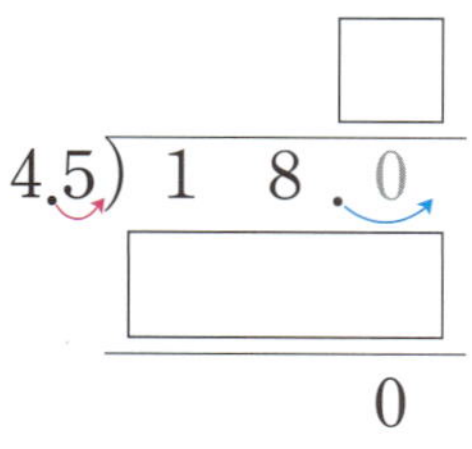

9

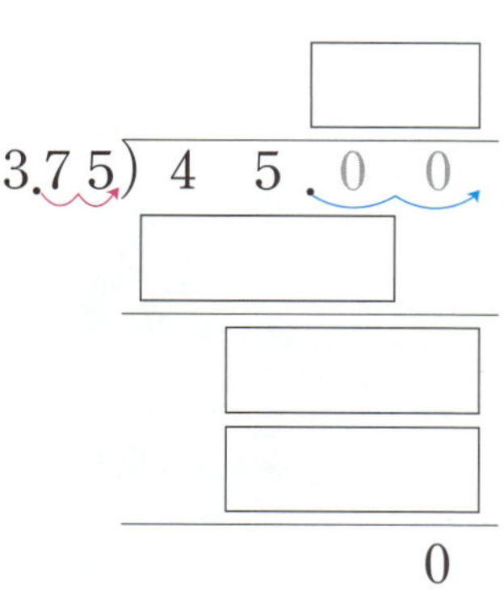

[10~13] 계산해 보세요.

10 $0.5\,)\overline{\,4\,}$ **11** $1.7\,5\,)\overline{\,7\,}$

12 $1.8\,)\overline{\,2\,7\,}$ **13** $0.9\,2\,)\overline{\,2\,3\,}$

14 개념 체크

☐ 안에 알맞은 수를 써넣으세요.

방법 1 분수의 나눗셈으로 계산하기

$$4 \div 0.8 = \frac{\boxed{}}{10} \div \frac{8}{10}$$

$$= \boxed{} \div 8 = \boxed{}$$

방법 2 자연수의 나눗셈 이용하기

$$4 \div 0.8 = \boxed{}$$

↓10배   ↓10배   ↑

$$40 \div \boxed{} = \boxed{}$$

방법 3 세로로 계산하기

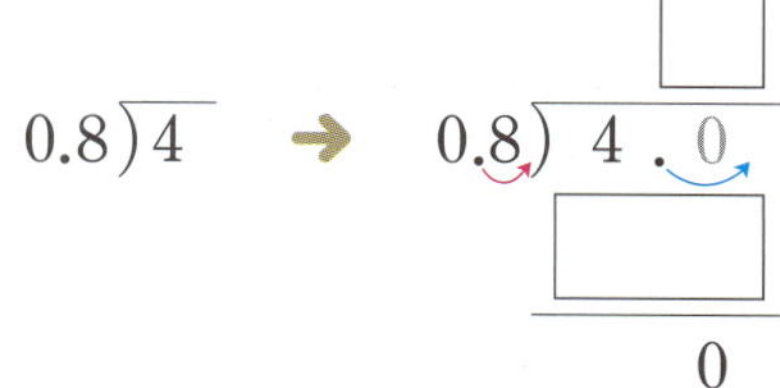

소수의 나눗셈 **2**

개념 유형 익히기

개념 3 자릿수가 다른 (소수)÷(소수)

1 $8.48 \div 5.3$을 계산하려고 합니다. ☐ 안에 알맞은 수를 써넣으세요.

> $8.48 \div 5.3$은 8.48과 5.3을
>
> 각각 ☐ 배씩 하여 계산하면
>
> $84.8 \div$ ☐ $=$ ☐ 이므로
>
> $8.48 \div 5.3 =$ ☐ 입니다.

2 $9.18 \div 3.4$를 두 가지 방법으로 계산해 보세요.

방법 1 (자연수)÷(자연수)로 계산하기

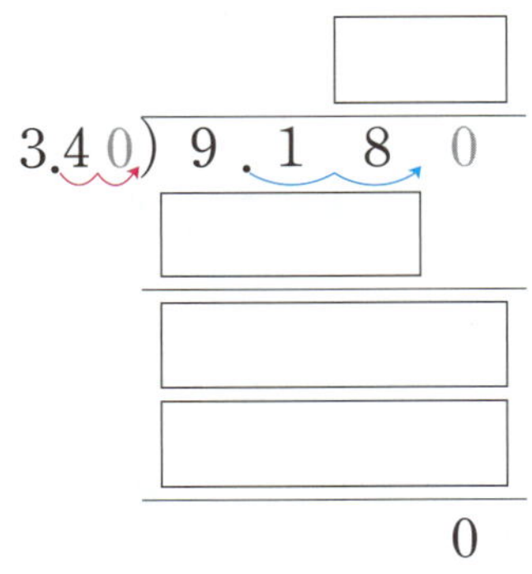

방법 2 (소수)÷(자연수)로 계산하기

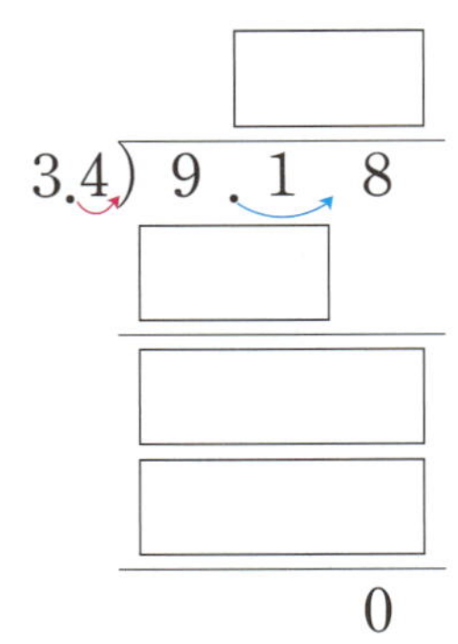

3 $5.28 \div 1.1$과 몫이 같은 것을 모두 찾아 기호를 써 보세요.

> ㉠ $52.8 \div 110$ ㉡ $52.8 \div 11$
>
> ㉢ $528 \div 110$ ㉣ $528 \div 11$

( )

4 큰 수를 작은 수로 나눈 몫을 빈칸에 써넣으세요.

2.8	3.92

5 어떤 수에 8.3을 곱하였더니 9.96이 되었습니다. 어떤 수를 구해 보세요.

( )

6 진서와 아버지는 주말농장에서 고구마를 캤습니다. 아버지가 캔 고구마는 몇 kg인지 구해 보세요.

( )

2
소수의 나눗셈

개념 4 (자연수)÷(소수)

7 보기 와 같은 방법으로 계산해 보세요.

보기

$$63 \div 4.5 = \frac{630}{10} \div \frac{45}{10}$$
$$= 630 \div 45 = 14$$

$42 \div 8.4$

8 $105 \div 2.5$와 몫이 같은 것은 어느 것인가요?

( )

① $1050 \div 2.5$ ② $10.5 \div 25$
③ $105 \div 25$ ④ $1050 \div 25$
⑤ $1050 \div 0.25$

9 계산해 보세요.

(1) $2.5 \overline{)8\,0}$ (2) $5.44 \overline{)4\,0\,8}$

10 계산한 값을 찾아 이어 보세요.

$18 \div 1.2$	•	•	14
$49 \div 3.5$	•	•	15
$72 \div 4.5$	•	•	16

11 계산 결과를 비교하여 ◯ 안에 >, =, < 를 알맞게 써넣으세요.

$$56 \div 1.75 \bigcirc 93 \div 3.72$$

12 보기 의 수를 사용하여 몫이 가장 큰 (자연수)÷(소수)를 만들고 계산해 보세요.

조건

| 0.36 | 9 | 6 | 0.75 |

$$\boxed{} \div \boxed{} = \boxed{}$$

13 어떤 수를 2.25로 나누어야 할 것을 잘못하여 곱했더니 81이 되었습니다. 바르게 계산한 값을 구해 보세요.

( )

14 성재가 일정한 빠르기로 자전거를 타고 달렸다면 1 km를 달리는 데 몇 분 걸린 셈인지 구해 보세요.

( )

개념 5 나눗셈의 몫을 반올림하여 나타내기

✪ **2.3÷0.6의 몫을 반올림하여 나타내기**

```
              3.8 3 3
    0.6 ) 2.3
            1 8
              5 0
              4 8
              2 0
              1 8
                2 0
                1 8
                  2
```

몫을 반올림하여

(1) 일의 자리까지 나타내기

$2.3÷0.6=3.8\cdots$ → **4**

└─ 소수 첫째 자리 숫자가 8이므로 올립니다.

(2) 소수 첫째 자리까지 나타내기

$2.3÷0.6=3.83\cdots$ → **3.8**

└─ 소수 둘째 자리 숫자가 3이므로 버립니다.

(3) 소수 둘째 자리까지 나타내기

$2.3÷0.6=3.833\cdots$ → **3.83**

└─ 소수 셋째 자리 숫자가 3이므로 버립니다.

참고 반올림: 구하려는 자리 바로 아래 자리의 숫자가 0, 1, 2, 3, 4이면 버리고, 5, 6, 7, 8, 9이면 올려서 어림하는 방법입니다.

[1~3] 나눗셈식을 보고 ☐ 안에 알맞은 말이나 수를 써넣으세요.

```
              5.2 8 5
    0.7 ) 3.7
            3 5
              2 0
              1 4
                6 0
                5 6
                  4 0
                  3 5
                    5
```

1 몫을 반올림하여 일의 자리까지 나타내려면

소수 ☐ 자리에서 반올림해야 하므로

몫은 ☐입니다.

2 몫을 반올림하여 소수 첫째 자리까지 나타내려면

소수 ☐ 자리에서 반올림해야 하므로

몫은 ☐입니다.

3 몫을 반올림하여 소수 둘째 자리까지 나타내려면

소수 ☐ 자리에서 반올림해야 하므로

몫은 ☐입니다.

[4~6] 몫을 소수 셋째 자리까지 구한 후 반올림하여 주어진 자리까지 나타내 보세요.

4
$7)\overline{1\,0}$

일의 자리
(   )

소수 첫째 자리
(   )

소수 둘째 자리
(   )

5
$9)\overline{3\,0.1}$

일의 자리
(   )

소수 첫째 자리
(   )

소수 둘째 자리
(   )

6
$8.4)\overline{5\,3.3}$

일의 자리
(   )

소수 첫째 자리
(   )

소수 둘째 자리
(   )

[7~8] 몫을 반올림하여 주어진 자리까지 나타내 보세요.

7   소수 첫째 자리

$5.1)\overline{1\,5.7}$

(   )

8   소수 둘째 자리

$6)\overline{5.8}$

(   )

9 개념 체크

나눗셈식을 보고 ☐ 안에 알맞은 수를 써넣으세요.

$$10.87 \div 9 = 1.2077\cdots$$

(1) 몫을 반올림하여 일의 자리까지 나타내면 ☐ 입니다.

(2) 몫을 반올림하여 소수 둘째 자리까지 나타내면 ☐ 입니다.

개념 6 나누어 주고 남는 양 알아보기

예) 물 16.7 L를 한 사람에게 3 L씩 나누어 줄 때, 나누어 줄 수 있는 사람 수와 남는 물의 양을 알아볼까요?

방법 1 뺄셈으로 구하기

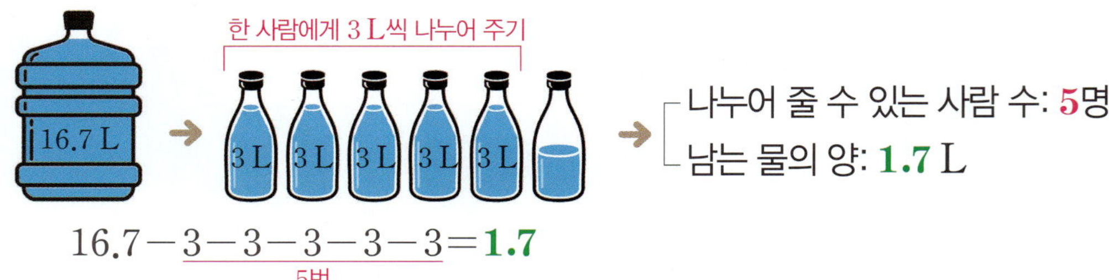

$$16.7-3-3-3-3-3=\mathbf{1.7}$$
5번

방법 2 나눗셈으로 구하기

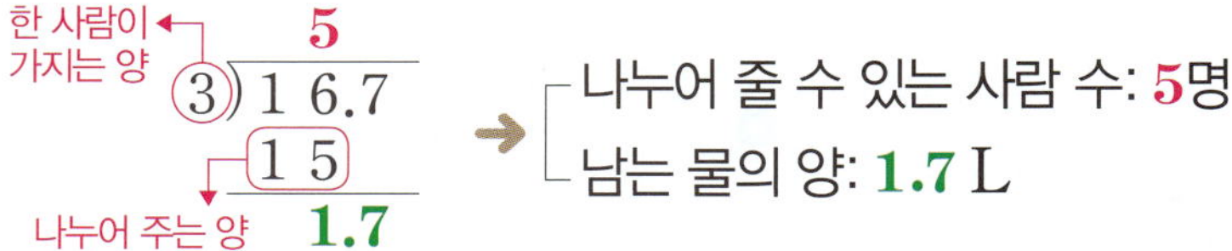

1 페인트 25.4 L를 한 통에 6 L씩 나누어 담을 때, 나누어 담을 수 있는 통 수와 남는 페인트 양을 두 가지 방법으로 구해 보세요.

방법 1 뺄셈으로 구하기

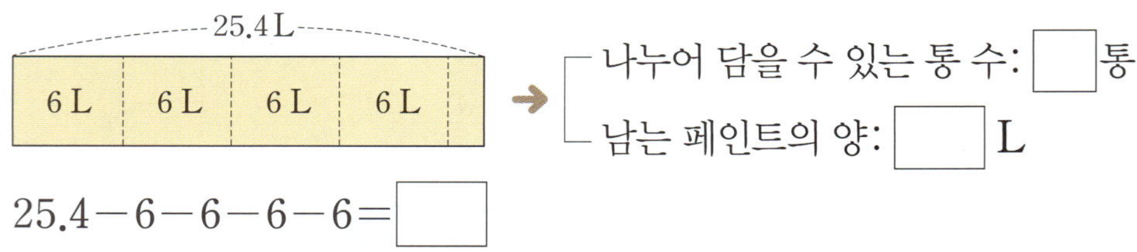

$$25.4-6-6-6-6=\boxed{}$$

방법 2 나눗셈으로 구하기

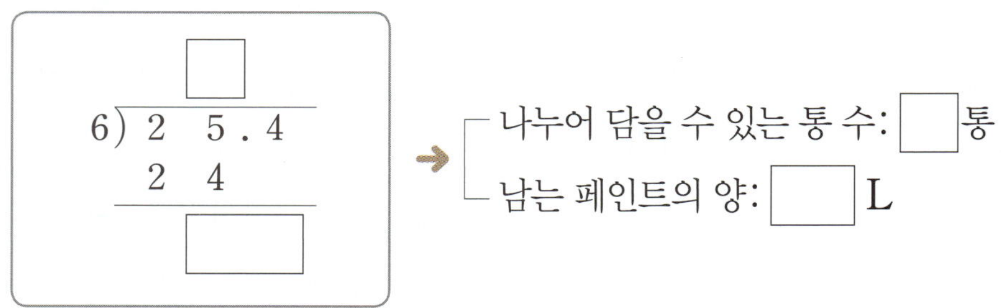

2 찰흙 10.5 kg을 한 봉지에 4 kg씩 나누어 담을 때, 나누어 담을 수 있는 봉지 수와 남는 찰흙은 몇 kg인지 구해 보세요.

$$10.5 - \boxed{} - \boxed{} = \boxed{}$$

┌ 나누어 담을 수 있는 봉지 수: $\boxed{}$ 봉지
└ 남는 찰흙의 양: $\boxed{}$ kg

3 끈 5.1 m를 한 사람에게 0.6 m씩 나누어 줄 때, 나누어 줄 수 있는 사람 수와 남는 끈의 길이는 몇 m인지 구해 보세요.

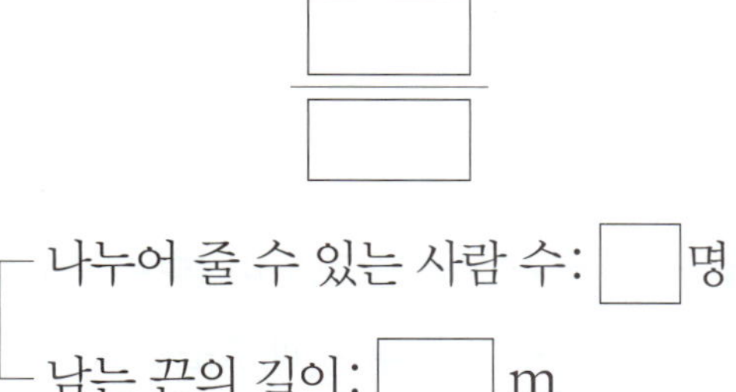

┌ 나누어 줄 수 있는 사람 수: $\boxed{}$ 명
└ 남는 끈의 길이: $\boxed{}$ m

4 귤 15.4 kg을 한 사람에게 3 kg씩 나누어 줄 때, 나누어 줄 수 있는 사람 수와 남는 귤의 양은 몇 kg인지 구해 보세요.

┌ 나누어 줄 수 있는 사람 수: $\boxed{}$ 명
└ 남는 귤의 양: $\boxed{}$ kg

5 소스 60.5 mL를 접시 한 개에 8 mL씩 나누어 담을 때, 나누어 담을 수 있는 접시 수와 남는 소스는 몇 mL인지 구해 보세요.

┌ 나누어 담을 수 있는 접시의 수: $\boxed{}$ 개
└ 남는 소스의 양: $\boxed{}$ mL

6 딸기 3.5 kg을 한 상자에 1.5 kg씩 나누어 담을 때, 나누어 담을 수 있는 상자 수와 남는 딸기는 몇 kg인지 구해 보세요.

┌ 나누어 담을 수 있는 상자의 수: $\boxed{}$ 상자
└ 남는 딸기의 양: $\boxed{}$ kg

7 개념 체크 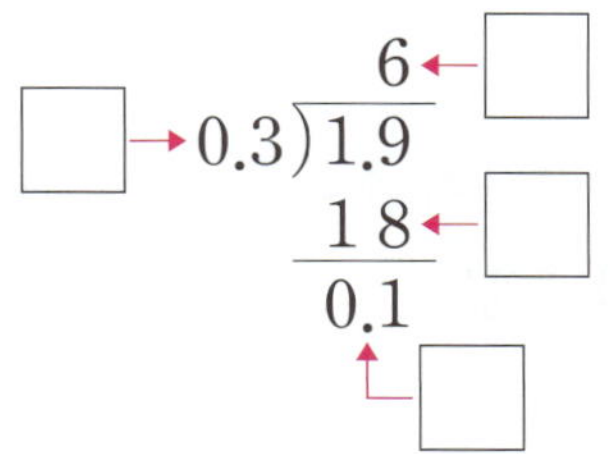

주스 1.9 L를 한 컵에 0.3 L씩 나누어 담으려고 합니다. 나눗셈식을 보고 $\boxed{}$ 안에 알맞은 말을 보기 에서 찾아 기호를 써넣으세요.

보기
⊙ 나누어 담으려는 컵 수
ⓒ 남는 주스의 양
ⓒ 한 컵에 담으려는 주스의 양
ⓔ 나누어 주는 주스의 양

개념 5 나눗셈의 몫을 반올림하여 나타내기

1 나눗셈식을 보고 $29.3 \div 6$의 몫을 반올림하여 주어진 자리까지 나타내 보세요.

$$29.3 \div 6 = 4.8833\cdots$$

일의 자리	
소수 첫째 자리	
소수 둘째 자리	

2 몫을 반올림하여 소수 둘째 자리까지 나타내었을때 몫이 <u>다른</u> 하나를 찾아 기호를 써 보세요.

$$\bigcirc \ 15.4 \div 3 = 5.133\cdots$$
$$\bigcirc \ 35.9 \div 7 = 5.128\cdots$$
$$\bigcirc \ 46.22 \div 9 = 5.135\cdots$$

( )

3 $4 \div 7$의 몫을 소수 둘째 자리까지 구하고, 반올림하여 소수 첫째 자리까지 나타내 보세요.

(1) 소수 둘째 자리까지 구한 몫

( )

(2) 반올림하여 소수 첫째 자리까지 나타낸 몫

( )

4 계산 결과를 비교하여 ◯ 안에 >, =, < 를 알맞게 써넣으세요.

$64 \div 3$  ◯ │ $64 \div 3$의 몫을 반올림하여 일의 자리까지 나타낸 수

5 장거리 달리기 선수가 $42.2\,\text{km}$를 2.3시간 만에 완주했습니다. 이 선수가 일정한 빠르기로 달렸다면 1시간 동안 달린 거리는 몇 km인지 반올림하여 일의 자리까지 나타내 보세요.

식

답

6 삼촌의 몸무게는 호동이 몸무게의 몇 배인지 반올림하여 소수 첫째 자리까지 나타내 보세요.

( )

개념 6 나누어 주고 남는 양 알아보기

7 리본 18.3 m를 한 사람에게 4 m씩 나누어 줄 때, 나누어 줄 수 있는 사람 수와 남는 리본의 길이를 두 가지 방법으로 구해 보세요.

방법 1 뺄셈으로 구하기

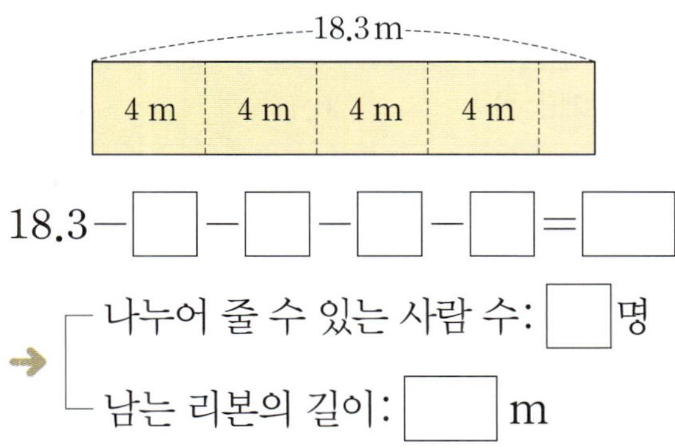

$18.3 - \square - \square - \square - \square = \square$

➡ ┌ 나누어 줄 수 있는 사람 수: $\square$ 명

　└ 남는 리본의 길이: $\square$ m

방법 2 나눗셈으로 구하기

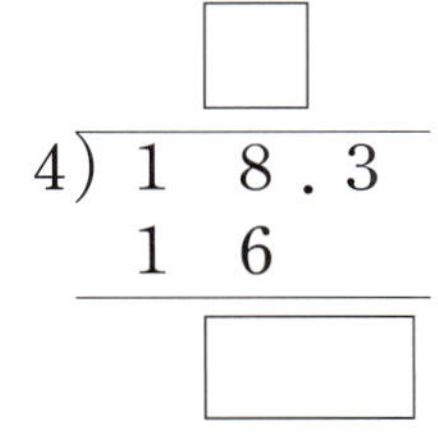

➡ ┌ 나누어 줄 수 있는 사람 수: $\square$ 명

　└ 남는 리본의 길이: $\square$ m

8 나눗셈의 자연수 몫과 나머지를 바르게 구한 것을 찾아 기호를 써 보세요.

> ㉠ $17.5 \div 4 = 3 \cdots 5.5$
>
> ㉡ $33.8 \div 8 = 4 \cdots 0.18$
>
> ㉢ $61.4 \div 9 = 6 \cdots 7.4$

(　　　　　　　)

9 끈 26.5 m를 한 사람에게 5 m씩 나누어 줄 때, 나누어 줄 수 있는 사람 수와 남는 끈의 길이는 몇 m인지 알기 위해 다음과 같이 계산했습니다. 잘못 계산한 곳을 찾아 바르게 계산해 보세요.

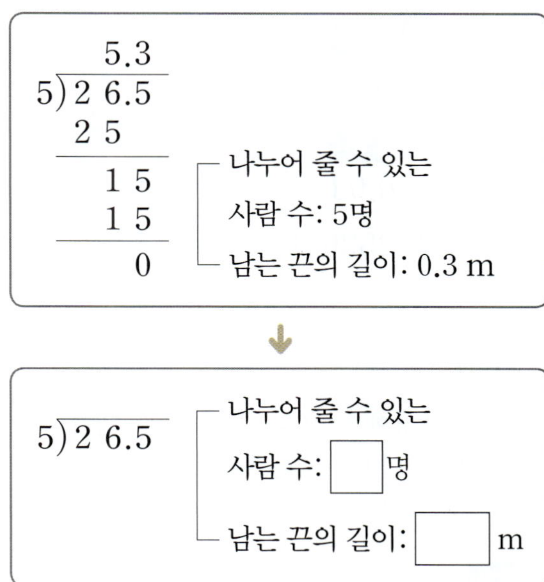

10 승철이가 철사 52.6 cm로 별 모양을 만들려고 합니다. 별 모양을 몇 개까지 만들 수 있고, 남는 철사는 몇 cm인지 구해 보세요.

┌ 만들 수 있는 별 모양 개수: $\square$ 개

└ 남는 철사 길이: $\square$ cm

실생활 문제 다잡기

유형 1 단위 가격(거리) 비교하기

유연이는 우유를 사기 위해 마트에 갔습니다.
㉠ 우유와 ㉡ 우유 중 같은 양을 살 때 더 저렴한
것은 어느 것인지 구해 보세요.

㉠	㉡
용량: 0.9 L	2.3 L
가격: 2520원	5750원

핵심 체크

㉠ 우유와 ㉡ 우유 1 L의 가격을 각각 구한 후
비교하여 더 저렴한 우유를 구합니다.
(우유 1 L의 가격)＝(우유 ★ L일 때의 가격)÷★

풀이

1단계 우유 1 L의 가격 구하기

(㉠ 우유 1 L의 가격)＝ ☐ ÷ ☐

＝ ☐ (원)

(㉡ 우유 1 L의 가격)＝ ☐ ÷ ☐

＝ ☐ (원)

2단계 같은 양을 살 때 더 저렴한 우유 구하기

☐ ＞ ☐ 이므로 같은 양을
살 때 더 저렴한 것은 ☐ 우유입니다.

답 ＿＿＿＿＿＿＿＿＿

유형 1-1

준영이는 블루베리를 사기 위해 ㉠ 마트와
㉡ 마트의 가격을 비교했습니다. 두 마트 중
같은 양을 살 때 더 저렴한 곳은 어느 마트인지
구해 보세요.

	㉠ 마트	㉡ 마트
무게(kg)	0.7	0.4
가격(원)	24500	12400

(   )

유형 1-2

연비는 자동차가 연료 1 L로 갈 수 있는 거리를
말합니다. ㉠ 자동차와 ㉡ 자동차 중에서 연비
가 더 좋은 자동차는 어느 것인지 구해 보세요.

	㉠	㉡
주행 거리(km)	279.5	221.25
사용한 연료(L)	21.5	17.7

(   )

유형 ② 남기지 않기 위해 더 필요한 양 구하기

수확한 딸기 47.4 kg을
한 상자에 0.5 kg씩 담아
판매하려고 합니다. 딸기를
남김없이 모두 판매하려면 딸기는 적어도
몇 kg이 더 필요한지 구해 보세요.

핵심 체크

(전체 딸기의 양)÷(한 상자에 담는 딸기의 양)
＝(상자의 개수)…(남는 딸기의 양)
에서 상자의 개수는 자연수이므로 몫을 자연수까지만
계산한 후 나머지를 구해야 합니다.

풀이

1단계 나누어 담고 남은 딸기의 양 구하기

47.4÷0.5의 몫을 자연수까지만 계산하면

$$0.5) \overline{4\ 7\ .\ 4}$$

이므로 딸기를 ☐ 상자에 나누어 담을 수
있고, 남는 딸기의 양은 ☐ kg입니다.

2단계 더 필요한 딸기의 양 구하기

딸기를 남김없이 모두 판매하려면 딸기는
적어도 0.5－☐＝☐ (kg)이 더
필요합니다.

 답 _______________________

유형 ②-1

포도주스 5.2 L를 한 병에 0.5 L씩 나누어
담으려고 합니다. 포도주스를 남김없이 모두
담으려면 포도주스는 적어도 몇 L가 더 필요
한지 구해 보세요.

(   )

유형 ②-2

쌀 164.2 kg을 한 사람에게 7 kg씩 나누어
주려고 합니다. 이 쌀을 남김없이 모두 나누어
주려면 쌀은 적어도 몇 kg이 더 필요한지 구해
보세요.

(   )

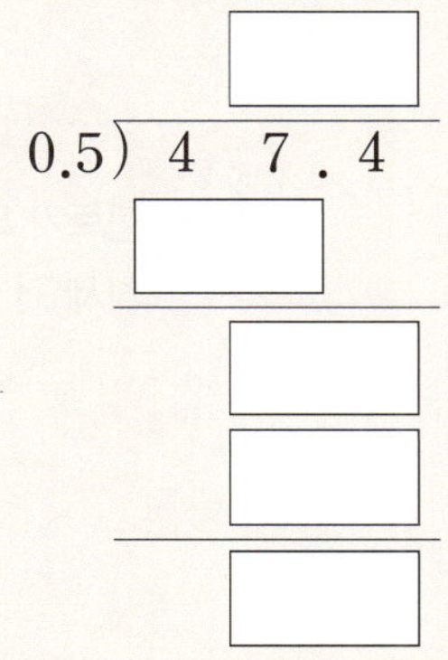

서술형 대비 문제

① 대표 문제

잘못 계산한 곳을 찾아 바르게 계산하고, 그 이유를 써 보세요.

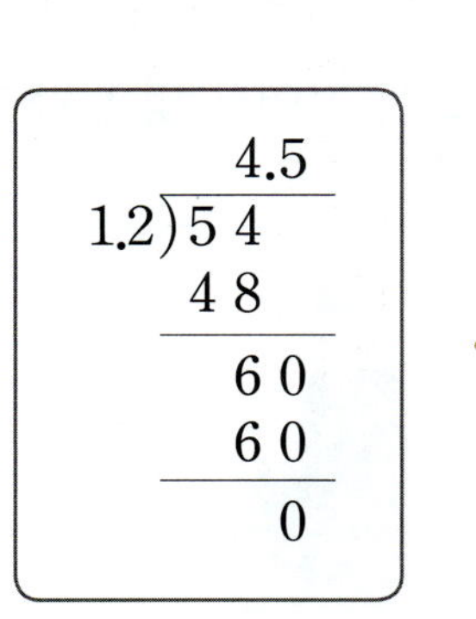

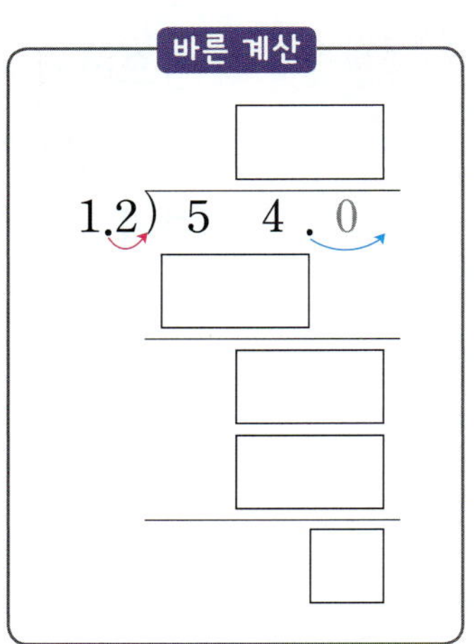

이유

소수점을 옮겨서 계산하는 경우, 몫의 소수점은
(옮기기 전의 , 옮긴) 소수점의 위치에 맞추어 찍어야 합니다.

① 연습 문제

잘못 계산한 곳을 찾아 바르게 계산하고, 그 이유를 써 보세요.

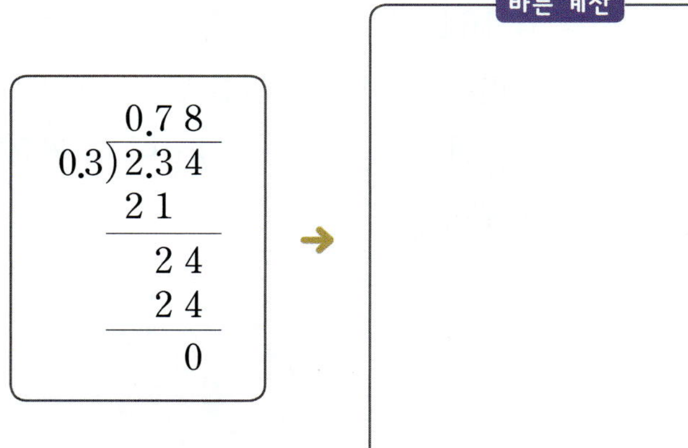

이유

② 대표 문제

수 카드 ⓪ , ③ , ⑥ , ⑦ 4장을 모두 사용하여 몫이 가장 큰
(소수 한 자리 수)÷(소수 한 자리 수)를 만들고 몫을 반올림하여
소수 둘째 자리까지 나타내려고 합니다. 풀이 과정을 쓰고, 답을
구해 보세요.

$$\square . \square \div \square . \square$$

○ 힌트 체크

❶ 몫이 가장 큰 나눗셈식
➡ (가장 큰 수)÷(가장 작은 수)

❷ 반올림 ➡ 구하려는 바로 아래
자리의 숫자가 0, 1, 2, 3, 4
이면 버리고, 5, 6, 7, 8, 9
이면 올립니다.

풀이

몫이 가장 크려면 나누어지는 수는 가장 (크게 , 작게),
나누는 수는 가장 (크게 , 작게) 만듭니다.

0＜3＜6＜7이므로 나누어지는 수는 □ , 나누는 수는 □ 입니다.

따라서 나눗셈식을 만들어 몫을 소수 셋째 자리까지 구하면

$$\square \div \square = \square$$ 이므로 반올림하여 소수 둘째 자리까지

나타내면 □ 입니다.

식 ______________________ 몫 ______________________

② 연습 문제

수 카드 ④ , ⑤ , ⑥ , ⑦ 4장을 모두 사용하여 몫이 가장
작은 (자연수)÷(소수 두 자리 수)를 만들고 몫을 반올림하여
소수 첫째 자리까지 나타내려고 합니다. 풀이 과정을 쓰고, 답을
구해 보세요.

$$\square \div \square . \square \square$$

○ 힌트 체크

★ 힌트가 되는 부분에 ◯표
하세요!

풀이

식 ______________________ 몫 ______________________

1

소수의 나눗셈을 자연수의 나눗셈을 이용하여 계산하려고 합니다. ☐ 안에 알맞은 수를 써넣으세요.

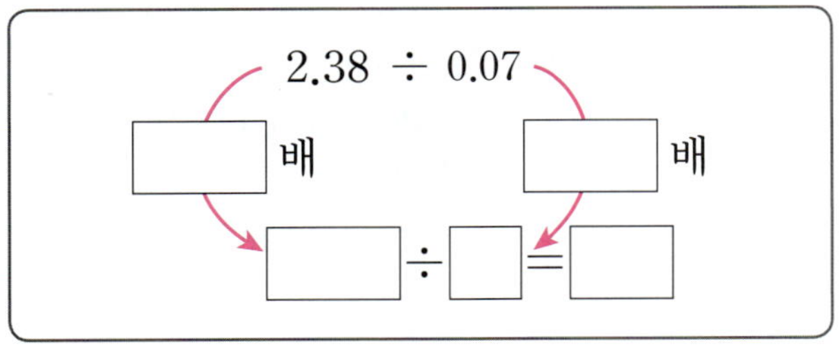

$$2.38 \div 0.07 = \boxed{}$$

2 시험에 꼭!

보기 와 같이 분수의 나눗셈으로 계산해 보세요.

보기

$$7 \div 1.75 = \frac{700}{100} \div \frac{175}{100} = 700 \div 175 = 4$$

$21 \div 5.25$

3

$19.53 \div 2.1$과 몫이 같은 것을 모두 고르세요.

(   )

① $1953 \div 21$ ② $1953 \div 210$

③ $195.3 \div 210$ ④ $195.3 \div 21$

⑤ $19.53 \div 21$

4

수아와 친구들은 끈의 길이가 철사의 길이의 몇 배인지 알기 위해 $11.16 \div 3.72$를 서로 다른 방법으로 구하려고 합니다. ☐ 안에 알맞은 수를 써넣으세요.

끈 11.16 m   철사 3.72 m

$$11.16 \div 3.72 = \frac{1116}{100} \div \frac{\boxed{}}{100}$$
$$= 1116 \div \boxed{}$$
$$= \boxed{}$$

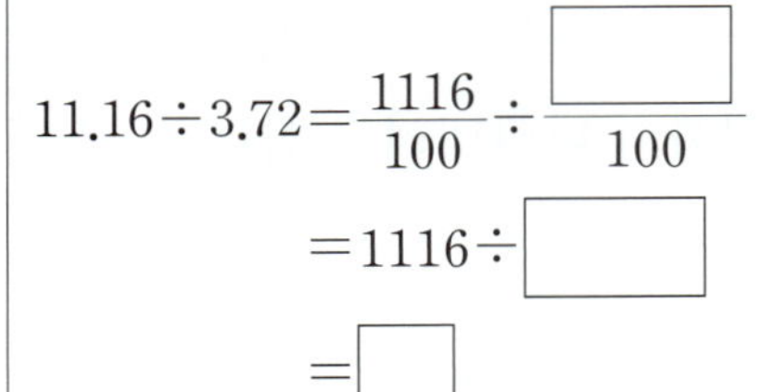

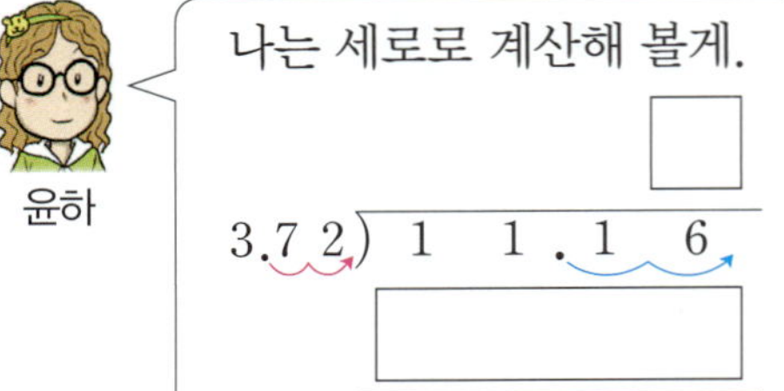

5

철사 76.2 m를 한 사람에게 8 m씩 나누어
줄 때 나누어 줄 수 있는 사람 수와 남는 철사의
길이를 구하려고 합니다. □ 안에 알맞은 수를
써넣으세요.

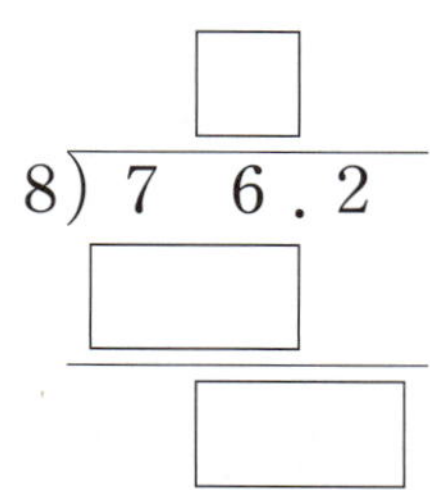

➜ 철사는 □ 명에게 나누어 줄 수 있고,

나누어 주고 남는 철사는 □ m입니다.

6 시험에 꼭!

계산 결과를 비교하여 ○ 안에 >, =, <를
알맞게 써넣으세요.

$$42.5 \div 1.7 \bigcirc 3.78 \div 0.14$$

7

빈칸에 알맞은 수를 써넣으세요.

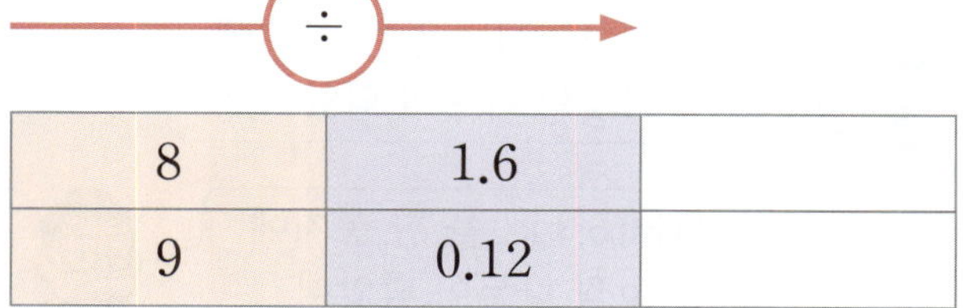

8	1.6	
9	0.12	

8

나눗셈의 몫이 큰 것부터 차례로 기호를 써
보세요.

㉠ $8.64 \div 3.2$	㉡ $9.96 \div 2.49$
㉢ $12.6 \div 0.9$	㉣ $15 \div 1.25$

( )

9

<u>잘못</u> 계산한 곳을 찾아 바르게 계산해 보세요.

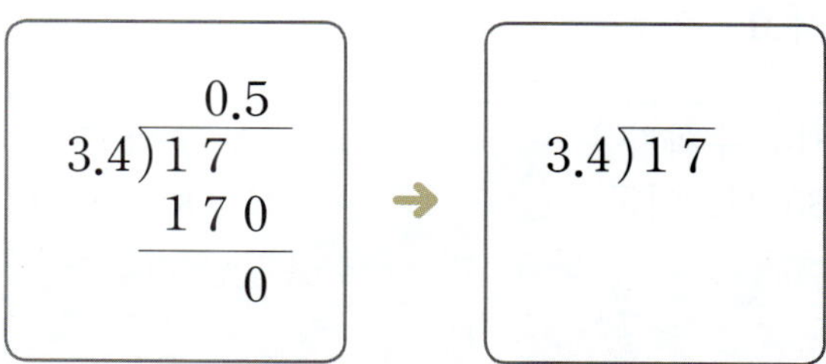

10

$9.5 \div 3$의 몫에 대한 설명으로 바르지 <u>않은</u>
것을 골라 기호를 써 보세요.

㉠ 몫을 반올림하여 소수 둘째 자리까지
　나타내면 3.17입니다.
㉡ 몫을 반올림하여 소수 첫째 자리까지
　나타내면 3.2입니다.
㉢ 몫을 자연수까지 구하면 3이고 나머지는
　0.16666입니다.

( )

11

가장 큰 수를 가장 작은 수로 나눈 몫을 반올림하여 소수 둘째 자리까지 나타내 보세요.

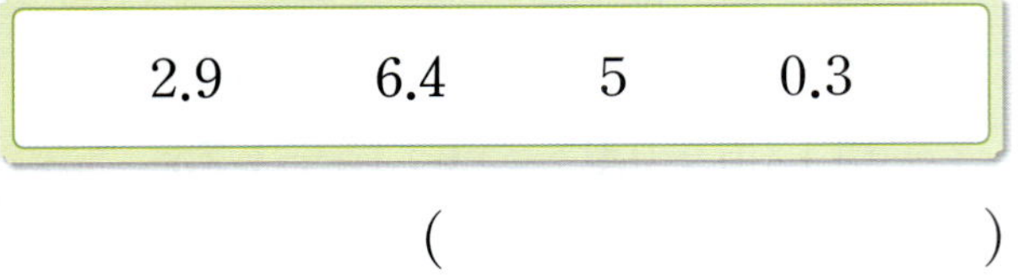

| 2.9 | 6.4 | 5 | 0.3 |

(   )

12

배추 수확량은 무 수확량의 몇 배인지 구해 보세요.

(   )

13

몫을 반올림하여 일의 자리까지 나타내었을 때 몫이 더 큰 나눗셈에 ◯표 하세요.

| $29 \div 6$ | $38.4 \div 9$ |

(   )   (   )

14

몫을 반올림하여 소수 첫째 자리까지 나타내었을 때 몫이 다른 하나를 찾아 기호를 써 보세요.

| ㉠ $4.6 \div 3$ | ㉡ $11 \div 7$ | ㉢ $14.5 \div 9$ |

(   )

15 시험에 꼭!

흥부가 금은보화를 담은 주머니는 몇 개이고, 남는 금은보화는 몇 kg인지 구해 보세요.

주머니 개수: ☐ 개

남는 금은보화의 양: ☐ kg

16

승아와 선규는 과수원에서 딴 사과를 봉지에 각각 나누어 담았습니다. 봉지에 나누어 담고 남는 사과의 양이 더 많은 사람은 누구인지 구해 보세요.

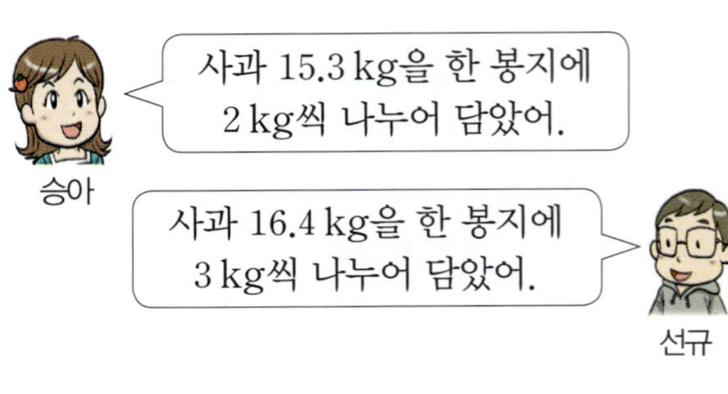

(   )

17 도전해 얍!

□ 안에 알맞은 수를 써넣으세요.

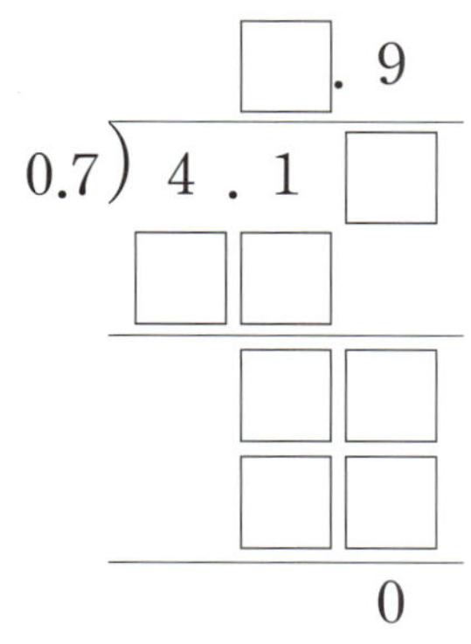

18 도전해 얍!

상콤 가게에서 파는 아이스크림 가격입니다. 같은 양의 아이스크림 가격을 비교하면 어느 것이 가장 저렴한지 구해 보세요.

싱글콘	싱글컵	더블컵
0.25 kg	0.4 kg	0.8 kg
2000원	3000원	5500원

(   )

19

재홍이는 자전거를 타고 집에서 12.76 km 떨어진 할머니 댁에 가고 있습니다. 2.9 km 까지 왔다면 남은 거리는 지금까지 온 거리의 몇 배인지 풀이 과정을 쓰고, 답을 구해 보세요.

풀이

답

20

리본 2 m로 상자 하나를 묶을 수 있습니다. 똑같은 모양의 상자를 리본으로 묶을 때 리본 12.7 m로 묶을 수 있는 상자 수와 남는 리본의 길이를 구하려고 합니다. 풀이 과정을 쓰고, 답을 구해 보세요.

풀이

답   ,

❷ 소수의 나눗셈

[1~15] 계산해 보세요.

1 $0.9\overline{)2.7}$

6 $0.4\overline{)0.6\,8}$

11 $0.5\overline{)3}$

2 $2.3\overline{)3\,4.5}$

7 $3.8\overline{)7.2\,2}$

12 $1.6\overline{)8}$

3 $0.0\,3\overline{)0.1\,8}$

8 $3.1\overline{)8.3\,7}$

13 $1.2\overline{)1\,8}$

4 $0.3\,5\overline{)4.5\,5}$

9 $4.1\overline{)3.6\,9}$

14 $0.2\,5\overline{)1}$

5 $1.0\,4\overline{)1\,6.6\,4}$

10 $5.7\overline{)5\,5.2\,9}$

15 $1.6\,8\overline{)4\,2}$

▶ 정답 21쪽

[16~20] 몫을 반올림하여 주어진 자리까지 나타내 보세요.

16 $7 \div 3$

➜ 일의 자리 (   )

17 $5 \div 13$

➜ 소수 첫째 자리 (   )

18 $10.54 \div 7$

➜ 소수 첫째 자리 (   )

19 $5.6 \div 1.3$

➜ 소수 둘째 자리 (   )

20 $8.2 \div 0.6$

➜ 소수 둘째 자리 (   )

[21~25] 나눗셈의 몫을 자연수 부분까지 구하고 남는 수를 구해 보세요.

21 $5.3 \div 2$

몫 (   )
나머지 (   )

22 $22.3 \div 3$

몫 (   )
나머지 (   )

23 $27.7 \div 4$

몫 (   )
나머지 (   )

24 $60.5 \div 8$

몫 (   )
나머지 (   )

25 $147.1 \div 6$

몫 (   )
나머지 (   )

3
단원

공간과 입체

쌓기나무 몇 개로 만든 거지?
위, 앞, 옆에서 본 모양을 보고 개수를 추측할 수 있어.
쌓기나무로 쌓은 모양이네.
층별로 나타낸 모양을 보고 개수를 추측할 수도 있지!

✪ 쌓은 모양은 보는 방향에 따라 어떻게 변할까요?

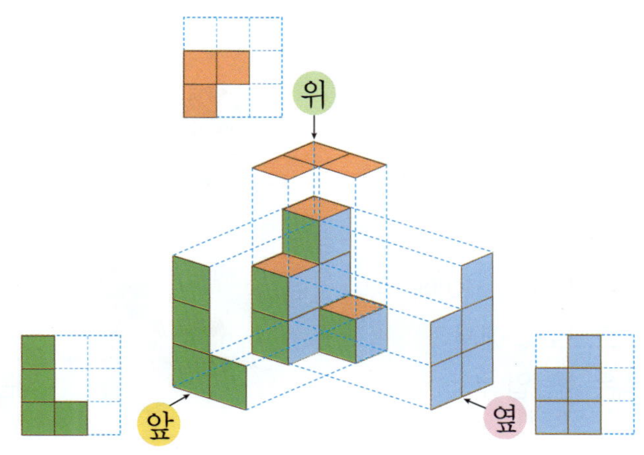

✪ 똑같은 모양으로 쌓으려면 쌓기나무는 몇 개 필요할까요?

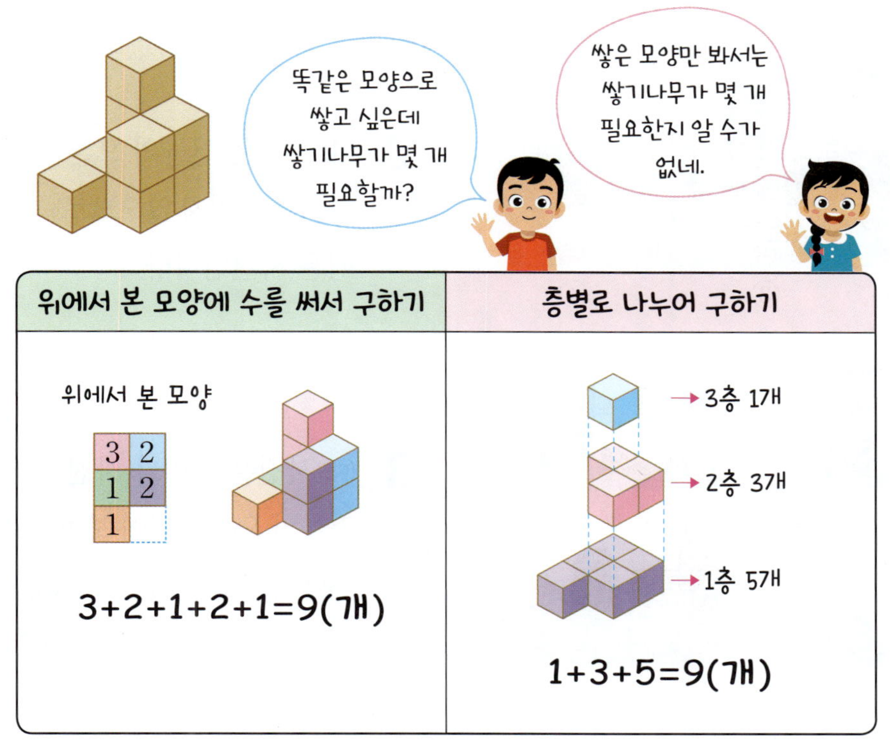

개념 1 바라본 방향에 따라 보이는 모습 알아보기

✪ 물체를 보는 위치와 방향에 따라 보이는 모양이 다릅니다.

나무가 왼쪽에 있으므로 ①에서 찍은 사진입니다.

나무 줄기가 빨간 집에 가려서 보이지 않으므로 ②에서 찍은 사진입니다.

나무가 두 집 사이에 있으므로 ③에서 찍은 사진입니다.

나무가 오른쪽에 있으므로 ④에서 찍은 사진입니다.

[1~3] 현우네 반 학생들은 오리 배를 타면서 사진을 찍었습니다. 어떤 오리 배에서 찍은 것인지 ☐ 안에 알맞은 번호를 써넣으세요.

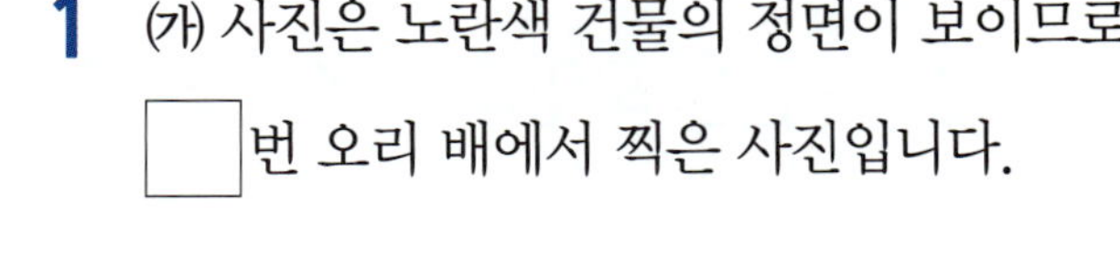

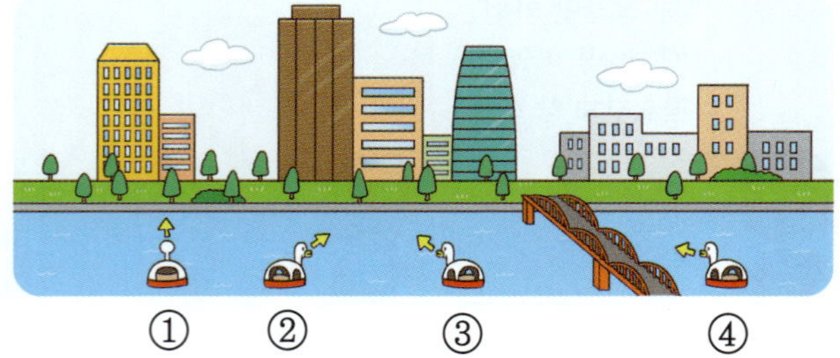

(가)

(다)

(나)

(라)

1 (가) 사진은 노란색 건물의 정면이 보이므로 ☐번 오리 배에서 찍은 사진입니다.

2 (나) 사진은 건물의 오른쪽 면이 보이고, 다리가 보이지 않으므로 ☐번 오리 배에서 찍은 사진입니다.

3 (다) 사진은 다리가 사진의 왼쪽에 있으면서 건물의 오른쪽 면이 보이므로 ☐번 오리 배에서 찍은 사진이고, (라) 사진은 건물의 왼쪽 면이 보이므로 ☐번 오리 배에서 찍은 사진입니다.

[4~6] 진아네 모둠 친구들은 고인돌의 사진을 여러 방향에서 찍었습니다. 물음에 답하세요.

4 다음 사진은 누가 찍은 것인지 이름을 써 보세요.

(   )

5 예서가 찍은 사진에 ○표 하세요.

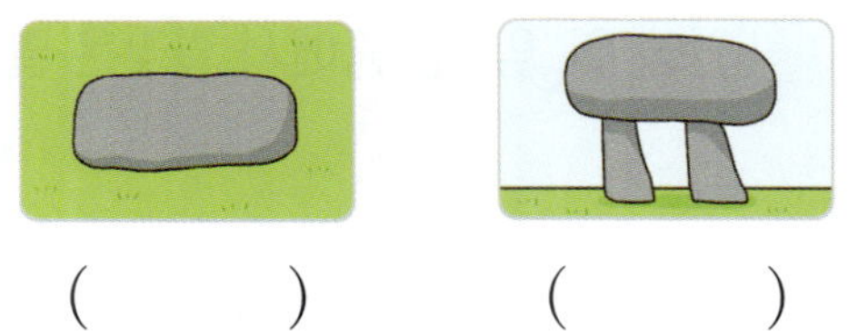

(   )   (   )

6 주원이와 진아가 찍은 사진을 찾아 기호를 각각 써 보세요.

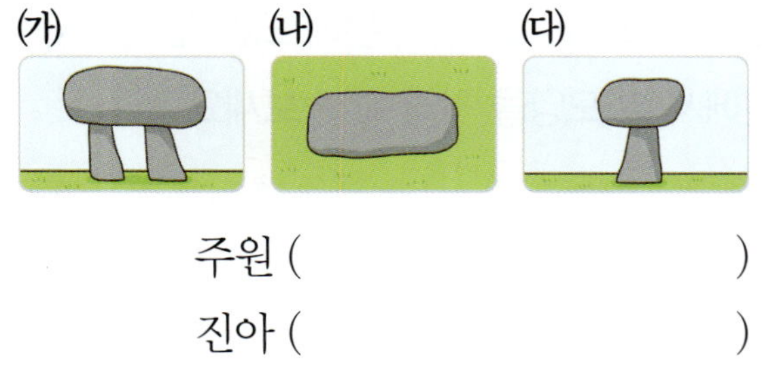

주원 (   )

진아 (   )

[7~10] 다음과 같이 컵을 놓고 사진을 ①～⑥ 방향에서 찍었습니다. 물음에 답하세요.

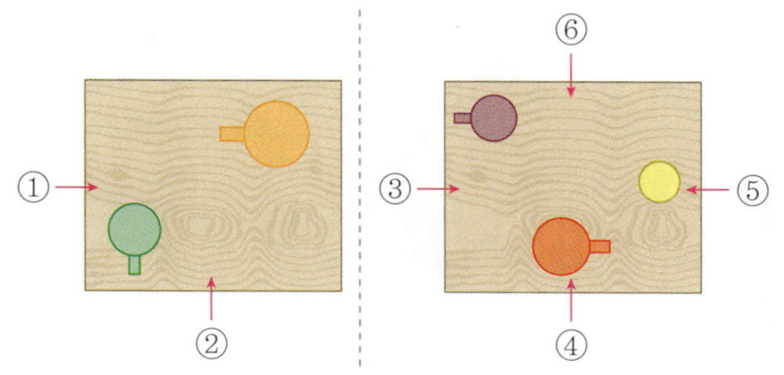

7 다음 사진은 어느 방향에서 찍은 것일까요?

(   )

8 ①에서 찍은 사진을 찾아 기호를 써 보세요.

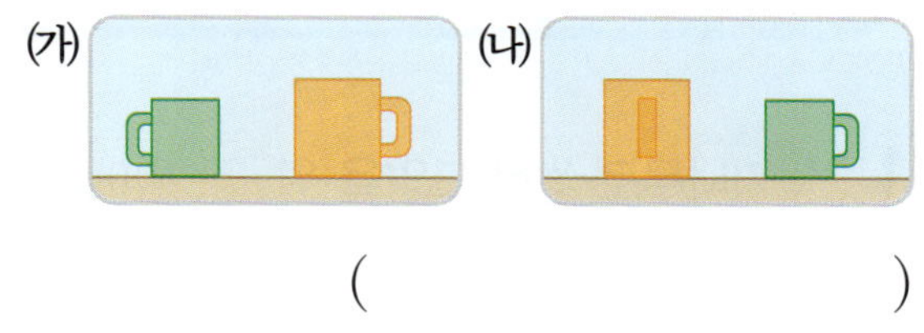

(   )

9 ⑥에서 찍은 사진을 찾아 기호를 써 보세요.

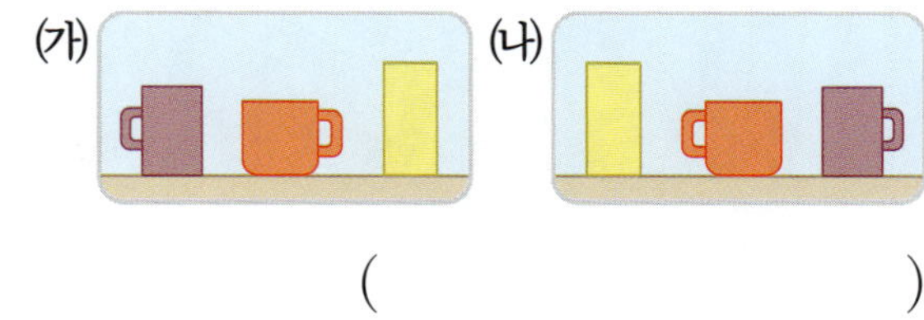

(   )

10 다음 사진은 어느 방향에서 찍은 것일까요?

(   )

개념 2 · 여러 방향에서 본 모양 알아보기

✪ 위, 앞, 옆에서 본 모양 그리기

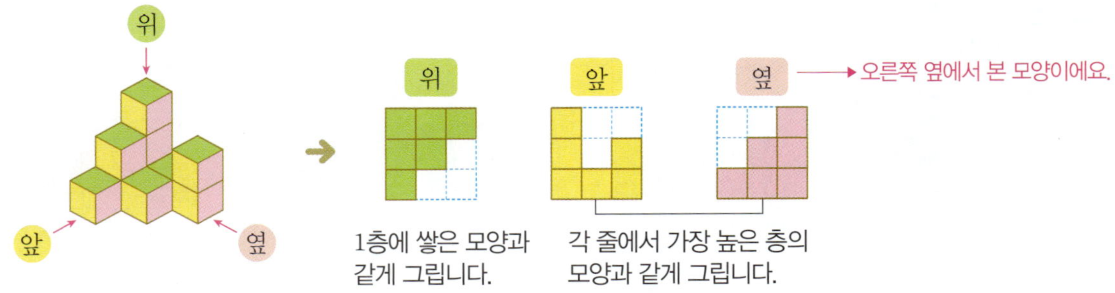

✪ 위, 앞, 옆에서 본 모양으로 쌓은 모양 알아보기

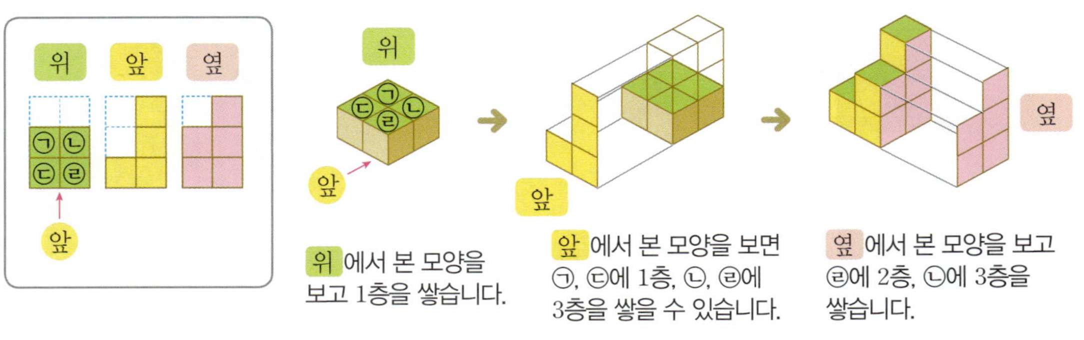

1 쌓기나무로 쌓은 모양을 위, 앞, 옆에서 본 모양입니다. ☐ 안에 위, 앞, 옆 중에서 알맞은 말을 써넣으세요.

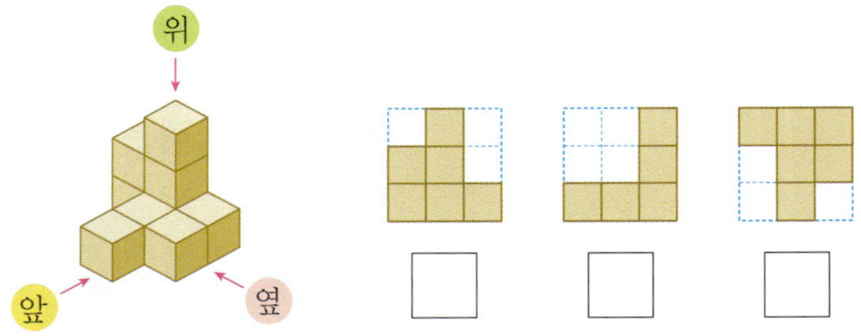

2 쌓은 모양을 위에서 볼 때 보이는 부분에 초록색, 앞에서 볼 때 보이는 부분에 노란색, 옆에서 볼 때 보이는 부분에 분홍색을 색칠하였습니다. 위, 앞, 옆에서 본 모양을 각각 그려 보세요.

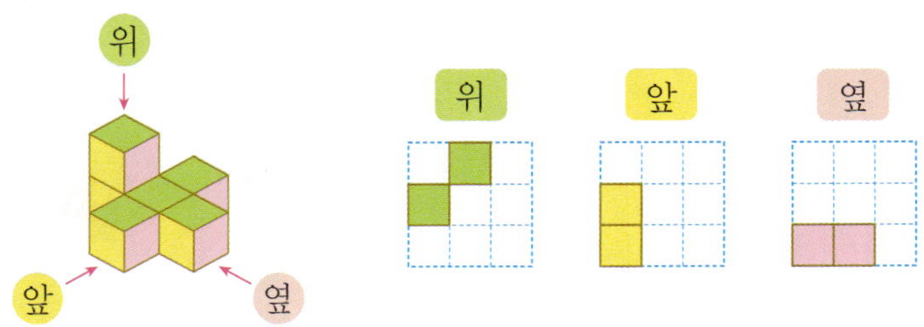

[3~4] 쌓기나무로 쌓은 모양과 위에서 본 모양을 보고 앞과 옆에서 본 모양을 각각 그려 보세요.

3

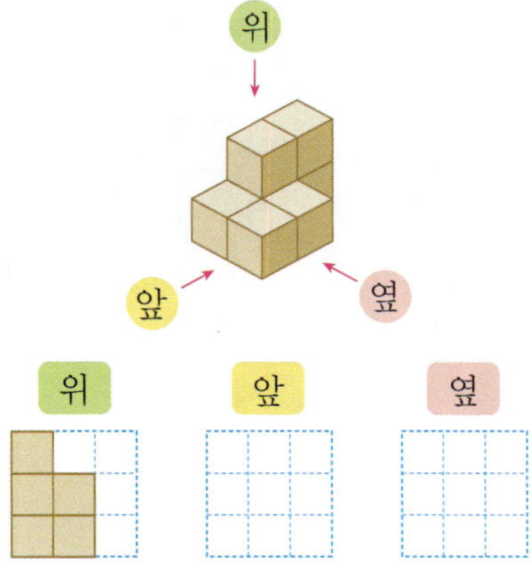

4

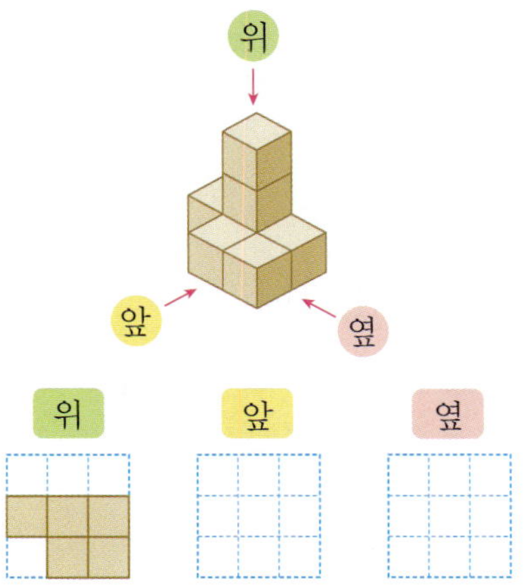

5 쌓기나무로 쌓은 모양을 보고 위, 앞, 옆에서 본 모양을 각각 그려 보세요.

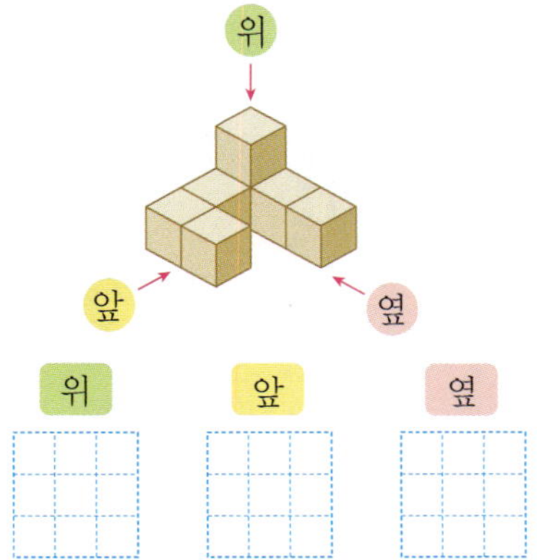

[6~7] 쌓기나무로 쌓은 모양을 위, 앞, 옆에서 본 모양입니다. 쌓은 모양을 찾아 기호를 써 보세요.

6

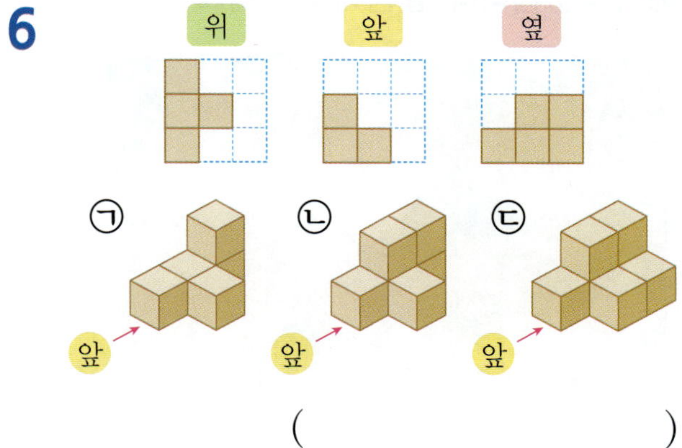

( )

7

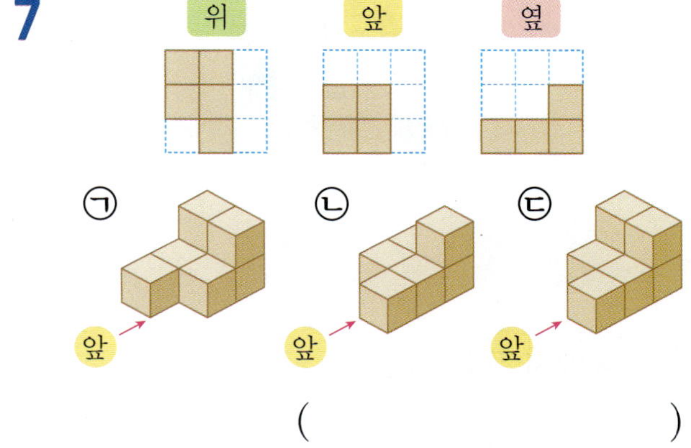

( )

8  개념 체크

쌓기나무로 쌓은 모양과 위에서 본 모양을 보고 □ 안에 앞, 옆 중에서 알맞은 말을 써넣으세요.

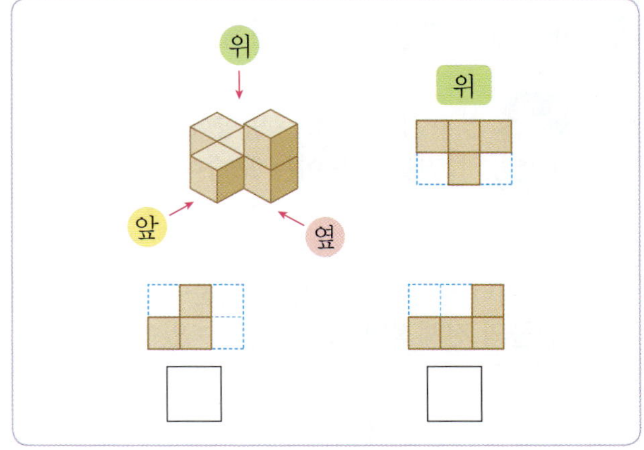

 바라본 방향에 따라 보이는 모습 알아보기

[1~3] 공원에 있는 건물의 사진을 ①~④ 방향에서 찍었습니다. 물음에 답하세요.

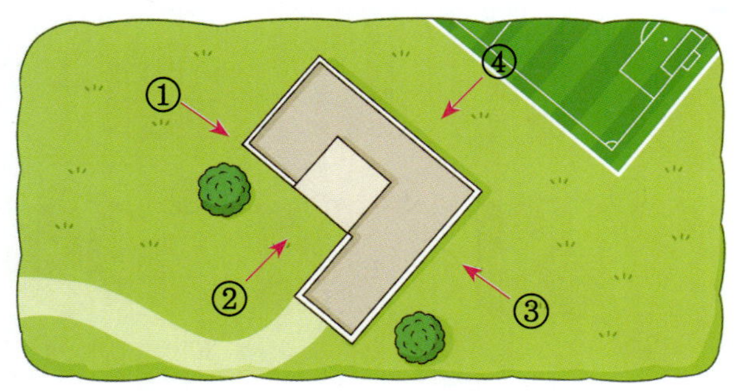

1 다음 사진은 어느 방향에서 찍은 것일까요?

(   )

2 ③에서 찍은 사진에 ◯표 하세요.

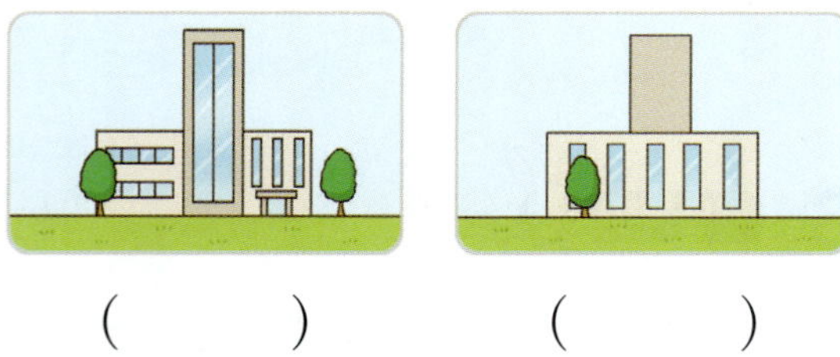

(   )   (   )

3 바르게 설명한 사람의 이름을 써 보세요.

(   )

[4~5] 리듬체조를 하는 장면을 촬영하고 있습니다. 물음에 답하세요.

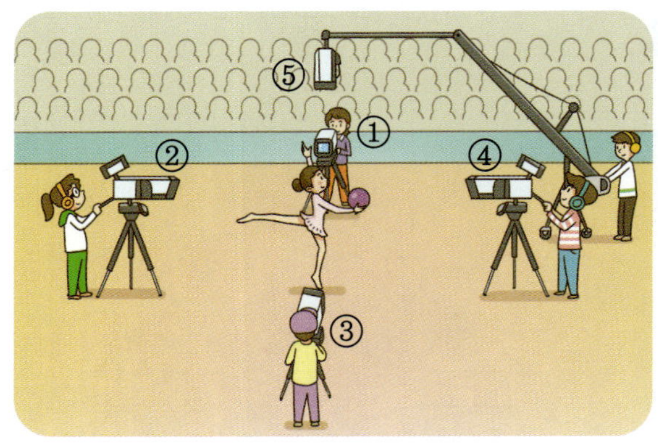

4 각 장면을 촬영하고 있는 카메라를 찾아 ☐ 안에 번호를 써넣으세요.

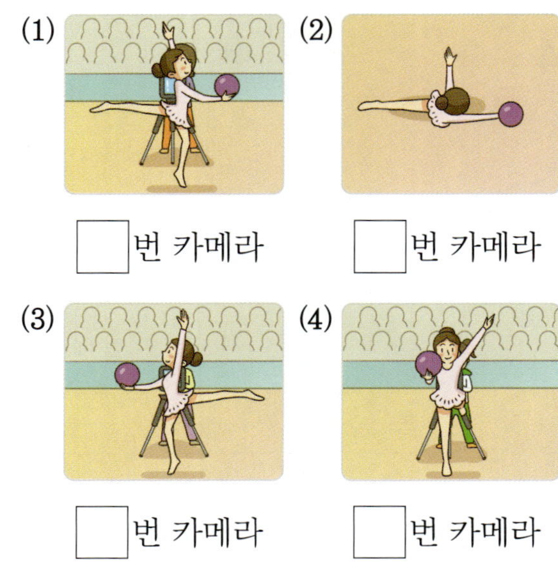

(1)   (2)

☐ 번 카메라   ☐ 번 카메라

(3)   (4)

☐ 번 카메라   ☐ 번 카메라

5 다음 장면은 몇 번 카메라로 촬영한 것인지 ☐ 안에 번호를 써넣고, 그 이유를 써 보세요.

☐ 번 카메라

개념 2 여러 방향에서 본 모양 알아보기

6 쌓기나무로 쌓은 모양과 위에서 본 모양입니다. 앞과 옆에서 본 모양을 보기 에서 찾아 □ 안에 기호를 써 보세요.

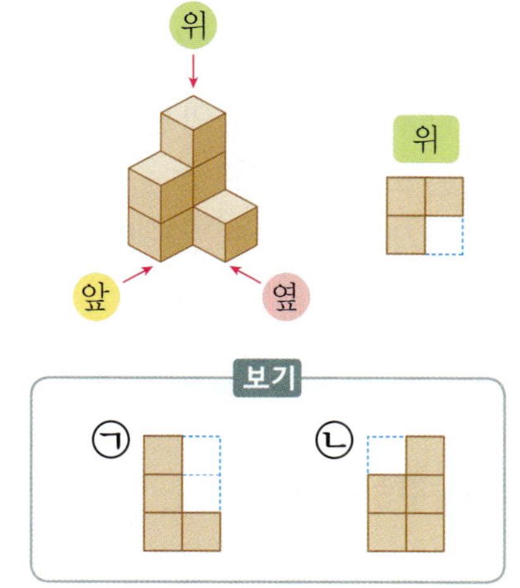

보기

앞에서 본 모양은 □ 이고, 옆에서 본 모양은 □ 입니다.

7 쌓은 모양과 위에서 본 모양입니다. 관계있는 것끼리 이어 보세요.

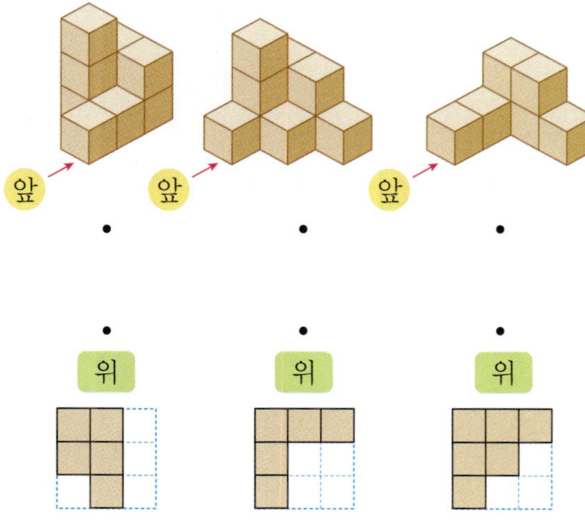

8 쌓기나무로 쌓은 3가지 모양입니다. 앞에서 본 모양이 <u>다른</u> 하나를 찾아 기호를 써 보세요.

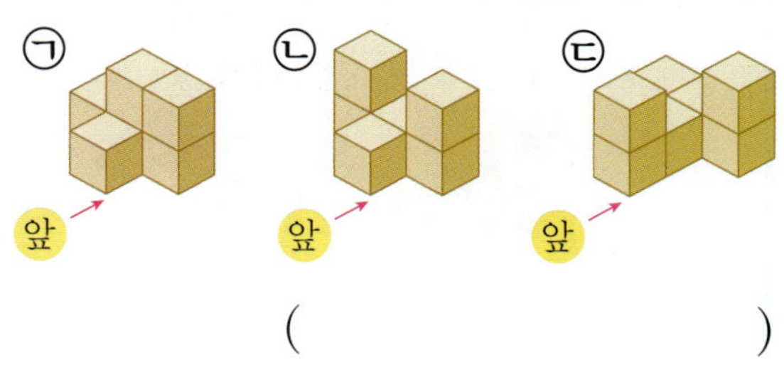

(   )

9 쌓기나무로 쌓은 모양을 보고 위, 앞, 옆에서 본 모양을 각각 그려 보세요.

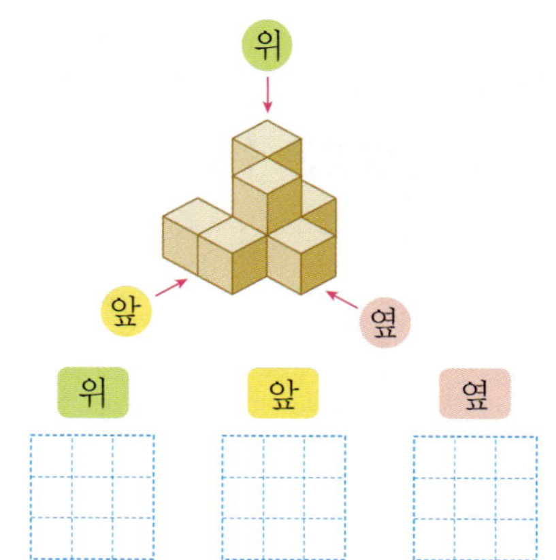

10 쌓기나무로 쌓은 모양을 위, 앞, 옆에서 본 모양입니다. 가능한 모양을 모두 찾아 기호를 써 보세요.

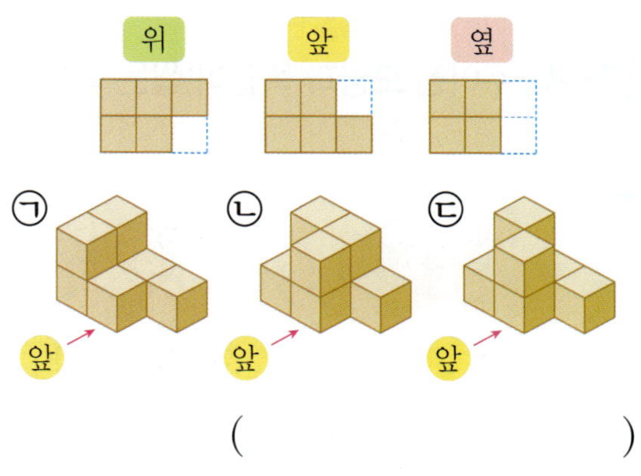

(   )

개념 3 쌓기나무의 개수 구하기 (1) 쌓은 모양과 위에서 본 모양

✪ 숨겨진 쌓기나무가 없는 경우

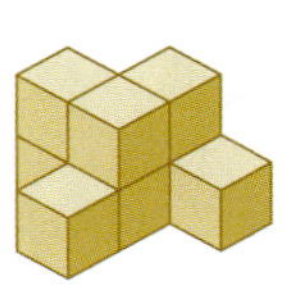

위에서 본 모양

쌓은 모양에서 보이는 위의 면들과
위에서 본 모양이 같으므로
뒤에 숨겨진 쌓기나무가 없습니다.

→ 쌓기나무의 개수: 8개

✪ 숨겨진 쌓기나무가 있는 경우

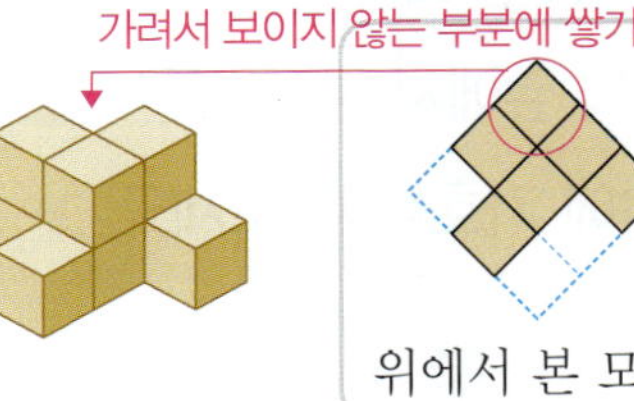

쌓은 모양에서 보이는 위의 면들과
위에서 본 모양이 다르므로
숨겨진 쌓기나무가 1개 있습니다.

→ 쌓기나무의 개수: 9개

[1~2] 주어진 모양과 똑같이 쌓는 데 필요한 쌓기나무의 개수를 구하려고 합니다. 알맞은 말에 ◯표 하고, ☐ 안에 알맞은 수를 써넣으세요.

1

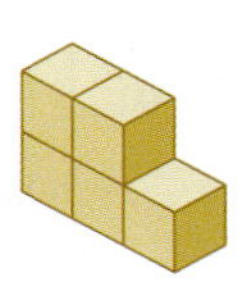

위에서 본 모양

쌓은 모양에서 보이는 위의 면들과 위에서
본 모양이 (같으므로 , 다르므로) 뒤에
숨겨진 쌓기나무가 (있습니다 , 없습니다).

→ 쌓기나무 개수: ☐ 개

2

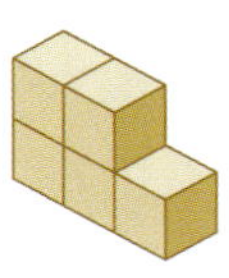

위에서 본 모양

쌓은 모양에서 보이는 위의 면들과 위에서
본 모양이 (같으므로 , 다르므로) 뒤에
숨겨진 쌓기나무가 (있습니다 , 없습니다).

→ 쌓기나무 개수: ☐ 개

[3~4] 주어진 모양과 똑같이 쌓는 데 필요한 쌓기나무의 개수를 구해 보세요.

3

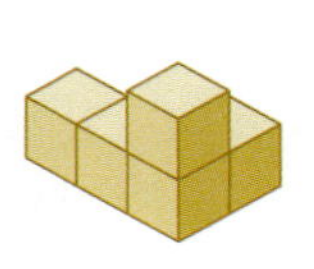

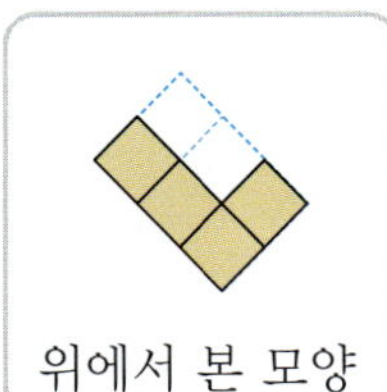
위에서 본 모양

(   )

4

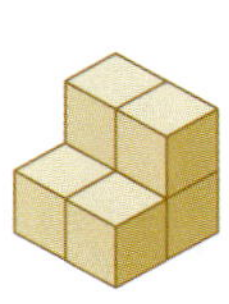

위에서 본 모양

(   )

개념 **4** 쌓기나무의 개수 구하기 (2) 위, 앞, 옆에서 본 모양

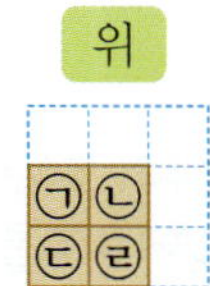

① 앞 에서 본 모양을 보면 ㉠과 ㉢ 부분은 쌓기나무가 각각 1개입니다.

② 앞, 옆 에서 본 모양을 보면 ㉣ 부분은 쌓기나무가 2개, ㉡ 부분은 쌓기나무가 3개입니다.

→ (쌓기나무의 개수) = 1 + 3 + 1 + 2 = 7(개)
　　　　　　　　　　㉠　㉡　㉢　㉣

[1~4] 쌓기나무로 쌓은 모양을 위, 앞, 옆에서 본 모양입니다. □ 안에 알맞은 수를 써넣으세요.

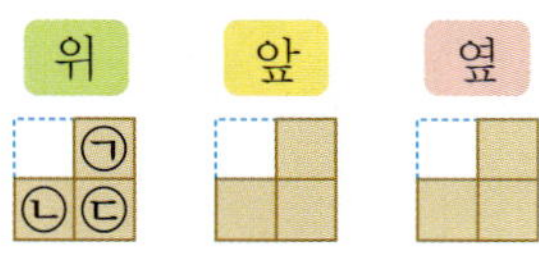

1 앞 에서 본 모양을 보면 ㉡ 부분은 쌓기나무가 □ 개입니다.

2 옆 에서 본 모양을 보면 ㉠ 부분은 쌓기나무가 □ 개입니다.

3 앞, 옆 에서 본 모양을 보면 ㉢ 부분은 쌓기나무가 □ 개입니다.

4 똑같은 모양으로 쌓는 데 필요한 쌓기나무는 □ + □ + □ = □ (개)입니다.

[5~7] 쌓기나무로 쌓은 모양을 위, 앞, 옆에서 본 모양입니다. 똑같은 모양으로 쌓는 데 필요한 쌓기나무의 개수를 구해 보세요.

5

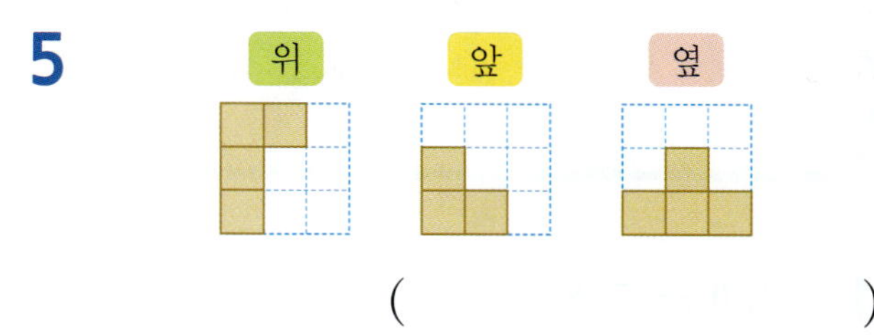

(　　　　　　　)

6

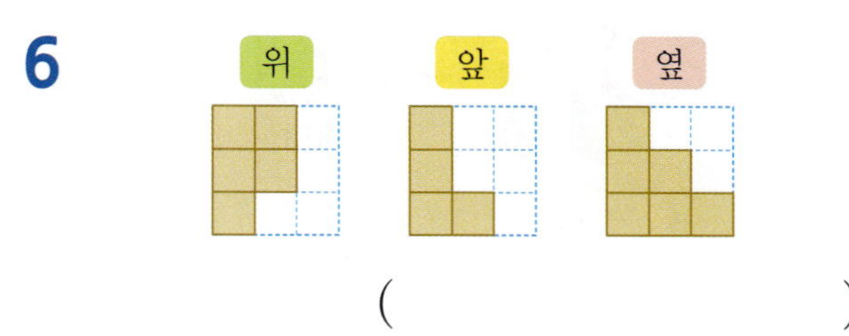

(　　　　　　　)

7

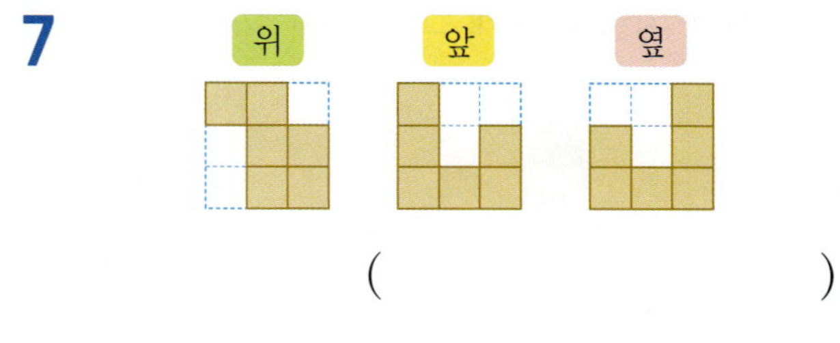

(　　　　　　　)

개념 5 위에서 본 모양에 수 쓰기

✪ 위에서 본 모양에 수를 써서 쌓기나무의 개수 구하기

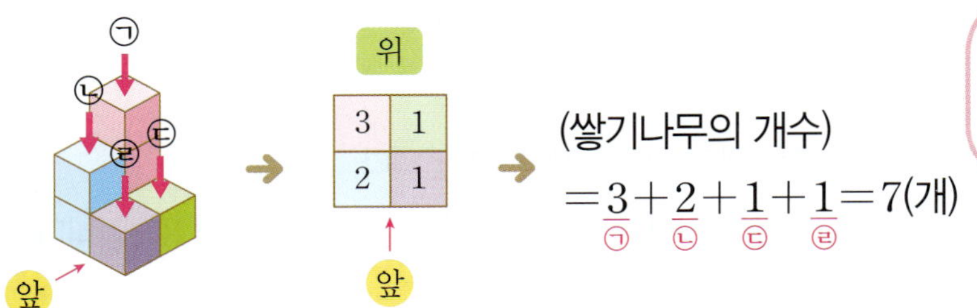

✪ 위에서 본 모양에 수를 쓴 것을 보고 쌓은 모양 알아보기

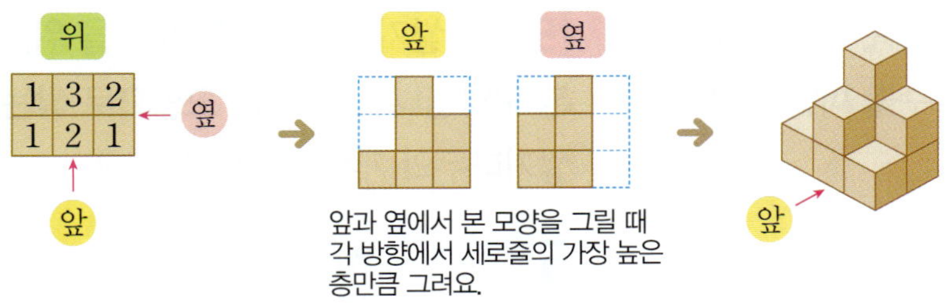

1 쌓기나무로 쌓은 모양을 보고 똑같이 쌓는데 필요한 쌓기나무의 개수를 구하려고 합니다. 빈칸에 알맞은 수를 써넣으세요.

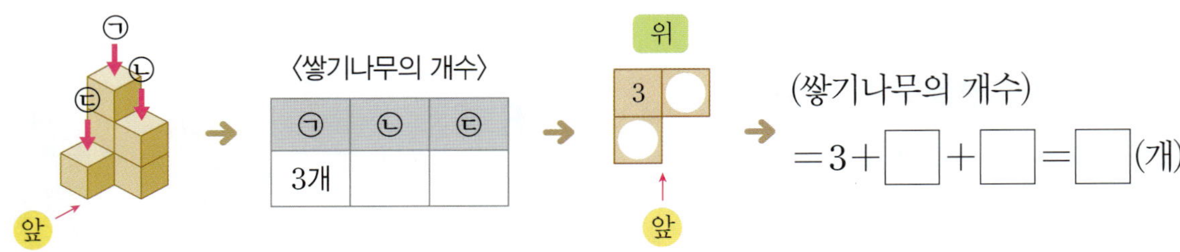

2 쌓기나무로 쌓은 모양을 보고 위에서 본 모양의 각 자리에 수를 썼습니다. 앞에서 본 모양과 옆에서 본 모양을 바르게 그린 것에 각각 ◯표 하세요.

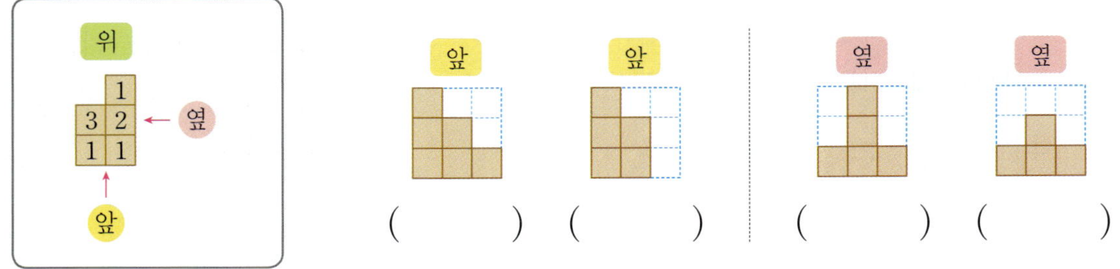

[3~6] 쌓기나무로 쌓은 모양을 보고 위에서 본 모양의 각 자리에 수를 쓰고, 똑같은 모양으로 쌓는 데 필요한 쌓기나무의 개수를 구해 보세요.

3

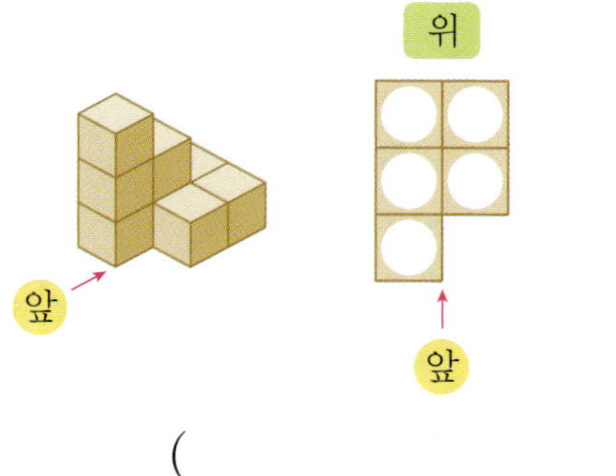

(   )

4

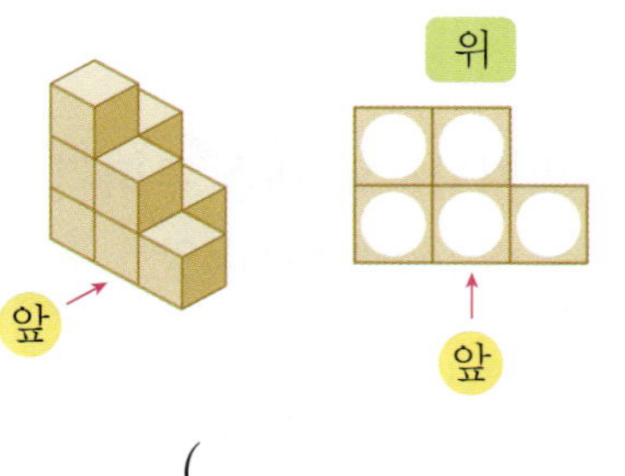

(   )

5

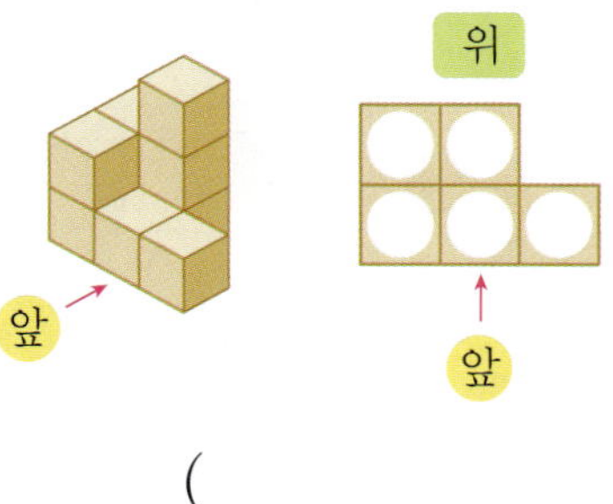

(   )

6

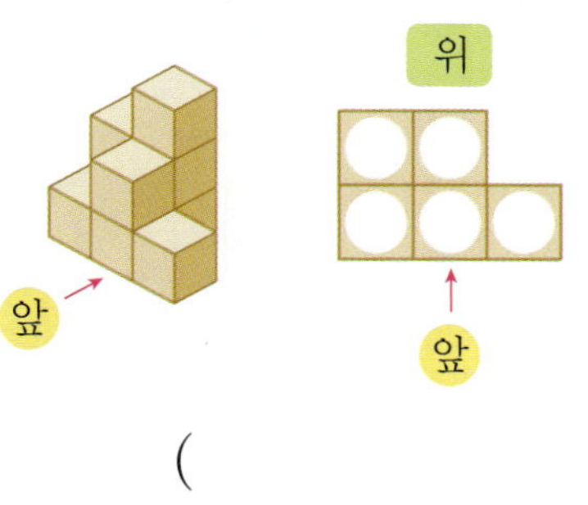

(   )

[7~9] 쌓기나무로 쌓은 모양을 보고 위에서 본 모양의 각 자리에 수를 썼습니다. 앞과 옆에서 본 모양을 각각 그려 보세요.

7

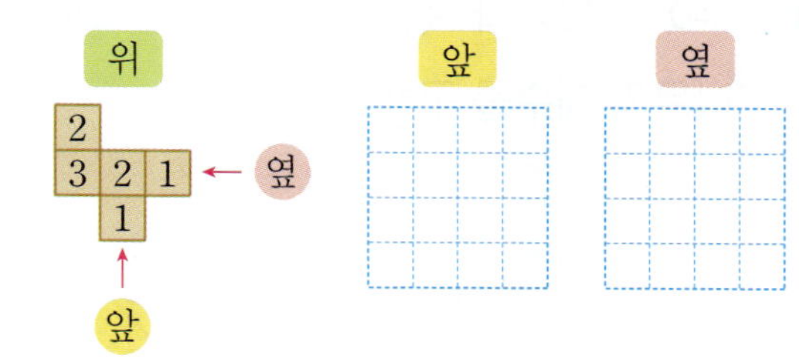

8

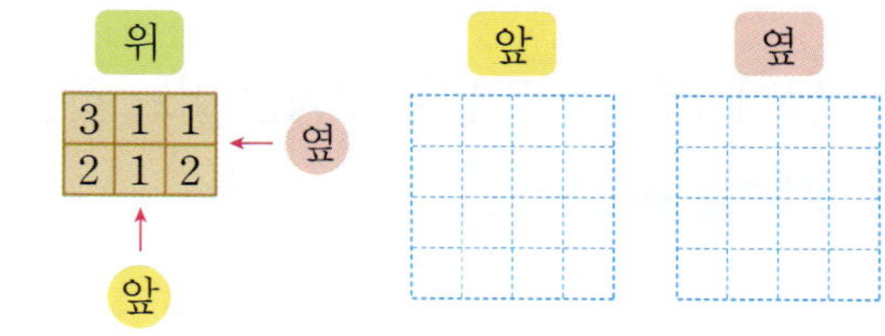

9

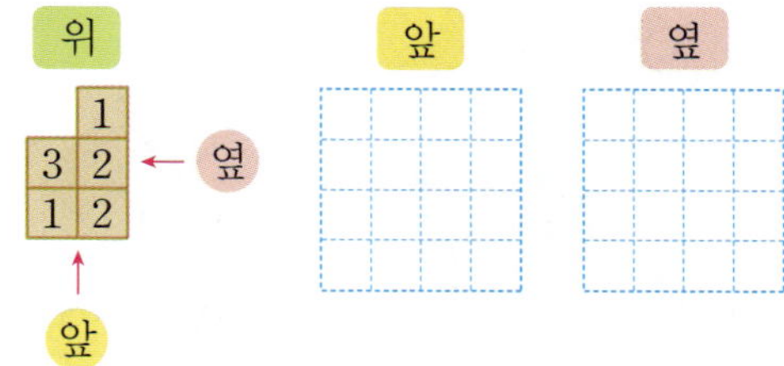

10  개념 체크

알맞은 말에 ◯표 하세요.

위에서 본 모양의 각 자리에 수를 쓴 것을 보고 앞과 옆에서 본 모양을 그릴 때 각 방향에서 세로줄의 가장 (높은 , 낮은) 층만큼 그리면 됩니다.

개념 유형 익히기

1 주어진 모양과 똑같이 쌓는 데 필요한 쌓기나무의 개수를 구해 보세요.

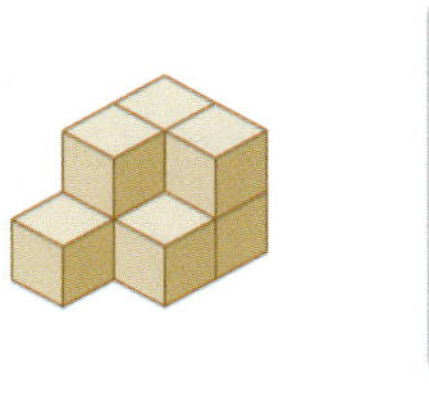 

위에서 본 모양

(   )

2 쌓기나무 9개로 쌓은 모양은 어느 것인지 기호를 써 보세요.

㉠ 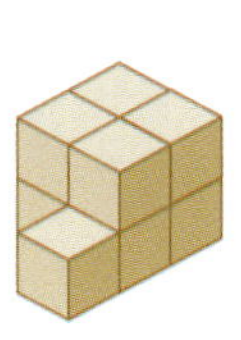 

위에서 본 모양

㉡ 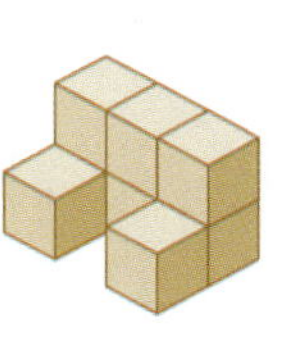 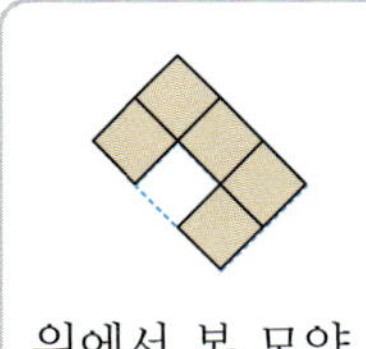

위에서 본 모양

(   )

3 준서는 쌓기나무를 18개 가지고 있습니다. 주어진 모양과 똑같이 쌓고 남는 쌓기나무는 몇 개인지 구해 보세요.

위에서 본 모양

(   )

4 오른쪽 쌓기나무를 보고 위에서 본 모양이 될 수 <u>없는</u> 것을 모두 찾아 기호를 써 보세요.

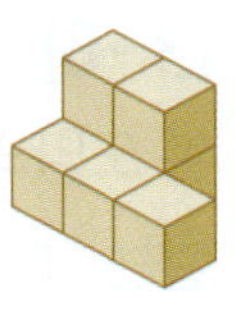

㉠ 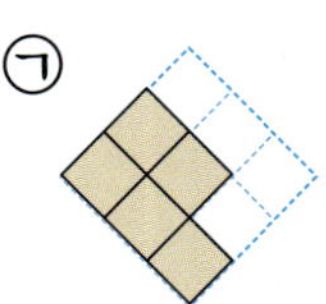   ㉡ 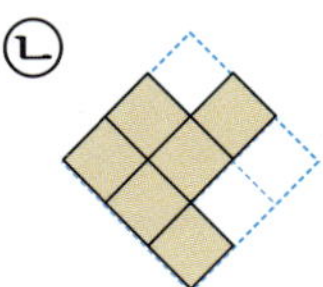

㉢ 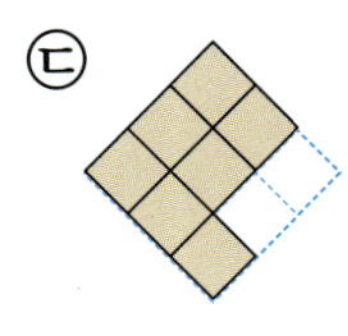   ㉣ 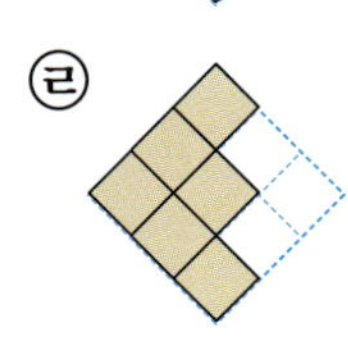

(   )

5 쌓기나무로 쌓은 모양을 위, 앞, 옆에서 본 모양입니다. 똑같이 쌓는 데 필요한 쌓기나무의 개수를 구해 보세요.

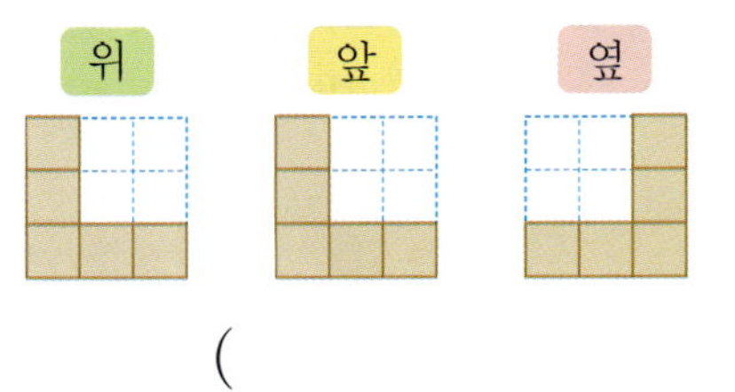

(   )

6 쌓기나무로 쌓은 모양을 위와 앞에서 본 모양입니다. 옆에서 본 모양을 그려 보세요.

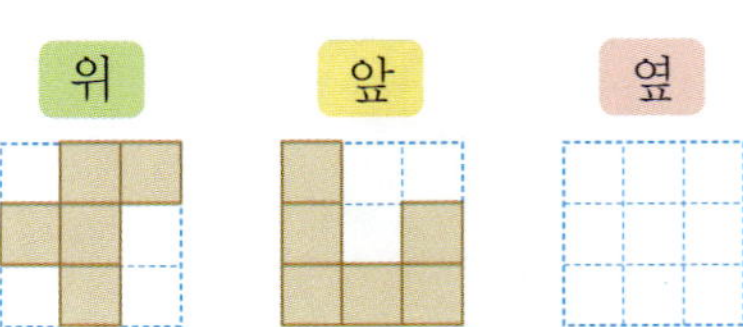

개념 5 위에서 본 모양에 수 쓰기

7 쌓기나무로 쌓은 모양을 보고 위에서 본 모양의 각 자리에 수를 바르게 쓴 것을 찾아 기호를 써 보세요.

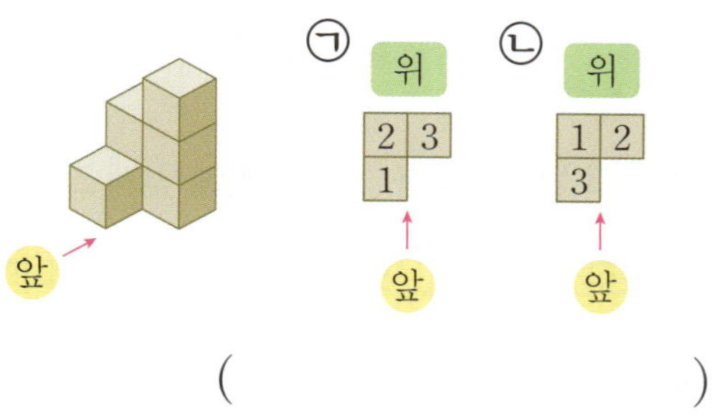

(   )

8 쌓기나무로 쌓은 모양을 보고 위에서 본 모양의 각 자리에 수를 쓰고, 똑같은 모양으로 쌓는 데 필요한 쌓기나무의 개수를 구해 보세요.

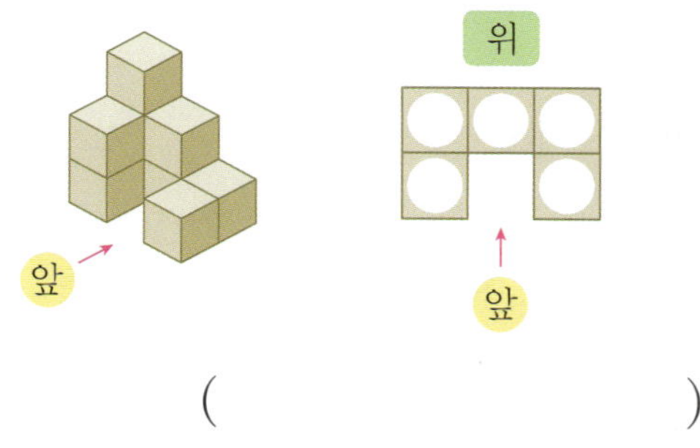

(   )

9 쌓기나무로 쌓은 모양을 위, 앞, 옆에서 본 모양입니다. 위에서 본 모양의 각 자리에 수를 쓰고 똑같은 모양으로 쌓는 데 필요한 쌓기나무의 개수를 구해 보세요.

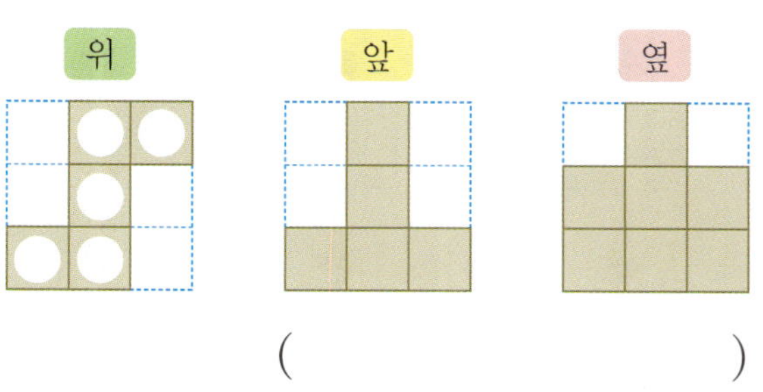

(   )

[10~12] 쌓기나무로 쌓은 모양을 보고 위에서 본 모양의 각 자리에 수를 썼습니다. 물음에 답하세요.

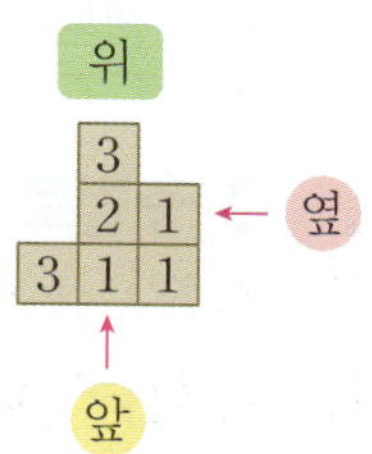

10 똑같은 모양으로 쌓는 데 필요한 쌓기나무의 개수를 구해 보세요.

(   )

11 앞과 옆에서 본 모양을 각각 그려 보세요.

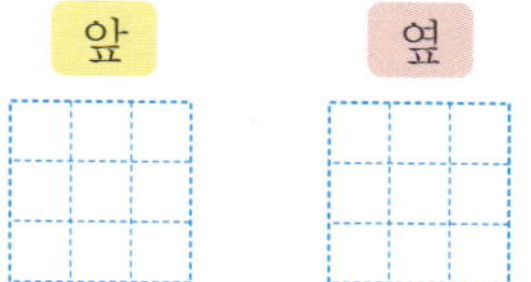

12 쌓은 모양을 찾아 기호를 써 보세요.

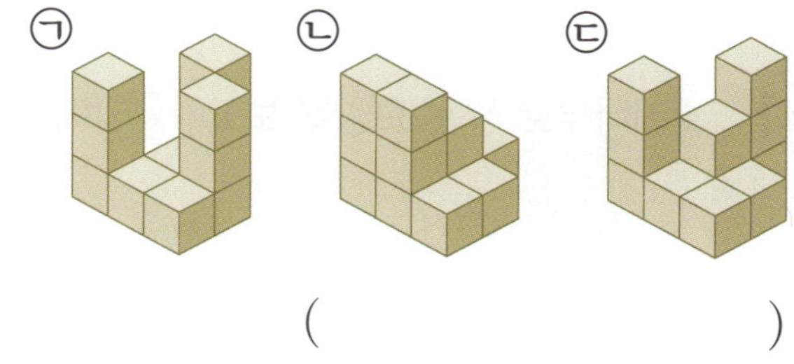

(   )

13 쌓기나무로 쌓은 모양을 보고 위에서 본 모양의 각 자리에 수를 썼습니다. 쌓은 모양을 찾아 기호를 써 보세요.

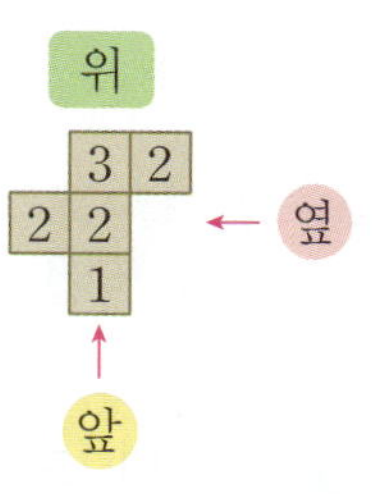

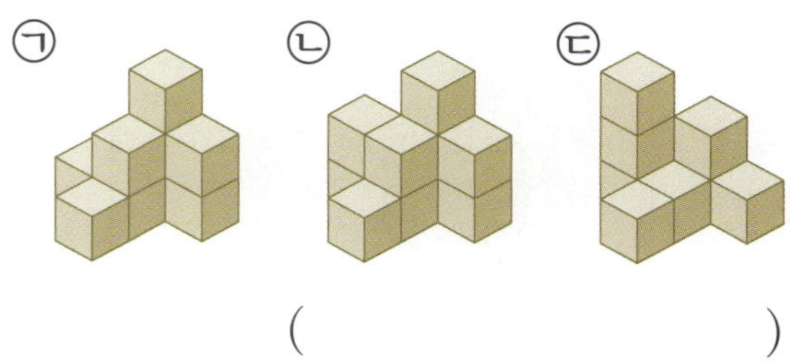

(   )

개념 6 층별로 나누어 보기

✪ 층별로 나누어 쌓기나무의 개수 구하기

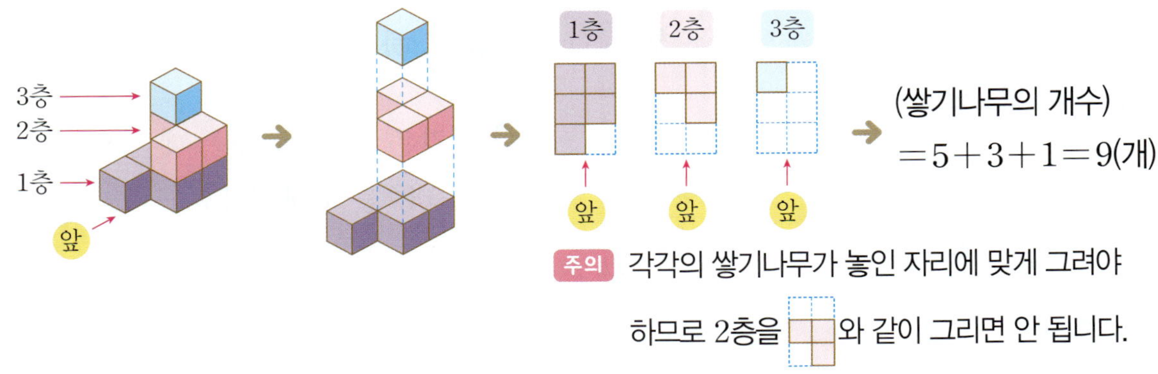

(쌓기나무의 개수)
$= 5 + 3 + 1 = 9$(개)

주의 각각의 쌓기나무가 놓인 자리에 맞게 그려야

하므로 2층을 와 같이 그리면 안 됩니다.

✪ 층별로 나타낸 모양을 보고 쌓은 모양 알아보기

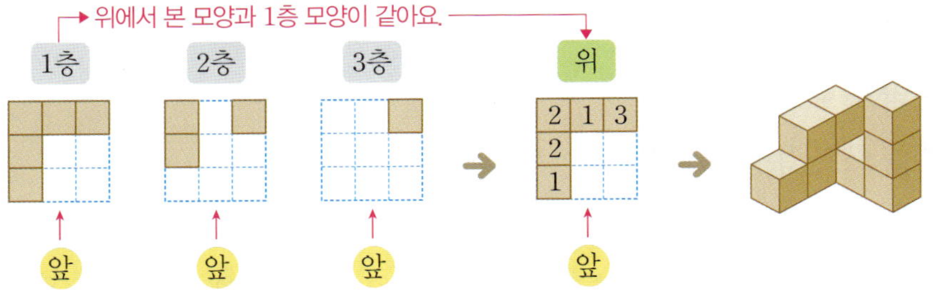

1 쌓기나무로 쌓은 모양을 보고 ☐ 안에 알맞은 수를 써넣으세요.

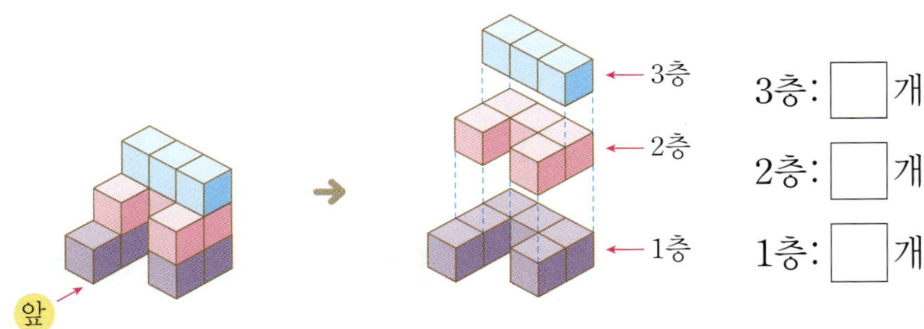

→ 똑같은 모양으로 쌓는 데 필요한 쌓기나무는 ☐ + ☐ + ☐ = ☐ (개)입니다.

2 쌓기나무로 쌓은 모양과 1층 모양을 보고 2층과 3층 모양을 바르게 나타낸 것에 각각 ◯표 하세요.

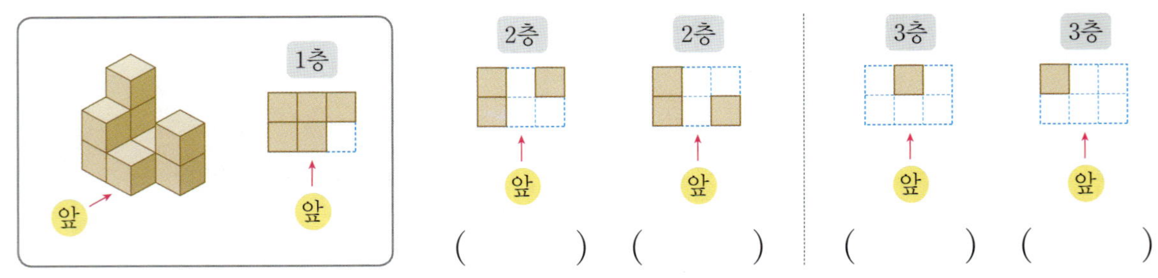

[3~4] 쌓기나무로 쌓은 모양과 1층 모양을 보고 2층과 3층 모양을 각각 그려 보세요.

3

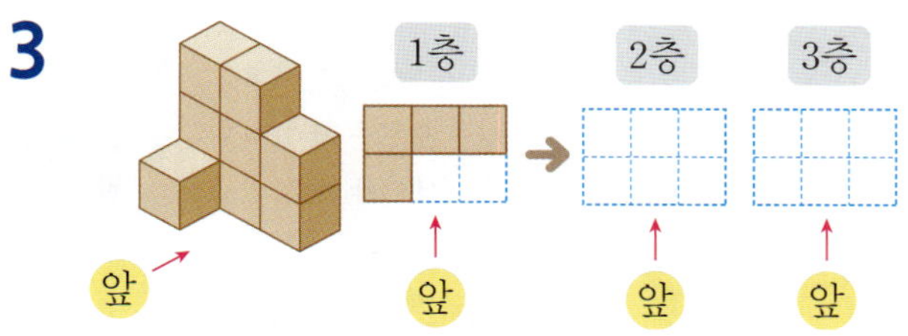

4

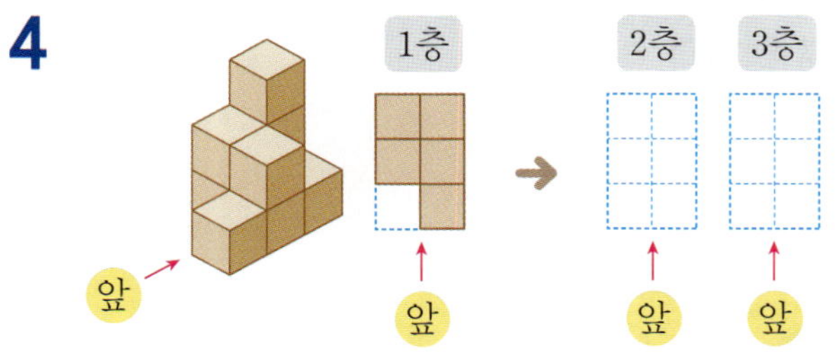

[5~6] 쌓기나무로 쌓은 모양을 층별로 나타낸 모양입니다. 위에서 본 모양을 그리고, 각 자리에 쌓인 쌓기나무 수를 써 보세요.

5

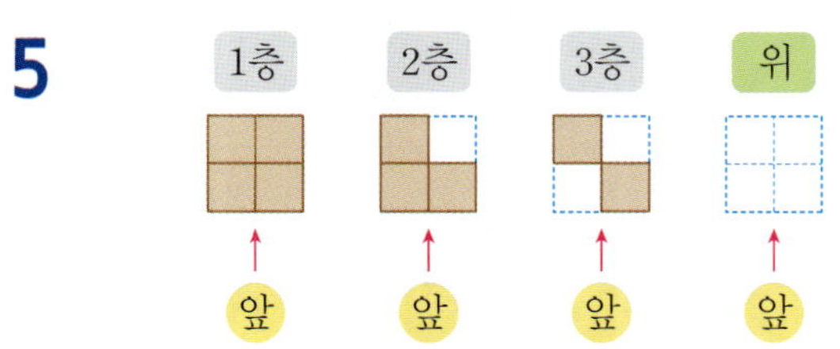

6

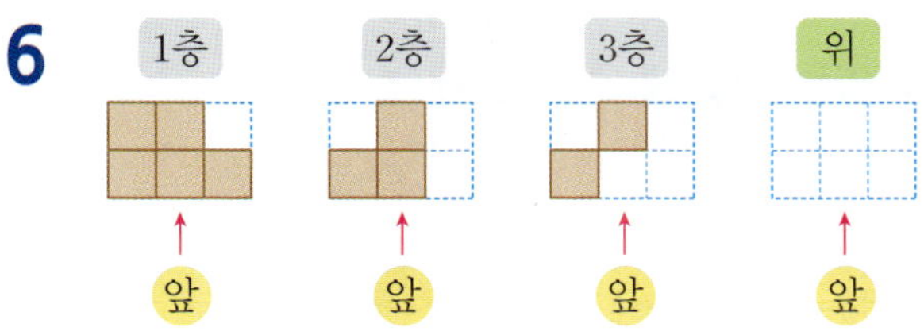

[7~8] 쌓기나무로 쌓은 모양을 층별로 나타낸 모양입니다. 쌓은 모양으로 알맞은 것을 찾아 기호를 써 보세요.

7

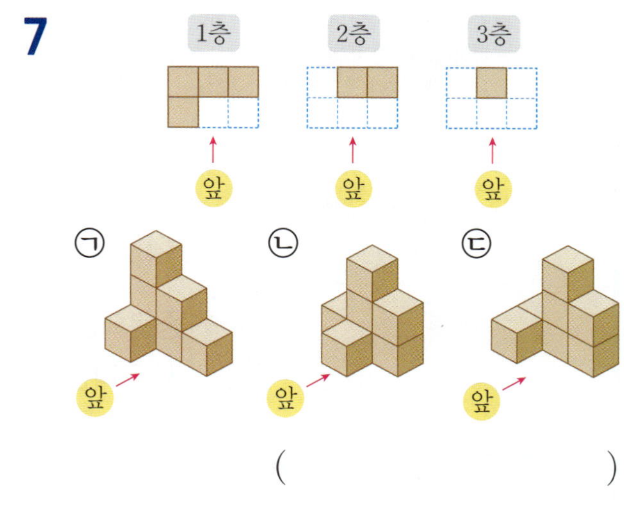

(   )

8

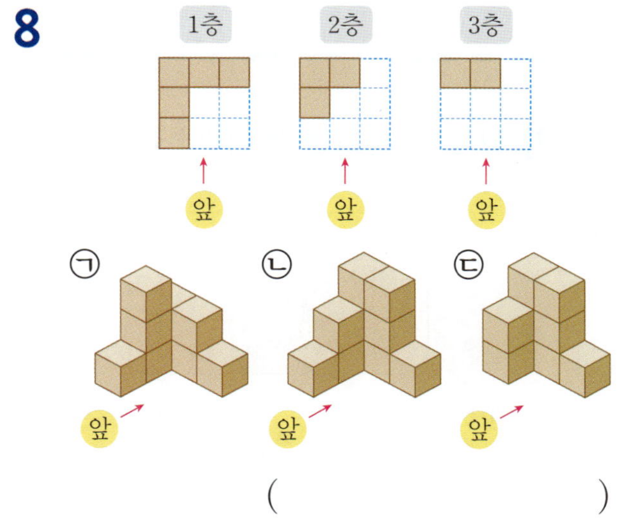

(   )

9  개념 체크

알맞은 말에 ◯표 하세요.

> 쌓기나무로 쌓은 모양을 위에서 본 모양과 1층 모양은 서로 (같습니다 , 다릅니다).

개념 7 여러 가지 모양 만들기

⭐ 쌓기나무 4개로 만들 수 있는 모양

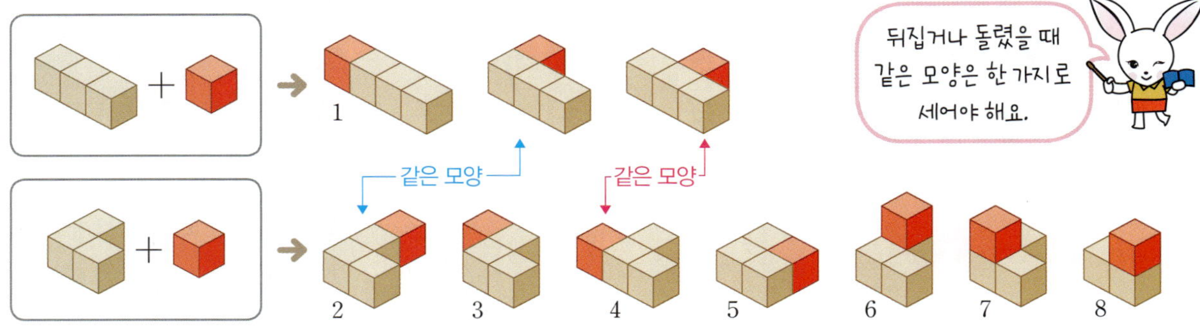

→ 중복되는 모양을 1가지로 세면 쌓기나무 4개로 만들 수 있는 서로 다른 모양은 8가지입니다.

⭐ 두 가지 모양을 사용하여 새로운 모양 만들기

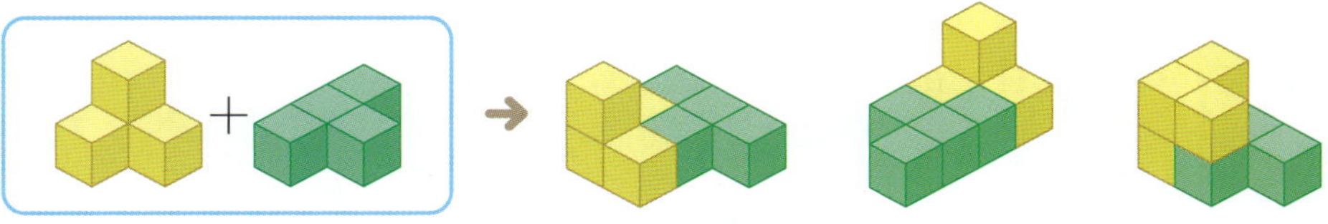

[1~2] 뒤집거나 돌렸을 때 보기 와 같은 모양이 되는 것을 찾아 기호를 써 보세요.

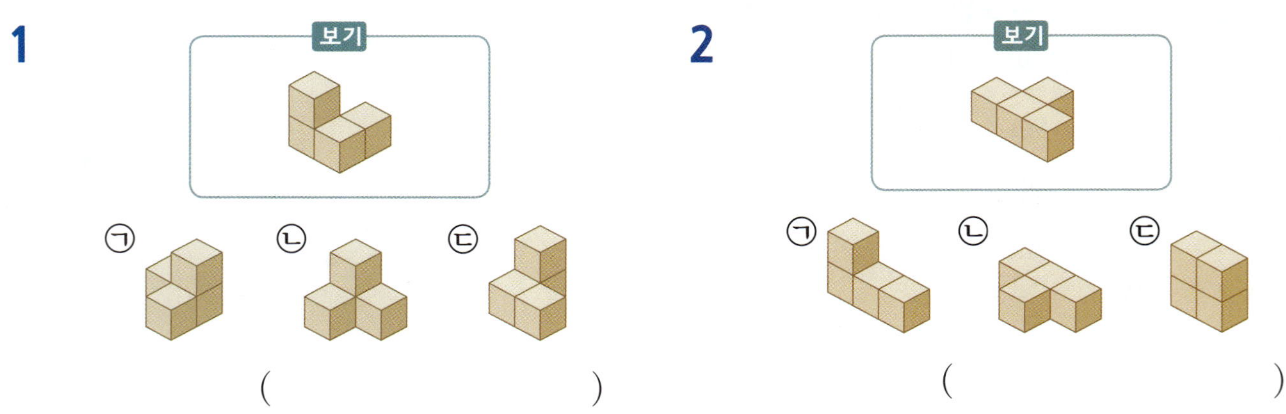

[3~4] 주어진 모양에 쌓기나무 1개를 더 붙여서 만들 수 있는 모양에 ◯표 하세요.

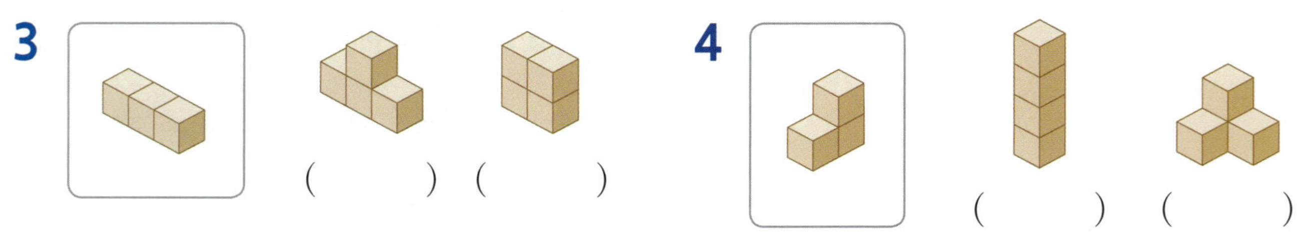

[5~6] ㉠, ㉡, ㉢ 모양 중에서 두 가지 모양을 사용하여 새로운 모양을 만들었습니다. 사용한 두 가지 모양을 찾아 기호를 써 보세요.

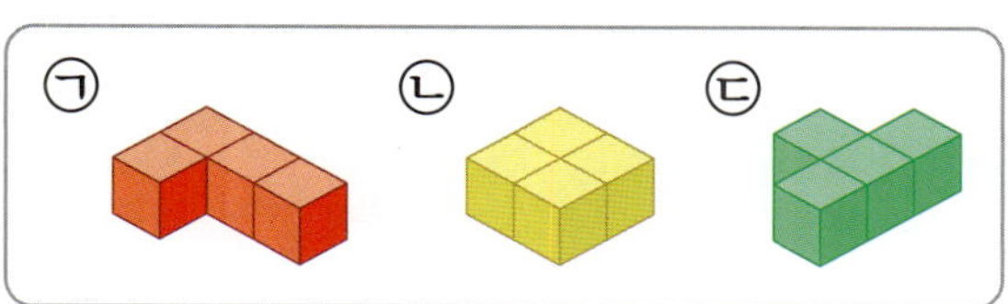

5

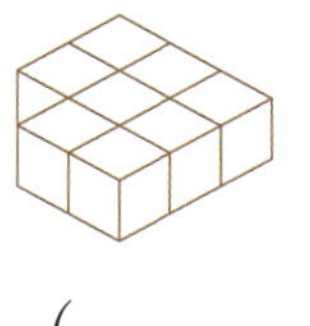

(   )

6

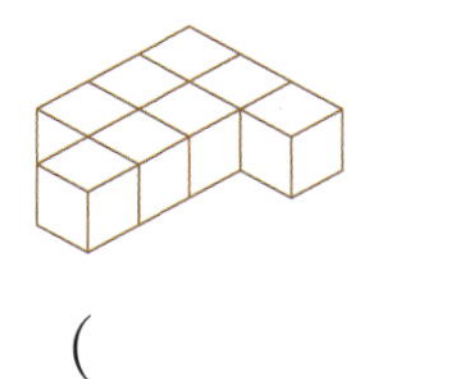

(   )

7 ㉠, ㉡, ㉢ 모양 중에서 두 가지 모양을 사용하여 새로운 모양 2개를 만들었습니다. 사용한 두 가지 모양을 찾아 기호를 써 보세요.

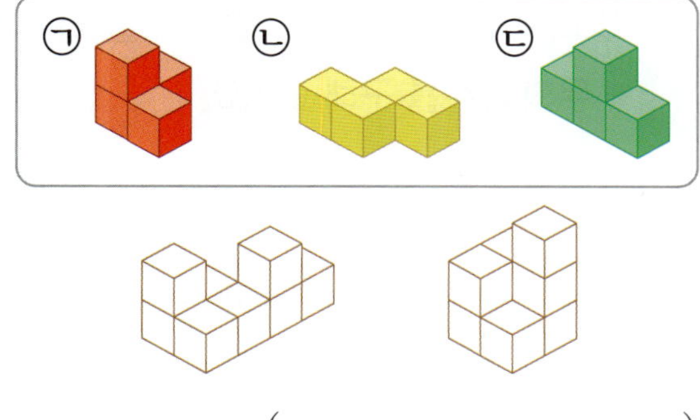

(   )

[8~9] 쌓기나무를 4개씩 붙여서 만든 두 가지 모양을 사용하여 새로운 모양을 만들었습니다. 어떻게 만들었는지 구분하여 색칠해 보세요.

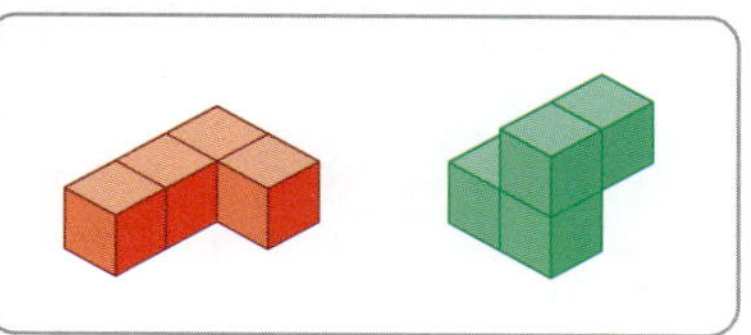

8　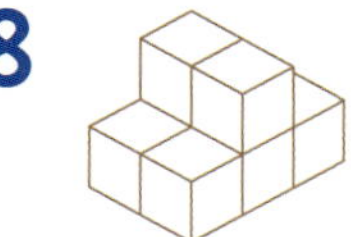　**9**　

10 개념 체크

쌓기나무 4개를 붙여서 만든 모양입니다.
□ 안에 알맞은 기호를 써넣으세요.

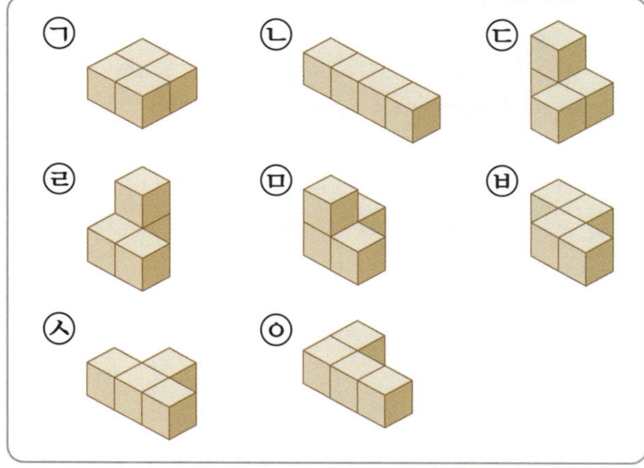

(1) ▨ 모양에 쌓기나무 1개를 더 붙여서 만들 수 있는 모양은 ㉡, □, □ 입니다.

(2) ▨ 모양에 쌓기나무 1개를 더 붙여서 만들 수 있는 모양은 ㉠, ㉢, □, □, □, □, □ 입니다.

개념 유형 익히기

개념 6 · 층별로 나누어 보기

1 층별로 나타낸 모양을 보고 위에서 본 모양을 바르게 그린 사람에 ◯표 하세요.

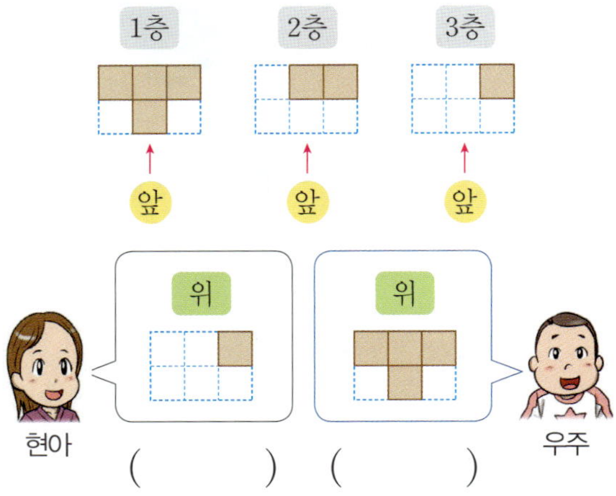

2 쌓기나무로 쌓은 모양을 층별로 나타낸 모양입니다. 똑같은 모양으로 쌓는 데 필요한 쌓기나무의 개수를 구해 보세요.

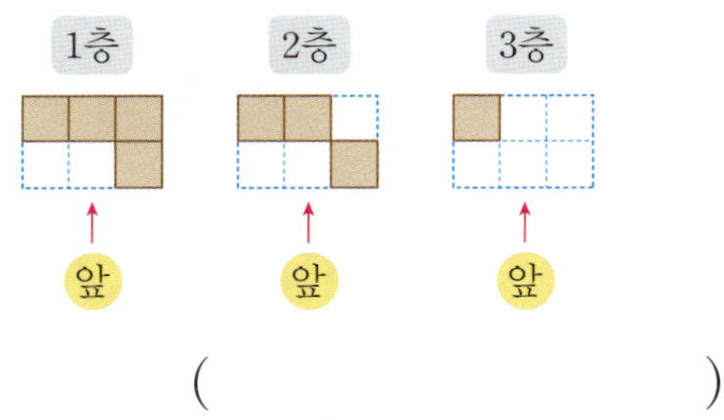

(   )

3 쌓기나무로 쌓은 모양을 층별로 나타낸 모양입니다. 위에서 본 모양에 수를 쓰는 방법으로 바르게 나타낸 것에 ◯표 하세요.

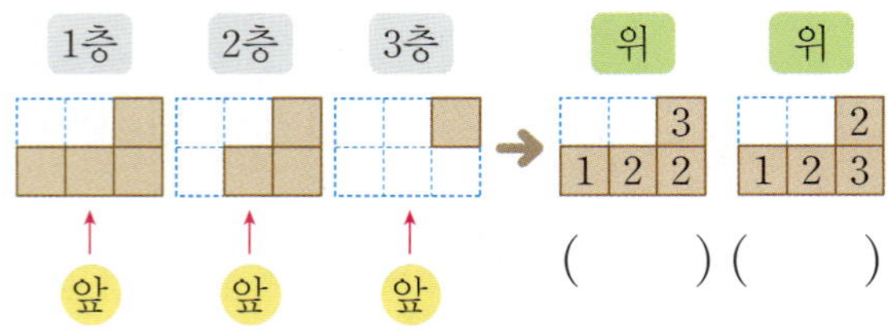

4 오른쪽 쌓기나무로 쌓은 모양을 보고 1층과 2층 모양을 각각 그려 보세요.

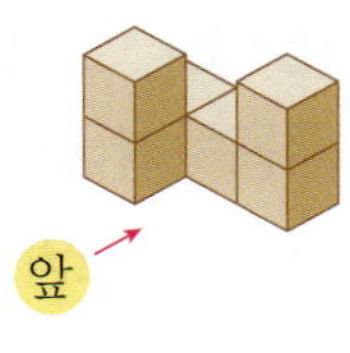

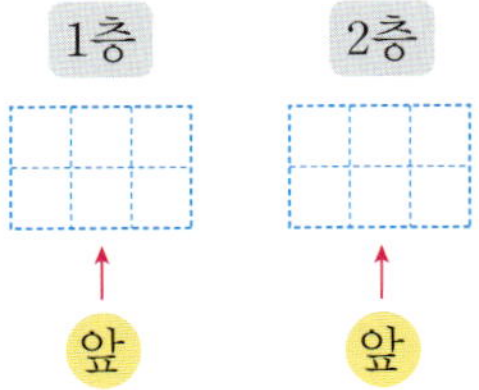

5 쌓기나무로 쌓은 모양을 보고 위에서 본 모양의 각 자리에 수를 썼습니다. 1층, 2층, 3층의 모양을 각각 그려 보세요.

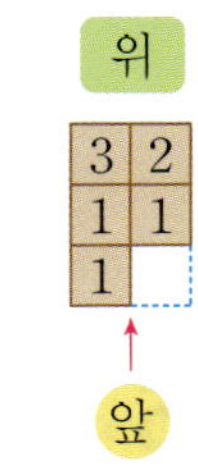

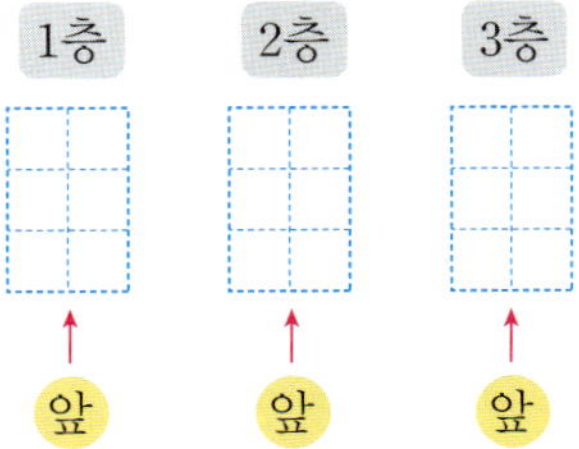

6 쌓기나무로 쌓은 모양을 층별로 나타낸 모양입니다. 위에서 본 모양의 각 자리에 수를 쓰고, 똑같은 모양으로 쌓는 데 필요한 쌓기나무의 개수를 구해 보세요.

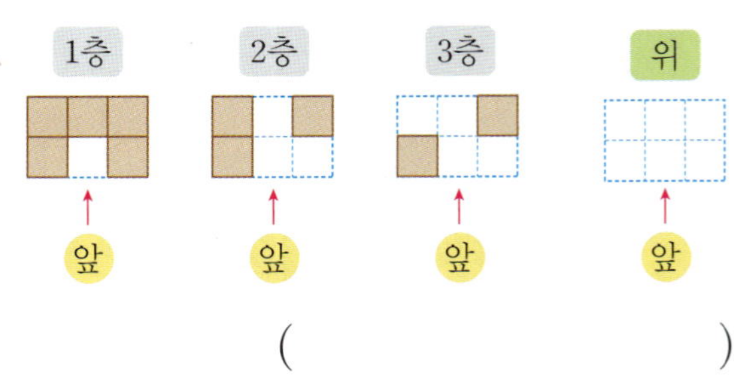

(   )

개념 7 **여러 가지 모양 만들기**

7 쌓기나무 3개로 만들 수 있는 서로 다른 모양은 모두 몇 가지인지 구해 보세요.

( )

8 쌓기나무 5개로 만든 모양입니다. 서로 같은 모양끼리 찾아 기호를 써 보세요.

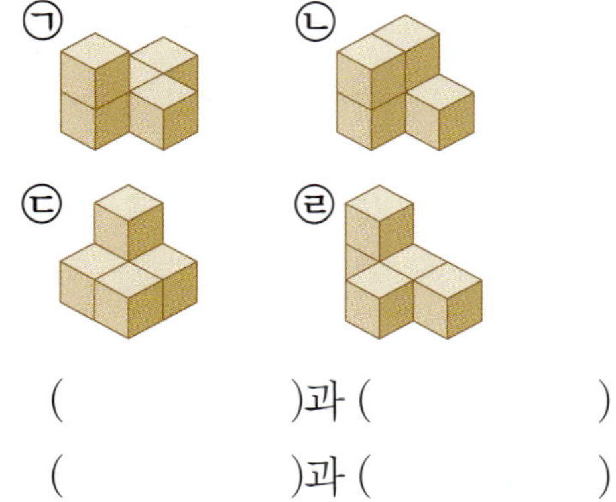

( )과 ( )
( )과 ( )

9 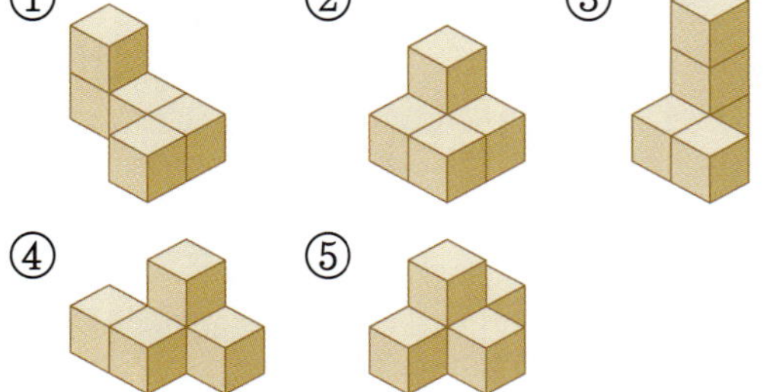 모양에 쌓기나무 1개를 붙여서 만들 수 있는 모양을 모두 고르세요. ( )

10 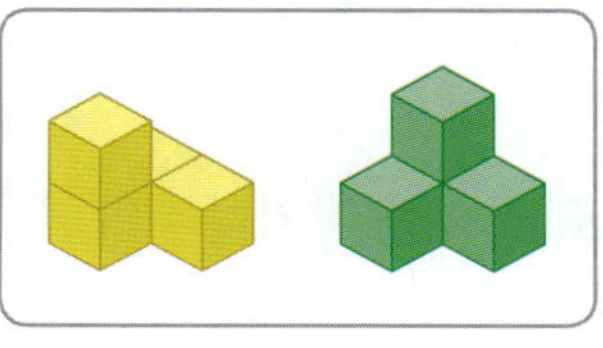 모양에 쌓기나무 1개를 붙여서 만들 수 있는 모양은 모두 몇 가지인지 구해 보세요.

( )

11 쌓기나무를 4개씩 붙여서 만든 두 가지 모양을 사용하여 만들 수 있는 모양을 찾아 기호를 써 보세요.

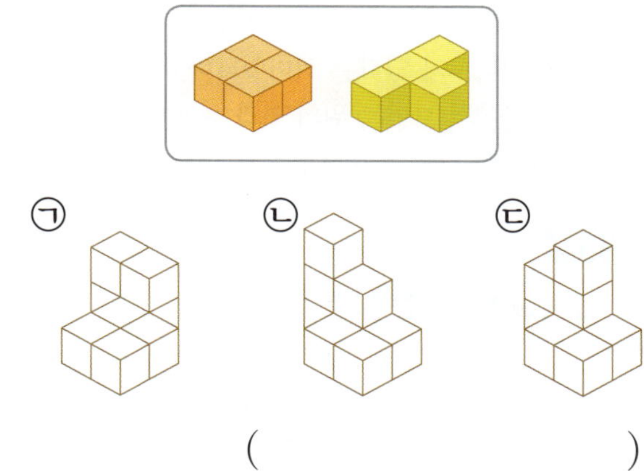

( )

[12~13] 쌓기나무를 4개씩 붙여서 만든 두 가지 모양을 사용하여 새로운 모양을 만들었습니다. 어떻게 만들었는지 구분하여 색칠해 보세요.

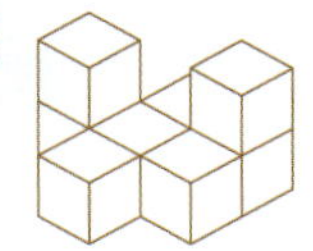

12

13

유형 ① 쌓기나무를 최대한 많이 사용하는 경우

쌓기나무를 최대한 많이 사용하여 주어진 모양과 똑같이 쌓으려고 합니다. 필요한 쌓기나무는 몇 개인지 구해 보세요.

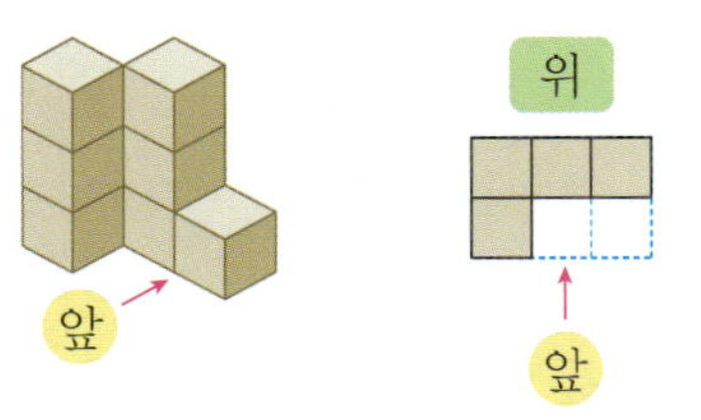

핵심 체크

쌓기나무를 최대한 많이 사용한다는 것은 숨겨진 쌓기나무가 있다는 의미입니다. 쌓기나무로 쌓은 모양에서 보이는 위의 면과 위에서 본 모양이 어떻게 다른지 비교해 보세요.

풀이

1단계 보이지 않는 부분의 최대 개수 구하기

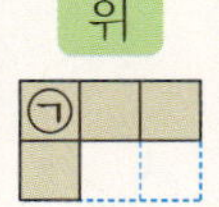

위에서 본 모양을 보면 ㉠ 자리에 숨겨진 쌓기나무는 ☐ 개 또는 ☐ 개 있을 수 있습니다.

2단계 쌓기나무를 최대한 많이 사용한 경우 쌓기나무의 개수 구하기

쌓기나무를 최대한 많이 사용하여 쌓으면 1층에 ☐ 개, 2층에 ☐ 개, 3층에 ☐ 개 이므로 필요한 쌓기나무의 개수는

☐ + ☐ + ☐ = ☐ (개)입니다.

답 ____________________

유형 ①-1

쌓기나무를 최대한 많이 사용하여 주어진 모양과 똑같이 쌓으려고 합니다. 필요한 쌓기나무는 몇 개인지 구해 보세요.

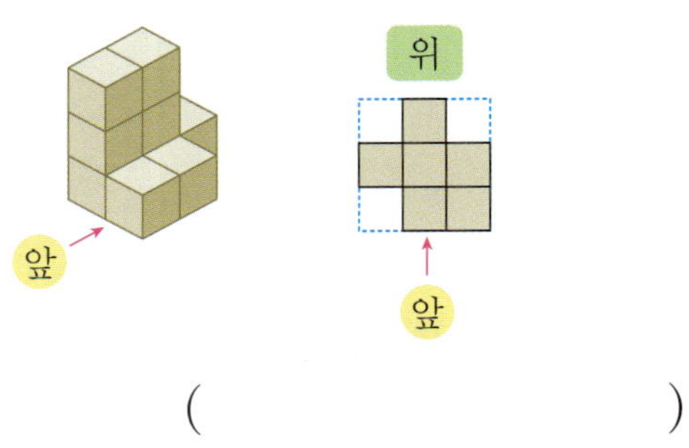

(   )

유형 ①-2

쌓기나무를 최대한 많이 사용하여 주어진 모양과 똑같이 쌓으려고 합니다. 필요한 쌓기나무는 몇 개인지 구해 보세요.

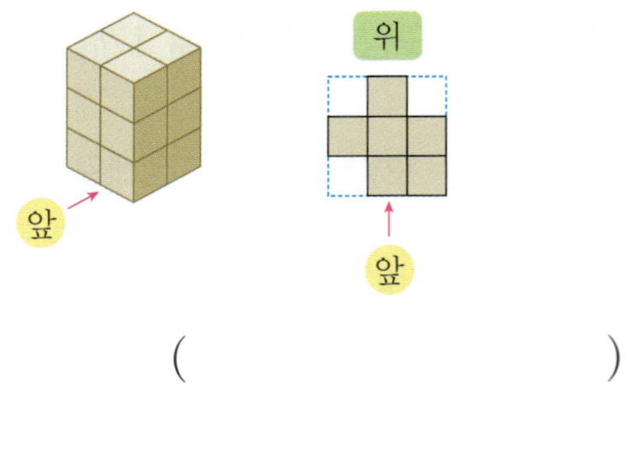

(   )

유형 ② 층별로 나타낸 모양을 보고 쌓은 모양 알아보기

석진이는 건축물을 설계하기 위하여 내부 모습을 층별로 그렸습니다. 석진이가 설계한 건축물의 외부 모습을 위, 앞, 옆에서 본 모양으로 그려 보세요.

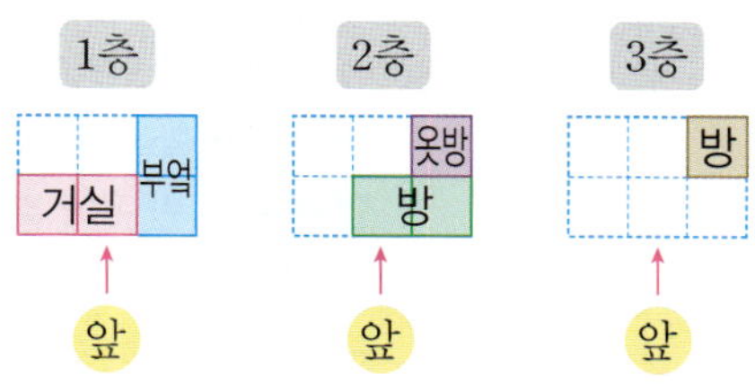

핵심 체크

1층의 모양은 위에서 본 모양과 같으므로 1층의 모양에 수를 써 넣어 앞과 옆에서 본 모양을 알아봅니다.

풀이

1단계 위에서 본 모양에 수를 쓰는 방법으로 나타내기

위에서 본 모양은 ☐층 모양과 같고, 위에서 본 모양의 각 자리에 쌓기나무의 개수를 써 넣으면 과 같습니다.

2단계 앞과 옆에서 본 모양 각각 그리기

앞에서 본 모양은 왼쪽부터

1층, ☐층, ☐층으로 그리고,

옆에서 본 모양은 왼쪽부터

2층, ☐층으로 그립니다.

위　　　앞　　　옆

답

유형 ②-1

어느 건물의 내부 모습을 층별로 그렸습니다. 이 건물의 외부 모습을 위, 앞, 옆에서 본 모양으로 그려 보세요.

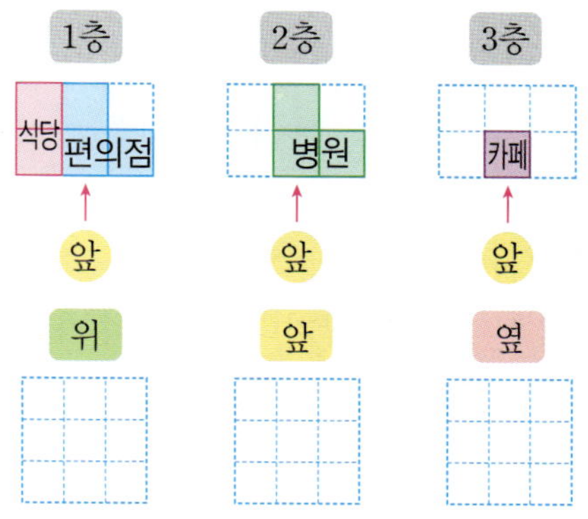

유형 ②-2

쌓기나무로 쌓은 모양을 층별로 나타낸 모양입니다. 위, 앞, 옆에서 본 모양을 그려 보세요.

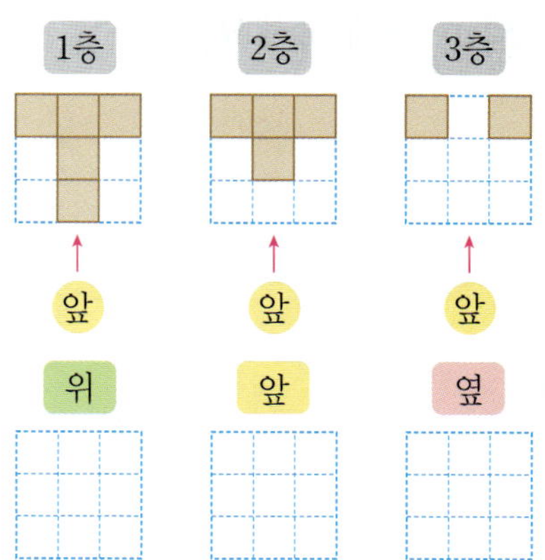

서술형 대비 문제

❶ 대표 문제

쌓기나무로 쌓은 모양을 위, 앞, 옆에서 본 모양입니다. 똑같은
모양으로 쌓는데 필요한 쌓기나무는 최소 몇 개인지 풀이 과정을
쓰고, 답을 구해 보세요.

풀이

위에서 본 모양에 쌓기나무의 개수가 확실한 자리에 수를
쓰면 오른쪽과 같고, 빈 곳에 쌓을 수 있는 쌓기나무는 

☐ 개 또는 ☐ 개입니다.
따라서 똑같은 모양으로 쌓는데 필요한 쌓기나무는 최소

☐ + ☐ + ☐ + ☐ + ☐ = ☐ (개)입니다.

답

---

❶ 힌트 체크

❶ 쌓기나무는 최소 몇 개
➡ 위, 앞, 옆에서 본 모양을
만족하는 쌓기나무 모양이 여러
가지임을 알 수 있습니다.

❷ 위, 앞, 옆에서 본 모양
➡ 위에서 본 모양에 쌓기나무
의 개수가 확실한 자리에 수를
먼저 쓰고, 빈 곳에 쌓기나무가
몇 개까지 들어갈 수 있는지
구합니다.

---

❶ 연습 문제

쌓기나무로 쌓은 모양을 위, 앞, 옆에서 본 모양입니다. 똑같은
모양으로 쌓는데 필요한 쌓기나무는 최대 몇 개인지 풀이 과정을
쓰고, 답을 구해 보세요.

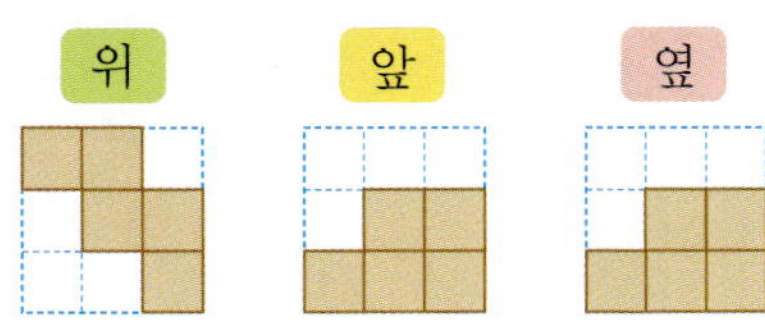

풀이

답

---

❶ 힌트 체크

★ 힌트가 되는 부분에 ○표
하세요!

❷ 대표 문제

쌓기나무로 쌓은 모양에 쌓기나무를 더 쌓아서 가장 작은
정육면체를 만들려고 합니다. 쌓기나무가 몇 개 더 있어야
하는지 풀이 과정을 쓰고, 답을 구해 보세요.

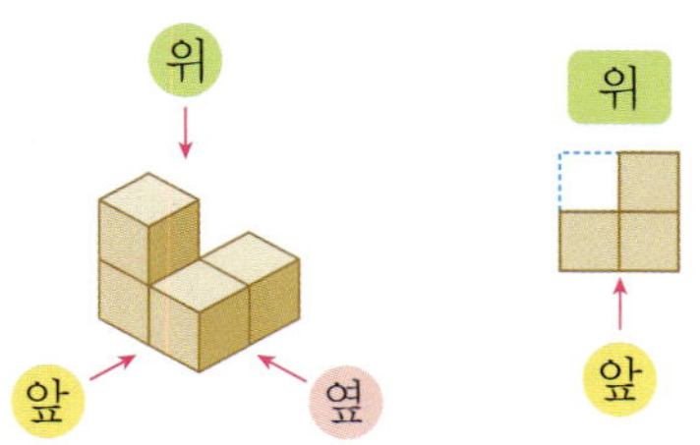

❶ 힌트 체크

❶ 가장 작은 정육면체
➡ 쌓기나무로 쌓은 모양의
가로, 세로, 높이 중 가장 많은
쌓기나무의 개수가 가장 작은
정육면체의 한 모서리가 됩니다.

❷ 쌓기나무가 몇 개 더 있어야
하는지
➡ (더 필요한 쌓기나무 개수)
＝(가장 작은 정육면체의 쌓기
나무 개수)
－(주어진 모양의 쌓기나무
개수)

풀이

만들 수 있는 가장 작은 정육면체 모양은 한 모서리에 쌓기나무가

□ 개일 때이므로 정육면체 모양을 만들 때 필요한 쌓기나무는

□ × □ × □ ＝ □ (개)입니다.

따라서 주어진 모양의 쌓기나무는 □ 개이므로

더 필요한 쌓기나무는 □ － □ ＝ □ (개)입니다.

답 ________________

---

❷ 연습 문제

쌓기나무로 쌓은 모양에 쌓기나무를 더 쌓아서 가장 작은
정육면체를 만들려고 합니다. 쌓기나무가 몇 개 더 있어야
하는지 풀이 과정을 쓰고, 답을 구해 보세요.

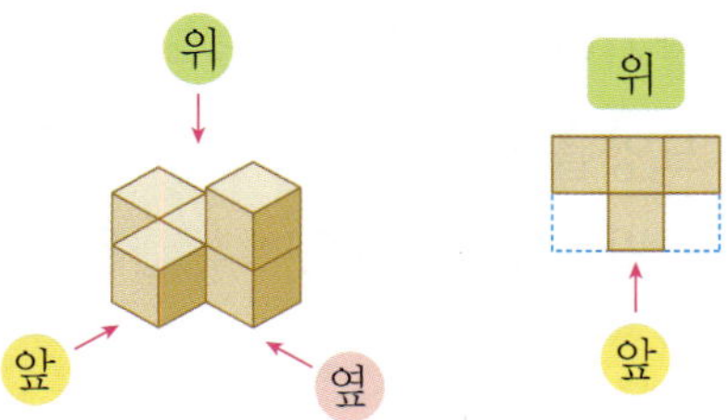

❶ 힌트 체크

★ 힌트가 되는 부분에 ◯표
하세요!

풀이

답 ________________

점수   점 (문제당 5점)

[1~2] 배를 타고 여러 방향에서 사진을 찍었습니다. 각 사진은 어느 배에서 찍은 것인지 번호를 써 보세요.

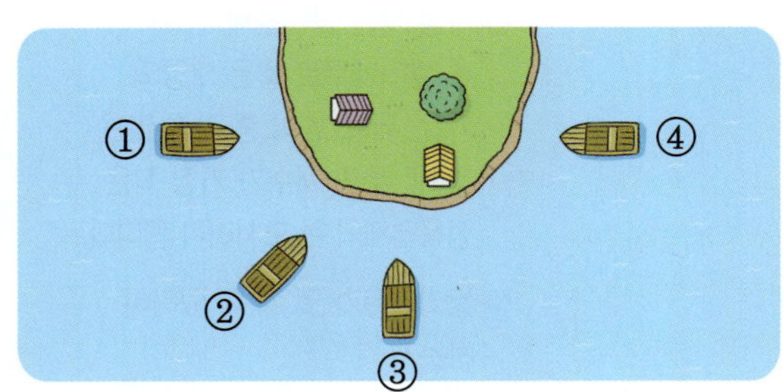

1

(   )

2

(   )

3

주어진 모양과 똑같이 쌓는 데 필요한 쌓기나무의 개수를 구하려고 합니다. ☐ 안에 알맞은 수를 써넣으세요.

1층: ☐ 개, 2층: ☐ 개, 3층: ☐ 개

➡ 필요한 쌓기나무의 개수: ☐ 개

4

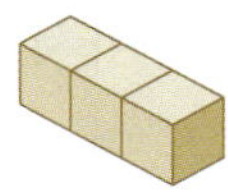 모양에 쌓기나무 1개를 더 붙여서

만들 수 <u>없는</u> 모양을 찾아 ×표 하세요.

(   )   (   )

5   시험에 꼭!

쌓기나무로 쌓은 모양을 보고 위에서 본 모양에 수를 썼습니다. 똑같은 모양으로 쌓는 데 필요한 쌓기나무의 개수를 구해 보세요.

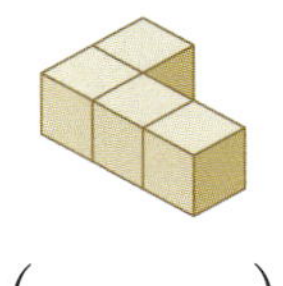

(   )

6

쌓기나무로 쌓은 모양과 1층 모양을 보고 2층과 3층 모양을 각각 그려 보세요.

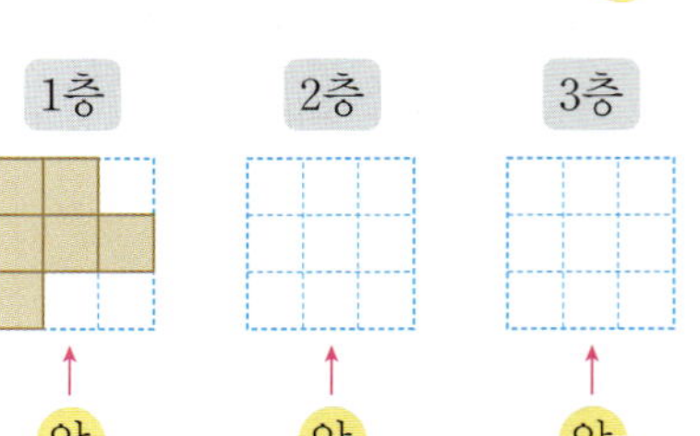

7

뒤집거나 돌렸을 때 서로 같은 모양인 것끼리
이어 보세요.

8 시험에 꼭!

쌓기나무로 쌓은 모양과
위에서 본 모양입니다. 앞과
옆에서 본 모양을 각각 그려
보세요.

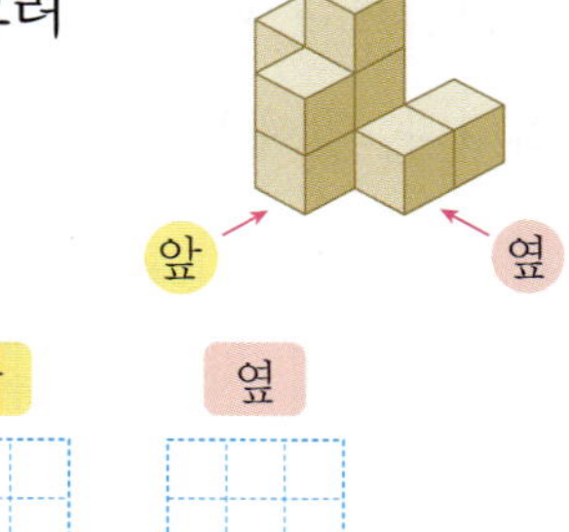

9

쌓기나무로 쌓은 모양을 보고 위에서 본 모양에
수를 썼습니다. 앞과 옆에서 본 모양을 각각
그려 보세요.

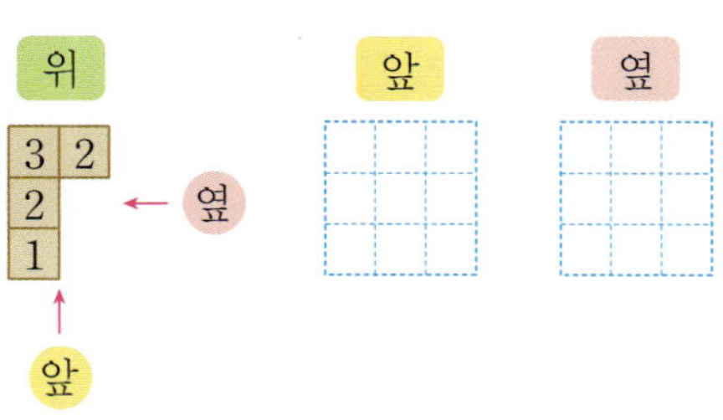

10

쌓기나무로 쌓은 모양과 위에서 본 모양입니다.
잘못 설명한 것을 찾아 기호를 써 보세요.

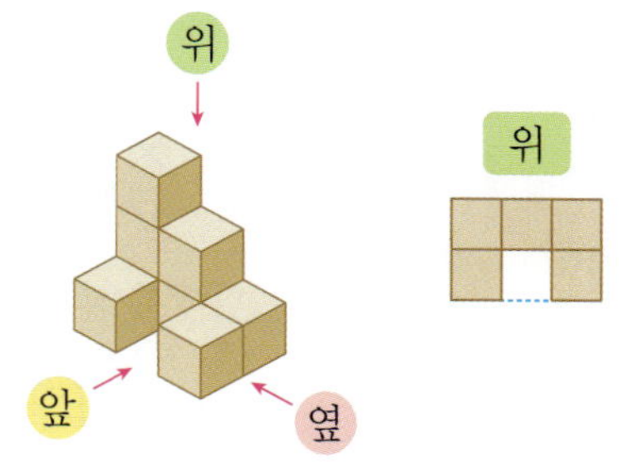

⊙ 1층에 쌓인 쌓기나무는 5개입니다.
ⓛ 보이지 않는 쌓기나무가 있습니다.
ⓒ 전체 쌓기나무는 8개입니다.

(   )

11

은진이는 쌓기나무로 다음과 같은 탑 모양을
만들었습니다. 탑 모양을 만들고 남은 쌓기나무
는 몇 개인지 구해 보세요.

(   )

12

쌓기나무의 개수가 더 많은 것의 기호를 써
보세요.

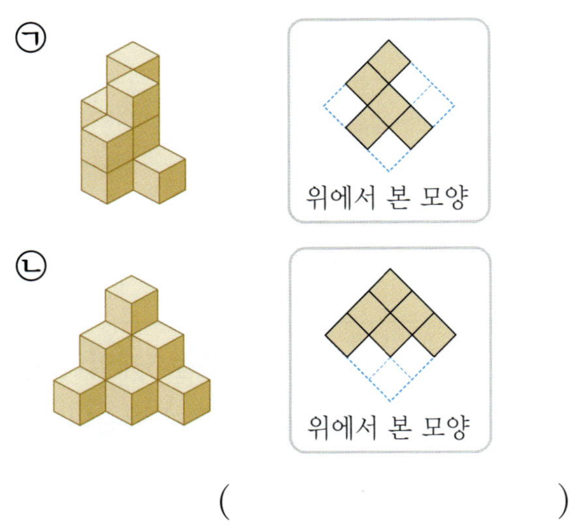

( )

13 시험에 꼭!

쌓기나무로 쌓은 모양을 보고
위에서 본 모양에 수를 썼습니다.
1층, 2층, 3층 모양을 각각
그려 보세요.

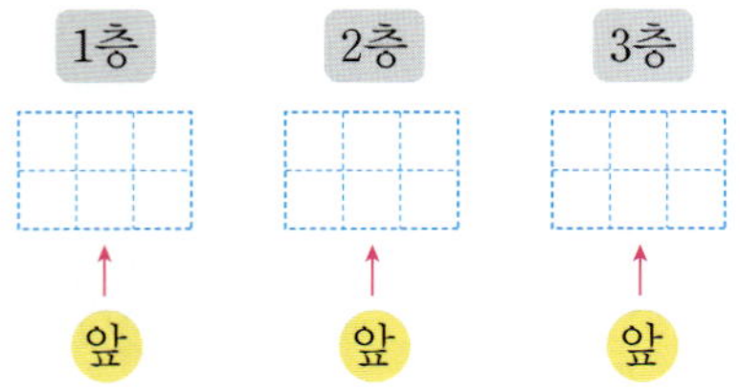

14

㉠, ㉡, ㉢ 모양 중에서 두 가지 모양을 사용하여
새로운 모양 2개를 만들었습니다. 사용하지
않은 모양을 찾아 기호를 써 보세요.

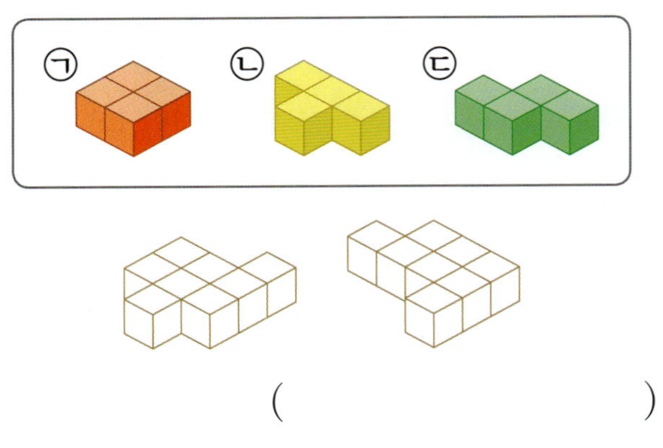

( )

15

쌓기나무로 쌓은 모양을 층별로 나타낸 모양
입니다. 앞에서 본 모양을 그려 보세요.

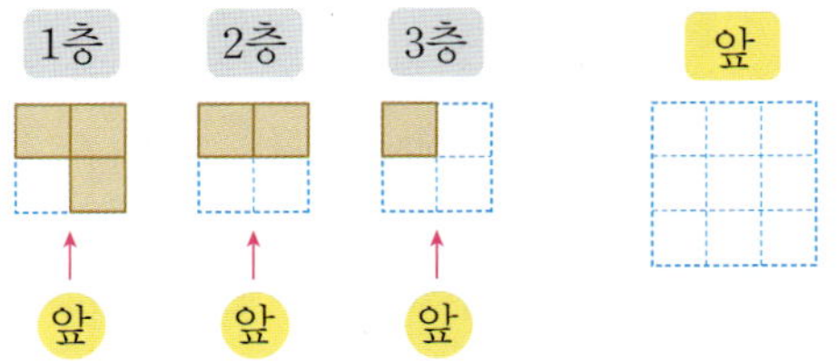

16

쌓기나무 8개로 만든 3가지 모양입니다. 옆에서
본 모양이 다른 하나를 찾아 기호를 써 보세요.

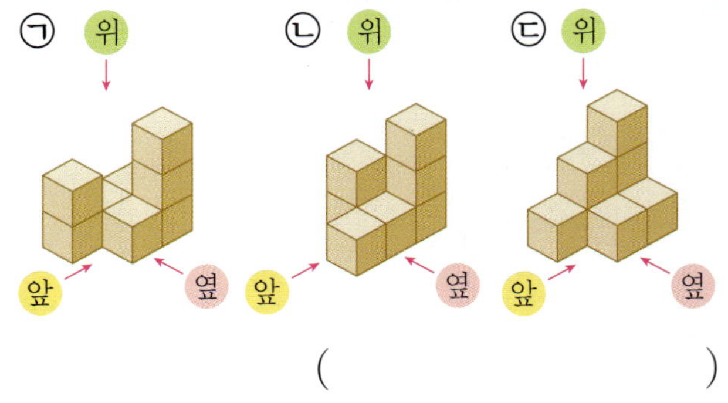

( )

17

쌓기나무로 쌓은 모양을 위, 앞, 옆에서 본 모양입니다. 가능하지 <u>않은</u> 모양을 찾아 기호를 써 보세요.

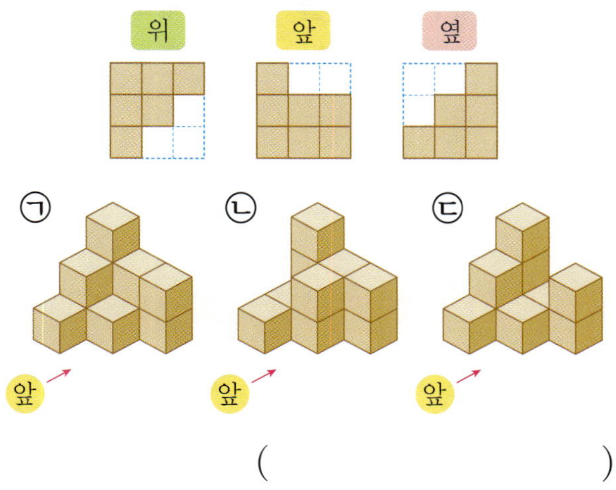

(   )

18 도전해 얍!

쌓기나무를 9개씩 사용하여 조건 을 만족하도록 쌓으려고 합니다. 위에서 본 모양에 수를 쓰는 방법으로 나타내 보세요.

조건

- ㉠과 ㉡의 쌓은 모양은 서로 다릅니다.
- 위에서 본 모양이 서로 같습니다.
- 앞에서 본 모양이 서로 같습니다.
- 옆에서 본 모양이 서로 같습니다.

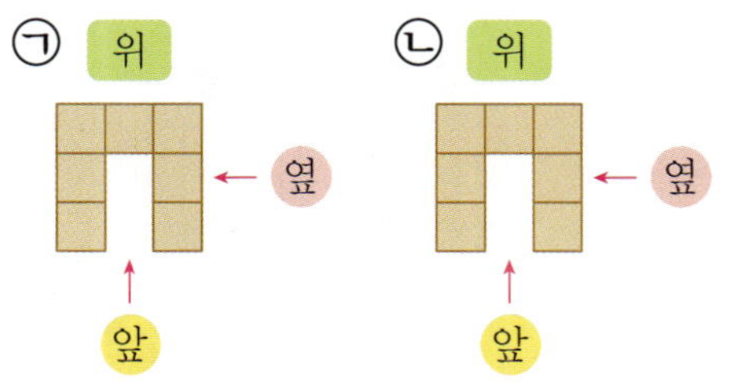

서술형 문제

19

쌓기나무로 쌓은 모양을 보고 위에서 본 모양의 각 자리에 수를 썼습니다. 2층 이상에 쌓인 쌓기나무는 몇 개인지 풀이 과정을 쓰고, 답을 구해 보세요.

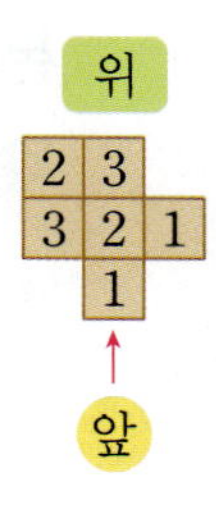

풀이

답

20

쌓기나무가 15개 있습니다. 다음과 같이 쌓기나무를 쌓는다면 남는 쌓기나무는 몇 개인지 풀이 과정을 쓰고, 답을 구해 보세요.

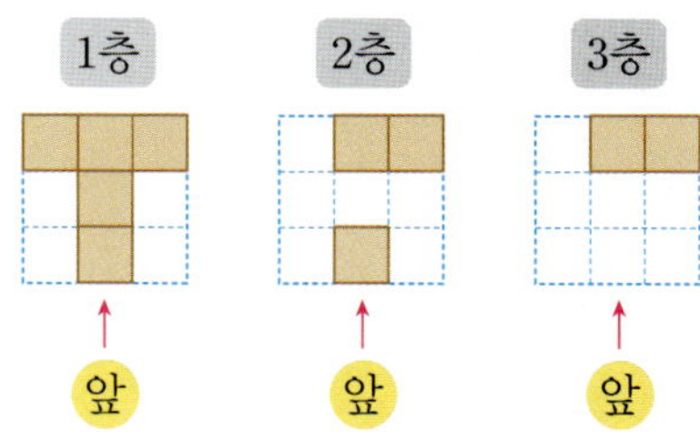

풀이

답

③ 공간과 입체

[1~3] 쌓기나무로 쌓은 모양과 위에서 본 모양입니다. 앞과 옆에서 본 모양을 각각 그려 보세요.

1

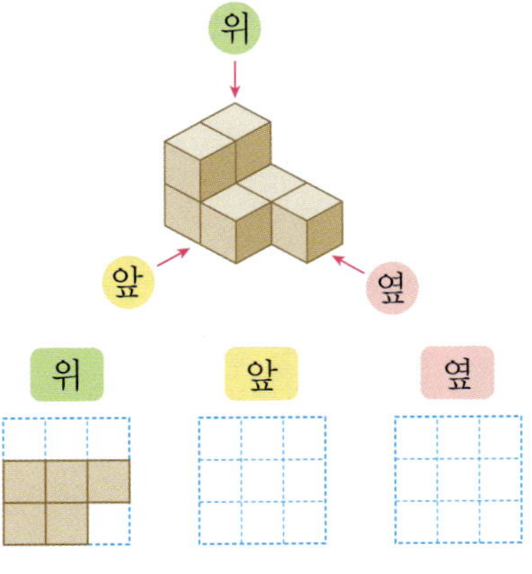

2

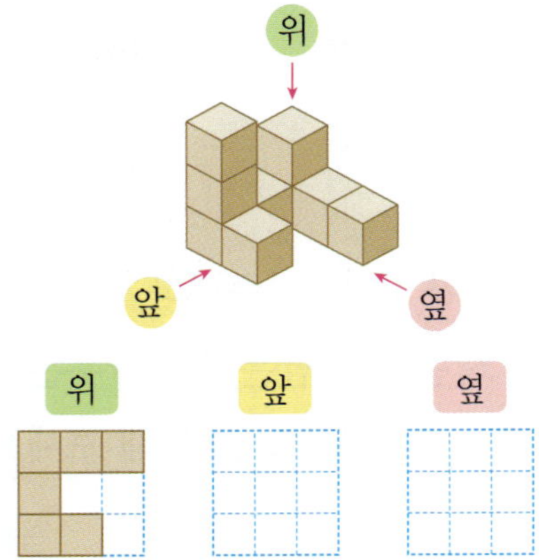

3

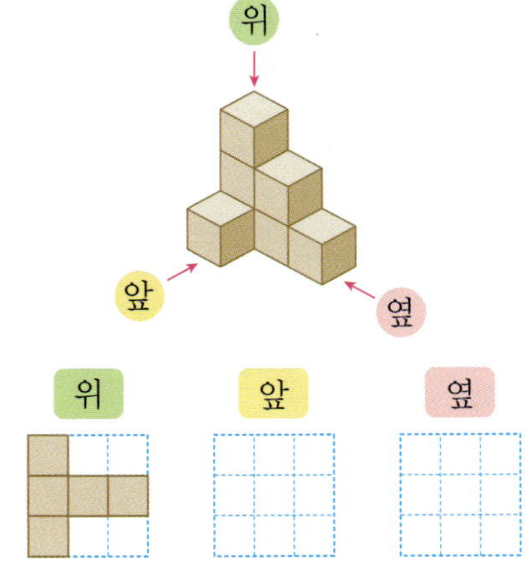

[4~7] 쌓기나무로 쌓은 모양을 위, 앞, 옆에서 본 모양입니다. 똑같이 쌓는 데 필요한 쌓기나무의 개수를 구해 보세요.

4

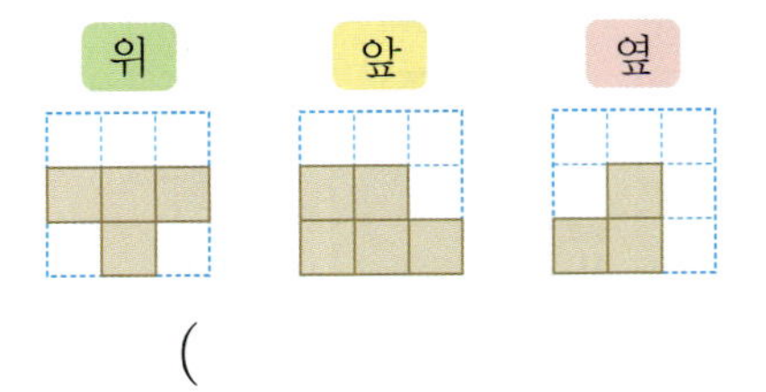

(   )

5

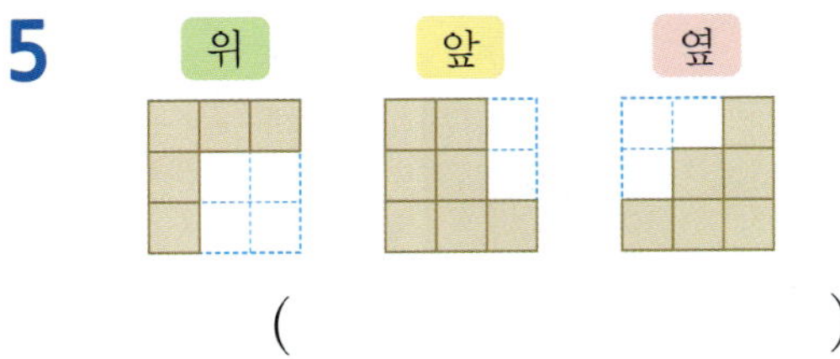

(   )

6

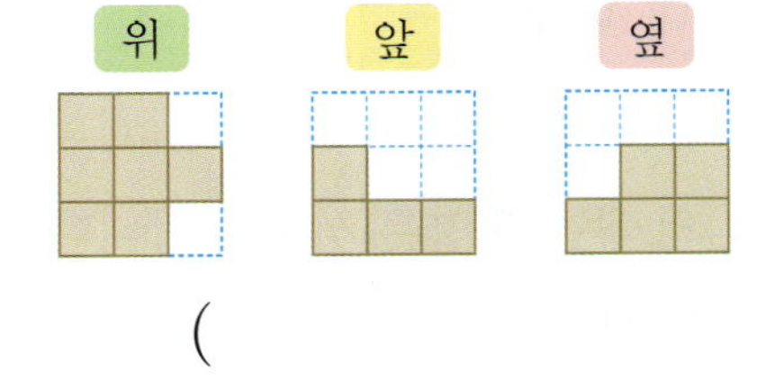

(   )

7

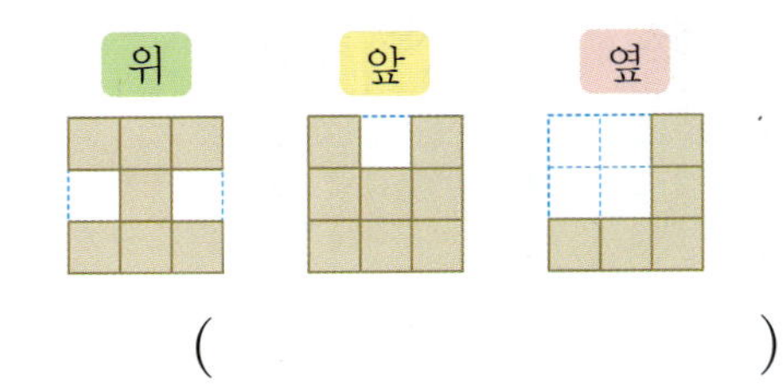

(   )

[8~11] 쌓기나무로 쌓은 모양을 보고 위에서 본 모양의 각 자리에 수를 쓰고, 똑같이 쌓는 데 필요한 쌓기나무의 개수를 구해 보세요.

[12~13] 쌓기나무로 쌓은 모양과 1층 모양을 보고 2층과 3층 모양을 각각 그리고, 똑같이 쌓는 데 필요한 쌓기나무의 개수를 구해 보세요.

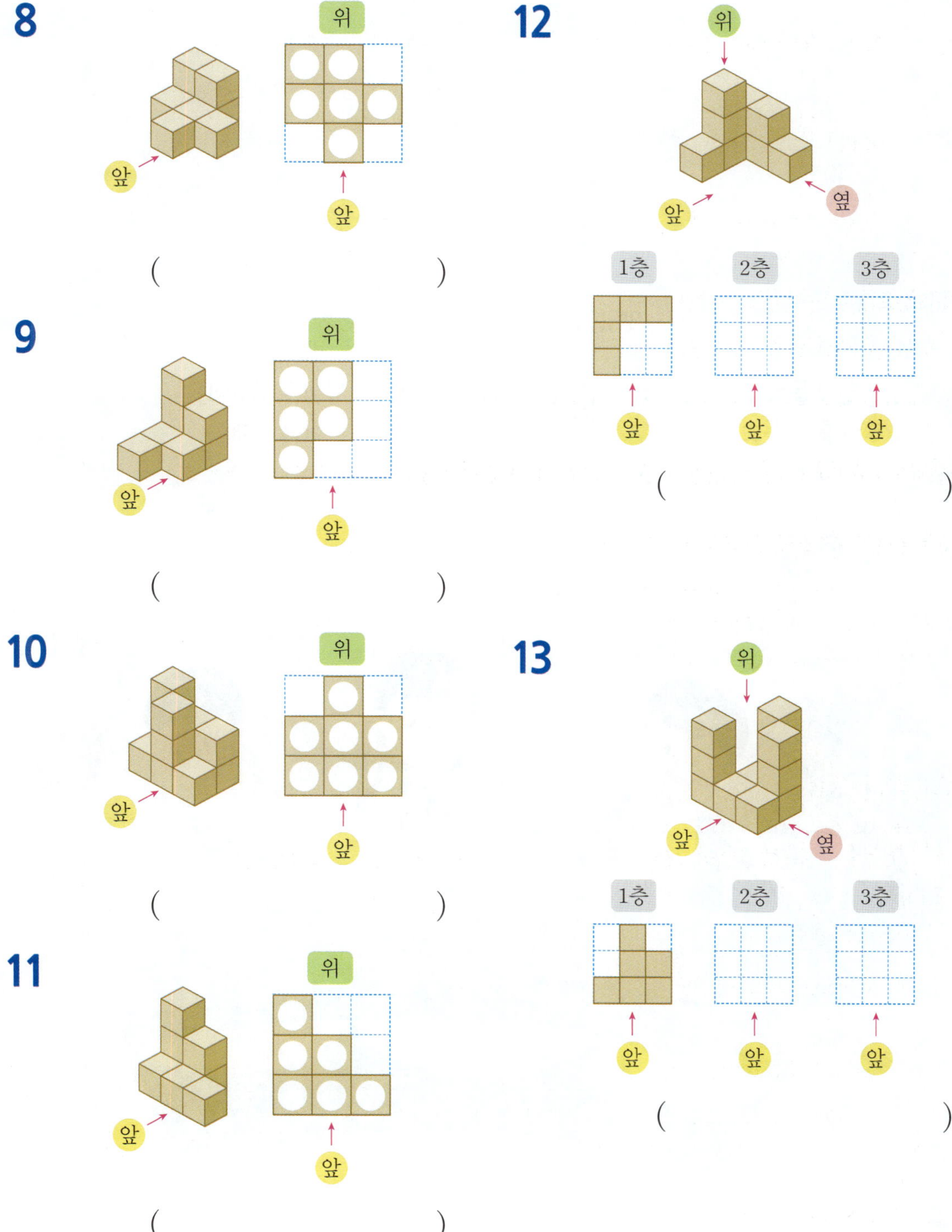

8

(   )

9

(   )

10

(   )

11

(   )

12

(   )

13

(   )

4 단 원

비례식과 비례배분

친구들이 쿠키를 만들고 있어.
맛있겠는 걸?
쿠키 1개를 만드는 데 밀가루 2컵이 필요하대.
그럼 쿠키 5개를 만드는 데 밀가루가 몇 컵 필요할까?

☆ 비: **전항**과 **후항**에 0이 아닌 같은 수를 곱하거나 나누어도
비율은 같아요.

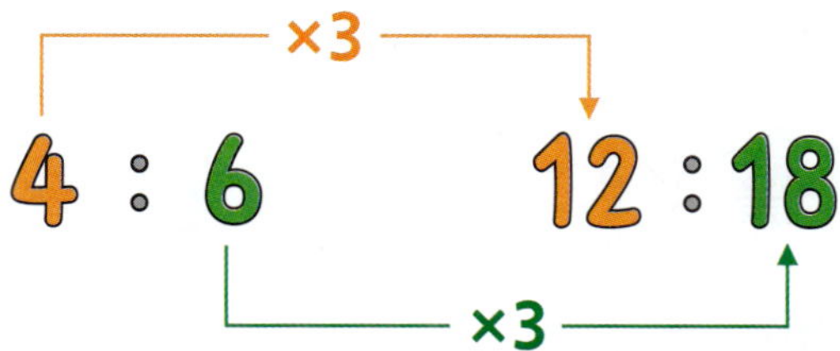

4:6의 비율 → $\dfrac{4}{6} = \dfrac{2}{3}$

12:18의 비율 → $\dfrac{12}{18} = \dfrac{2}{3}$

4:6의 비율 → $\dfrac{4}{6} = \dfrac{2}{3}$

2:3의 비율 → $\dfrac{2}{3}$

☆ 비례식: 비율이 같은 두 비를 기호 '='를 사용하여 나타낸 식

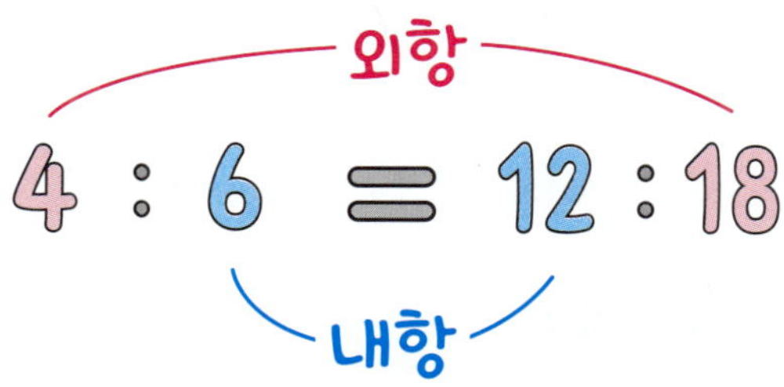

→ 비례식에서 **외항**의 곱은 **내항**의 곱과 같습니다.

$$4 \times 18 = 6 \times 12$$

=72   =72

개념 1 비의 성질

✪ 비의 전항과 후항

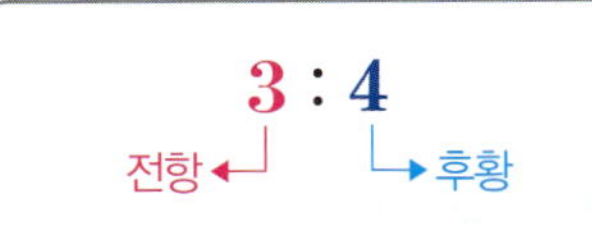

→ 비 3 : 4 에서 기호 ' : ' 앞에 있는 3을 전항, 뒤에 있는 4를 후항이라고 합니다.

> 비의 전항과 후항에 0을 곱하면 0 : 0이 되므로 0을 곱할 수 없어요.

✪ 비의 성질

• 비의 전항과 후항에 0이 아닌 같은 수를 곱하여도 비율은 같습니다.

• 비의 전항과 후항을 0이 아닌 같은 수로 나누어도 비율은 같습니다.

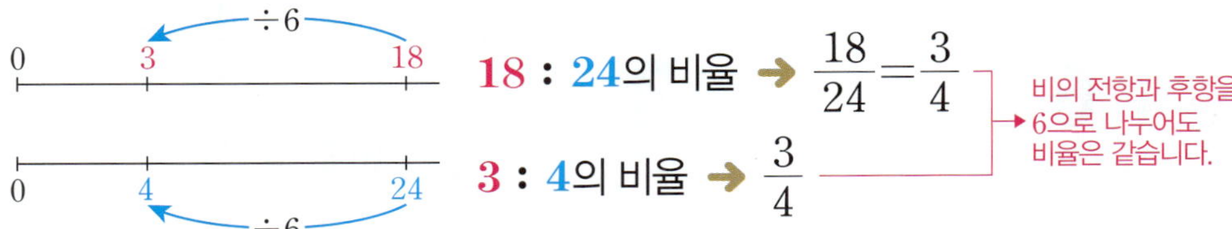

[1~2] 전항과 후항을 각각 찾아 써 보세요.

1　 1 : 5　　전항 (　　　　　)　　후항 (　　　　　)

2　 8 : 3　　전항 (　　　　　)　　후항 (　　　　　)

[3~4] 수직선을 보고 비율이 같은 비를 쓰세요.

3
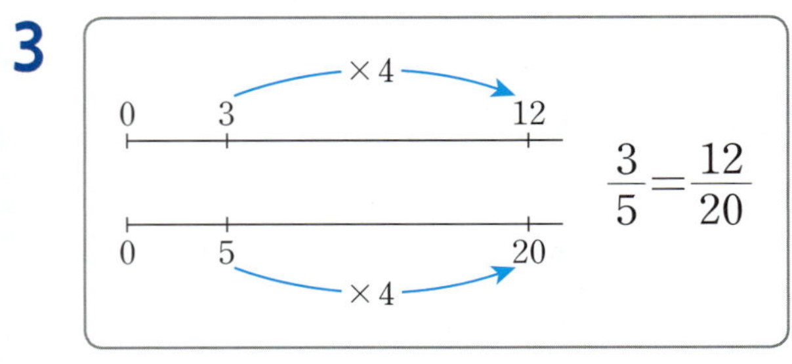

3 : 5와 비율이 같은 비는

　:　　입니다.

4
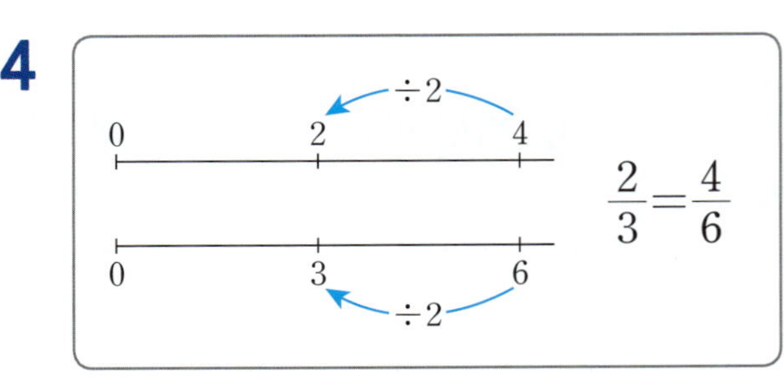

4 : 6과 비율이 같은 비는

□ : □ 입니다.

[5~10] 비의 성질을 이용하여 ☐ 안에 알맞은 수를 써넣으세요.

5

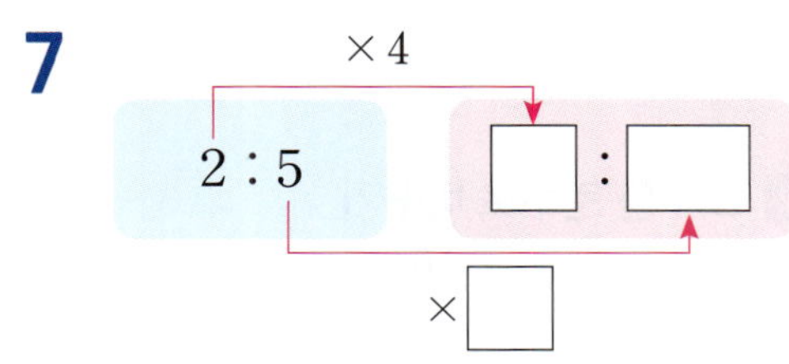

6

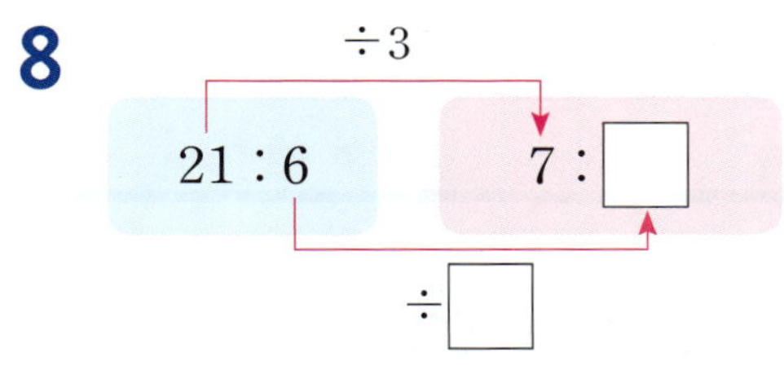

7

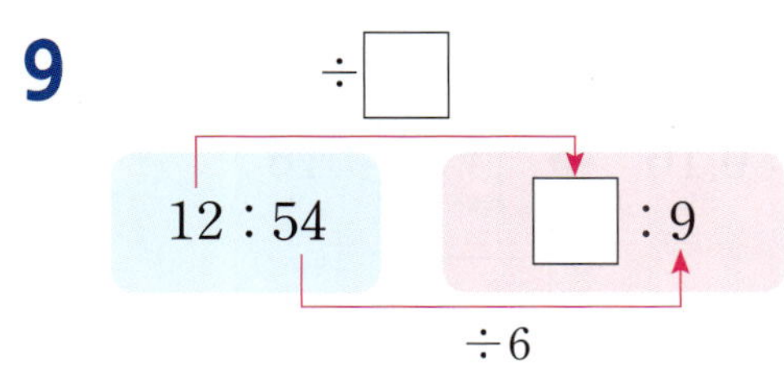

8

9

10

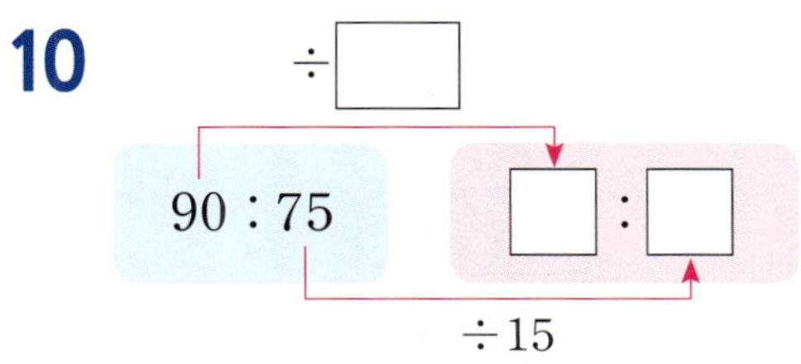

[11~14] 비의 성질을 이용하여 주어진 비와 비율이 같은 비를 찾아 ◯표 하세요.

11

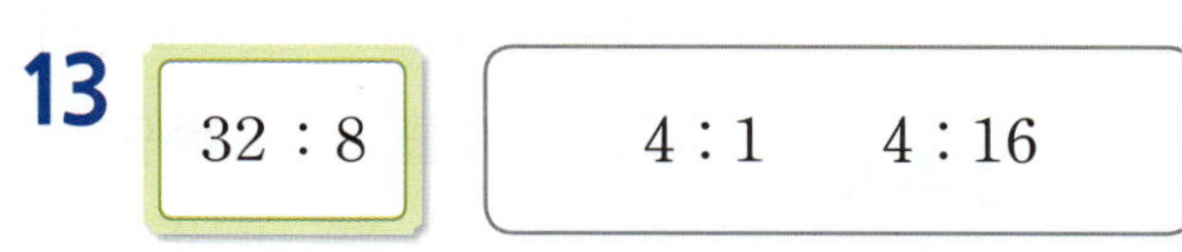

12

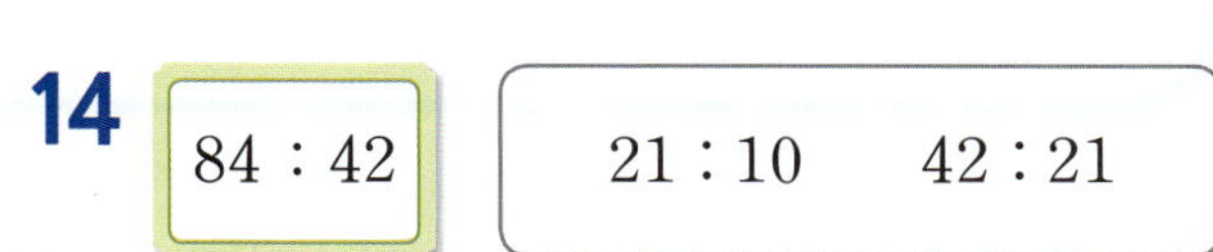

13

14

15 개념 체크

알맞은 말에 ◯표 하세요.

(1) 비의 전항과 후항에 0이 아닌 같은 수를
(더하여도 , 곱하여도) 비율은 같습니다.

(2) 비의 전항과 후항을 0이 아닌 같은 수로
(빼도 , 나누어도) 비율은 같습니다.

개념 2 · 간단한 자연수의 비로 나타내기

자연수의 비	전항과 후항을 두 수의 **최대공약수**로 나누어 간단한 자연수의 비로 나타냅니다.	$12:18 \rightarrow 2:3$ ($\div 6$)
소수의 비	전항과 후항에 **10, 100, 1000**, …을 곱하여 간단한 자연수의 비로 나타냅니다.	$0.5:0.4 \rightarrow 5:4$ ($\times 10$)
분수의 비	전항과 후항에 두 분모의 **최소공배수**를 곱하여 간단한 자연수의 비로 나타냅니다.	$\frac{1}{3}:\frac{1}{5} \rightarrow 5:3$ ($\times 15$)
소수와 분수의 비	전항과 후항을 모두 소수 또는 분수로 나타낸 다음 간단한 자연수의 비로 나타냅니다.	

방법 1 분수를 소수로 바꾸기

$$0.3:\frac{1}{5} \xrightarrow{\text{분수} \rightarrow \text{소수}} 0.3:\mathbf{0.2} \xrightarrow{\times 10} 3:2$$

방법 2 소수를 분수로 바꾸기

$$\mathbf{0.3}:\frac{1}{5} \xrightarrow{\text{소수} \rightarrow \text{분수}} \frac{\mathbf{3}}{\mathbf{10}}:\frac{1}{5} \xrightarrow{\times 10} 3:2$$

[1~4] 간단한 자연수의 비로 나타내려고 합니다. ☐ 안에 알맞은 수를 써넣으세요.

1

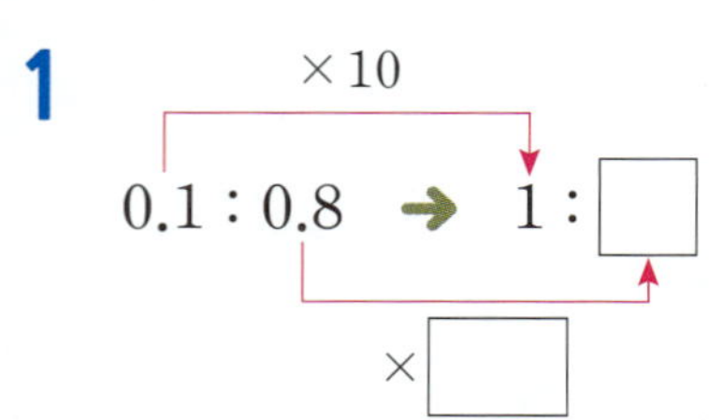

$$0.1:0.8 \rightarrow 1:\boxed{}$$

2

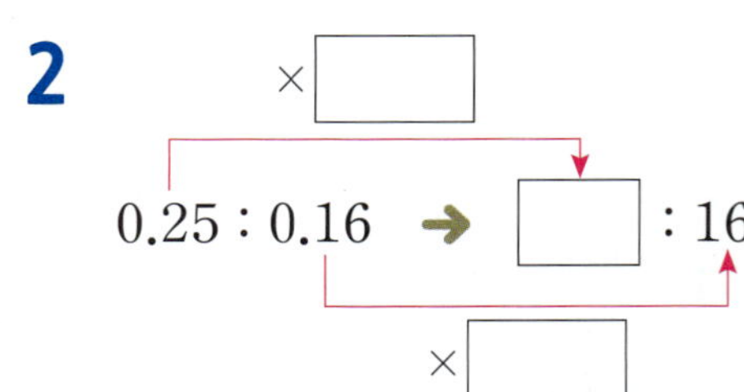

$$0.25:0.16 \rightarrow \boxed{}:16$$

3

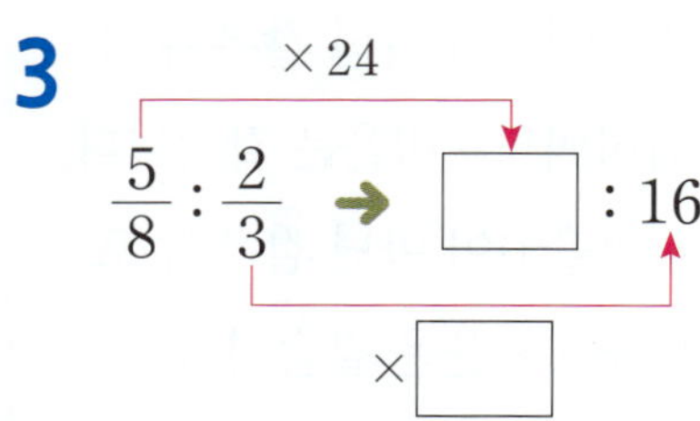

$$\frac{5}{8}:\frac{2}{3} \rightarrow \boxed{}:16$$

4

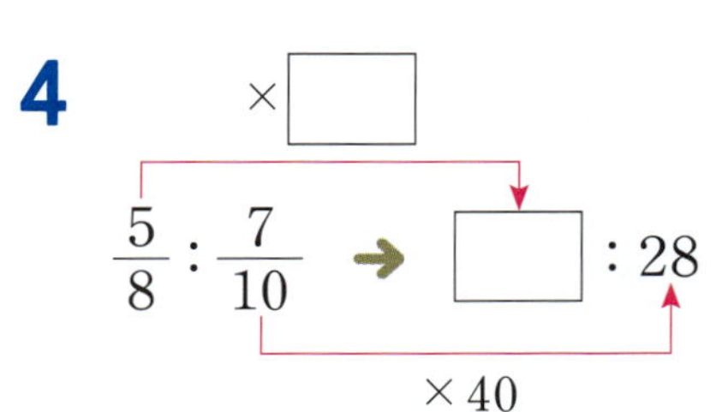

$$\frac{5}{8}:\frac{7}{10} \rightarrow \boxed{}:28$$

5 $\frac{1}{5}$: 0.7을 간단한 자연수의 비로 나타내려고 합니다. ☐ 안에 알맞은 수를 써넣으세요.

방법 1 $\frac{1}{5}$ 을 소수로 바꾸기

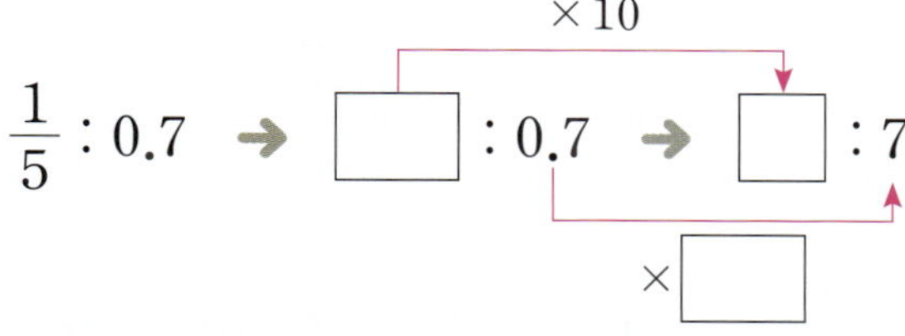

방법 2 0.7을 분수로 바꾸기

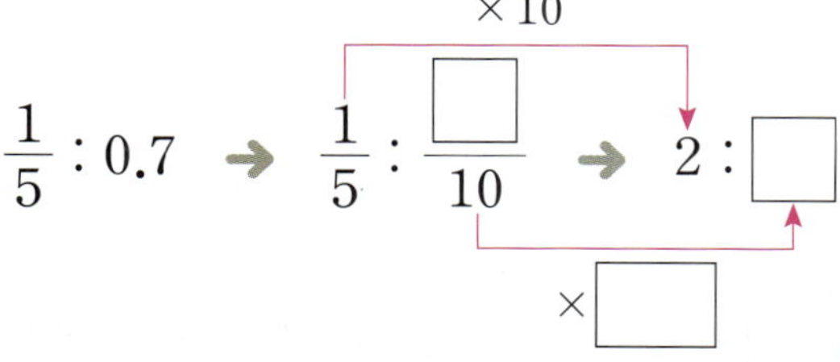

[6~9] 간단한 자연수의 비로 나타내 보세요.

6 $1.5 : 0.5 \rightarrow 15 : \boxed{} \rightarrow \boxed{} : 1$

7 $\frac{3}{4} : \frac{9}{10} \rightarrow 15 : \boxed{} \rightarrow \boxed{} : 6$

8 $0.3 : \frac{5}{8} \rightarrow \frac{\boxed{}}{10} : \frac{5}{8} \rightarrow \boxed{} : 25$

9 $1\frac{4}{5} : 1.7 \rightarrow \boxed{} : 1.7 \rightarrow \boxed{} : 17$
분수 → 소수

[10~13] 간단한 자연수의 비로 나타내 보세요.

10 $1.6 : 2.8 \rightarrow \boxed{}$

11 $\frac{4}{9} : \frac{1}{3} \rightarrow \boxed{}$

12 $0.9 : 1\frac{1}{2} \rightarrow \boxed{}$

13 $\frac{4}{7} : 0.8 \rightarrow \boxed{}$

14 개념 체크

☐ 안에 알맞은 수 또는 말을 써넣으세요.

(1) (소수) : (소수)의 전항과 후항에 $\boxed{}$, $\boxed{}$, $\boxed{}$, …을 곱하여 간단한 자연수의 비로 나타낼 수 있습니다.

(2) (분수) : (분수)의 전항과 후항에 두 $\boxed{}$의 최소공배수를 곱하여 간단한 자연수의 비로 나타낼 수 있습니다.

개념 유형 익히기

개념 1 비의 성질

1 □ 안에 알맞은 수를 써넣으세요.

> 비 7 : 11에서
> 전항은 □ , 후항은 □ 입니다.

2 전항이 8, 후항이 14인 비를 써 보세요.

(   )

3 후항이 가장 작은 비의 비율을 분수로 나타내 보세요.

> 2 : 5   11 : 9   1 : 4   8 : 15

(   )

4 비의 성질을 이용하여 □ 안에 알맞은 수를 써넣으세요.

(1) 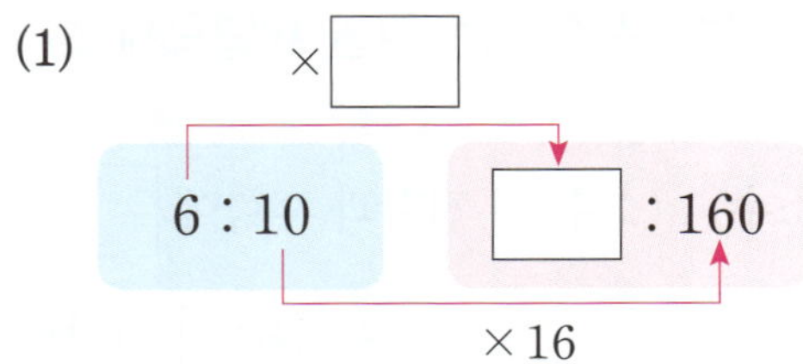

(2) 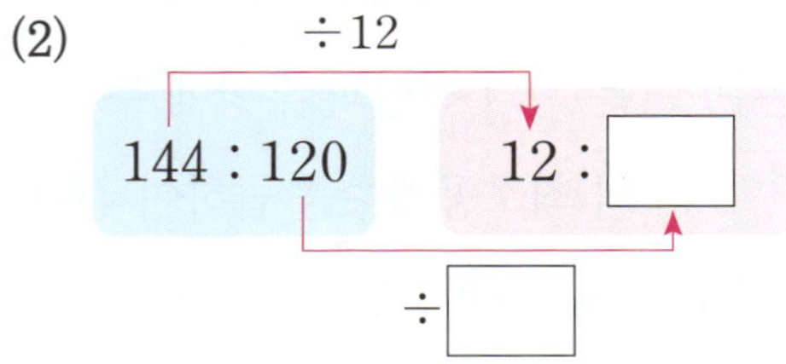

5 7 : 5와 비율이 같은 비를 구할 때 □ 안에 공통으로 들어갈 수 <u>없는</u> 수를 찾아 기호를 써 보세요.

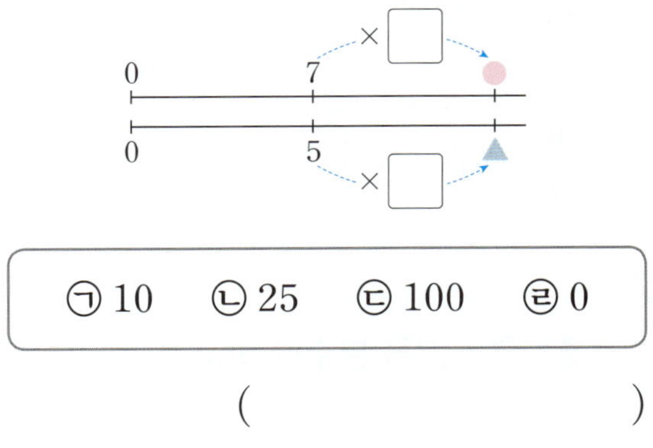

> ㉠ 10   ㉡ 25   ㉢ 100   ㉣ 0

(   )

6 비의 성질을 이용하여 비율이 같은 비를 찾아 이어 보세요.

21 : 14		7 : 2
40 : 16		3 : 2
28 : 8		5 : 2

7 스케치북과 비율이 같은 엽서를 찾아 ○표 하세요.

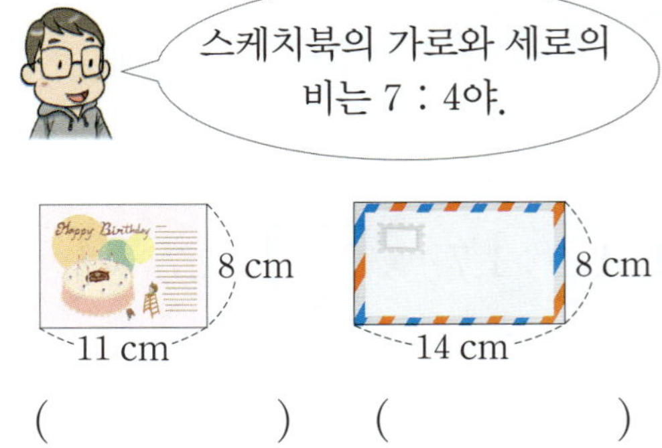

(   ) (   )

개념 2 **간단한 자연수의 비로 나타내기**

8 간단한 자연수의 비로 나타내려고 합니다.
□ 안에 알맞은 수를 써넣으세요.

(1)
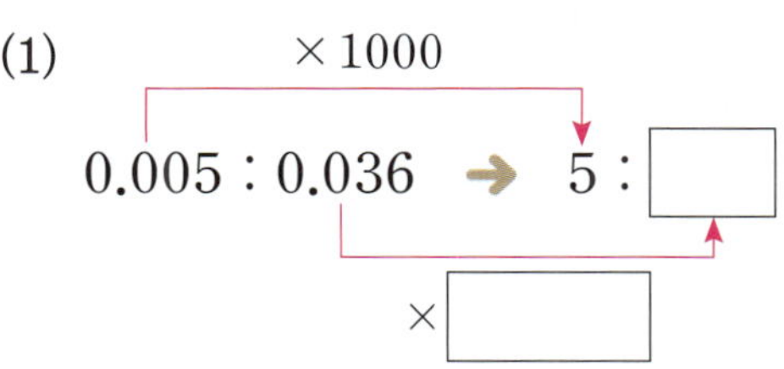

$$0.005 : 0.036 \;\rightarrow\; 5 : \boxed{}$$

(2)
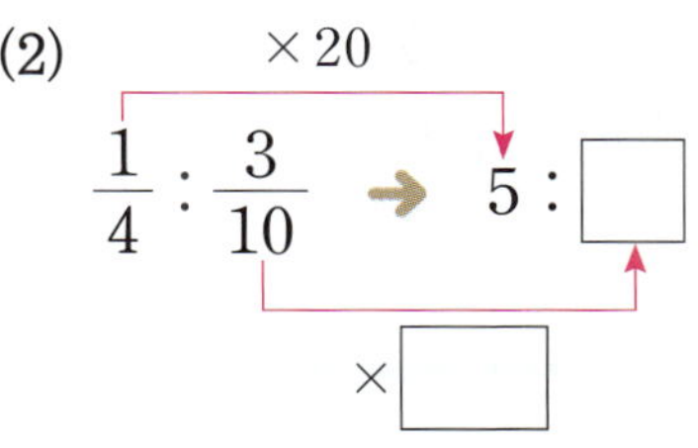

$$\frac{1}{4} : \frac{3}{10} \;\rightarrow\; 5 : \boxed{}$$

9 $1.1 : 1\dfrac{2}{5}$ 를 간단한 자연수의 비로 나타내려
고 합니다. □ 안에 알맞은 수를 써넣으세요.

방법 1 $1\dfrac{2}{5}$ 를 소수로 바꾸면 $\boxed{}$ 입니다.

$1.1 : \boxed{}$ 의 전항과 후항에 10을
곱하면 $11 : \boxed{}$ 입니다.

방법 2 1.1 을 분수로 바꾸면 $\dfrac{\boxed{}}{10}$ 이고

$1\dfrac{2}{5}$ 를 가분수로 고치면 $\dfrac{\boxed{}}{5}$ 입니다.

$\dfrac{\boxed{}}{10} : \dfrac{\boxed{}}{5}$ 의 전항과 후항에

10을 곱하면 $\boxed{} : \boxed{}$ 입니다.

10 간단한 자연수의 비로 바르게 나타낸 사람을
찾아 이름을 써 보세요.

( )

11 승현이의 멀리뛰기 기록과 유라의 멀리뛰기
기록의 비를 간단한 자연수의 비로 나타내
보세요.

( )

12 직사각형의 가로와 세로의 비를 간단한 자연
수의 비로 나타내 보세요.

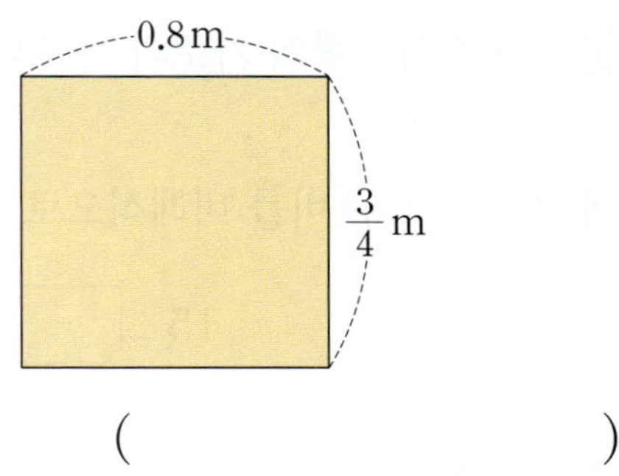

( )

개념 **3** 비례식

✪ **비례식:** 비율이 같은 두 비를 기호 '=' 를 사용하여 나타낸 식

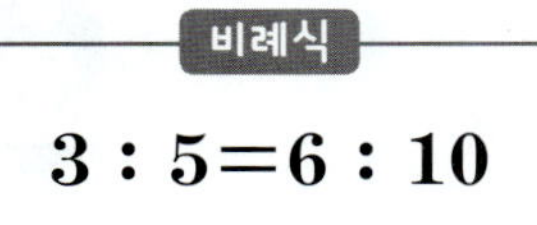

비례식
$$3 : 5 = 6 : 10$$

- 3 : 5의 비율 → $\dfrac{3}{5}$
- 6 : 10의 비율 → $\dfrac{6}{10} = \dfrac{3}{5}$

✪ **외항과 내항**

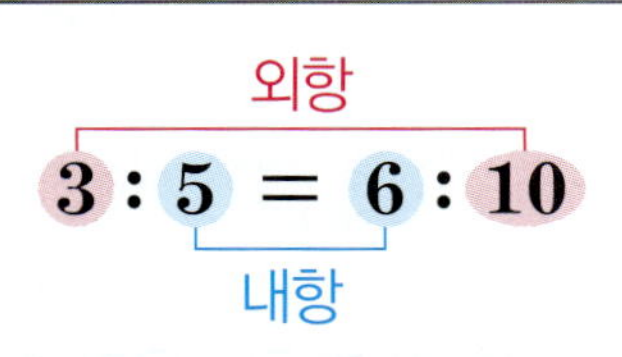

외항
$$3 : 5 = 6 : 10$$
내항

→ 비례식 3 : 5 = 6 : 10에서 바깥쪽에 있는 3과 10을 **외항**, 안쪽에 있는 5와 6을 **내항**이라 합니다.

[1~4] 두 직사각형의 가로와 세로의 길이를 보고 물음에 답하세요.

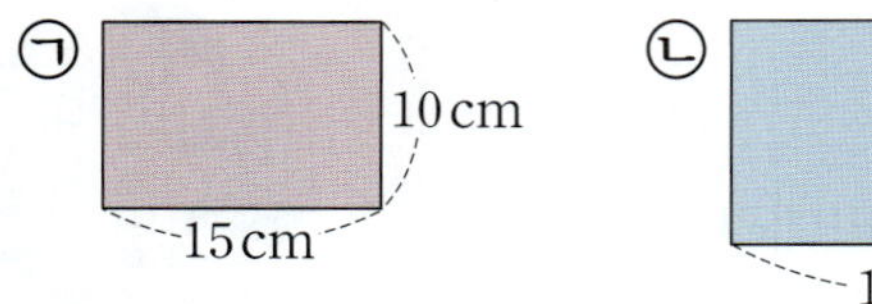
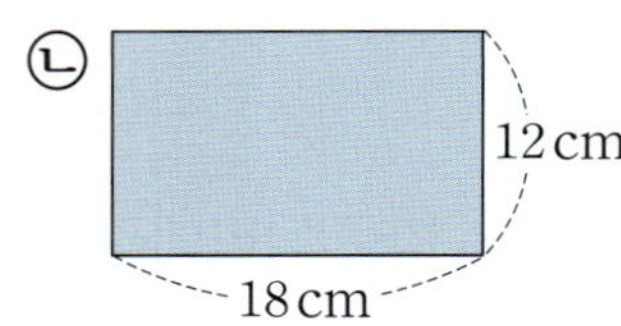

1 두 직사각형의 가로와 세로의 비와 비율을 각각 구해 보세요.

	㉠	㉡
비	☐ : 10	18 : ☐
비율	$\dfrac{☐}{10} = \dfrac{☐}{2}$	$\dfrac{18}{☐} = \dfrac{3}{☐}$

2 두 직사각형의 가로와 세로의 비율은 (같습니다 , 다릅니다).

3 위 **1**의 두 비를 비례식으로 나타내 보세요.

$$15 : \boxed{} = \boxed{} : \boxed{}$$

4 위 **3**에서 세운 비례식에서 바깥쪽에 있는 15와 ☐ (을)를 외항, 안쪽에 있는 10과 ☐ (을)를 ☐ 이라고 합니다.

[5~7] 외항과 내항을 각각 찾아 써 보세요.

5

$$2 : 4 = 8 : 16$$

외항 (   )
내항 (   )

6

$$3 : 8 = 9 : 24$$

외항 (   )
내항 (   )

7

$$5 : 7 = 10 : 14$$

외항 (   )
내항 (   )

[8~10] 비의 성질을 이용하여 비례식을 세워 보세요.

8

$\times 4$

$$5 : 3 = \boxed{} : \boxed{}$$

$\times 4$

9

$\div 5$

$$40 : 25 = \boxed{} : \boxed{}$$

$\div 5$

10

$\times 18$

$$\frac{1}{9} : \frac{1}{6} = \boxed{} : \boxed{}$$

$\times 18$

[11~14] 비율이 같은 두 비를 찾아 비례식을 세워 보세요.

11

| $1 : 7$ | $6 : 8$ | $3 : 4$ |

(   )

12

| $38 : 24$ | $76 : 58$ | $19 : 12$ |

(   )

13

| $15 : 9$ | $5 : 2$ | $35 : 14$ |

(   )

14

| $2.8 : 4.9$ | $24 : 35$ | $4 : 7$ |

(   )

15 개념 체크 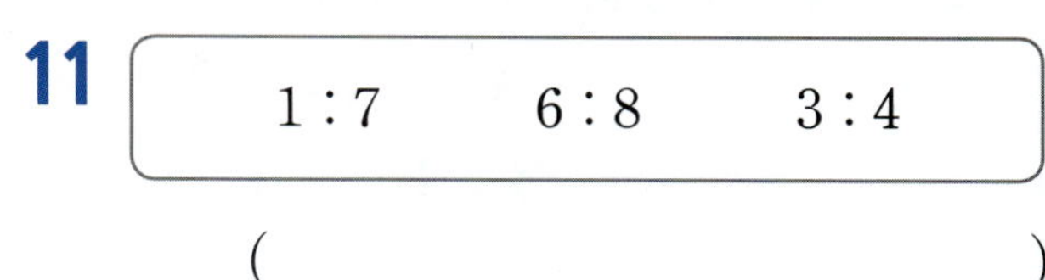

☐ 안에 알맞은 말을 써넣으세요.

(1) $2 : 3 = 4 : 6$과 같이 비율이 같은 두 비를 기호 '='를 사용하여 나타낸 식을 $\boxed{}$(이)라고 합니다.

(2) 비례식 $7 : 4 = 14 : 8$에서 바깥쪽에 있는 7과 8을 $\boxed{}$, 안쪽에 있는 4와 14를 $\boxed{}$(이)라고 합니다.

개념 4 비례식의 성질

✪ **비례식의 성질:** 비례식에서 외항의 곱과 내항의 곱은 같습니다.

(외항의 곱)$=3\times 8=24$

$$3 : 4 \ = \ 6 : 8$$

(내항의 곱)$=4\times 6=24$

✪ **비례식의 성질을 이용하여 ☐의 값 구하기**

(예) $4 : 9 = 12 : ☐$에서 ☐의 값 구하기

$4 : 9 = 12 : ☐$ → $4\times ☐=9\times 12$

$4\times ☐=108$

$☐=27$

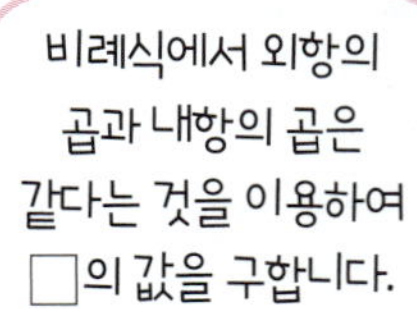

[1~2] ☐ 안에 알맞은 수를 써넣고 ◯ 안에 $>$, $=$, $<$ 중 알맞은 것을 써넣으세요.

1

$$5 : 2 = 25 : 10$$

(외항의 곱)$=5\times \boxed{}=\boxed{}$

(내항의 곱)$=2\times \boxed{}=\boxed{}$

외항의 곱 ◯ 내항의 곱

2

$$52 : 13 = 4 : 1$$

(외항의 곱)$=52\times \boxed{}=\boxed{}$

(내항의 곱)$=13\times \boxed{}=\boxed{}$

외항의 곱 ◯ 내항의 곱

[3~5] ☐ 안에 알맞은 수를 써넣고, 비례식이면 ◯표, 비례식이 <u>아니면</u> ✕ 표 하세요.

3
$7\times 12=\boxed{}$

$7 : 3 = 28 : 12$

$3\times 28=\boxed{}$

(   )

4
$2\times 20=\boxed{}$

$2 : 5 = 10 : 20$

$5\times 10=\boxed{}$

(   )

5
$6\times 8=\boxed{}$

$6 : 24 = 2 : 8$

$24\times 2=\boxed{}$

(   )

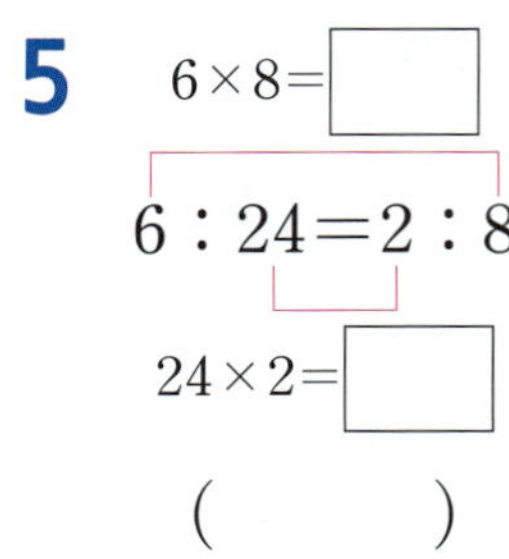

[6~9] 비례식의 성질을 이용하여 비례식이면 ○표, 비례식이 <u>아니면</u> ✕표 하세요.

6 $16 : 7 = 8 : 6$　　　　（　　　）

7 $6 : 3 = 12 : 6$　　　　（　　　）

8 $10 : 12 = \dfrac{1}{2} : \dfrac{3}{5}$　　　（　　　）

9 $0.3 : 0.8 = 12 : 32$　　　（　　　）

[10~12] 비례식의 성질을 이용하여 ■의 값을 구하려고 합니다. □ 안에 알맞은 수를 써넣으세요.

10
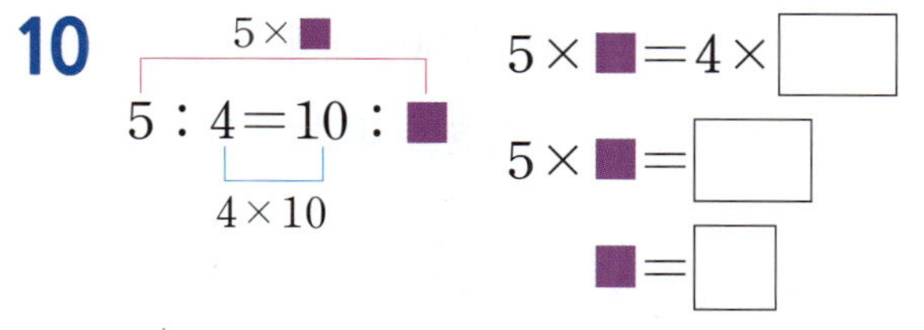

$5 \times ■ = 4 \times \boxed{}$

$5 \times ■ = \boxed{}$

$■ = \boxed{}$

11
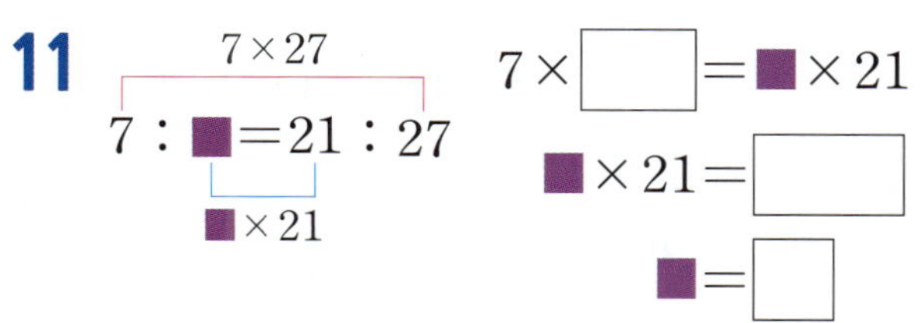

$7 \times \boxed{} = ■ \times 21$

$■ \times 21 = \boxed{}$

$■ = \boxed{}$

12
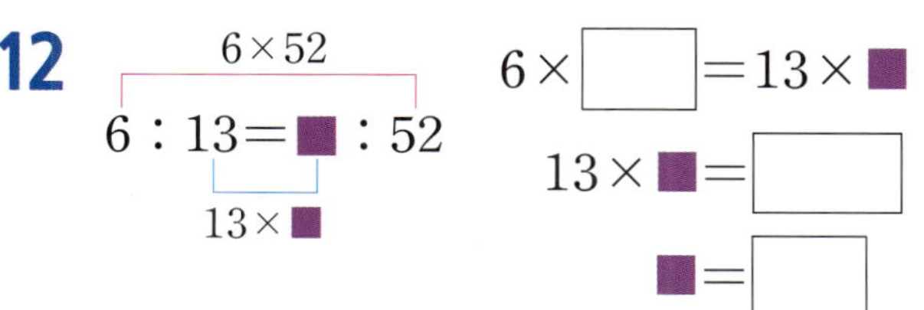

$6 \times \boxed{} = 13 \times ■$

$13 \times ■ = \boxed{}$

$■ = \boxed{}$

[13~16] 비례식의 성질을 이용하여 □ 안에 알맞은 수를 써넣으세요.

13 $20 : \boxed{} = 10 : 19$

14 $8 : 7 = 16 : \boxed{}$

15 $6 : \boxed{} = \dfrac{1}{18} : \dfrac{1}{6}$

16 $5 : 2 = \boxed{} : 0.4$

17 개념 체크

비례식을 보고 물음에 답하세요.

$$11 : 55 = 1 : 5$$

(1) 외항의 곱과 내항의 곱을 각각 구해 보세요.

(외항의 곱) = _______________

(내항의 곱) = _______________

(2) 알맞은 말에 ○표 하세요.

비례식에서 외항의 곱과 내항의 곱은 (같습니다 , 다릅니다).

  개념 유형 익히기

1 비례식에서 외항과 내항을 각각 찾아 써 보세요.

$$16 : 4 = 24 : 6$$

외항 (　　　　　　　　　　)

내항 (　　　　　　　　　　)

2 비례식을 모두 찾아 기호를 써 보세요.

> ㉠ $2 \times 6 = 3 \times 4$
>
> ㉡ $2 : 6 = 1 : 3$
>
> ㉢ $3 \div 5 = \dfrac{3}{5}$
>
> ㉣ $6 : 11 = 12 : 22$

(　　　　　　　　　　)

3 $3 : 4$와 비율이 같은 비를 보기에서 찾아 비례식으로 나타내려고 합니다. ☐ 안에 알맞은 수를 써넣으세요.

> **보기**
>
> $5 : 20$　　$6 : 12$　　$18 : 24$

$$3 : 4 = \boxed{} : \boxed{}$$

4 비례식이 바르게 적힌 표지판을 따라가면 주연이네 집이 나옵니다. 길을 따라 선을 긋고 도착한 집에 ◯표 하세요.

5 비례식 $4 : 3 = 20 : 15$에 대해 바르게 설명한 것을 찾아 기호를 써 보세요.

> ㉠ 외항은 4, 20입니다.
>
> ㉡ 내항은 3, 15입니다.
>
> ㉢ 비율이 같은 두 비 $4 : 3$과 $20 : 15$ 를 기호 '＝'를 사용하여 나타낸 식입니다.
>
> ㉣ $4 : 3$과 $20 : 15$의 비율은 모두 $\dfrac{3}{4}$입니다.

(　　　　　　　　　　)

개념 4 비례식의 성질

6 비례식의 성질을 이용하여 비례식을 모두
찾아 기호를 써 보세요.

> ㉠ $1.5 : 2.5 = 3 : 5$
>
> ㉡ $4 : 7 = 8 : 10$
>
> ㉢ $\dfrac{5}{9} : \dfrac{1}{9} = 18 : 9$
>
> ㉣ $15 : 30 = 5 : 10$

(   )

7 비례식의 성질을 이용하여 ■의 값을
구하려고 합니다. □ 안에 알맞은 수를
써넣으세요.

$$4 : 3 = 12 : ■$$

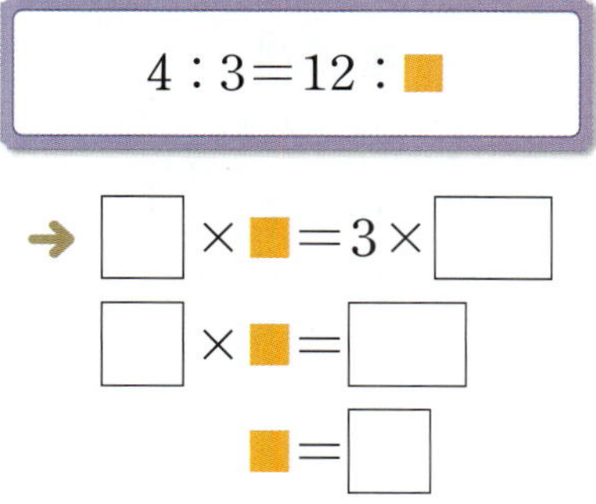

$$\square \times ■ = 3 \times \square$$

$$\square \times ■ = \square$$

$$■ = \square$$

8 비례식에서 ㉠과 ㉡의 곱은 얼마인가요?

$$10 : ㉠ = ㉡ : 20$$

(   )

9 □ 안에 알맞은 수를 찾아 이어 보세요.

$\square : 16 = 1 : 8$	18
$2.4 : 0.6 = 4 : \square$	1
$15 : \square = \dfrac{2}{3} : \dfrac{4}{5}$	2

10 □ 안에 들어갈 수가 가장 작은 비례식을
찾아 기호를 써 보세요.

> ㉠ $3 : 4 = 15 : \square$
>
> ㉡ $9 : \square = 6 : 8$
>
> ㉢ $0.5 : 0.2 = \square : 4$
>
> ㉣ $\square : 5 = 36 : 20$

(   )

11 다음 비례식에서 외항의 곱이 216일 때,
㉠과 ㉡의 값을 각각 구해 보세요.

$$18 : 24 = ㉠ : ㉡$$

㉠ (   )

㉡ (   )

개념 5   비례식의 활용

예 초등학생과 어른의 미술관 입장료의 비는 3 : 4입니다. 초등학생의 입장료가 4500원일 때, 어른의 입장료를 구해 보세요.

① 구하려는 것을 □라 하고 비례식 세우기
 → 구하려는 어른의 입장료를 □원이라 하고 비례식을 세우면 **3 : 4＝4500 : □**입니다.

② □의 값 구하기

방법 1 비례식의 성질 이용하기	방법 2 비의 성질 이용하기
$3 : 4＝4500 : \square$ $3 \times \square$ 4×4500 → $3 \times \square＝18000,\ \square＝6000$	$\times 1500$ $3 : 4＝4500 : \square$ $\times 1500$ → $\square＝4 \times 1500＝6000$

③ 문제에 알맞은 답 구하기
 → 어른의 입장료는 6000원입니다.

[1~3] 귤 15개의 가격이 6000원일 때, 귤 60개의 가격은 얼마인지 구하려고 합니다. 물음에 답하세요.

1 귤 60개의 가격을 ■원이라 할 때 비례식을 바르게 세운 것에 ○표 하세요.

$$15 : 6000＝■ : 60$$
(   )

$$15 : 6000＝60 : ■$$
(   )

2 ■의 값을 구해 보세요.

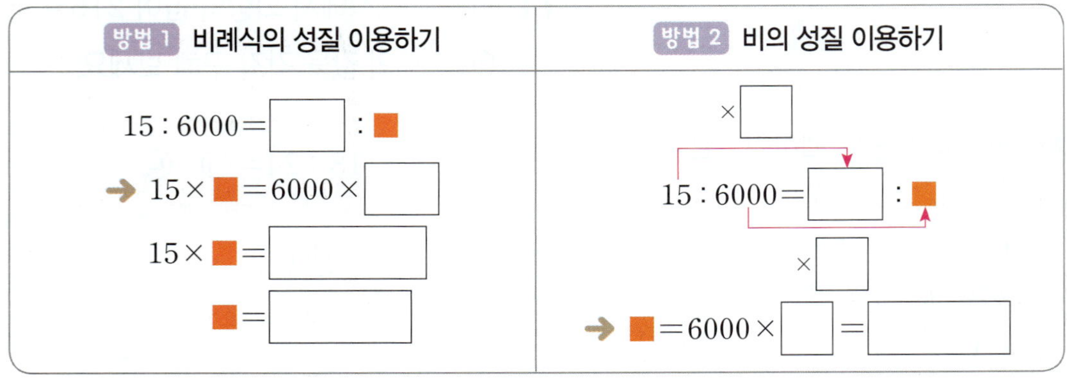

3 귤 60개의 가격은 얼마인지 구해 보세요.   (   )

[4~6] 밀가루 70 g으로 빵 12개를 만들 때, 밀가루 210 g으로 똑같은 빵 몇 개를 만들 수 있는지 구하려고 합니다. 물음에 답하세요.

4 밀가루 210 g으로 만들 수 있는 빵의 수를 ■개라 하고 비례식을 세워 보세요.

$$70 : \boxed{} = 210 : ■$$

5 ■의 값을 구해 보세요.

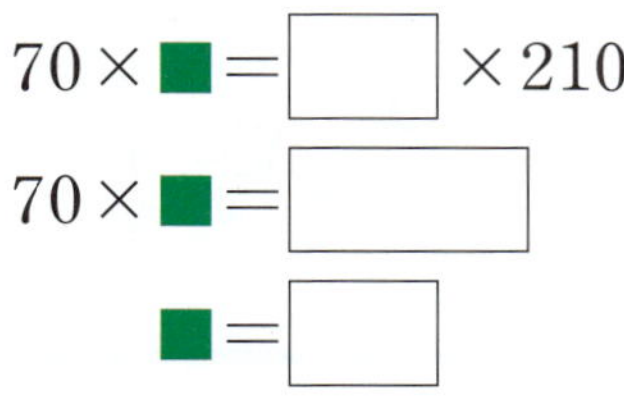

$$70 \times ■ = \boxed{} \times 210$$
$$70 \times ■ = \boxed{}$$
$$■ = \boxed{}$$

6 밀가루 210 g으로 똑같은 빵 몇 개를 만들 수 있는지 구해 보세요.

( )

[7~8] 3분 동안 24 L의 물이 나오는 수도로 56 L 들이의 물통에 물을 가득 채우려면 몇 분 동안 물을 받아야 하는지 구하려고 합니다. 물음에 답하세요.

7 56 L 들이 물통에 물을 가득 채우는 데 걸리는 시간을 ■분이라 하고 비례식을 세워 보세요.

$$3 : \boxed{} = ■ : \boxed{}$$

8 56 L 들이의 물통에 물을 가득 채우려면 몇 분 동안 물을 받아야 하는지 구해 보세요.

( )

[9~11] 동화책의 가로와 세로의 비는 5 : 6 입니다. 가로가 20 cm라면 세로는 몇 cm인지 구하려고 합니다. 물음에 답하세요.

9 가로가 20 cm일 때 세로를 ■ cm라 하고 비례식을 세워 보세요.

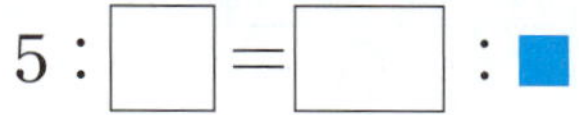

$$5 : \boxed{} = \boxed{} : ■$$

10 ■의 값을 구해 보세요.

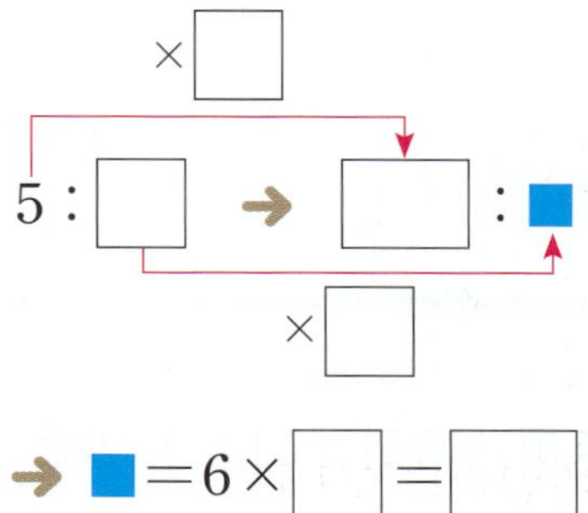

$$→ ■ = 6 \times \boxed{} = \boxed{}$$

11 가로가 20 cm일 때 세로는 몇 cm인지 구해 보세요.

( )

[12~13] 쌀과 콩의 비를 8 : 1로 섞어서 밥을 지을 때, 쌀을 200 g 넣었다면 콩은 몇 g 넣어야 하는지 구하려고 합니다. 물음에 답하세요.

12 쌀을 200 g 넣었을 때 콩의 양을 ☐ g이라 하고 비례식을 세워 보세요.

비례식
....

13 쌀을 200 g 넣었을 때 콩은 몇 g 넣어야 하는지 구해 보세요.

( )

개념 6 비례배분

⭐ **비례배분:** 전체를 주어진 비로 배분하는 것

㉘ 사탕 10개를 지선이와 현준이가 **2 : 3**으로 나누어 가지면 각각 몇 개씩 가질 수 있는지 구해 보세요.

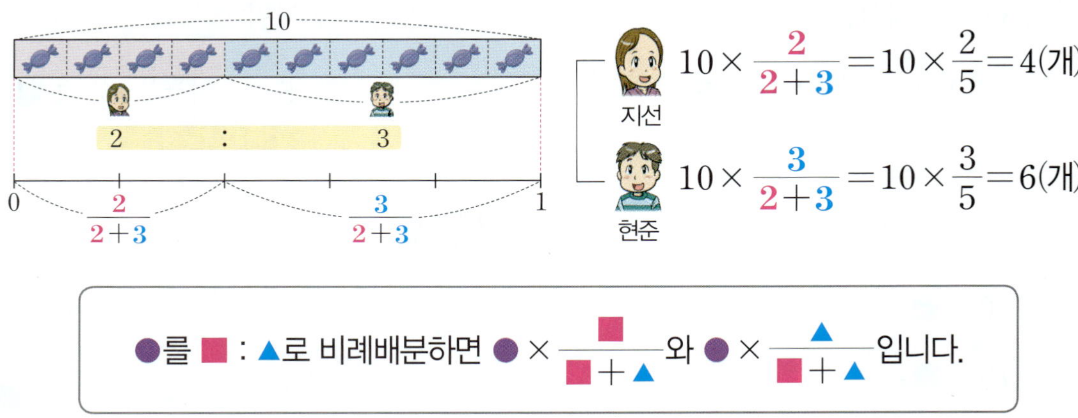

지선: $10 \times \dfrac{2}{2+3} = 10 \times \dfrac{2}{5} = 4$(개)

현준: $10 \times \dfrac{3}{2+3} = 10 \times \dfrac{3}{5} = 6$(개)

> ●를 ■ : ▲로 비례배분하면 $● \times \dfrac{■}{■+▲}$ 와 $● \times \dfrac{▲}{■+▲}$ 입니다.

1 서준이와 유나가 사과 14개를 4 : 3으로 나누려고 합니다. □ 안에 알맞은 수를 써넣으세요.

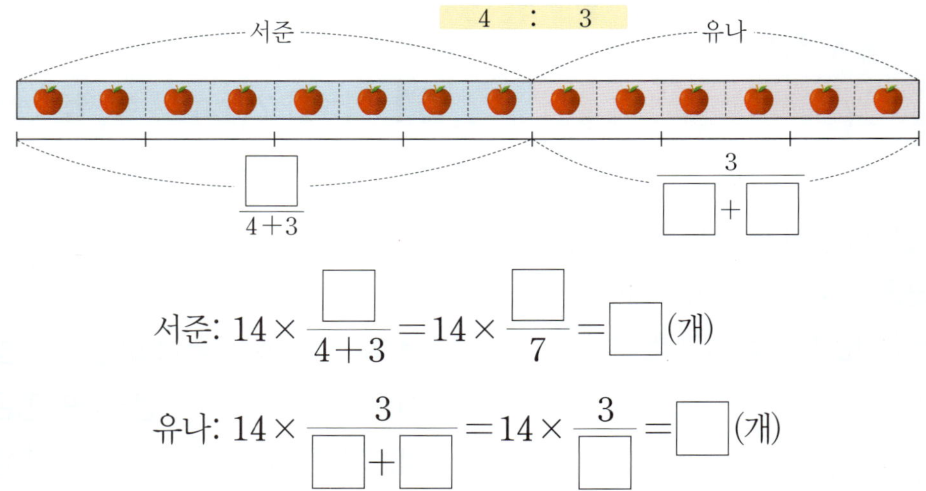

서준: $14 \times \dfrac{\square}{4+3} = 14 \times \dfrac{\square}{7} = \square$ (개)

유나: $14 \times \dfrac{3}{\square+\square} = 14 \times \dfrac{3}{\square} = \square$ (개)

2 비례배분하려고 합니다. □ 안에 알맞은 수를 써넣으세요.

> 20을 1 : 3으로 나누기

$20 \times \dfrac{1}{\square+3} = 20 \times \dfrac{1}{\square} = \square$

$20 \times \dfrac{3}{1+\square} = 20 \times \dfrac{3}{\square} = \square$

3 유연이와 우진이가 사탕 40개를 3 : 5로 나누어 가지려고 합니다. 유연이와 우진이는 사탕을 각각 몇 개씩 가지는지 구해 보세요.

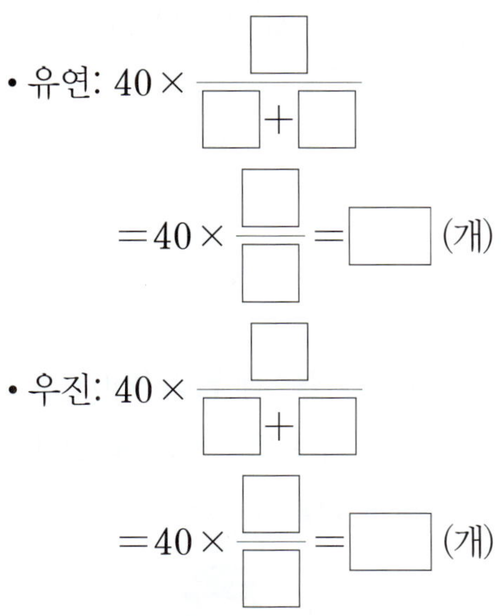

- 유연: $40 \times \dfrac{\square}{\square + \square}$

  $= 40 \times \dfrac{\square}{\square} = \square$ (개)

- 우진: $40 \times \dfrac{\square}{\square + \square}$

  $= 40 \times \dfrac{\square}{\square} = \square$ (개)

4 은영이와 준영이는 길이가 420 cm인 색 테이프를 5 : 2로 나누어 가지려고 합니다. 은영이와 준영이는 색 테이프를 각각 몇 cm씩 가지는지 구해 보세요.

- 은영: $420 \times \dfrac{\square}{\square + \square}$

  $= 420 \times \dfrac{\square}{\square} = \square$ (cm)

- 준영: $420 \times \dfrac{\square}{\square + \square}$

  $= 420 \times \dfrac{\square}{\square} = \square$ (cm)

[5~6] ☐ 안의 수를 주어진 비로 비례배분하여 [,] 안에 써넣으세요.

5 ☐ 36 ☐   7 : 2 ➜ [,   ]

6 ☐ 42 ☐   3 : 4 ➜ [,   ]

7 구슬 440개를 5 : 6으로 나누어 유리병에 담으려고 합니다. 유리병에 구슬을 각각 몇 개씩 담아야 하는지 구해 보세요.

(,   )

8 빵 반죽에 밀가루와 우유가 7 : 3의 비율로 들어갑니다. 빵 반죽에 밀가루와 우유가 760 g 들어갔을 때 밀가루와 우유가 각각 몇 g씩 들어갔는지 구해 보세요.

밀가루 (   )

우유 (   )

9 

☐ 안에 알맞은 말을 써넣으세요.

> 전체를 주어진 비로 배분하는 것을
>
> ☐ (이)라고 합니다.

개념 5 비례식의 활용

[1~2] 사과와 배를 5 : 2의 비로 사려고 합니다. 사과를 20개 산다면 배는 몇 개 사야 하는지 구하려고 합니다. 물음에 답하세요.

1 사과를 20개 살 때 사야 할 배의 수를 ★개라 하고 비례식을 세워 보세요.

$$5 : 2 = \boxed{} : ★$$

2 사과를 20개 산다면 배는 몇 개 사야 하는지 구해 보세요.

$$5 × ★ = 2 × \boxed{}$$
$$5 × ★ = \boxed{}$$
$$★ = \boxed{}$$

➡ 사과를 20개 산다면 배는 $\boxed{}$개 사야 합니다.

[3~4] 자동차가 일정한 빠르기로 8 km 가는 데 6분이 걸렸습니다. 자동차가 같은 빠르기로 120 km를 간다면 몇 분이 걸리는지 구하려고 합니다. 물음에 답하세요.

3 120 km를 갈 때 걸리는 시간을 ☐분이라 하고 비례식을 세워 보세요.

비례식

4 120 km를 간다면 몇 분이 걸리는지 구해 보세요.

(   )

5 어머니께서 고춧가루와 새우젓을 8 : 3으로 섞어서 김치 양념을 만드시려고 합니다. 고춧가루를 16컵 넣었다면 새우젓은 몇 컵을 넣어야 하는지 구해 보세요.

(   )

6 김밥 2줄을 만드는 데 밥이 350 g 필요합니다. 연우가 밥 1050 g을 준비한다면 김밥을 몇 줄 만들 수 있는지 구해 보세요.

(   )

7 맞물려 돌아가는 두 톱니바퀴 ㉮와 ㉯가 있습니다. 톱니바퀴 ㉮가 3바퀴 도는 동안 톱니바퀴 ㉯는 5바퀴 돕니다. 톱니바퀴 ㉮가 54바퀴 도는 동안 톱니바퀴 ㉯가 도는 회전 수를 구해 보세요.

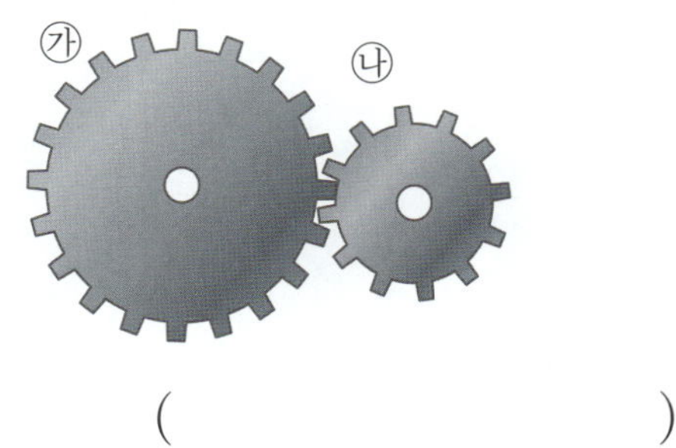

(   )

개념 6 비례배분

[8~9] 길이가 45 cm인 끈을 하경이와 슬기가 5 : 4로 나누어 가지려고 합니다. 물음에 답하세요.

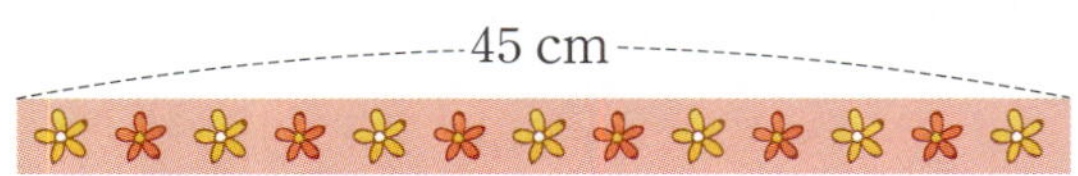

8 하경이와 슬기가 가져야 하는 끈의 길이는 각각 전체의 몇 분의 몇인지 나타내 보세요.

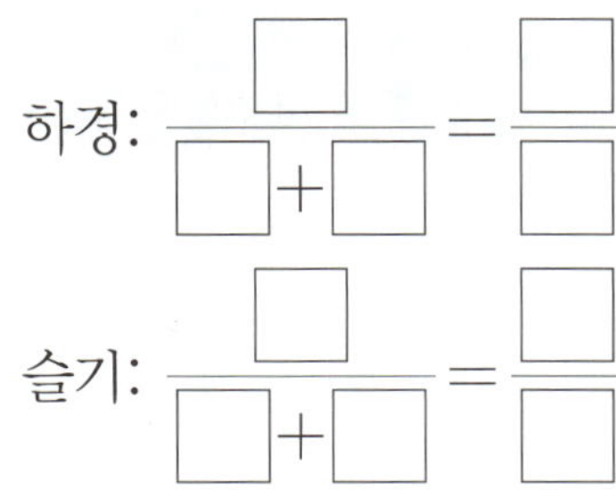

$$하경: \frac{\boxed{}}{\boxed{}+\boxed{}} = \frac{\boxed{}}{\boxed{}}$$

$$슬기: \frac{\boxed{}}{\boxed{}+\boxed{}} = \frac{\boxed{}}{\boxed{}}$$

9 하경이와 슬기가 가져야 하는 끈의 길이는 각각 몇 cm인지 구해 보세요.

$$하경: 45 \times \frac{\boxed{}}{\boxed{}} = \boxed{} \ (\text{cm})$$

$$슬기: 45 \times \frac{\boxed{}}{\boxed{}} = \boxed{} \ (\text{cm})$$

10 60을 7 : 8로 나누려고 합니다. ☐ 안에 알맞은 수를 써넣으세요.

$$60 \times \frac{\boxed{}}{7+8} = 60 \times \frac{\boxed{}}{15} = \boxed{}$$

$$60 \times \frac{\boxed{}}{7+8} = 60 \times \frac{\boxed{}}{15} = \boxed{}$$

11 6학년 전체 학생은 390명이고 남학생과 여학생 수의 비는 6 : 7입니다. 6학년 여학생은 몇 명인지 알아보기 위한 풀이 과정에서 가장 먼저 잘못 쓴 부분에 ◯표 하고, 바르게 계산해 보세요.

$$390 \times \frac{7}{6 \times 7} = 390 \times \frac{7}{42} = 65 (\text{명})$$

12 사과 56개를 빨간색 바구니와 파란색 바구니에 4 : 3으로 나누어 담으려고 합니다. 빨간색 바구니와 파란색 바구니에 사과를 각각 몇 개씩 담아야 하는지 구해 보세요.

빨간색 바구니 (   )

파란색 바구니 (   )

13 어느 날 낮과 밤의 길이의 비가 5 : 7이라면 낮은 몇 시간인지 구해 보세요.

(   )

유형 ❶ 비례식 활용하여 변의 길이 구하기

가로와 세로의 비가 3 : 2가 되도록 태극기를 그리려고 합니다. 가로가 27 cm일 때, 가로는 세로보다 몇 cm 더 긴지 구해 보세요.

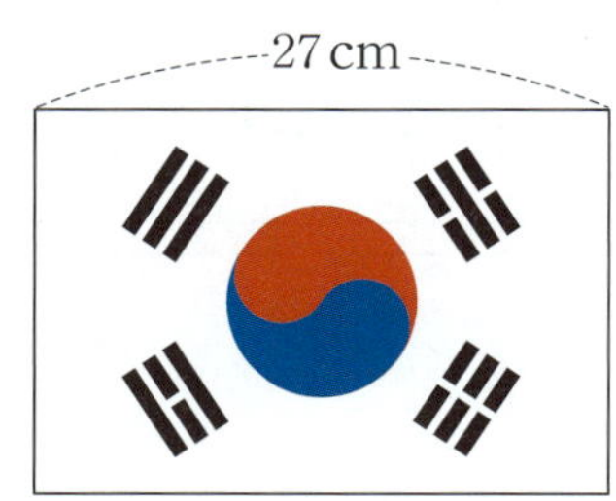

✋ 핵심 체크

태극기의 세로를 ■ cm라 하여 비례식을 세워 세로를 구한 후 가로가 세로보다 몇 cm 더 긴지 구합니다.

풀이

1단계 비례식 세우기

태극기의 세로를 ■ cm라 하고 비례식을 세우면 3 : 2 = ⬜ : ■입니다.

2단계 세로의 길이 구하기

외항의 곱은 내항의 곱과 같으므로

3 × ■ = 2 × ⬜

3 × ■ = ⬜

■ = ⬜

따라서 세로는 ⬜ cm입니다.

3단계 가로와 세로의 차 구하기

가로의 길이는 세로의 길이보다

⬜ − ⬜ = ⬜ (cm) 더 깁니다.

답 ____________________

유형 ❶-1

직사각형 모양 액자의 가로와 세로의 비는 5 : 3입니다. 액자의 가로가 45 cm라면 가로는 세로보다 몇 cm 더 긴지 구해 보세요.

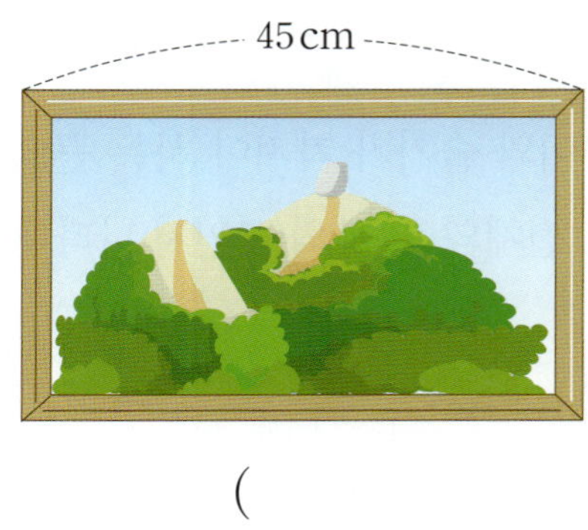

(   )

유형 ❶-2

밑변의 길이와 높이의 비가 4 : 3인 삼각형이 있습니다. 밑변의 길이가 20 cm일 때, 이 삼각형의 넓이를 구해 보세요.

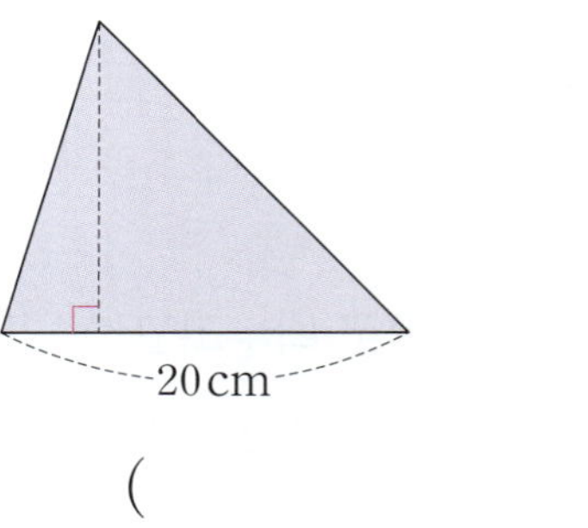

(   )

유형 ❷ 비례배분 활용하기

공책 231권을 학생 수의 비에 따라 두 반에 나누어 주려고 합니다. 1반에는 공책을 몇 권 주어야 하는지 구해 보세요.

반	1	2
학생 수(명)	22	20

 **핵심 체크**

학생 수의 비를 가장 간단한 자연수의 비로 나타내면 계산하기 편리합니다.

풀이

1단계 두 반의 학생 수의 비 구하기

1반 학생 수와 2반 학생 수의 비를 가장 간단한 자연수의 비로 나타냅니다.

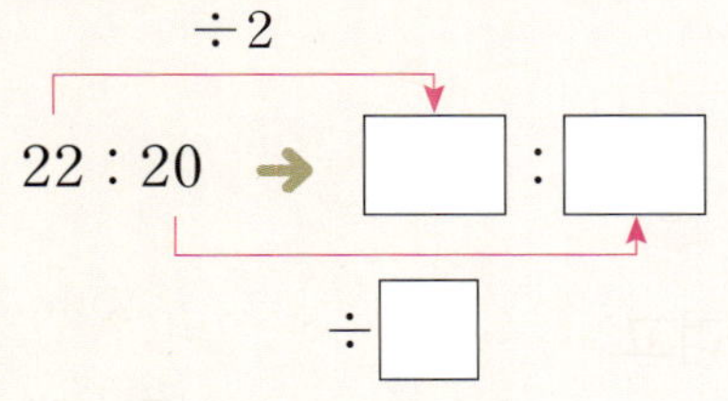

$$\div 2$$
$$22 : 20 \ \rightarrow \ \boxed{} : \boxed{}$$
$$\div \boxed{}$$

2단계 1반에 나누어 주려는 공책 수 구하기

1반과 2반에 나누어 주려는 공책 수의 비는 $\boxed{} : \boxed{}$ 이므로

(1반에 나누어 주려는 공책 수)

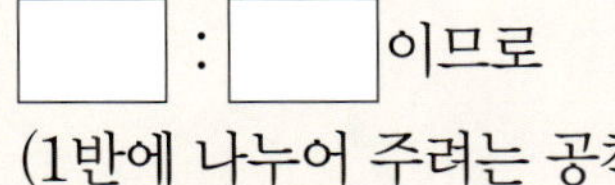

$$= 231 \times \dfrac{\boxed{}}{\boxed{} + \boxed{}}$$

$$= 231 \times \dfrac{\boxed{}}{\boxed{}} = \boxed{} \ (권)$$

답 ______________________

유형 ❷-1

대화를 읽고, 두 모둠이 내야 할 돈은 각각 얼마인지 구해 보세요.

> 유리: 간식비가 18500원이 나왔어.
> 준우: 모둠 인원 수에 따라 돈을 내자.
> 유리: 우리 모둠이 6명, 너희 모둠이 9명이
> 니까 얼마씩 내야 하지?

유리네 모둠 (   )
준우네 모둠 (   )

유형 ❷-2

은서와 현우는 각각 5만 원, 7만 원을 투자하여 48000원의 이익금을 받았습니다. 이익금을 투자한 금액의 비에 따라 나누어 받는다면 은서와 현우는 각각 얼마를 받을 수 있는지 구해 보세요.

은서 (   )
현우 (   )

4 비례식과 비례배분

서술형 대비 문제

1 대표 문제

성호와 명은이가 만든 꿀물의 진하기를 비교하려고 합니다.
풀이 과정을 쓰고, 답을 구해 보세요.

풀이

두 사람이 사용한 꿀의 양과 물의 양의 비를 간단한 자연수의 비로
각각 나타내면

성호의 꿀물은 $0.3 : \boxed{} \rightarrow 3 : \boxed{}$,

명은이의 꿀물은 $\frac{3}{10} : \frac{4}{5} \rightarrow 3 : \boxed{}$ 입니다.

따라서 두 비가 (같으므로 , 다르므로)
두 꿀물의 진하기는 (같습니다 , 다릅니다).

답

<hr>

○ 힌트 체크

❶ 꿀 0.3 L, 물 0.8 L
➡ (소수) : (소수)의 전항과 후항에 10을 곱하여 간단한 자연수의 비로 나타낼 수 있습니다.

❷ 꿀 $\frac{3}{10}$컵, 물 $\frac{4}{5}$컵
➡ (분수) : (분수)의 전항과 후항에 두 분모의 최소공배수를 곱하여 간단한 자연수의 비로 나타낼 수 있습니다.

---

1 연습 문제

시준이와 선화가 만든 두 초코우유의 진하기를 비교하려고
합니다. 풀이 과정을 쓰고, 답을 구해 보세요.

> 시준: 나는 초코 시럽 0.05 L, 우유 0.2 L를 넣었어.
>
> 선화: 나는 같은 컵으로 초코 시럽 $\frac{1}{6}$컵, 우유 $\frac{2}{3}$컵을 넣었어.

풀이

답

○ 힌트 체크

★ 힌트가 되는 부분에 ○표 하세요!

❷ 대표 문제

수 카드 중에서 4장을 골라 비례식을 세우려고 합니다.
풀이 과정을 쓰고, 답을 구해 보세요.

| 1 | 2 | 3 | 4 | 7 | 8 |

풀이

비례식에서 외항의 곱과 □ 의 곱이 같으므로
두 수의 곱이 같은 수 카드를 찾으면
$1 \times$ □ $=$ □ , $2 \times$ □ $=$ □ 입니다.
따라서 1과 □ 을 외항으로, 2와 □ 를 내항으로 하는
비례식을 세우면 $1 : 2 =$ □ $:$ □ 입니다.

답 _______________

⊙ 힌트 체크

❶ 수 카드 중에서 4장을 골라
➡ 두 수의 곱이 같은 수 카드를
2장씩 짝지어 봅니다.

❷ 비례식을 세우려고
➡ 외항의 곱과 내항의 곱이
같다는 비례식의 성질을 이용
하여 비례식을 세웁니다.

---

❷ 연습 문제

수 카드 중에서 4장을 골라 비례식을 세우려고 합니다.
풀이 과정을 쓰고, 답을 구해 보세요.

| 3 | 4 | 5 | 6 | 8 | 9 |

풀이

____

____

____

답 _______________

⊙ 힌트 체크

★ 힌트가 되는 부분에 ◯표
하세요!

점수 | 점
(문제당 5점)

1

□ 안에 알맞은 수를 써넣으세요.

> 비 3 : 8에서
> 전항은 □ 이고, 후항은 □ 입니다.

2

비례식에서 외항과 내항을 각각 찾아 써 보세요.

$$2 : 5 = 6 : 15$$

외항 (　　　　　　　)
내항 (　　　　　　　)

3

비의 성질을 이용하여 □ 안에 알맞은 수를 써넣으세요.

(1)

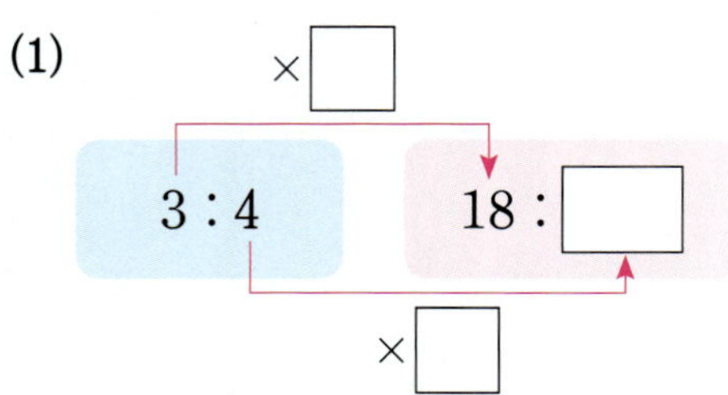

(2)

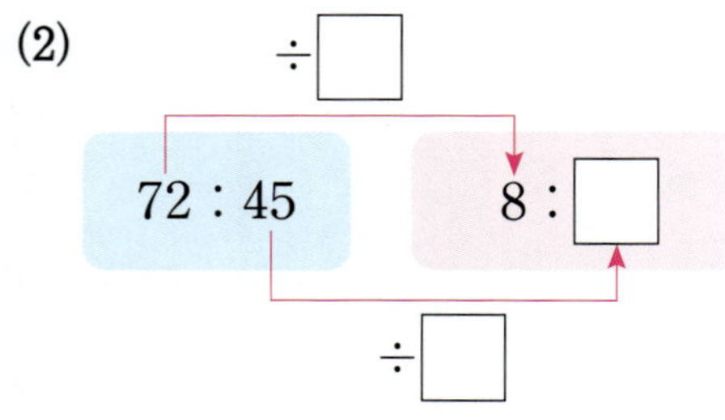

4

간단한 자연수의 비로 나타내 보세요.

$$\frac{1}{2} : 0.7 \rightarrow \boxed{}$$

5 시험에 꼭!

비례식의 성질을 이용하여 □ 안에 알맞은 수를 써넣으세요.

(1) $8 : 5 = 104 : \square$

(2) $11 : 9 = \square : 54$

6

□ 안의 수를 주어진 비로 비례배분하여 [,] 안에 써넣으세요.

56 　 9 : 5 → [　　 , 　　]

7

간단한 자연수의 비로 나타낸 것을 찾아 이어 보세요.

$2.1 : 2.7$ •	• $14 : 25$
$\dfrac{2}{5} : \dfrac{5}{7}$ •	• $6 : 11$
$90 : 165$ •	• $7 : 9$

8

보기 에서 비율이 같은 두 비를 찾아 비례식으로 나타내 보세요.

보기

$$3 : 7 \qquad 4 : 9 \qquad \dfrac{1}{7} : \dfrac{1}{3} \qquad 0.7 : 0.3$$

비례식 ____________________

9

㉠과 ㉡에 알맞은 수의 곱을 구해 보세요.

$$㉠ : 36 = \dfrac{1}{6} : \dfrac{1}{9}$$
$$10 : ㉡ = 50 : 30$$

(   )

10

은정이와 민기의 몸무게의 비를 가장 간단한 자연수의 비로 나타내 보세요.

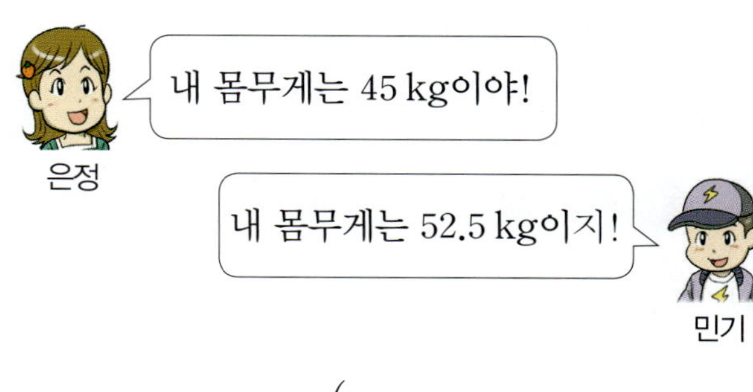

(   )

11 시험에 꼭!

쿠키를 만드는 데 필요한 밀가루와 버터 양의 비는 7 : 2입니다. 주원이가 밀가루를 630 g 사용했다면 버터는 몇 g 사용한 것인지 구해 보세요.

(   )

12 시험에 꼭!

길이가 132 cm인 끈을 주어진 비로 나누려고 합니다. 나누어진 두 끈의 길이는 각각 몇 cm가 되는지 각각 구해 보세요.

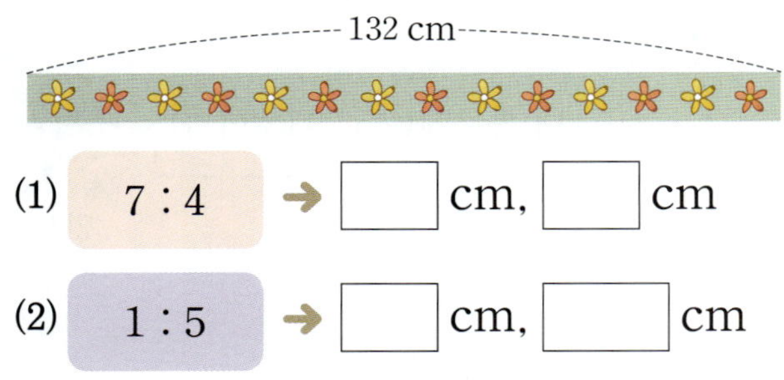

(1) 7 : 4 → ☐ cm, ☐ cm

(2) 1 : 5 → ☐ cm, ☐ cm

13

어느 야구 선수가 10타수마다 안타를 3번씩 친다고 합니다. 이 선수는 200타수 중에서 안타를 몇 번 칠 것으로 예상되는지 구해 보세요.

(   )

14

5분 동안 20 L의 물이 나오는 수도로 300 L 들이의 욕조에 물을 가득 채우려고 합니다. 몇 분 동안 물을 받아야 하는지 구해 보세요.

(   )

15

비례식에서 외항의 곱이 96일 때, ㉠+㉡의 값을 구해 보세요.

$$6 : 4 = ㉠ : ㉡$$

(   )

16

연우와 동생이 받는 용돈의 비가 7 : 3일 때 연우는 동생보다 용돈을 얼마 더 받는지 구해 보세요.

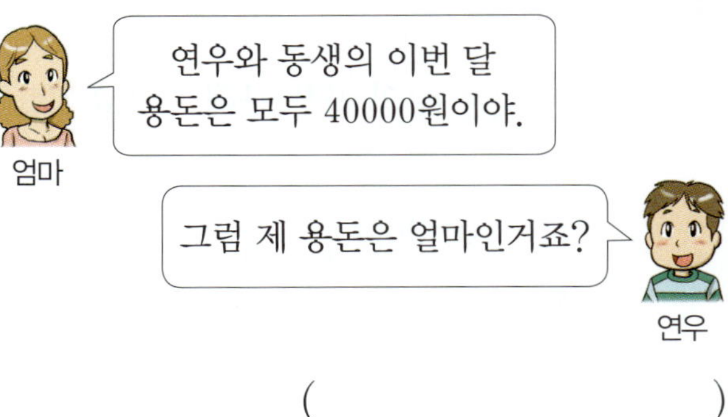

(   )

17 도전해 얍!

다음 조건에 맞게 비례식을 완성해 보세요.

조건

- 비율은 $\dfrac{1}{2}$입니다.
- 내항의 곱은 20입니다.

$$\boxed{} : \boxed{} = 5 : \boxed{}$$

18 도전해 얍!

진우네 집, 도서관, 공원은 일직선 위에 있습니다. 집에서 공원까지의 거리는 34 km이고, 집에서 도서관까지의 거리와 도서관에서 공원까지의 거리의 비는 $\dfrac{1}{9} : \dfrac{1}{8}$입니다. 집에서 도서관까지의 거리는 몇 km인지 구해 보세요.

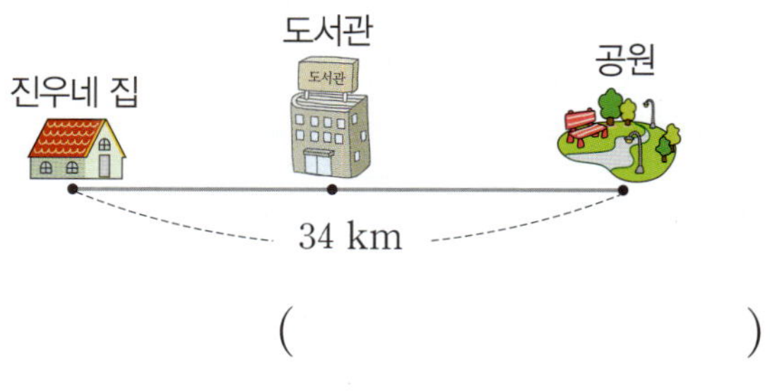

( )

서술형 문제

19

비례식이 <u>아닌</u> 것을 찾아 기호를 쓰려고 합니다. 풀이 과정을 쓰고, 답을 구하세요.

㉠ $0.6 : 0.7 = 12 : 14$
㉡ $1.5 : 1.25 = 6 : 5$
㉢ $\dfrac{5}{9} : \dfrac{1}{4} = 18 : 9$

풀이

답

20

길이가 182 cm인 종이 끈을 모두 사용하여 가로와 세로의 비가 8 : 5인 직사각형 모양을 만들었습니다. 직사각형의 가로는 세로보다 몇 cm 더 긴지 풀이 과정을 쓰고, 답을 구해 보세요.

풀이

답

④ 비례식과 비례배분

[1~6] 가장 간단한 자연수의 비로 나타내 보세요.

1 $39 : 21$ →

2 $5.8 : 0.9$ →

3 $1.5 : 1.25$ →

4 $\dfrac{3}{4} : \dfrac{5}{6}$ →

5 $1\dfrac{2}{3} : \dfrac{3}{5}$ →

6 $\dfrac{1}{5} : 0.9$ →

[7~11] 주어진 비와 비율이 같은 비를 찾아 비례식으로 나타내 보세요.

7 $5 : 8 \qquad 8 : 12 \qquad 10 : 13$

$2 : 3 = \boxed{} : \boxed{}$

8 $8 : 10 \qquad 10 : 6 \qquad 15 : 12$

$5 : 4 = \boxed{} : \boxed{}$

9 $2 : 3 \qquad 6 : 10 \qquad 24 : 32$

$12 : 18 = \boxed{} : \boxed{}$

10 $7 : 4 \qquad 21 : 15 \qquad 28 : 22$

$14 : 10 = \boxed{} : \boxed{}$

11 $4 : 3 \qquad 10 : 8 \qquad 15 : 9$

$20 : 12 = \boxed{} : \boxed{}$

▶ 정답 40쪽

[12~19] 비례식의 성질을 이용하여 ☐ 안에 알맞은 수를 써넣으세요.

12 $3 : 12 = 15 : \boxed{}$

13 $0.9 : 1.2 = 3 : \boxed{}$

14 $10 : 14 = \boxed{} : 7$

15 $5 : \dfrac{1}{3} = \boxed{} : 2$

16 $7 : \boxed{} = 21 : 18$

17 $20 : \boxed{} = 5 : 2.5$

18 $\boxed{} : 10 = 1.6 : 2$

19 $\boxed{} : 12 = \dfrac{1}{2} : \dfrac{2}{3}$

[20~23] 수를 주어진 비로 비례배분하여 빈칸에 써넣으세요.

20

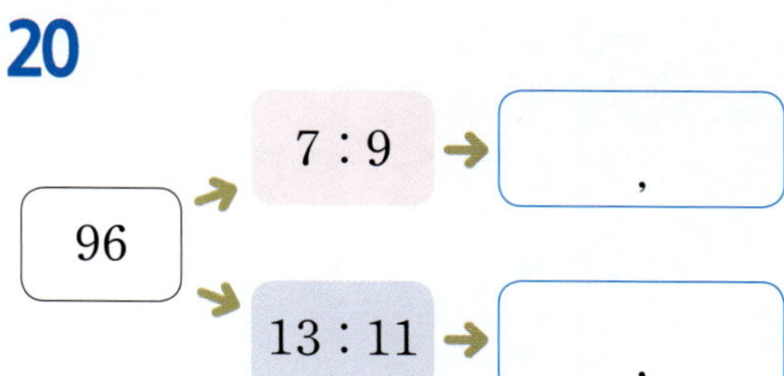

21

22

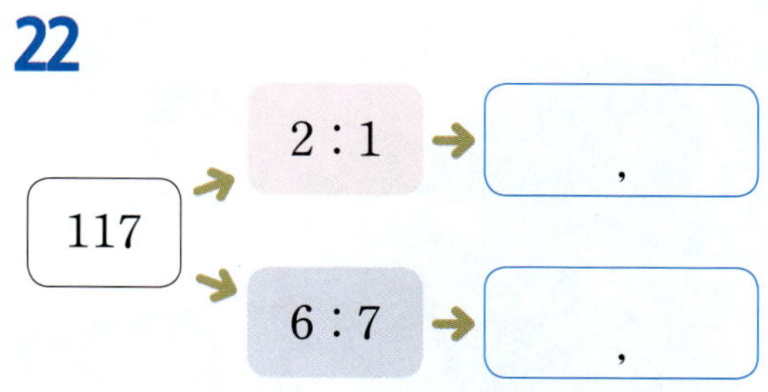

23

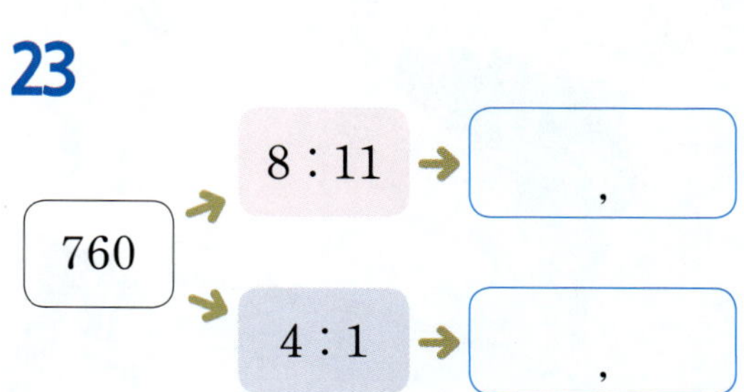

5단원 원의 둘레와 넓이

사람들이 원 모양의
호수 주위에서
자전거도 타고,
달리기도 하네.

우리도
호수 주위를
날아 볼까?

그런데 원 모양의
호수 둘레는
얼마나 될까?

원의 지름에 해당하는
다리의 길이에 원주율을
곱하면 호수의 둘레를
구할 수 있어.

☆ 원주율: (원주) ÷ (지름)

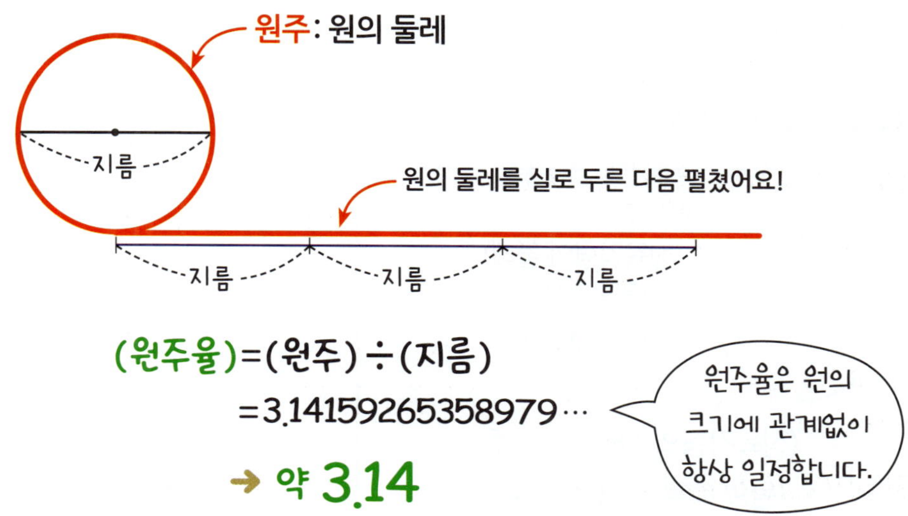

☆ 원주: 지름을 알면 구할 수 있어요.

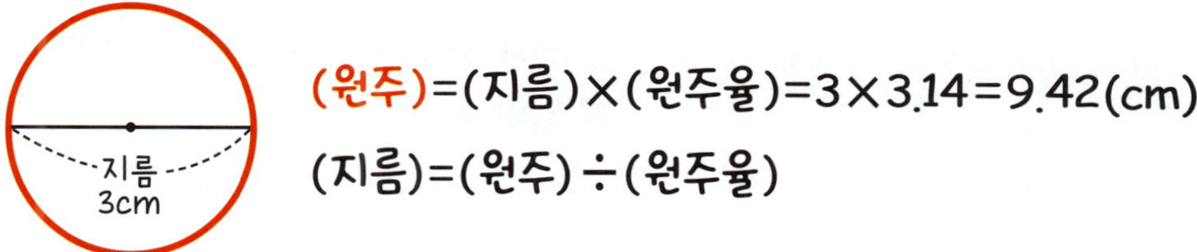

$(원주) = (지름) \times (원주율) = 3 \times 3.14 = 9.42 (cm)$

$(지름) = (원주) \div (원주율)$

☆ 원의 넓이: 반지름을 알면 구할 수 있어요.

$(원의 넓이) = (반지름) \times (반지름) \times (원주율)$
$= 2 \times 2 \times 3.14$
$= 12.56 (cm^2)$

개념 1 원주

✿ **원주**: 원의 둘레

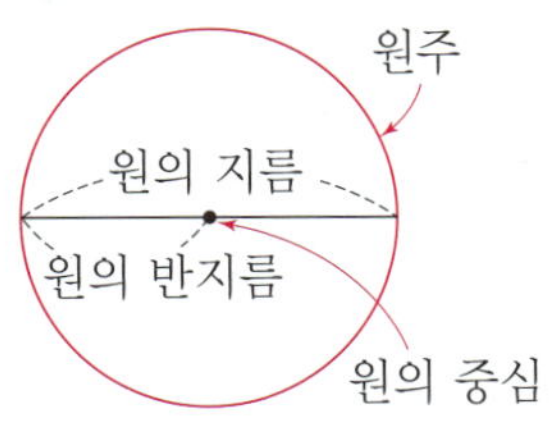

① 원의 지름이 길어지면 원주도 길어집니다.
② 원주가 길수록 크기가 큰 원입니다.

✿ **원주와 지름의 관계**

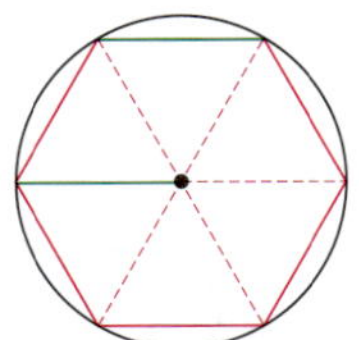

(정육각형의 둘레)
＝(원의 반지름)×6
＝(원의 지름)×3

(정육각형의 둘레)＜(원주)
(원의 지름)×3＜(원주)

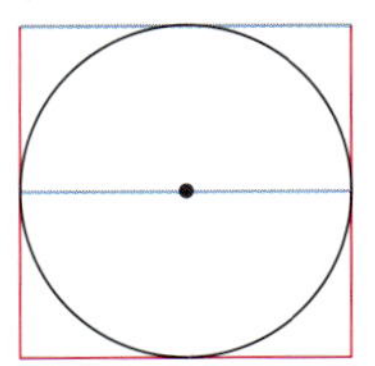

(정사각형의 둘레)
＝(원의 지름)×4

(원주)＜(정사각형의 둘레)
(원주)＜(원의 지름)×4

→ **원주는 원의 지름의 3배보다 길고, 4배보다 짧습니다.**

---

1 원에 지름과 원의 둘레를 표시해 보세요.

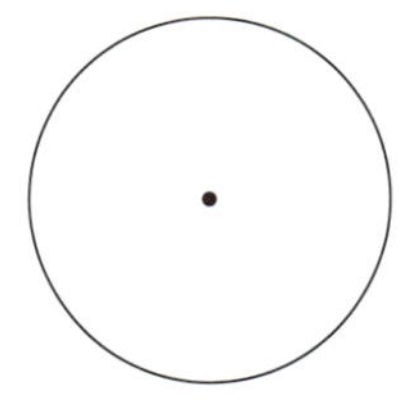

2 설명이 맞으면 ◯표, 틀리면 ✕ 표 하세요.

(1) 원의 지름이 길어지면 원주도 길어집니다.

(　　)

(2) 원주와 지름의 길이는 같습니다.

(　　)

(3) 원주가 길어지면 원의 반지름도 길어집니다. (　　)

[3~4] 원 ㉮와 ㉯를 보고 ◯ 안에 ＞, ＝, ＜를 알맞게 써넣으세요.

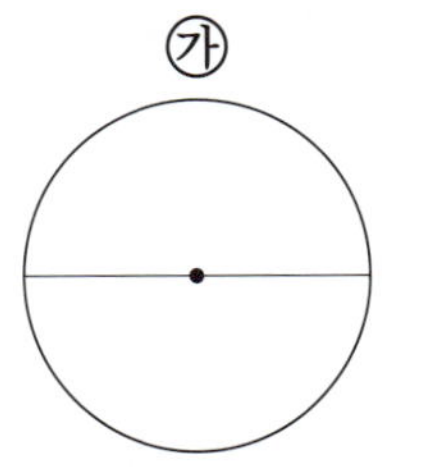

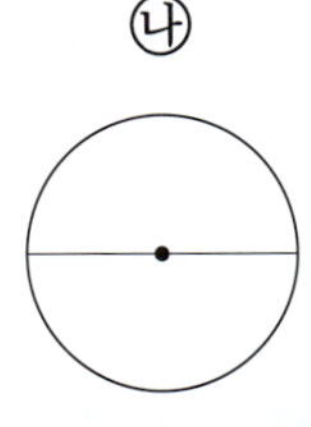

3 (원 ㉮의 지름) ◯ (원 ㉯의 지름)

4 (원 ㉮의 원주) ◯ (원 ㉯의 원주)

[5~6] 그림을 보고 물음에 답하세요.

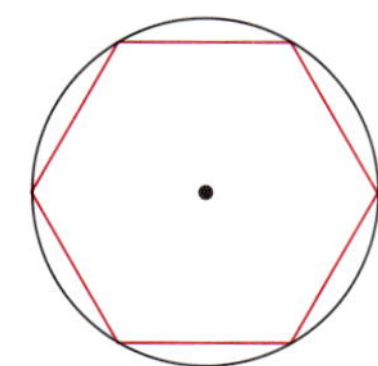

5 ☐ 안에 알맞은 수를 써넣으세요.

> 정육각형의 둘레는 원의 반지름의 ☐ 배이므로 원의 지름의 ☐ 배입니다.

6 ◯ 안에 >, =, <를 알맞게 써넣으세요.

(원주) ◯ (정육각형의 둘레)

[7~8] 그림을 보고 물음에 답하세요.

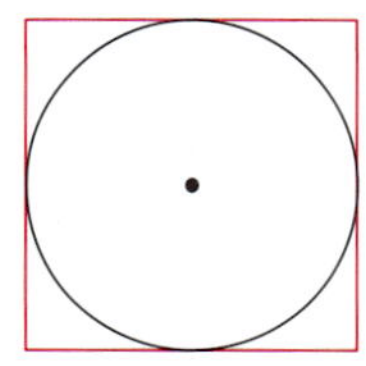

7 ☐ 안에 알맞은 수를 써넣으세요.

> 정사각형의 둘레는 원의 지름의 ☐ 배입니다.

8 ◯ 안에 >, =, <를 알맞게 써넣으세요.

(원주) ◯ (정사각형의 둘레)

9 위 **5~8**을 보고 원주와 지름의 관계를 나타내 보세요.

> (원의 지름)× ☐ < (원주)
>
> (원주)< (원의 지름)× ☐

[10~12] 한 변의 길이가 2 cm인 정육각형, 지름이 4 cm인 원, 한 변의 길이가 4 cm인 정사각형을 보고 ☐ 안에 알맞은 수를 써넣으세요.

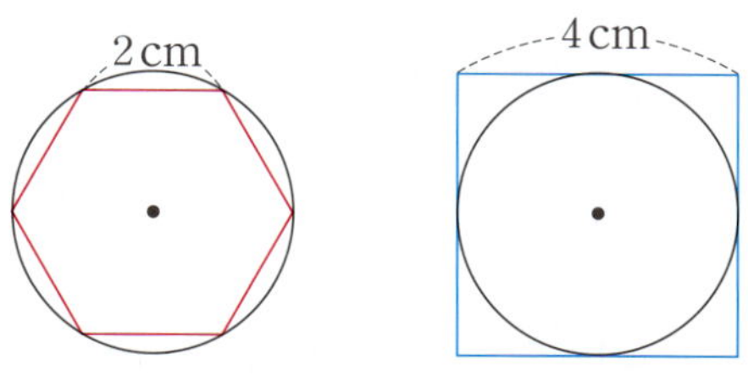

10 (정육각형의 둘레)= ☐ × 6

= ☐ (cm)

11 (정사각형의 둘레)= ☐ × 4

= ☐ (cm)

12 지름이 4 cm인 원의 원주는 ☐ cm보다 길고, ☐ cm보다 짧습니다.

13  개념 체크

☐ 안에 알맞은 말 또는 수를 써넣으세요.

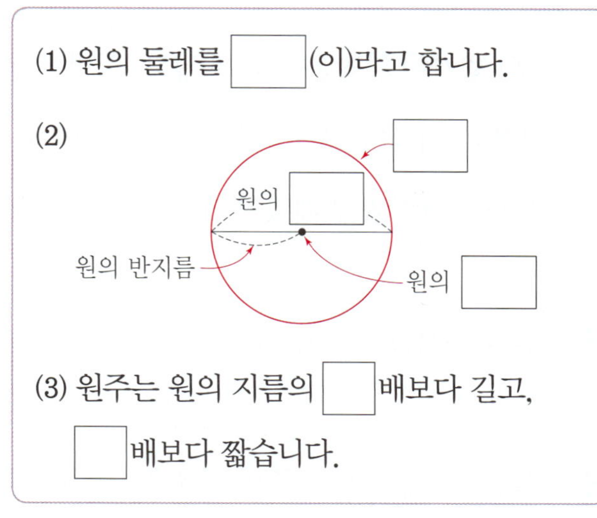

(1) 원의 둘레를 ☐ (이)라고 합니다.

(2)

원의 ☐

원의 반지름

원의 ☐

(3) 원주는 원의 지름의 ☐ 배보다 길고, ☐ 배보다 짧습니다.

개념 2 원주율

✪ **원주율:** 원의 지름에 대한 원주의 비율

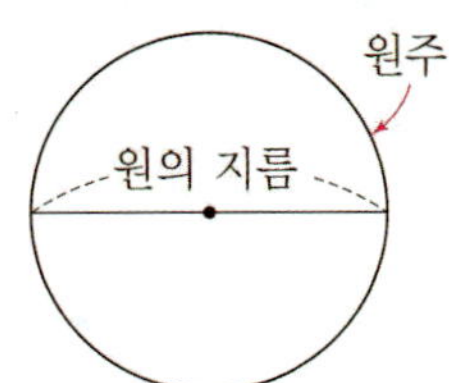

$$\text{(원주율)} = \text{(원주)} \div \text{(지름)}$$

원주율을 소수로 나타내면 3.1415926535897932…와 같이 끝없이 이어집니다.
원주율은 약 **3.14**로 어림하여 사용할 수 있습니다.

✪ **지름에 대한 원주의 비율**

원주(cm)	지름(cm)	(원주율)=(원주)÷(지름)
6.28	2	3.14
9.42	3	3.14
12.56	4	3.14

→ 원의 크기와 관계없이 (원주)÷(지름)은 항상 일정합니다.
　　　　　　　　　　　　　　원주율

[1~3] 표를 보고 물음에 답하세요.

원주(cm)	지름(cm)	(원주)÷(지름)
21.98	7	
37.68	12	
62.8	20	

1 표의 빈칸에 알맞은 수를 써넣고, 알맞은 말에 ◯표 하세요.

(1) 원의 지름이 길어지면 원주는 (길어집니다 , 짧아집니다).

(2) 원의 크기와 관계없이 (원주)÷(지름)의 값은 (변합니다 , 일정합니다).

2 원주는 지름의 몇 배인가요? 　　　　　　　　　　　　(　　　　　　)

3 원의 지름에 대한 원주의 비율을 무엇이라고 하나요? 　　　(　　　　　　)

[4~5] 원의 지름과 원주가 다음과 같을 때 원주율을 구하세요.

4
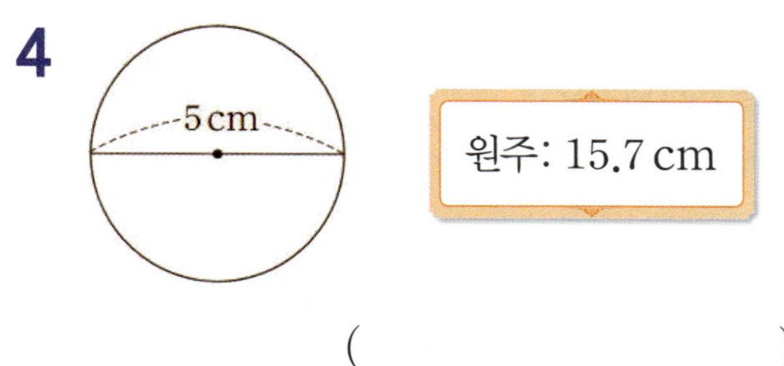
원주: 15.7 cm

( )

5
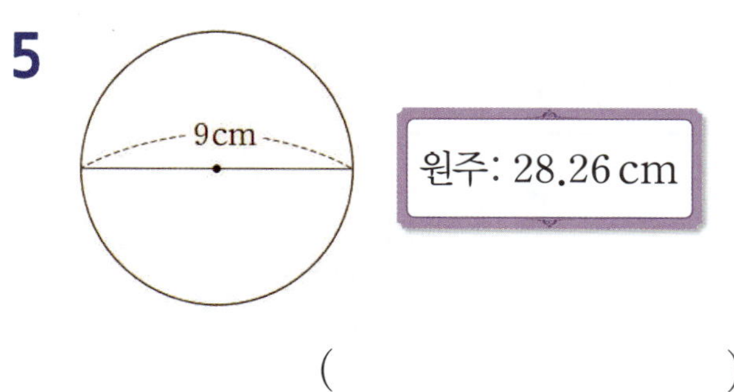
원주: 28.26 cm

( )

[6~7] 원의 반지름과 원주가 다음과 같을 때 원주율을 구하세요.

6

원주: 18.84 cm

( )

7
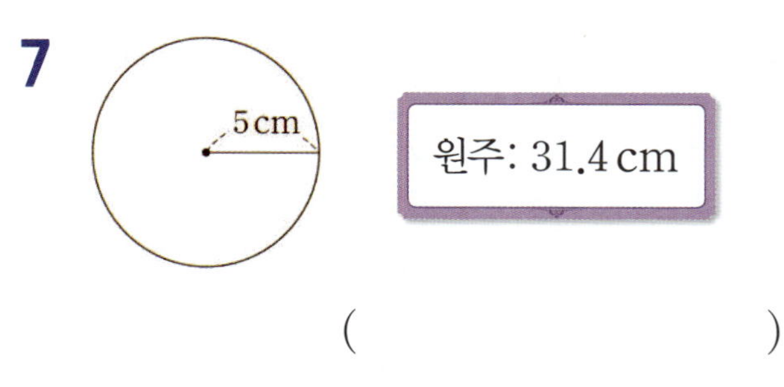
원주: 31.4 cm

( )

[8~9] 크기가 다른 원 모양의 접시가 2개 있습니다. 물음에 답하세요.

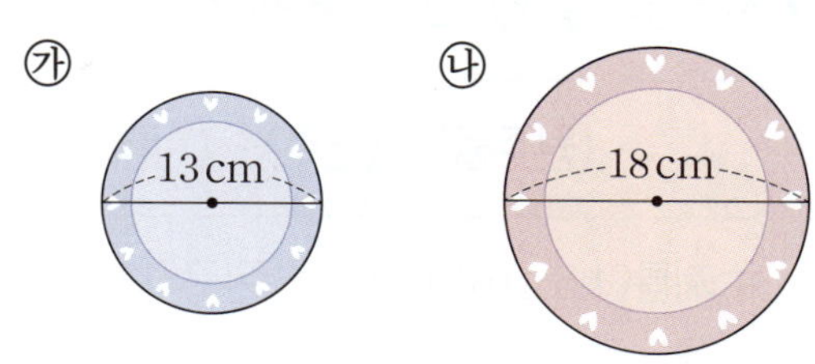

원주: 40.82 cm   원주: 56.52 cm

8 각 접시의 (원주)÷(지름)의 값을 각각 구해 보세요.

㉮ ( )
㉯ ( )

9 두 접시의 원주율을 비교하여 ◯ 안에 >, =, <를 알맞게 써넣으세요.

(㉮의 원주율) ◯ (㉯의 원주율)

10 개념 체크

☐ 안에 알맞은 말 또는 수를 써넣으세요.

(1) 원의 지름에 대한 원주의 비율을 ☐ (이)라고 합니다.

(2) (원주율) = (☐) ÷ (지름)

(3) 원주율은 약 ☐ (으)로 어림하여 사용합니다.

개념 3 원주와 지름 구하기

✪ 지름을 알 때 원주 구하기

> (원주율)＝(원주)÷(지름) ➡ (원주)＝(지름)×(원주율)

㉖ 지름이 5 cm인 원의 원주 구하기

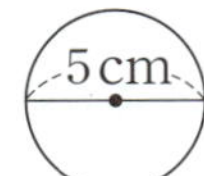

(원주)＝(지름)×(원주율)
　　　＝5×3.14＝15.7 (cm)

✪ 원주를 알 때 지름 구하기

> (원주율)＝(원주)÷(지름) ➡ (지름)＝(원주)÷(원주율)

㉖ 원주가 25.12 cm인 원의 지름 구하기

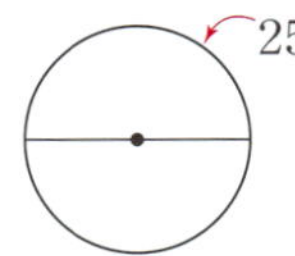

(지름)＝(원주)÷(원주율)
　　　＝25.12÷3.14＝8 (cm)

[1~4] 원주를 구하려고 합니다. ☐ 안에 알맞은 수를 써넣으세요.

1

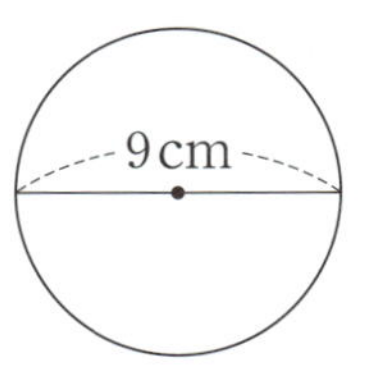

(원주)＝(지름)×(원주율)
　　　＝ ☐ × ☐ ＝ ☐ (cm)

2

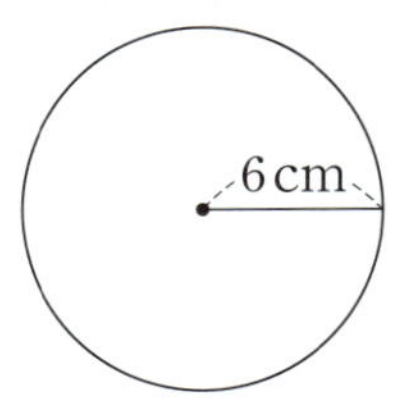

(원주)＝(반지름)×2×(원주율)
　　　＝ ☐ ×2× ☐ ＝ ☐ (cm)

3

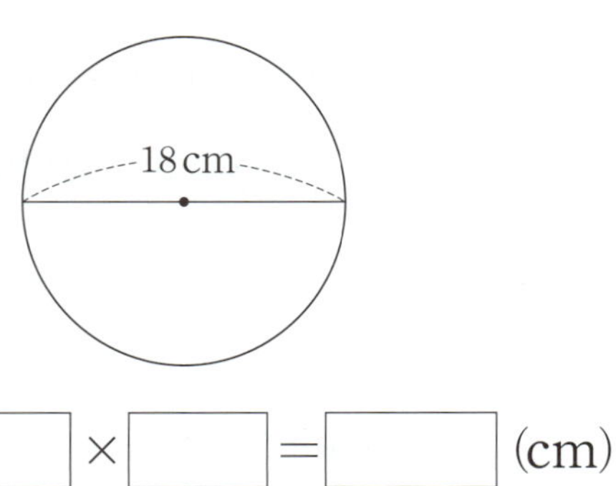

(원주)＝ ☐ × ☐ ＝ ☐ (cm)

4

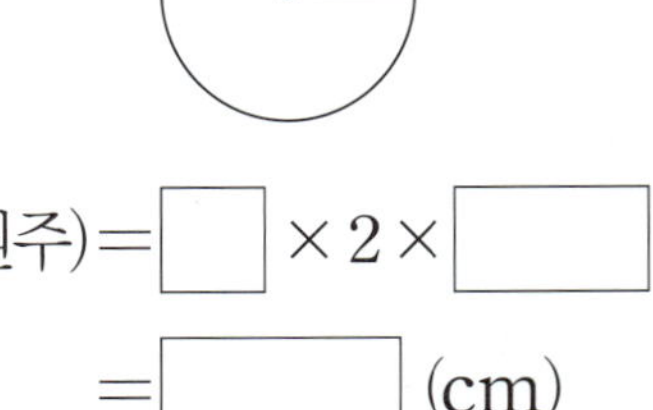

(원주)＝ ☐ ×2× ☐
　　　＝ ☐ (cm)

[5~8] 원주가 다음과 같을 때 ☐ 안에 알맞은 수를 써넣으세요.

5

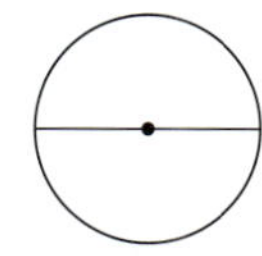

$(지름)=(원주)÷(원주율)$

$=\boxed{}÷\boxed{}$

$=\boxed{}\ (cm)$

6

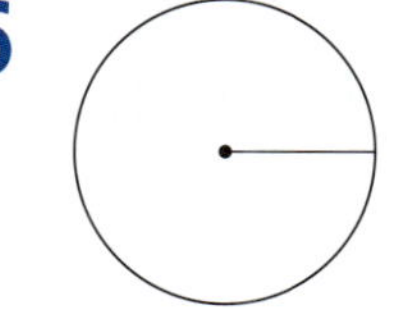

$(반지름)=(원주)÷(원주율)÷2$

$=\boxed{}÷\boxed{}÷2$

$=\boxed{}\ (cm)$

7

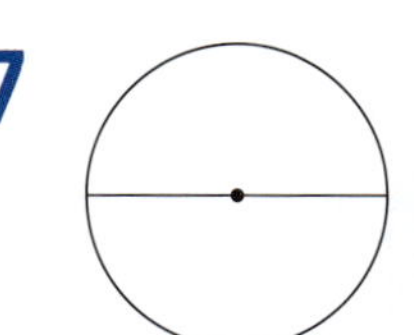

$(지름)=\boxed{}÷\boxed{}$

$=\boxed{}\ (cm)$

8

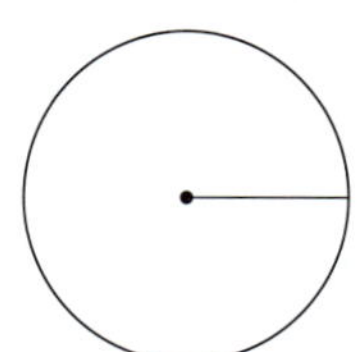

$(반지름)=\boxed{}÷\boxed{}÷2$

$=\boxed{}\ (cm)$

[9~10] 원주를 구해 보세요.

9

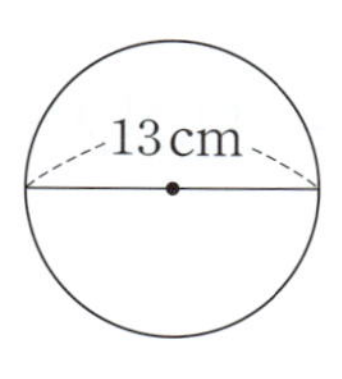

(   )

10

(   )

[11~12] ☐ 안에 알맞은 수를 써넣으세요.

11

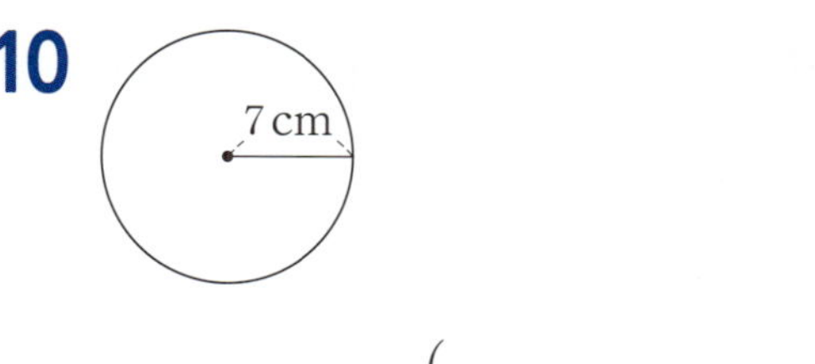

12

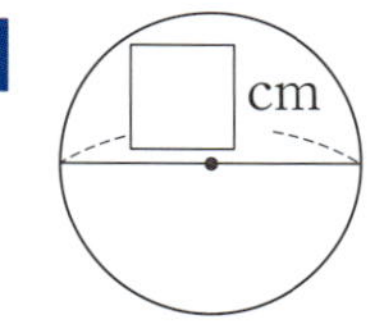

13 개념 체크

☐ 안에 알맞은 말을 써넣으세요.

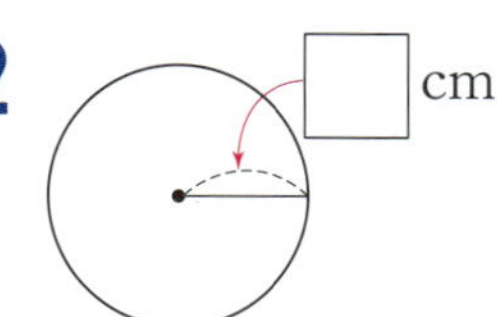

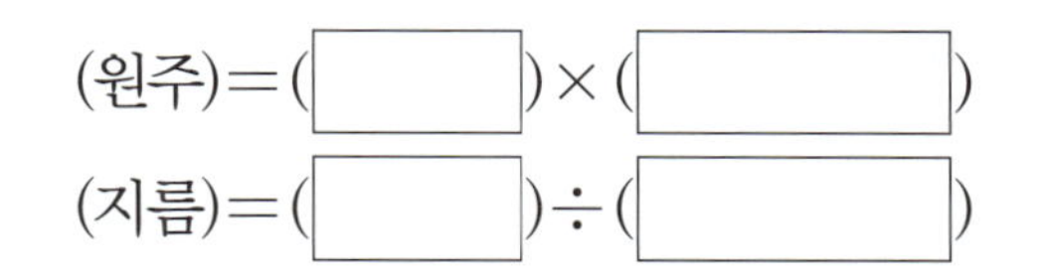

$(원주)=(\boxed{})×(\boxed{})$

$(지름)=(\boxed{})÷(\boxed{})$

  개념 유형 익히기

1 원 모양의 시계를 보고 잘못 설명한 사람의 이름을 써 보세요.

> 현지: 시계의 중심을 지나는 선분 ㄱㄴ 은 원의 지름이야.
>
> 선희: 시계의 지름이 길어져도 원주는 변하지 않아.
>
> 하은: 원주가 길어지면 시계의 지름도 길어져.

(   )

2 지름이 2 cm인 원의 원주와 가장 비슷한 길이를 찾아 ◯표 하세요.

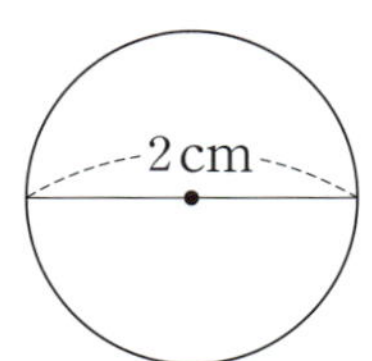

| 2 cm | 3 cm | 6 cm | 10 cm |

[3~4] 원주율을 구해 보세요.

3

8 cm   원주: 25.12 cm

(   )

4

7 cm   원주: 43.96 cm

(   )

5 윗면이 원 모양인 팽이를 보고 설명이 맞으면 ◯표, 틀리면 ✕표 하세요.

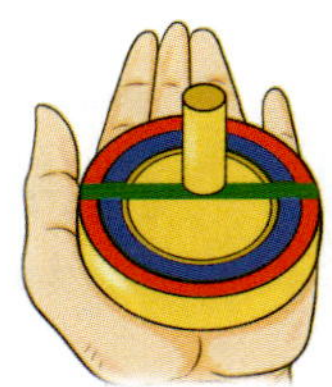

(1) 팽이의 손잡이를 지나는 초록색 선분은 원의 지름과 같습니다. (   )

(2) 초록색 선분의 길이를 팽이 윗면의 둘레로 나누면 약 3.14입니다.

(   )

(3) 파란색 원의 반지름은 빨간색 원의 반지름보다 작습니다. (   )

(4) 파란색 원의 원주율은 빨간색 원의 원주율보다 작습니다. (   )

6 원주율에 대해 바르게 설명한 것을 찾아 기호를 써 보세요.

> ㉠ (원주율)＝(지름)÷(원주)입니다.
> ㉡ 원의 지름이 길어지면 원주율은 커집니다.
> ㉢ 원주율은 3.14로 간단히 나타내어 사용합니다.

( )

개념 **3** **원주와 지름 구하기**

7 지름과 반지름이 각각 다음과 같은 원의 원주를 찾아 이어 보세요.

지름: 5 cm	•	•	원주: 15.7 cm
지름: 14 cm	•	•	원주: 37.68 cm
반지름: 6 cm	•	•	원주: 43.96 cm

8 서윤이가 가지고 있는 CD의 둘레를 재어 보았더니 40.82 cm 였습니다. CD의 지름은 몇 cm인지 구해 보세요.

( )

9 지름이 가장 짧은 원을 찾아 기호를 써 보세요.

> ㉠ 원주가 50.24 cm인 원
> ㉡ 반지름이 7 cm인 원
> ㉢ 원의 둘레가 62.8 cm인 원

( )

10 현이는 자전거 모형을 가지고 있습니다. 앞바퀴가 10바퀴 돌았을 때 자전거 모형이 간 거리는 몇 cm인지 구해 보세요.

( )

11 다음 중 규현이의 몸에 맞는 튜브를 찾아 기호를 써 보세요.

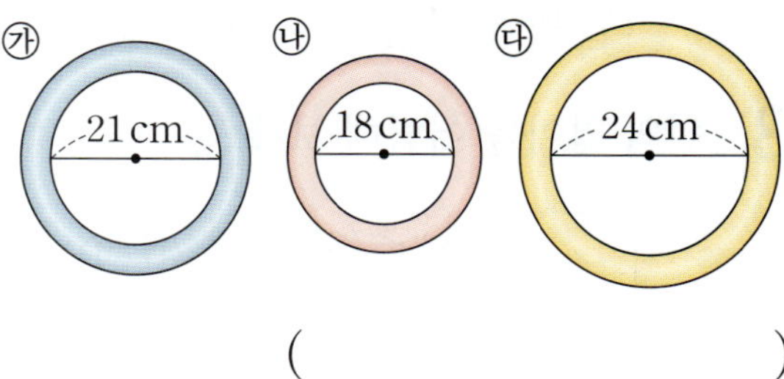

( )

5
원의 둘레와 넓이

개념 4 원의 넓이 어림하기

✪ **반지름이 4 cm인 원의 넓이 어림하기**

방법 1 원 안의 정사각형과 원 밖의 정사각형으로 어림하기

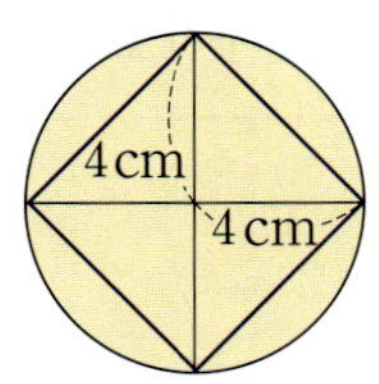

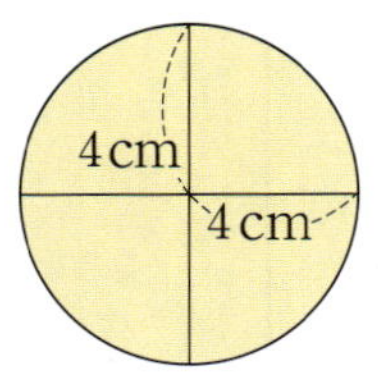

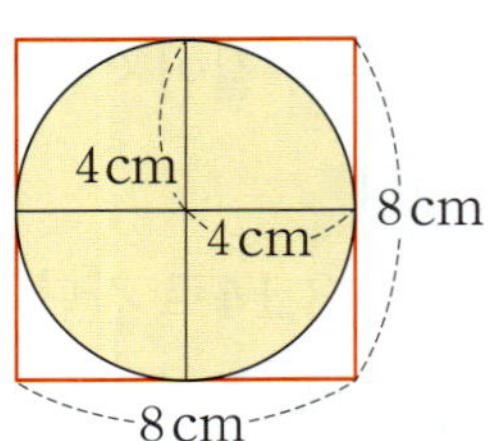

(원 안의 정사각형의 넓이) < (원의 넓이) < (원 밖의 정사각형의 넓이)

(마름모의 넓이)$= 8 \times 8 \div 2 = 32 \, (\text{cm}^2)$ 　 $8 \times 8 = 64 \, (\text{cm}^2)$

➜ $32 \, \text{cm}^2 <$ (원의 넓이)
(원의 넓이) $< 64 \, \text{cm}^2$

방법 2 모눈종이를 이용하여 어림하기

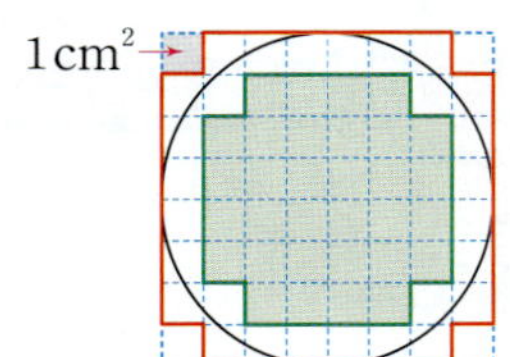

① 초록색 모눈은 32칸이므로 $32 \, \text{cm}^2$입니다.
② 빨간색 선 안쪽의 모눈은 60칸이므로 $60 \, \text{cm}^2$입니다.

➜ $32 \, \text{cm}^2 <$ (원의 넓이)
(원의 넓이) $< 60 \, \text{cm}^2$

[1~3] 정사각형의 넓이를 이용하여 반지름이 6 cm인 원의 넓이를 어림하려고 합니다. 물음에 답하세요.

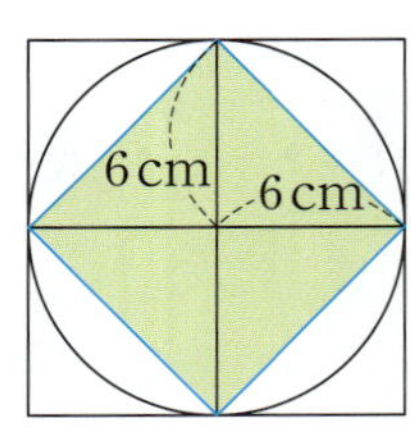

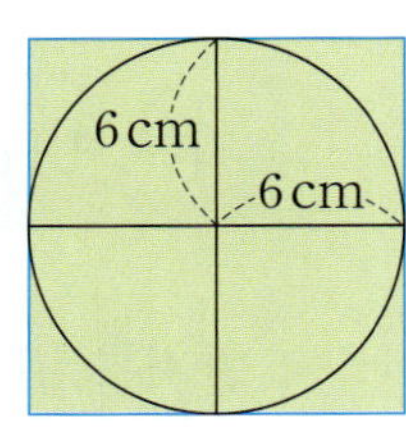

1 오른쪽 그림을 보고 ◯ 안에 >, =, <를 알맞게 써넣으세요.

(원 안에 있는 정사각형의 넓이) ◯ (원의 넓이)

(원의 넓이) ◯ (원 밖에 있는 정사각형의 넓이)

2 ☐ 안에 알맞은 수를 써넣으세요.

(원 안에 있는 정사각형의 넓이)$=$ ☐ $\times$ ☐ $\div 2 =$ ☐ (cm^2)

(원 밖에 있는 정사각형의 넓이)$=$ ☐ $\times$ ☐ $=$ ☐ (cm^2)

3 원의 넓이를 어림해 보세요.

☐ $\text{cm}^2 <$ (반지름이 6 cm인 원의 넓이)

(반지름이 6 cm인 원의 넓이) $<$ ☐ cm^2

[4~6] 정사각형의 넓이를 이용하여 원의 넓이를 어림하려고 합니다. ☐ 안에 알맞은 수를 써넣으세요.

4

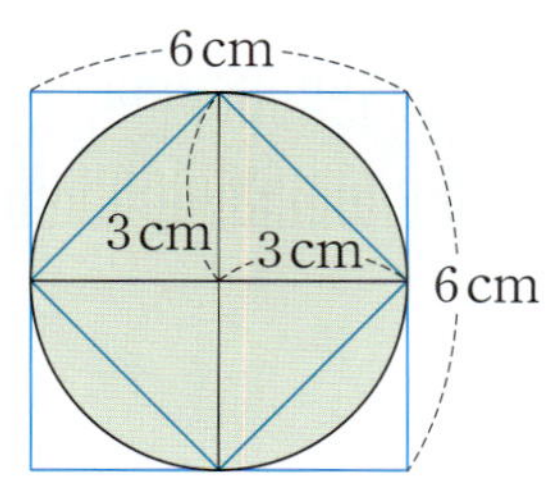

(1) (원 안에 있는 정사각형의 넓이)

$= \boxed{} \times \boxed{} \div 2 = \boxed{} \ (cm^2)$

(2) (원 밖에 있는 정사각형의 넓이)

$= \boxed{} \times \boxed{} = \boxed{} \ (cm^2)$

(3) $\boxed{} \ cm^2 < $ (원의 넓이)

(원의 넓이) $< \boxed{} \ cm^2$

5

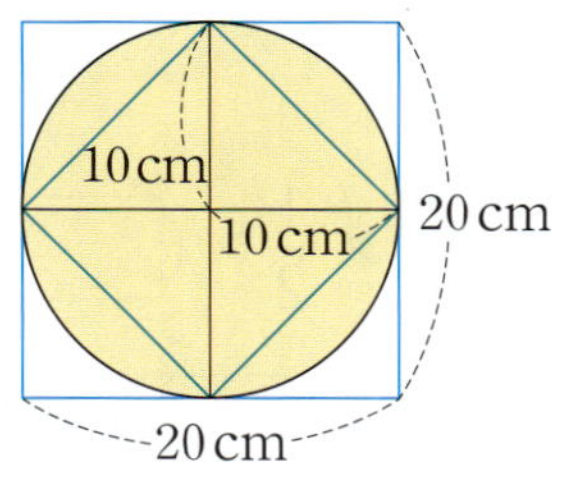

$\boxed{} \ cm^2 < $ (원의 넓이)

(원의 넓이) $< \boxed{} \ cm^2$

6

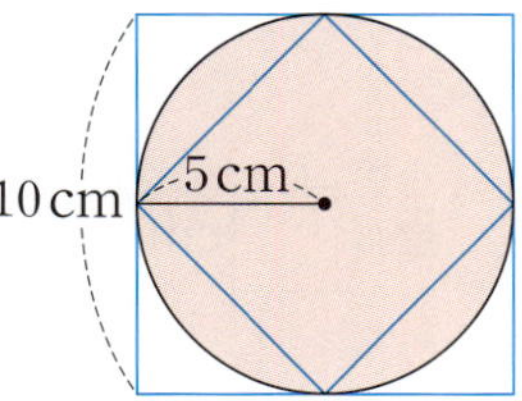

$\boxed{} \ cm^2 < $ (원의 넓이)

(원의 넓이) $< \boxed{} \ cm^2$

[7~9] 모눈의 수를 이용하여 원의 넓이를 어림하려고 합니다. ☐ 안에 알맞은 수를 써넣으세요.

7

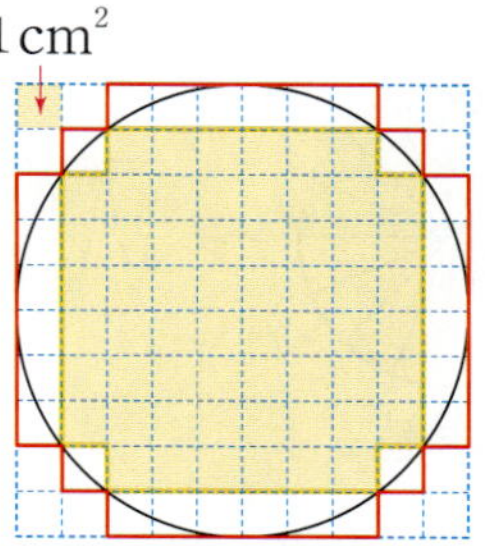

(1) 노란색 모눈은 $\boxed{}$ 칸이고,

빨간색 선 안쪽 모눈은 $\boxed{}$ 칸입니다.

(2) $\boxed{} \ cm^2 < $ (원의 넓이)

(원의 넓이) $< \boxed{} \ cm^2$

8

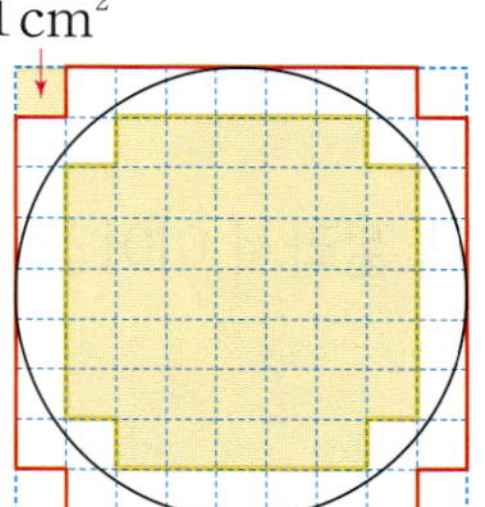

$\boxed{} \ cm^2 < $ (원의 넓이)

(원의 넓이) $< \boxed{} \ cm^2$

9

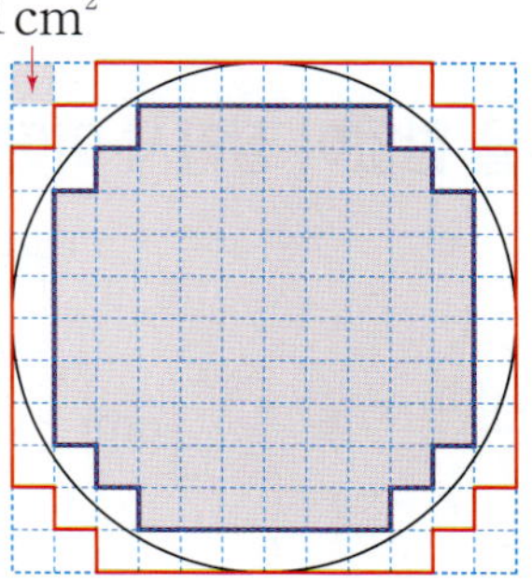

$\boxed{} \ cm^2 < $ (원의 넓이)

(원의 넓이) $< \boxed{} \ cm^2$

개념 5 원의 넓이 구하기

✪ **원의 넓이 구하는 방법**

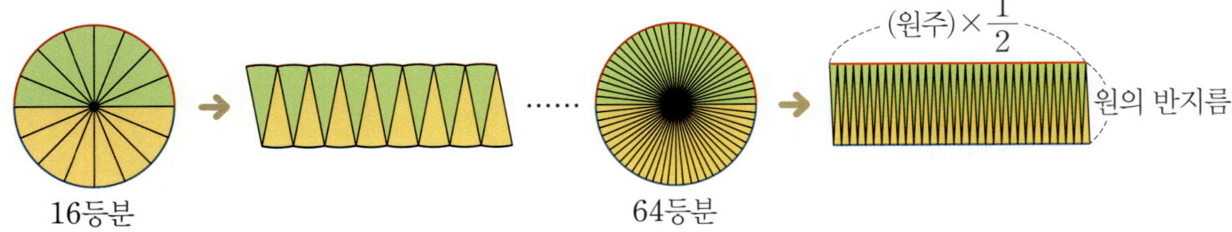

→ 원을 한없이 잘라 이어 붙이면 **직사각형**에 가까워지므로
원의 넓이는 직사각형의 넓이를 이용하여 구할 수 있습니다.

→ **(원의 넓이)** = (직사각형의 가로) × (직사각형의 세로)

$$= (원주) \times \frac{1}{2} \times (반지름)$$

$$= (원주율) \times (지름) \times \frac{1}{2} \times (반지름)$$

$$= (반지름) \times (반지름) \times (원주율)$$

---

1 원을 잘게 잘라서 이어 붙여 직사각형 모양을 만들었습니다. ☐ 안에 알맞은 말을 써넣으세요.

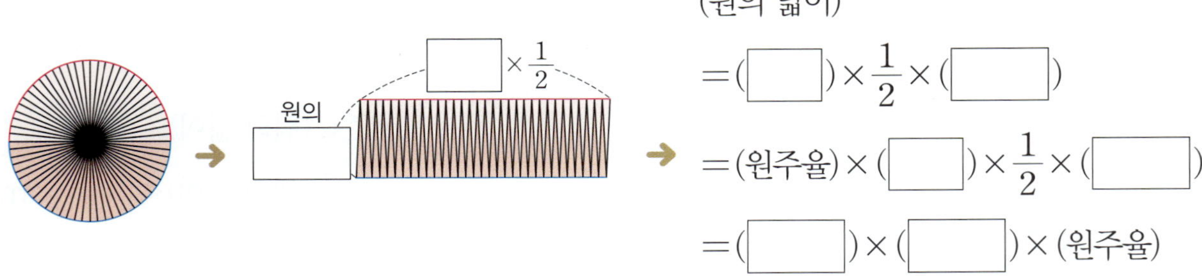

(원의 넓이)

$$= (\ ☐\ ) \times \frac{1}{2} \times (\ ☐\ )$$

$$= (원주율) \times (\ ☐\ ) \times \frac{1}{2} \times (\ ☐\ )$$

$$= (\ ☐\ ) \times (\ ☐\ ) \times (원주율)$$

[2~3] 원을 한없이 잘라서 이어 붙이면 직사각형이 됩니다. ☐ 안에 알맞은 수를 써넣으세요.

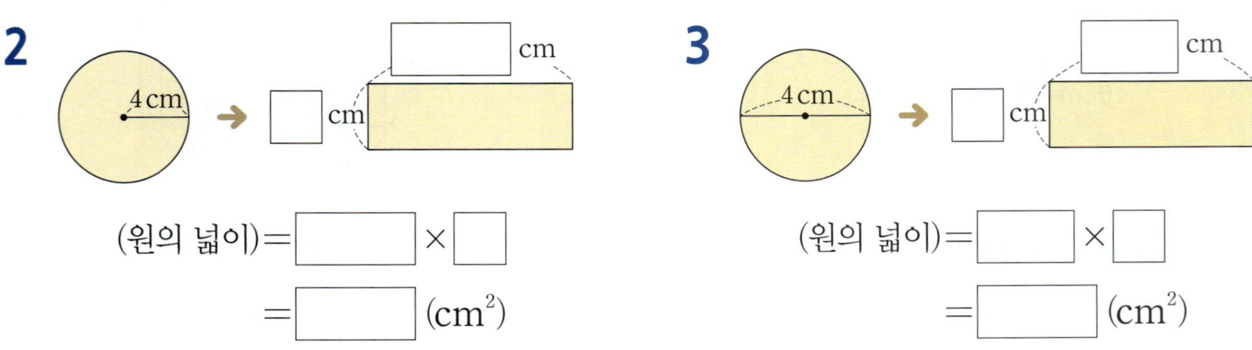

[4~7] 원의 넓이를 구하려고 합니다. ☐ 안에 알맞은 수를 써넣으세요.

4 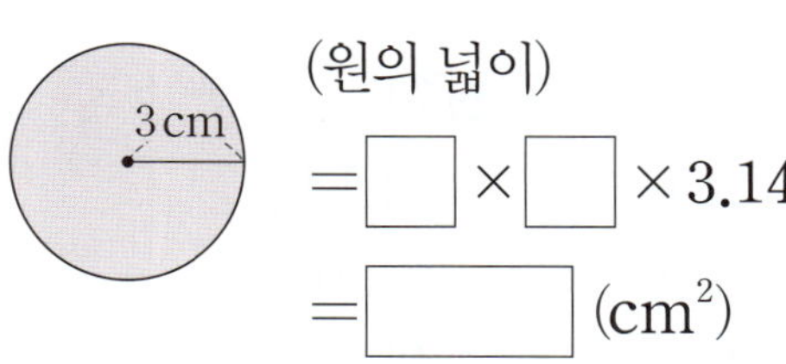

(원의 넓이)

$= \boxed{} \times \boxed{} \times 3.14$

$= \boxed{}$ (cm^2)

5 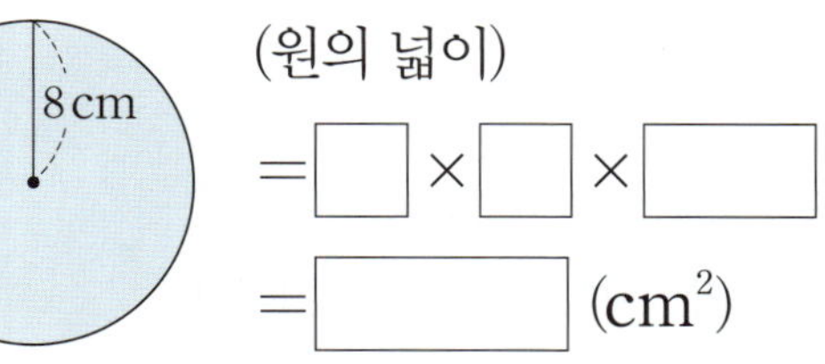

(원의 넓이)

$= \boxed{} \times \boxed{} \times \boxed{}$

$= \boxed{}$ (cm^2)

6 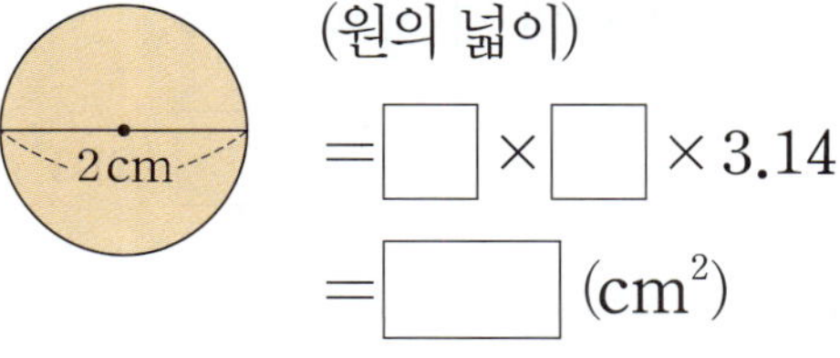

(원의 넓이)

$= \boxed{} \times \boxed{} \times 3.14$

$= \boxed{}$ (cm^2)

7 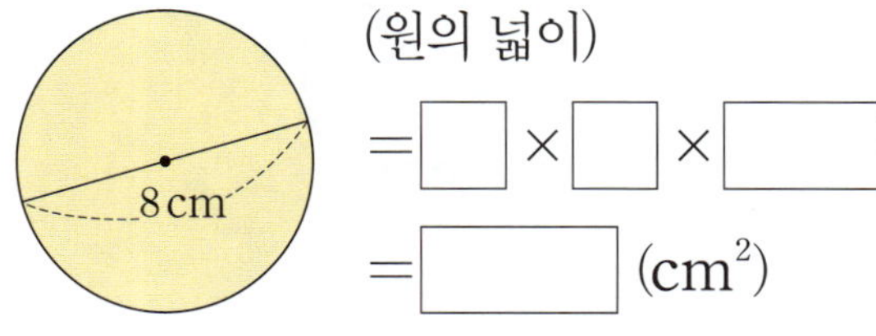

(원의 넓이)

$= \boxed{} \times \boxed{} \times \boxed{}$

$= \boxed{}$ (cm^2)

[8~11] 원의 넓이를 구해 보세요.

8 

(   )

9 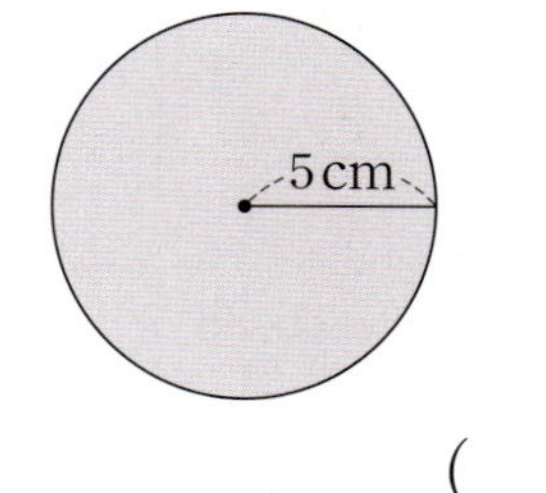

(   )

10 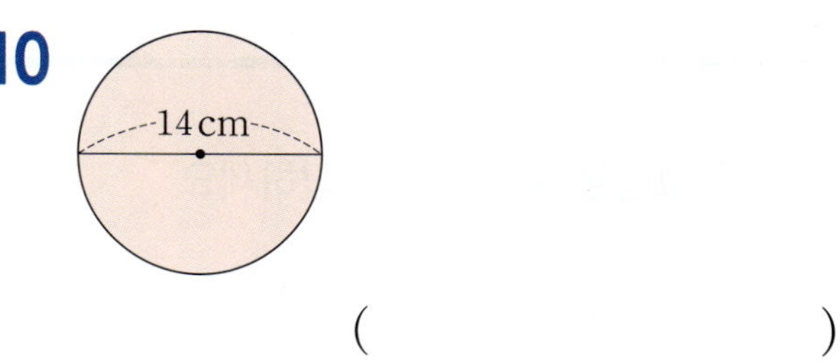

(   )

11 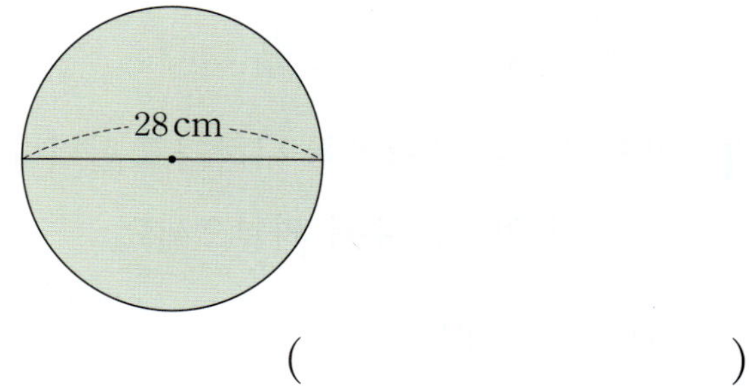

(   )

12 개념 체크 

☐ 안에 알맞은 말을 써넣으세요.

(원의 넓이)

$= (\boxed{}) \times (\boxed{}) \times (\boxed{})$

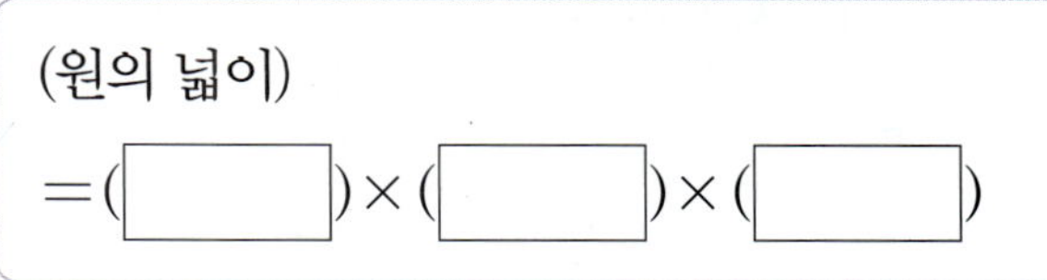

개념 6 원의 둘레와 넓이 활용하기

❂ **색칠한 부분의 둘레와 넓이 구하기**

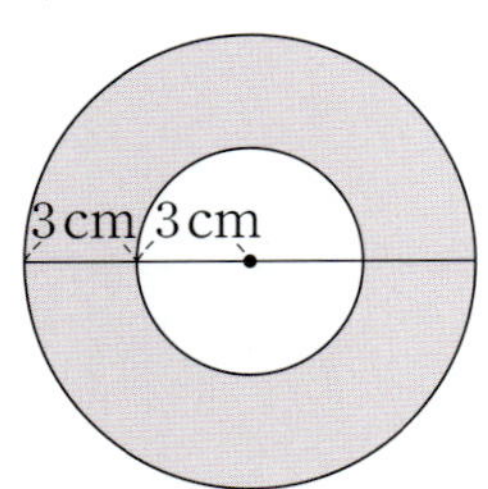

(색칠한 부분의 둘레)＝(바깥쪽 원주)＋(안쪽 원주)
$$=6\times2\times3.14+3\times2\times3.14$$
$$=37.68+18.84=56.52\,(cm)$$

(색칠한 부분의 넓이)＝(큰 원의 넓이)－(작은 원의 넓이)
$$=6\times6\times3.14-3\times3\times3.14$$
$$=113.04-28.26=84.78\,(cm^2)$$

참고

반지름(cm)	1	2	3
원주(cm)	6.28	12.56	18.84
넓이(cm^2)	3.14	12.56	28.26

→ 반지름의 길이가 2배, 3배, …가 되면 원주도 2배, 3배, …가 됩니다.

→ 반지름의 길이가 2배, 3배, …가 되면 원의 넓이는 4배, 9배, …가 됩니다.

[1~2] 그림을 보고 물음에 답하세요.

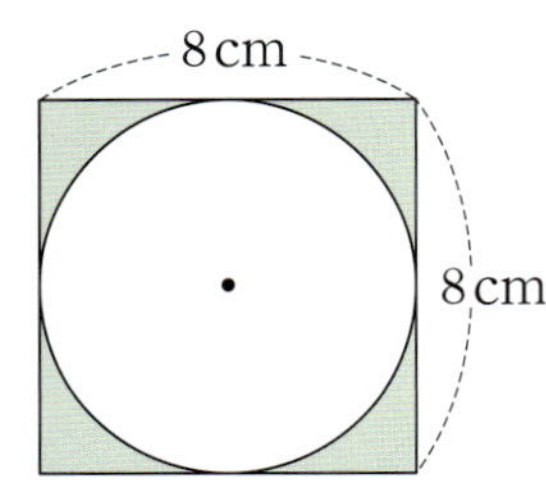

1 색칠한 부분의 둘레를 구하려고 합니다.
□ 안에 알맞은 수를 써넣으세요.

(1) (정사각형의 둘레)＝□×□
$$=\boxed{}\,(cm)$$

(2) (원주)＝□×3.14＝□ (cm)

(3) (색칠한 부분의 둘레)
＝(정사각형의 둘레)＋(원주)
＝□＋□＝□ (cm)

2 색칠한 부분의 넓이를 구하려고 합니다.
□ 안에 알맞은 수를 써넣으세요.

(1) (정사각형의 넓이)＝□×□
$$=\boxed{}\,(cm^2)$$

(2) (원의 넓이)＝□×□×3.14
$$=\boxed{}\,(cm^2)$$

(3) (색칠한 부분의 넓이)
＝(정사각형의 넓이)－(원의 넓이)
＝□－□
＝□ (cm^2)

[3~4] 색칠한 부분의 둘레와 넓이를 구하려고 합니다. ☐ 안에 알맞은 수를 써넣으세요.

3

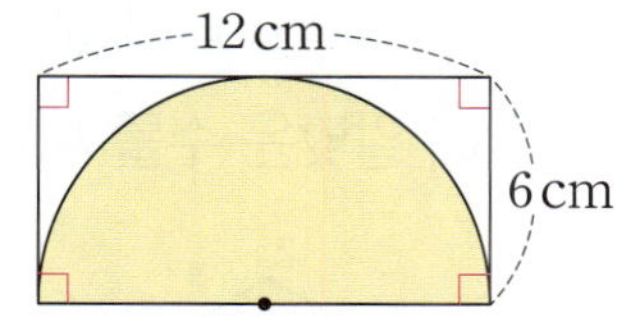

(둘레)＝(원주)÷2＋(지름)

$=$ ☐ $\times 3.14 \div 2 +$ ☐

$=$ ☐ $+$ ☐

$=$ ☐ (cm)

(넓이)＝(원의 넓이)÷2

$=$ ☐ $\times$ ☐ $\times 3.14 \div 2$

$=$ ☐ (cm^2)

4

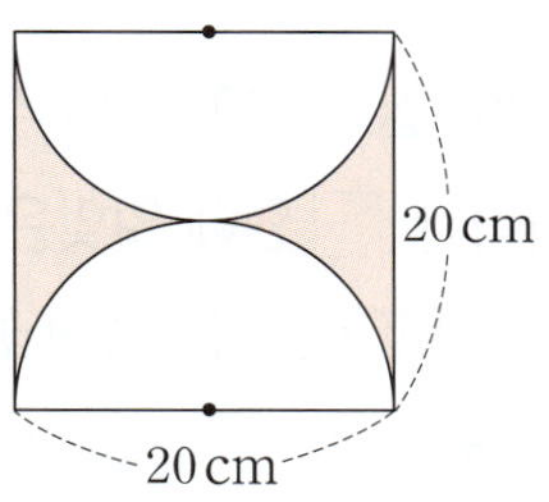

(둘레)＝(원주)＋(지름)$\times 2$

$=$ ☐ $\times 3.14 +$ ☐ $\times 2$

$=$ ☐ $+$ ☐

$=$ ☐ (cm)

(넓이)＝(정사각형의 넓이)－(원의 넓이)

$=$ ☐ $\times$ ☐

$-$ ☐ $\times$ ☐ $\times 3.14$

$=$ ☐ $-$ ☐

$=$ ☐ (cm^2)

[5~8] 색칠한 부분의 둘레와 넓이를 구해 보세요.

5

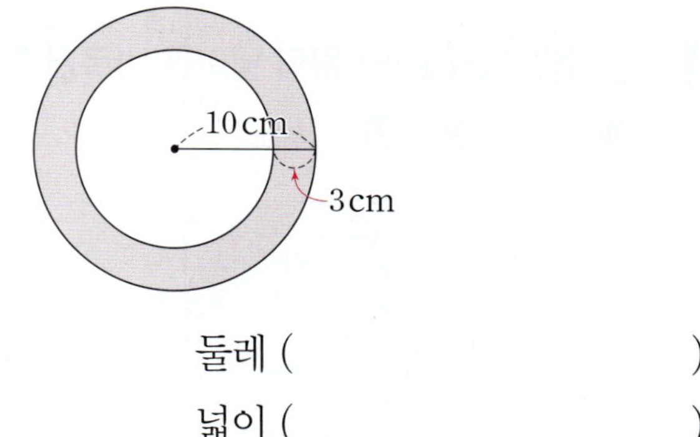

둘레 (   )

넓이 (   )

6

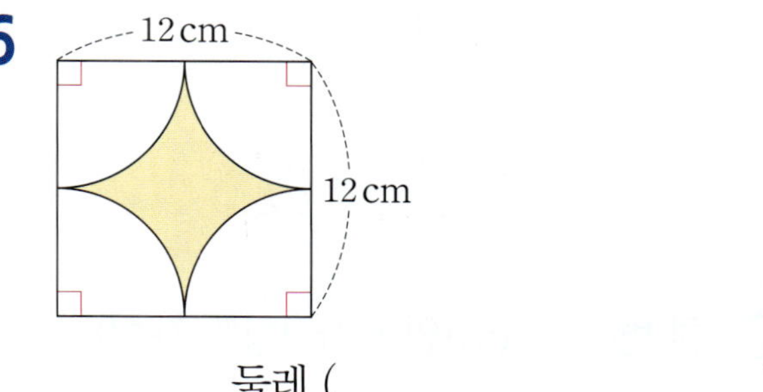

둘레 (   )

넓이 (   )

7

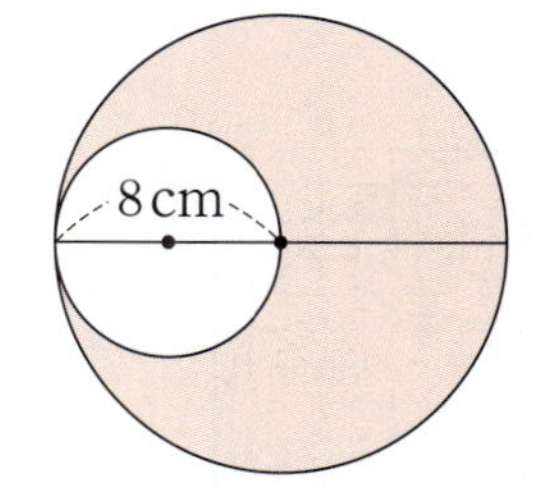

둘레 (   )

넓이 (   )

8

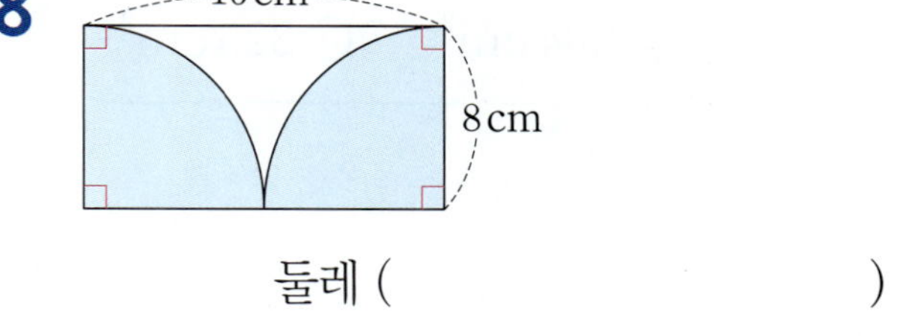

둘레 (   )

넓이 (   )

5 원의 둘레와 넓이

   익히기

개념 4 원의 넓이 어림하기

1 반지름이 9 cm인 원의 넓이를 바르게 어림한 것을 찾아 ○표 하세요.

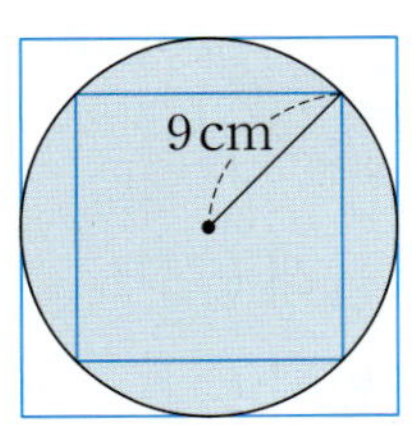

98 cm^2	150 cm^2	240 cm^2
( )	( )	( )

2 한 변이 18 cm인 정사각형에 지름이 18 cm인 원을 그리고 1 cm 간격으로 점선을 그렸습니다. 모눈의 수를 세어 원의 넓이를 바르게 어림한 것을 모두 찾아 기호를 써 보세요.

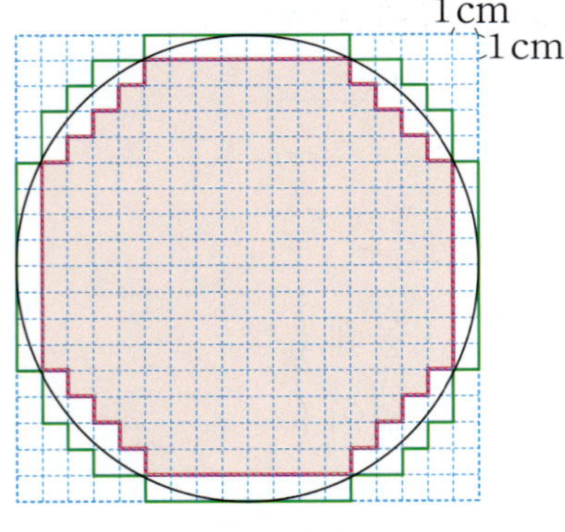

㉠ 160 cm^2	㉡ 228 cm^2
㉢ 264 cm^2	㉣ 325 cm^2

( )

3 정육각형의 넓이를 이용하여 원의 넓이를 어림하려고 합니다. 삼각형 ㄱㅇㄷ의 넓이가 52 cm^2, 삼각형 ㄹㅇㅂ의 넓이가 39 cm^{2}일 때, ☐ 안에 알맞은 수를 써넣으세요.

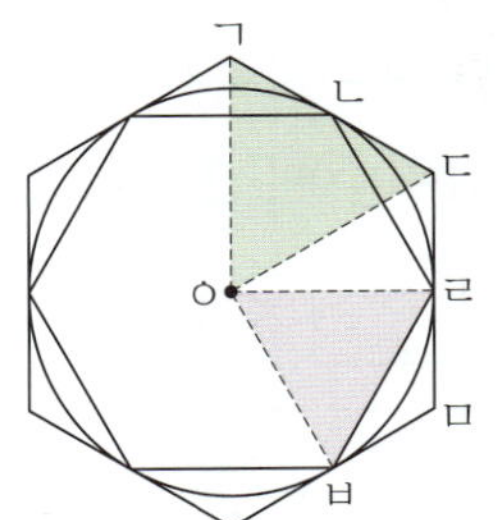

원의 넓이는 ☐ cm^{2}보다 크고
☐ cm^{2}보다 작습니다.

개념 5 원의 넓이 구하기

4 원을 한없이 잘라 이어 붙여 직사각형을 만들었습니다. ☐ 안에 알맞은 수를 써넣고 직사각형의 넓이를 이용하여 원의 넓이를 구해 보세요.

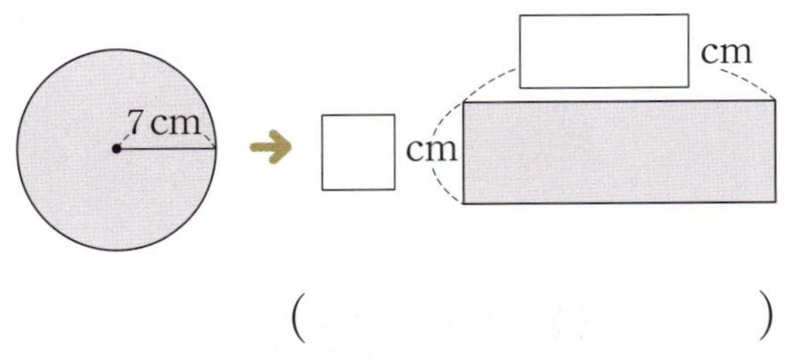

( )

5 원의 넓이는 몇 cm^{2}인지 구해 보세요.

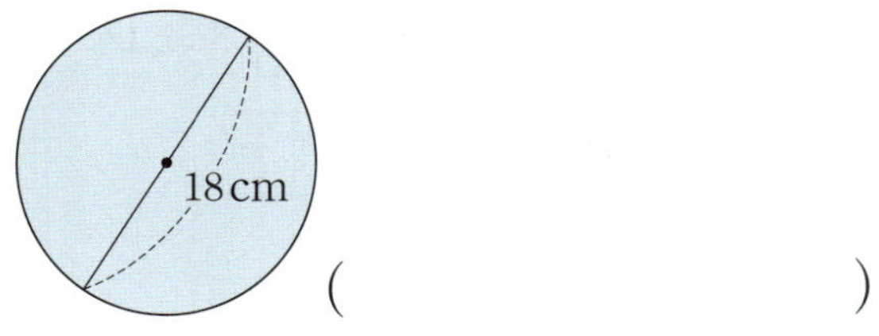

( )

6 원의 넓이를 구하는 방법을 식으로 바르게 나타낸 것을 모두 찾아 기호를 써 보세요.

> ㉠ (원의 넓이)＝(반지름)×(원주)×$\dfrac{1}{2}$
>
> ㉡ (원의 넓이)＝(반지름)×(원주)
>
> ㉢ (원의 넓이)
>   ＝(반지름)×(반지름)×(원주율)
>
> ㉣ (원의 넓이)＝(지름)×(원주율)

(   )

7 그림과 같이 컴퍼스를 벌려 원을 그렸을 때 그린 원의 넓이는 몇 cm^2인지 구해 보세요.

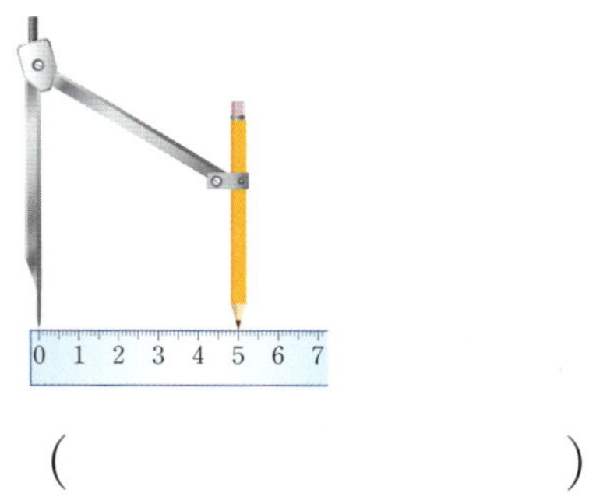

(   )

8 넓이가 넓은 원부터 차례로 기호를 써 보세요.

> ㉠ 지름이 12 cm인 원
>
> ㉡ 반지름이 8 cm인 원
>
> ㉢ 넓이가 200 cm^2인 원

(   )

---

9 색칠한 부분의 둘레를 구해 보세요.

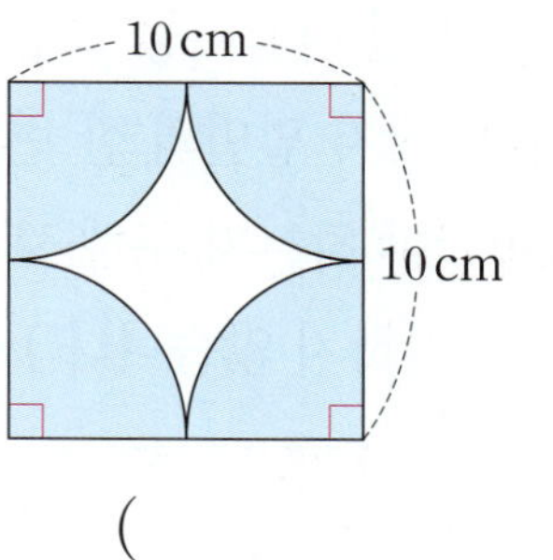

(   )

10 양궁 과녁 그림을 보고 각각의 색깔이 차지하는 넓이를 구해 보세요.

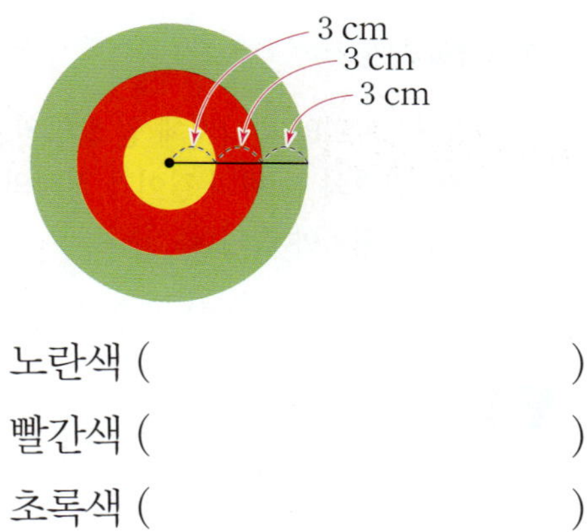

노란색 (   )

빨간색 (   )

초록색 (   )

11 색칠한 부분의 넓이를 구하려고 합니다. ☐ 안에 알맞은 말이나 수를 써넣으세요.

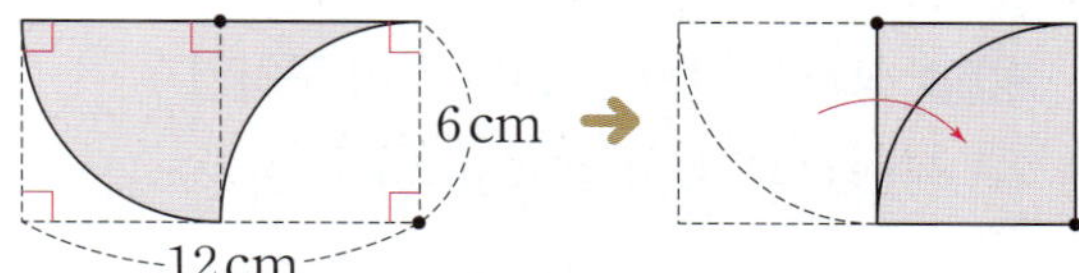

위 그림과 같이 도형을 옮기면 색칠한 부분은 한 변이 6 cm인 ☐이 됩니다.

(색칠한 부분의 넓이)＝☐×☐

＝☐ (cm^2)

유형 ❶ 원주를 알 때 지름의 길이 구하기

둘레가 75.36 cm인 원 모양의 접시를 밑면이 정사각형 모양인 사각기둥 모양의 상자에 담으려고 합니다. 상자 밑면의 한 변의 길이는 몇 cm 이상이어야 하는지 구해 보세요. (단, 상자의 두께는 생각하지 않습니다.)

핵심 체크

정사각형 모양의 상자에 원 모양의 접시를 담으려면 상자 밑면의 한 변의 길이가 접시의 지름의 길이 이상이 되어야 합니다.

참고 (원주)＝(지름)×(원주율)

풀이

1단계 접시의 지름 구하기

(접시의 지름)

＝(접시의 둘레)÷(원주율)

＝ [　　] ÷3.14

＝ [　　] (cm)

2단계 상자 밑면의 한 변의 길이 구하기

따라서 상자 밑면의 한 변의 길이는

[　　] cm 이상이어야 합니다.

답 ________________

유형 ❶-1

그림과 같이 원주가 56.52 cm인 원 모양의 피자를 밑면이 정사각형인 사각기둥 모양의 상자에 담으려고 합니다. 상자 밑면의 한 변의 길이는 몇 cm 이상이어야 하는지 구해 보세요. (단, 상자의 두께는 생각하지 않습니다.)

(　　　　　　)

유형 ❶-2

직사각형 모양의 상자에 원주가 31.4 cm인 원 모양의 도너츠 2개를 담으려고 합니다. 상자의 가로의 길이는 몇 cm 이상이어야 하는지 구해 보세요. (단, 상자의 두께는 생각하지 않습니다.)

(　　　　　　)

유형 ② 넓이 비교하기

직사각형 모양 거울과 원 모양 거울이 있습니다.
어느 모양의 거울이 더 넓은지 구해 보세요.

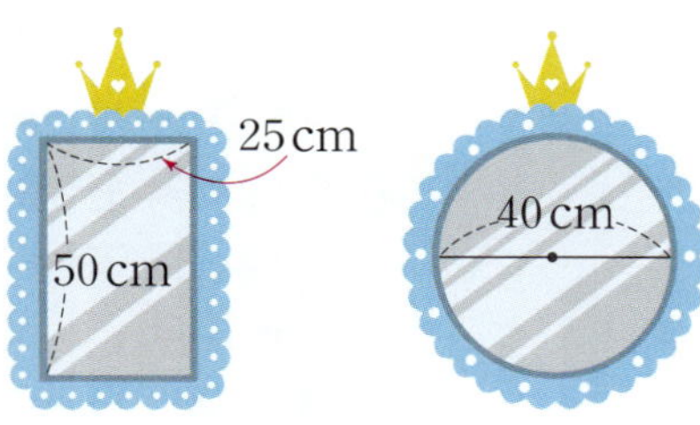

핵심 체크

두 거울의 넓이를 각각 구한 후 크기를 비교합니다.
(직사각형의 넓이)=(가로)×(세로)
(원의 넓이)=(반지름)×(반지름)×(원주율)

풀이

1단계 두 거울의 넓이 각각 구하기

(직사각형 모양 거울의 넓이)

$=\boxed{}\times\boxed{}$

$=\boxed{}$ (cm²)

(원 모양 거울의 반지름)

$=\boxed{}\div2=\boxed{}$ (cm)

(원 모양 거울의 넓이)

$=\boxed{}\times\boxed{}\times3.14$

$=\boxed{}$ (cm²)

2단계 거울의 넓이 비교하기

$\boxed{}<\boxed{}$ 이므로

(직사각형 , 원) 모양의 거울이
더 넓습니다.

답

유형 ②-1

정사각형 모양의 ㉮ 피자와 원 모양의 ㉯ 피자
의 넓이를 비교하려고 합니다. 어느 피자의
넓이가 몇 cm² 만큼 더 넓은지 구해 보세요.

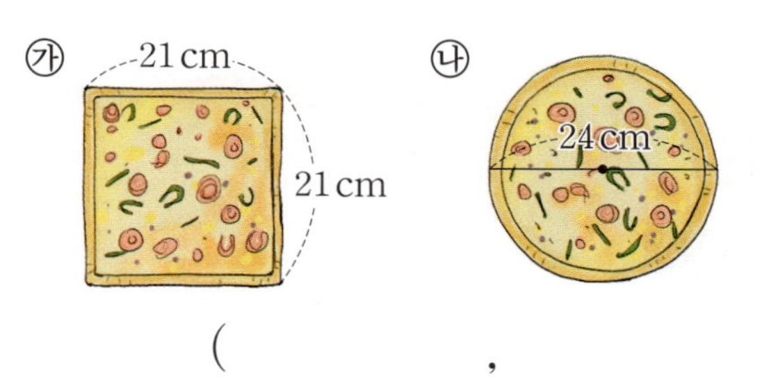

(,   )

유형 ②-2

꽃밭의 넓이를 각각 구하고 넓이를 비교하여
○ 안에 >, =, <를 알맞게 써넣으세요.

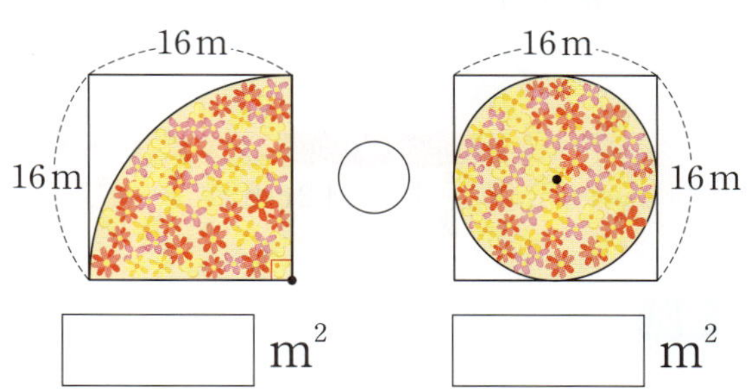

$\boxed{}$ m² $\boxed{}$ m²

1 대표 문제

길이가 62.8 cm인 종이 띠를 겹치지 않게 붙여서 원을
만들었습니다. 만들어진 원의 넓이는 몇 cm²인지 풀이 과정을
쓰고, 답을 구해 보세요.

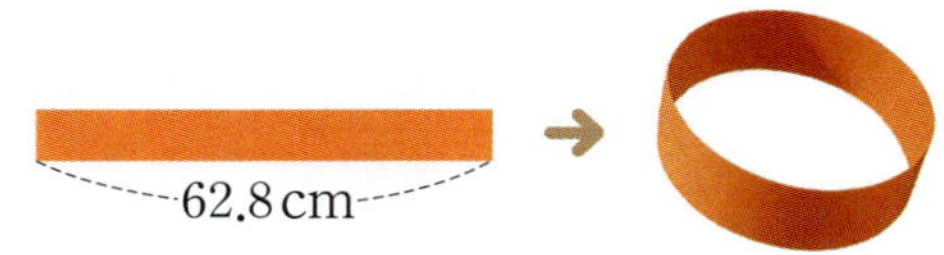

풀이

(원주)=(종이 띠의 길이)=☐ cm이므로

(지름)=☐ ÷3.14=☐ (cm)이고,

(반지름)=☐ ÷2=☐ (cm)입니다.

➡ (원의 넓이)=☐ ×☐ ×☐ =☐ (cm²)

답 ______________

⊕ 힌트 체크

❶ 종이 띠를 겹치지 않게 붙여서
원을 만들었습니다.
➡ 원의 둘레가 종이 띠의 길이
와 같음을 알 수 있습니다.

❷ 원의 넓이 ➡ 원주를 이용하여
원의 지름을 구한 후 원의 넓이
를 구합니다.

참고 (지름)=(원주)÷(원주율)
(원의 넓이)=(반지름)×(반지름)
×(원주율)

---

1 연습 문제

길이가 94.2 cm인 종이 띠를 겹치지 않게 붙여서 원을
만들었습니다. 만들어진 원의 넓이는 몇 cm²인지 풀이 과정을
쓰고, 답을 구해 보세요.

풀이

답 ______________

⊕ 힌트 체크

★ 힌트가 되는 부분에 ◯표
하세요!

② 대표 문제

색칠한 부분의 넓이는 몇 cm²인지 풀이 과정을 쓰고, 답을 구해 보세요.

풀이

색칠한 부분 중 작은 반원을 옮기면 반지름이 ☐ cm인 반원이 됩니다.

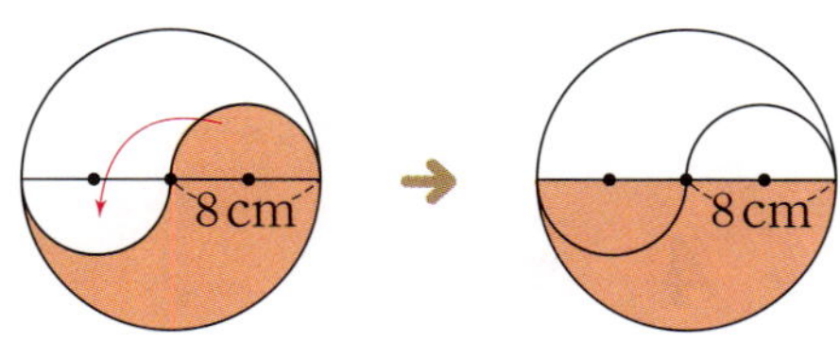

(색칠한 부분의 넓이)＝(반지름이 ☐ cm인 반원의 넓이)

＝ ☐ × ☐ × 3.14 ÷ 2 ＝ ☐ (cm²)

답 ____________________

② 연습 문제

초록색 부분의 넓이는 몇 cm²인지 풀이 과정을 쓰고, 답을 구해 보세요.

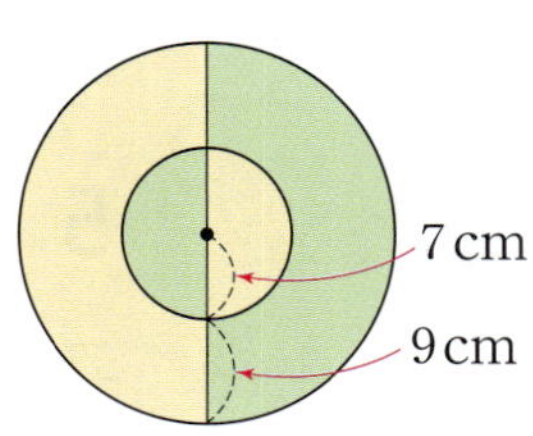

풀이

____

____

____

답 ____________________

1

그림을 보고 ⬚ 안에 알맞은 수를 써넣으세요.

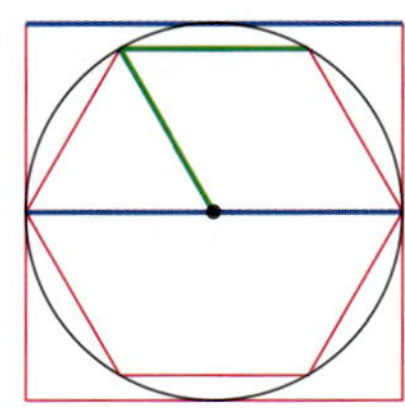

➡ 원주는 원의 지름의 ⬚ 배보다 길고,

⬚ 배보다 짧습니다.

2

크기가 다른 원 모양의 접시가 2개 있습니다.
각 접시의 원주율을 비교하여 ◯ 안에 >, =,
< 를 알맞게 써넣으세요.

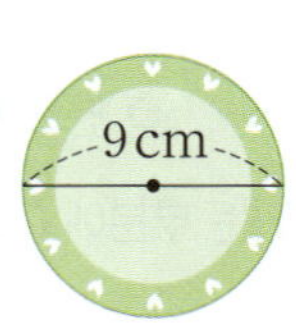
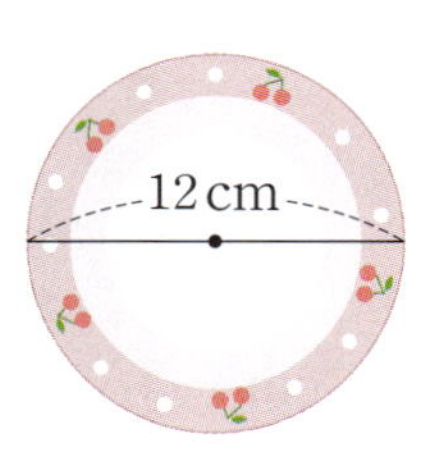

원주가 28.26 cm인 접시의 원주율	◯	원주가 37.68 cm인 접시의 원주율

3

다음 중 설명이 <u>잘못된</u> 것은 어느 것인가요?

( )

① 원의 둘레를 원주라고 합니다.

② 원주율은 항상 일정합니다.

③ 원의 지름이 길어지면 원주도 길어집니다.

④ 원주율은 (지름) ÷ (원주)입니다.

⑤ 원의 지름에 대한 원주의 비율을 원주율
  이라고 합니다.

4

원주를 구하려고 합니다. ⬚ 안에 알맞은 수를
써넣으세요.

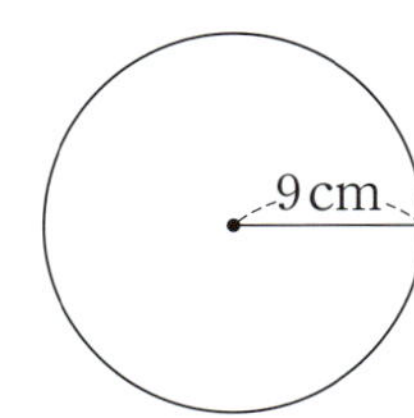

(원주) = ⬚ × 2 × 3.14

= ⬚ (cm)

5

그림을 보고 ⬚ 안에 알맞은 수를 써넣으세요.

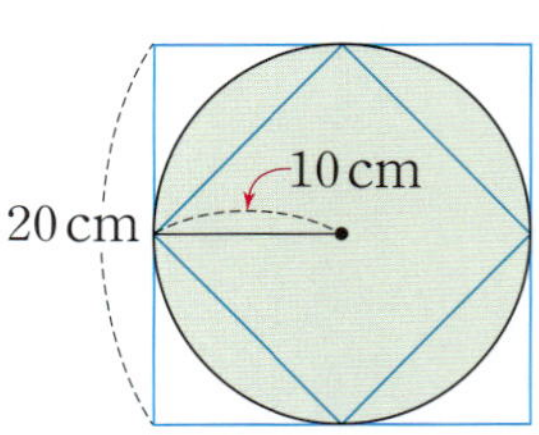

원의 넓이는 원 안에 있는 정사각형의 넓이인

⬚ cm² 보다 크고, 원 밖에 있는 정사각형의

넓이인 ⬚ cm² 보다 작습니다.

6

한 변이 8 cm인 정사각형에 지름이 8 cm인 원을 그리고 1 cm 간격으로 점선을 그렸습니다. ☐ 안에 알맞은 수를 써넣으세요.

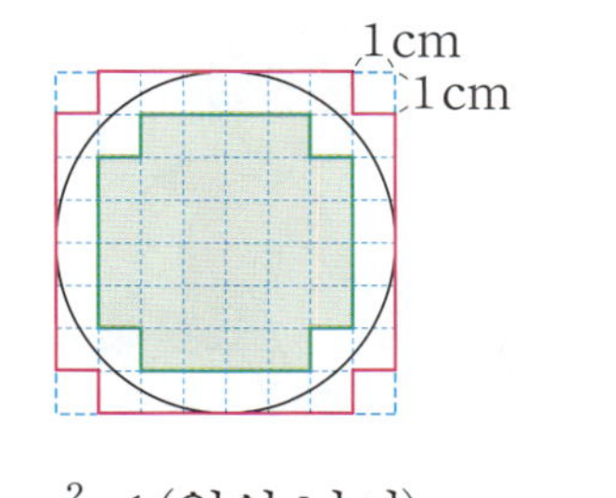

$$☐ \ \text{cm}^2 < (원의 넓이)$$
$$(원의 넓이) < ☐ \ \text{cm}^2$$

7

원주가 다음과 같을 때 ☐ 안에 알맞은 수를 써넣으세요.

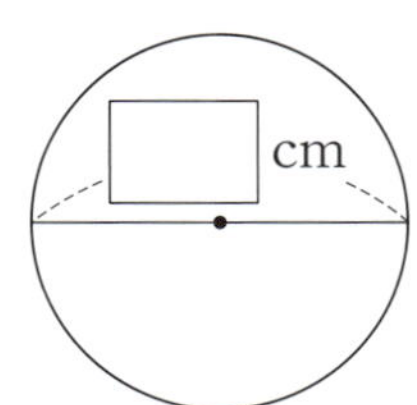

원주: 43.96 cm

8 시험에 꾁!

반지름이 8 cm인 원 모양 버스 정류장 표지판의 넓이는 몇 cm^2인지 구해 보세요.

( )

9

유준이는 길이가 3 m인 밧줄을 사용하여 그릴 수 있는 가장 큰 원을 그렸습니다. 그린 원의 원주는 몇 m인지 구해 보세요.

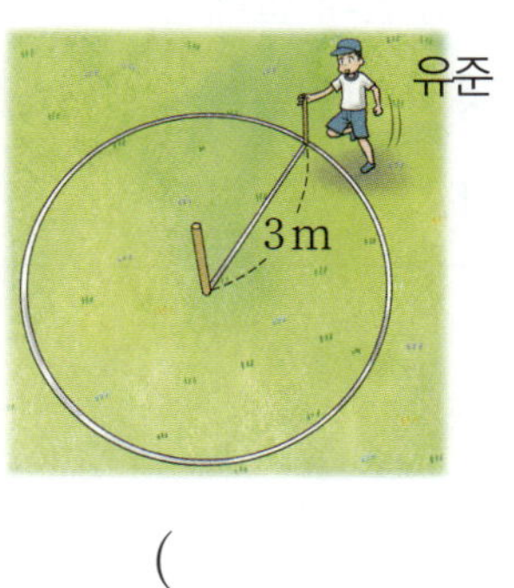

( )

10

원의 반지름과 넓이의 관계를 알아보려고 합니다. 원의 넓이를 각각 구하여 표를 완성하고 ☐ 안에 알맞은 수를 써넣으세요.

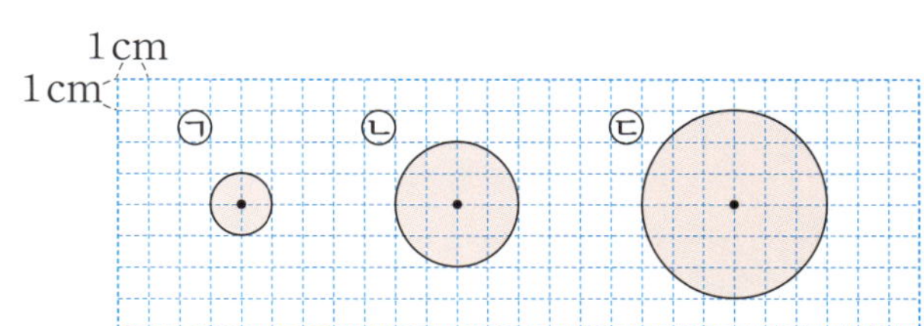

원	㉠	㉡	㉢
반지름 (cm)	1	2	3
넓이 (cm^2)			

원의 반지름이 2배, 3배가 되면 원의 넓이는 ☐ 배, ☐ 배가 됩니다.

11

100원짜리 동전을 모으기 위해 저금통을 만들려고 합니다. ☐ 안에 알맞은 수를 써넣으세요.

> 100원짜리 동전의 둘레는 7.536 cm이므로 저금통 구멍의 길이는 ☐ cm 이상이어야 합니다.

12 시험에 꼭!

색칠한 부분의 넓이를 구해 보세요.

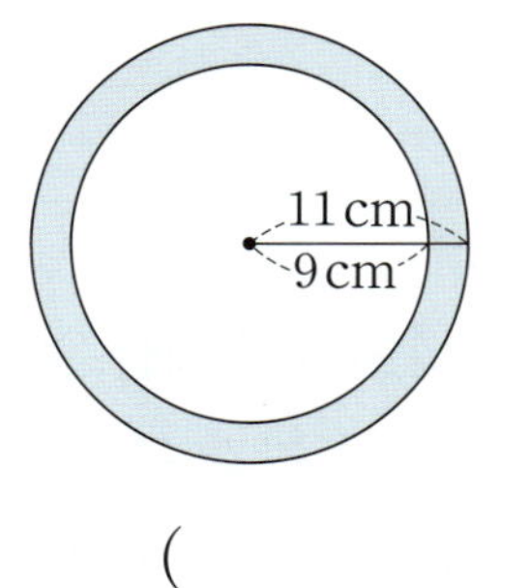

( )

13

원의 넓이가 314 cm²일 때 ☐ 안에 알맞은 수를 써넣으세요.

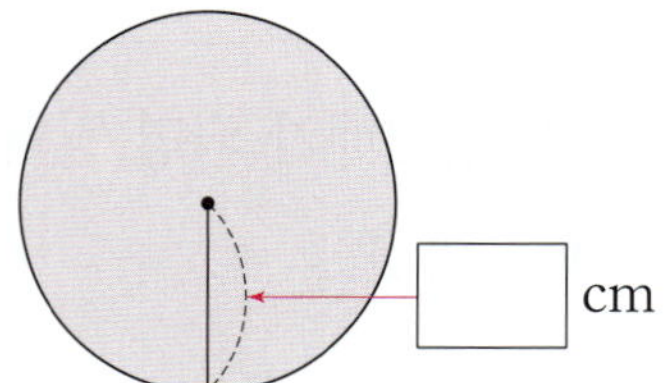

14

지호는 지름이 40 cm인 굴렁쇠를 3바퀴 굴렸습니다. 굴렁쇠가 굴러간 거리는 몇 cm인지 구해 보세요.

( )

15

색칠한 부분의 넓이를 구해 보세요.

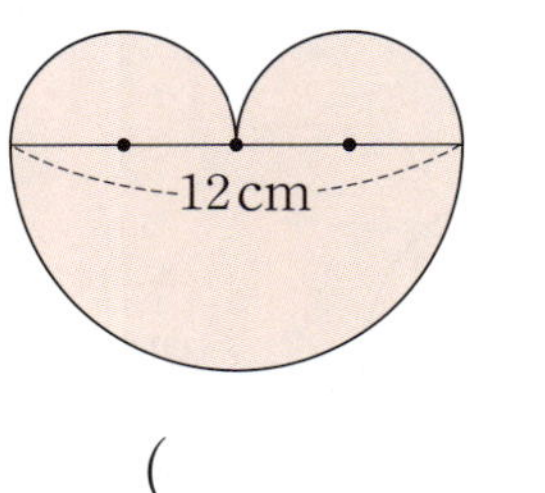

( )

16

색칠한 부분의 넓이가 <u>다른</u> 하나를 찾아 기호를 써 보세요.

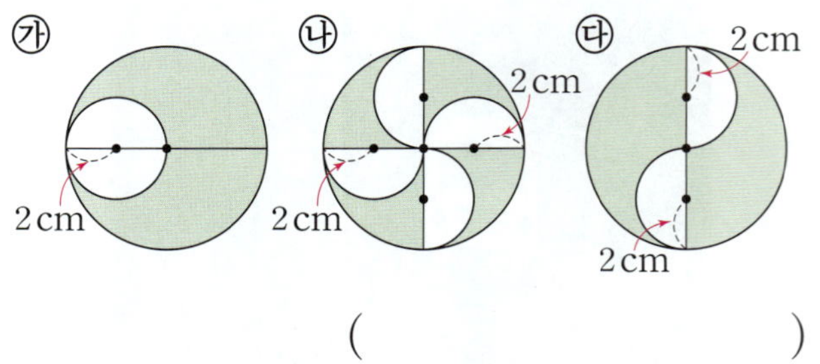

( )

17 도전해 얍!

색칠한 부분의 둘레와 넓이를 각각 구해 보세요.

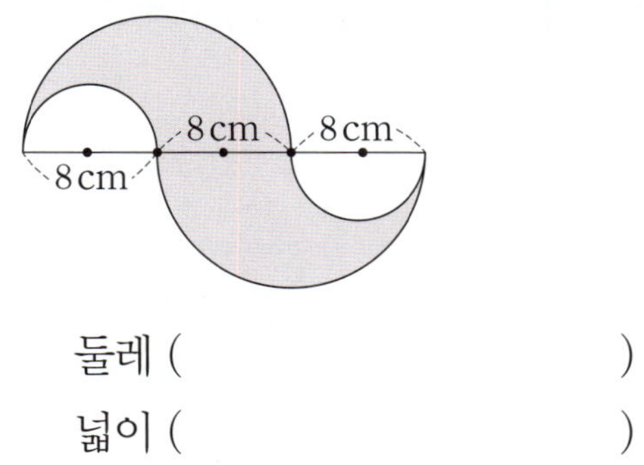

둘레 (   )

넓이 (   )

18 도전해 얍!

자전거 뒷바퀴의 원주는
18.84 cm입니다. 자전거
앞바퀴의 원주가 뒷바퀴의
원주의 2배일 때 앞바퀴의
지름은 몇 cm인지 풀이 과정을 쓰고, 답을
구해 보세요.

(   )

🍒 서술형 문제

19

그림과 같은 직사각형 모양의 종이를 잘라 만들
수 있는 가장 큰 원의 넓이는 몇 cm²인지 풀이
과정을 쓰고, 답을 구해 보세요.

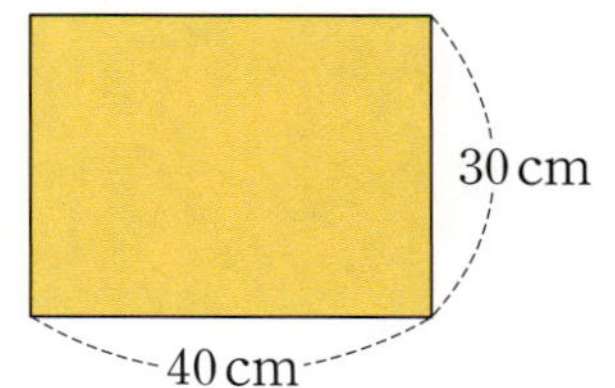

풀이

답

20

넓이가 153.86 cm²인 원의 원주는 몇 cm
인지 풀이 과정을 쓰고, 답을 구해 보세요.

풀이

답

⑤ 원의 둘레와 넓이

[1~4] 원주를 구해 보세요.

1

3 cm

(   )

2

5 cm

(   )

3

5 cm

(   )

4

11 cm

(   )

[5~6] 원의 지름을 구해 보세요.

5

원주: 25.12 cm

(   )

6

원주: 40.82 cm

(   )

[7~8] 원의 반지름을 구해 보세요.

7

원주: 43.96 cm

(   )

8

원주: 94.2 cm

(   )

[9~16] 원의 넓이를 구해 보세요.

9 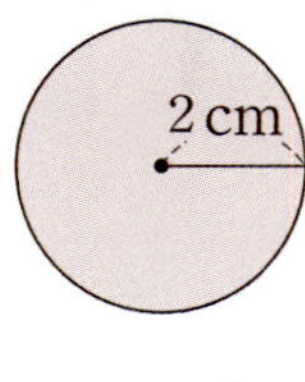

( )

13 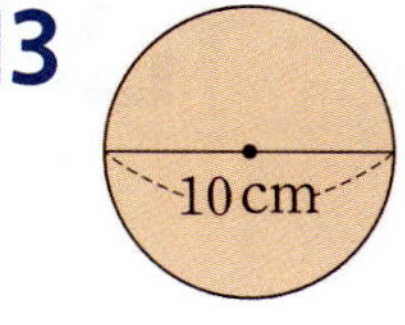

( )

10 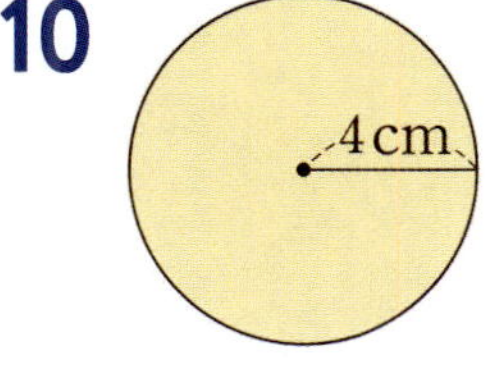

( )

14 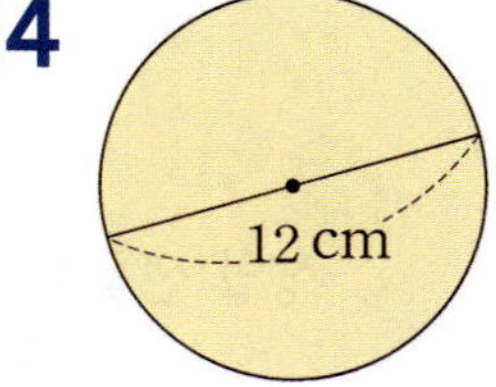

( )

11 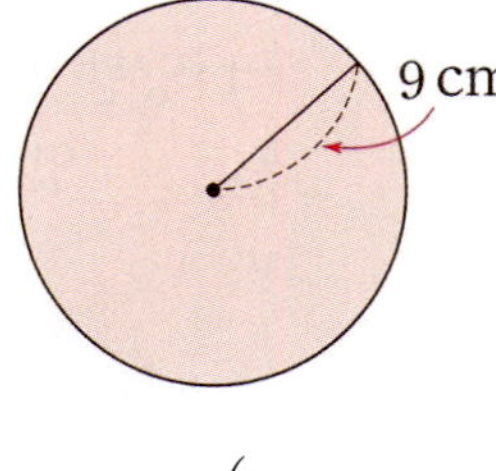

( )

15 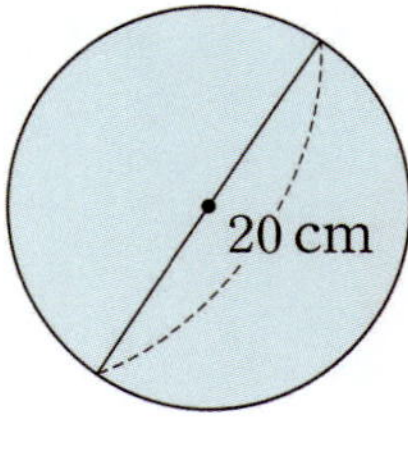

( )

12 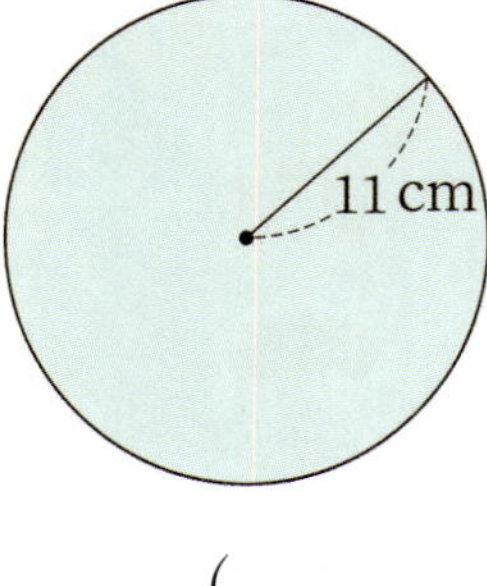

( )

16 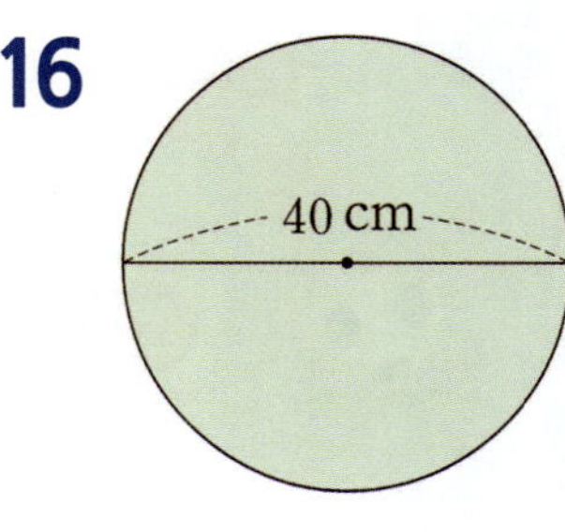

( )

6
단원

원기둥, 원뿔, 구

원기둥 모양의
생일 케이크네?
맛있겠 다!
생일 선물로 받은
축구공은
구 모양이야.
고깔 모자는
원뿔 모양이지?
응~. 우리
주변에는
다양한 입체도형이
있어!

✪ 직사각형을 돌려 원기둥을 만들어요!

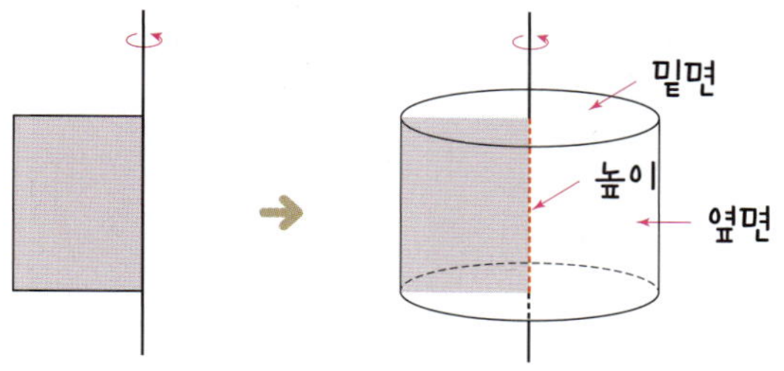

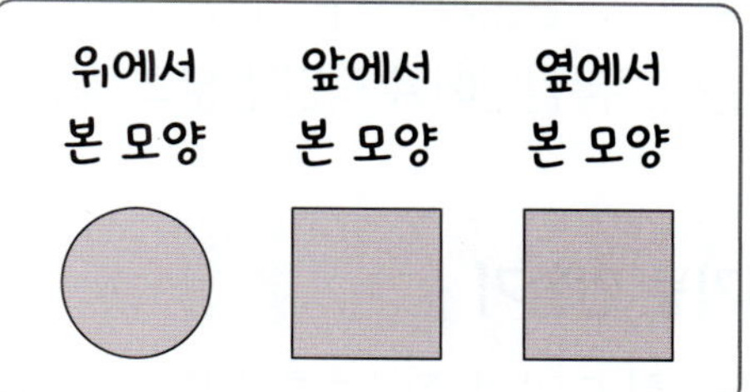

✪ 직각삼각형을 돌려 원뿔을 만들어요!

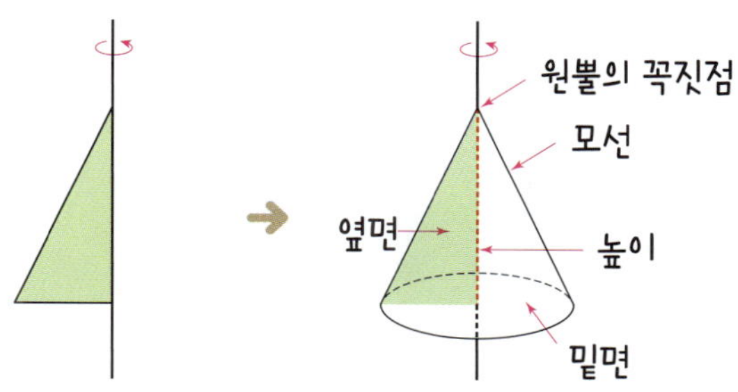

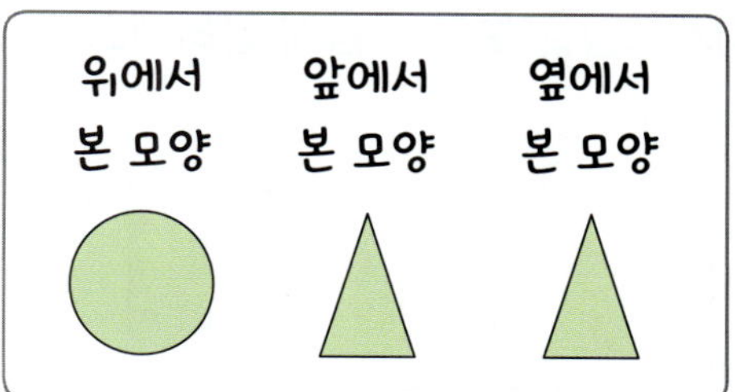

✪ 반원을 돌려 구를 만들어요!

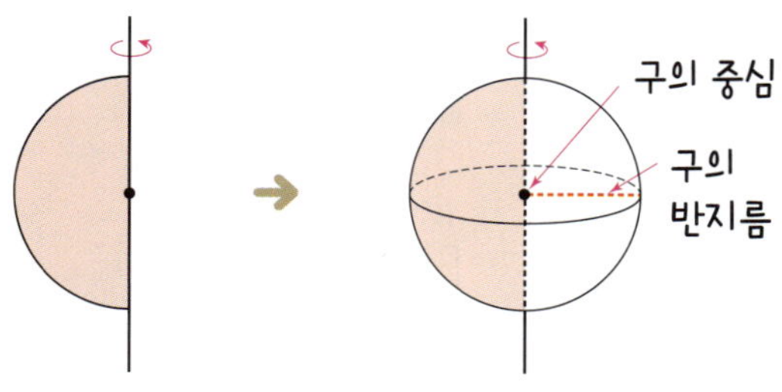

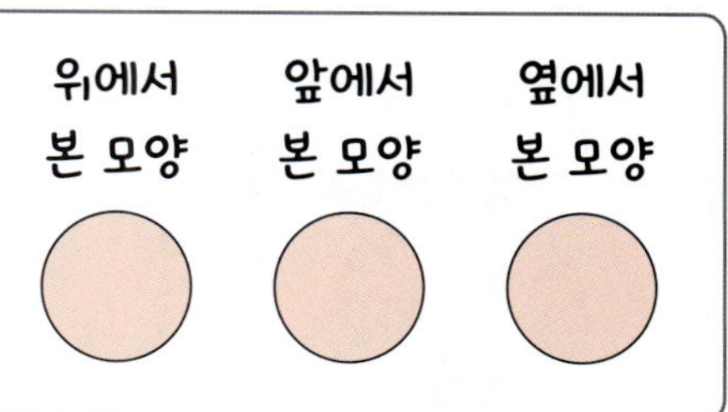

개념 1   원기둥

✪ **원기둥**: 서로 평행하고 합동인 두 원을 면으로 하는 입체도형

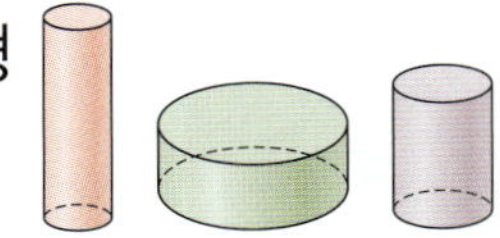

✪ **원기둥의 구성 요소**

- **밑면**: 서로 평행하고 합동인 두 면
- **옆면**: 두 밑면과 만나는 굽은 면
- **높이**: 두 밑면에 수직인 선분의 길이

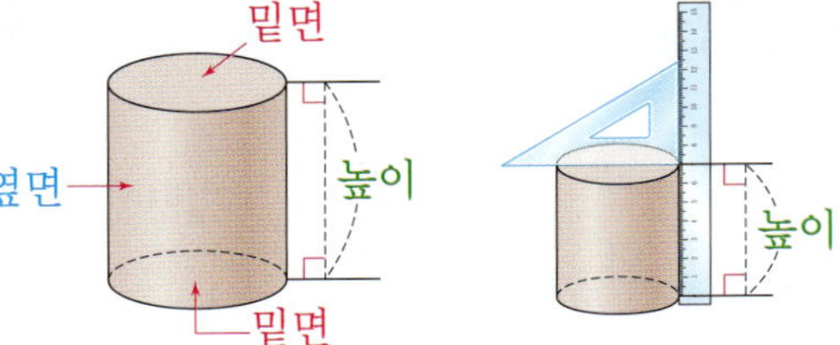

✪ **원기둥 만들기**

직사각형 모양의 종이를 한 변을 기준으로 돌리면 원기둥이 만들어집니다.

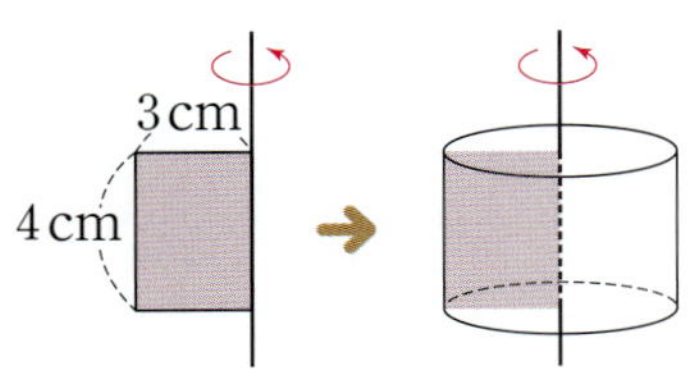

밑면의 반지름이 3 cm이고,
높이가 4 cm인 원기둥이 만들어집니다.

[1~2] 입체도형을 보고 물음에 답하세요.

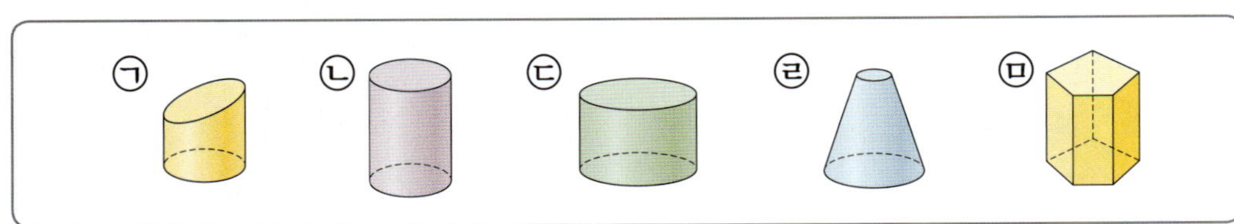

1 위와 아래에 있는 면이 서로 평행하고 합동인 원으로 이루어진 도형을 모두 찾아 기호를 써 보세요.

(   )

2 위 **1**과 같은 도형을 무엇이라고 하는지 써 보세요.

(   )

3 보기에서 □ 안에 알맞은 말을 찾아 써넣으세요.

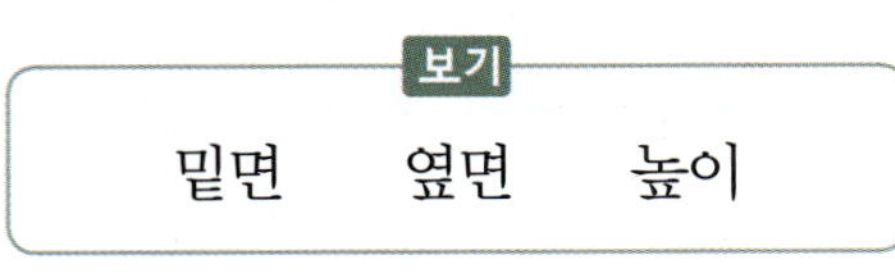

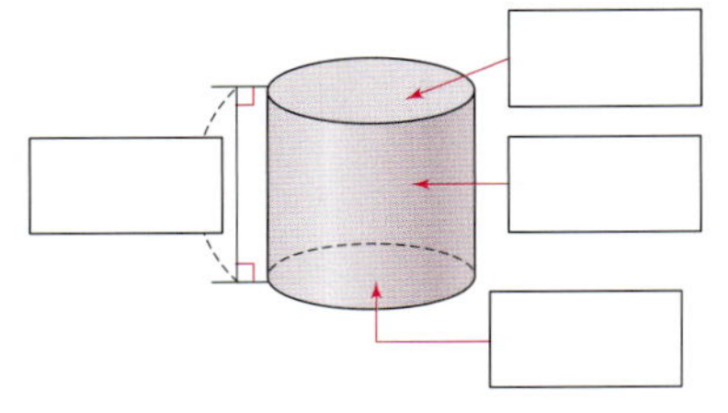

4 원기둥을 모두 찾아 기호를 써 보세요.

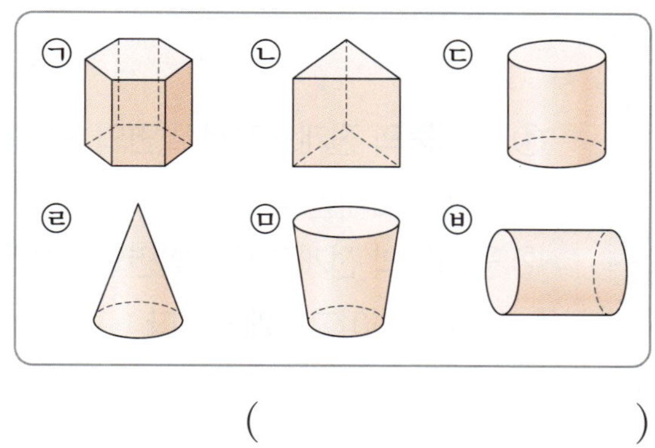

(   )

[5~6] 원기둥의 밑면을 모두 찾아 색칠해 보세요.

5

6

[7~8] 직사각형 모양의 종이를 한 변을 기준으로 한 바퀴 돌려 입체도형을 만들었습니다. 물음에 답하세요.

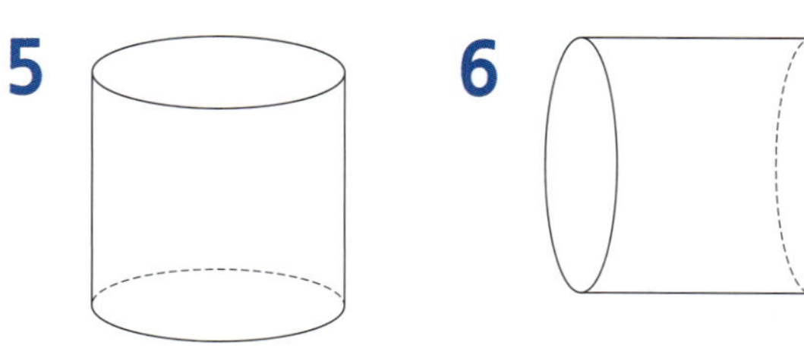

7 만들어진 입체도형의 이름은 무엇인가요?

(   )

8 만들어진 입체도형의 밑면의 지름과 높이를 각각 구해 보세요.

밑면의 지름 (   )

높이 (   )

[9~12] 원기둥과 각기둥에 대한 설명이 맞으면 ◯표, 틀리면 ✕표 하세요.

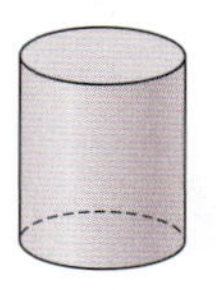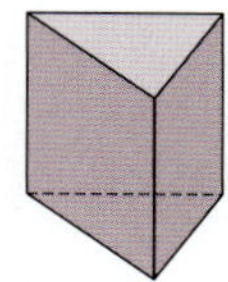

9 원기둥과 각기둥은 모두 굽은 면이 있습니다.

(   )

10 원기둥과 각기둥을 옆에서 본 모양은 모두 직사각형입니다.   (   )

11 원기둥의 밑면은 합동인 원이고, 각기둥의 밑면은 합동인 다각형입니다.   (   )

12 원기둥과 각기둥을 위에서 본 모양은 모두 원입니다.   (   )

13 개념 체크

◻ 안에 알맞은 말을 써넣으세요.

(1) 위와 아래에 있는 면이 서로 평행하고 합동인 원으로 이루어진 입체도형을 ◻◻◻◻(이)라고 합니다.

(2) 원기둥에서 두 밑면과 만나는 굽은 면을 ◻◻◻◻(이)라 하고, 서로 평행하고 합동인 두 면을 ◻◻◻(이)라고 합니다.

개념 2 원기둥의 전개도

☆ **원기둥의 전개도**: 원기둥을 잘라서 펼쳐 놓은 그림

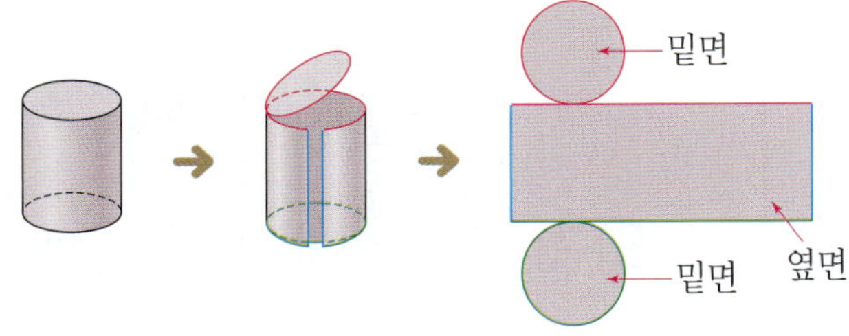

① 원기둥의 전개도에서 밑면의 모양은 원이고 2개입니다.
② 원기둥의 전개도에서 옆면의 모양은 직사각형이고 1개입니다.

☆ **원기둥의 전개도에서 각 부분의 길이**

① (전개도에서 옆면의 가로)＝(밑면의 둘레)
　　　　　　　　　　　＝(밑면의 지름)×(원주율)
② (전개도에서 옆면의 세로)＝(원기둥의 높이)

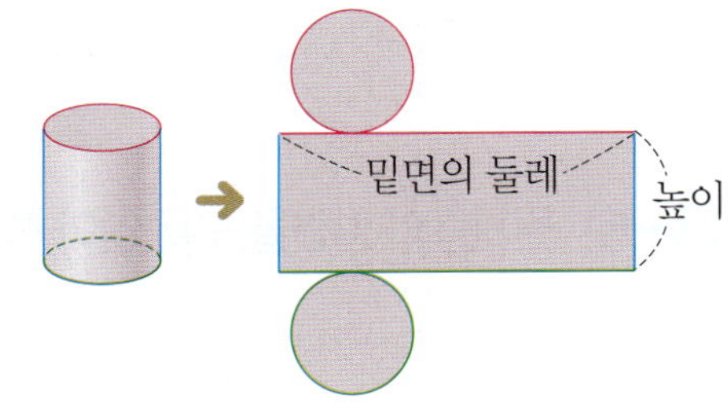

[1~4] 원기둥의 전개도를 보고 ☐ 안에 알맞은 수나 말을 써넣으세요.

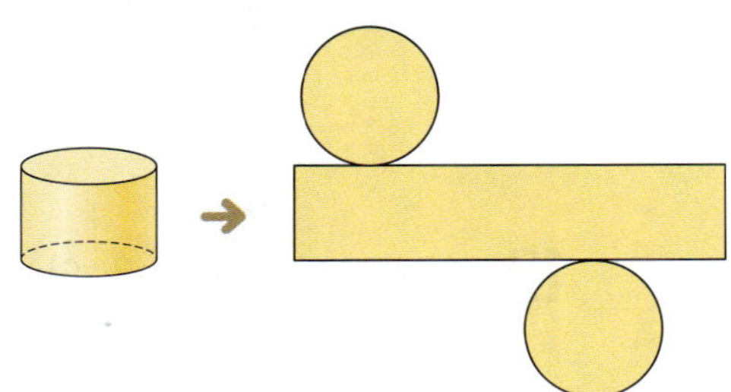

1 원기둥의 전개도에서 밑면의 모양은 ☐이고, ☐개입니다.

2 원기둥의 전개도에서 옆면의 모양은 ☐이고, ☐개입니다.

3 원기둥의 전개도에서 옆면인 직사각형의 가로는 밑면의 ☐와 같습니다.

4 원기둥의 전개도에서 옆면인 직사각형의 세로는 원기둥의 ☐와 같습니다.

5 원기둥의 전개도를 모두 찾아 기호를 써 보세요.

ㄱ 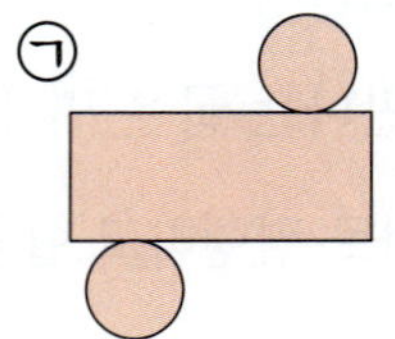　ㄴ 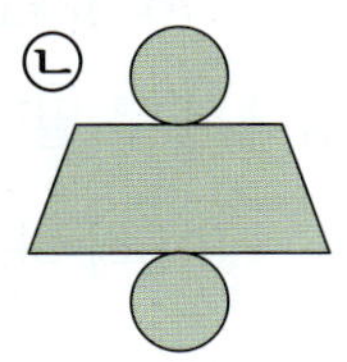　ㄷ 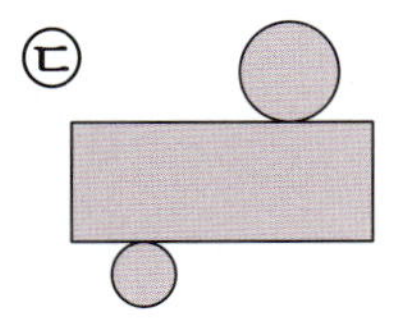　ㄹ 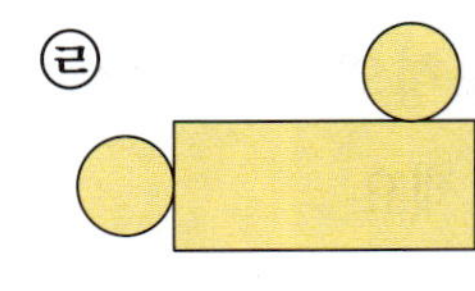　ㅁ 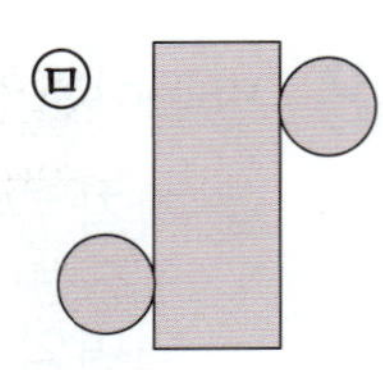

(　　　　　)

[6~7] 원기둥과 원기둥의 전개도를 보고
□ 안에 알맞은 수를 써넣으세요.

6

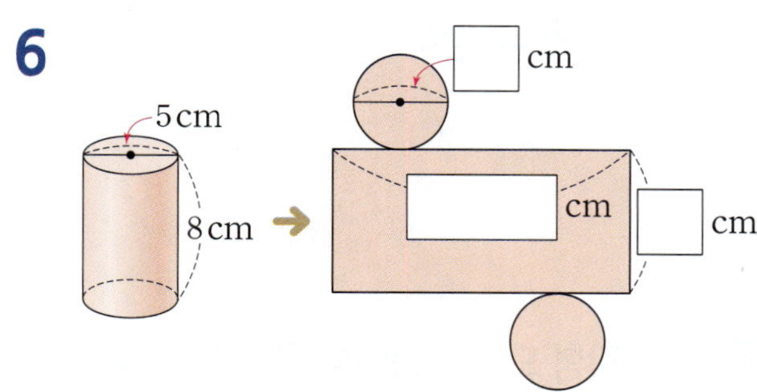

7

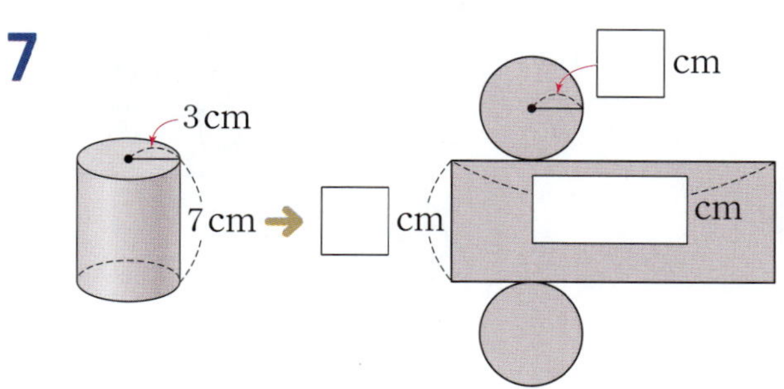

[8~9] 원기둥을 잘라 펼쳐서 전개도를 만들었
을 때 옆면의 가로와 세로를 각각 구해 보세요.

8

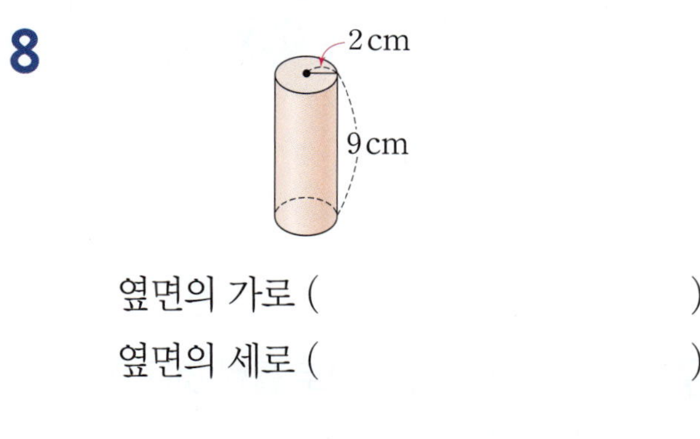

옆면의 가로 (   )
옆면의 세로 (   )

9

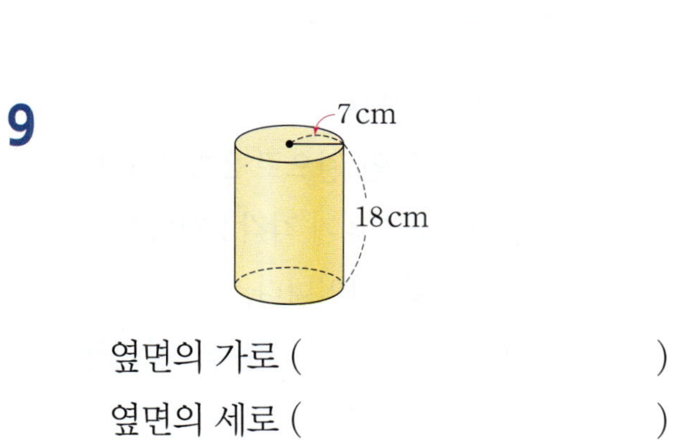

옆면의 가로 (   )
옆면의 세로 (   )

10 원기둥의 전개도를 그리고 밑면의 반지름과
옆면의 가로, 세로의 길이를 나타내 보세요.
(단, 옆면의 가로는 반올림하여 일의 자리까지
나타냅니다.)

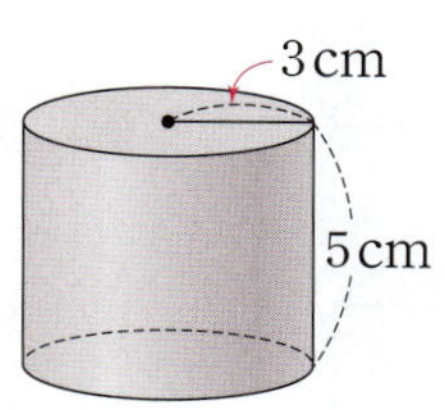

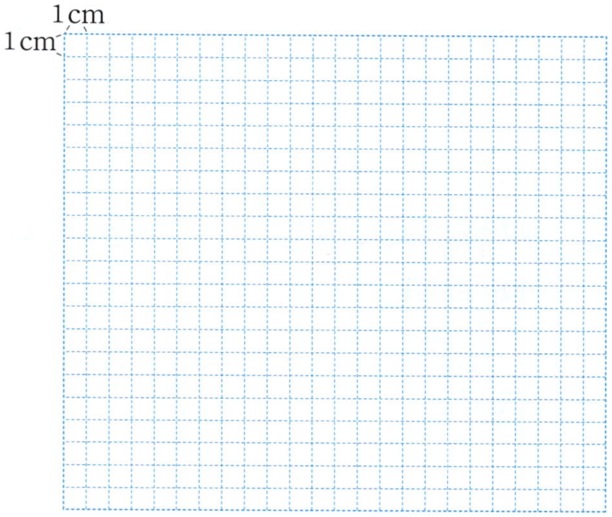

11 개념 체크

알맞은 말에 ◯표 하세요.

(1) 원기둥의 전개도에서 (밑면 , 옆면)의
모양은 원이고, 2개입니다.
(2) 원기둥의 전개도에서 원기둥의 높이는
옆면의 (가로 , 세로)와 같습니다.

개념 1 원기둥

1 원기둥을 모두 찾아 기호를 써 보세요.

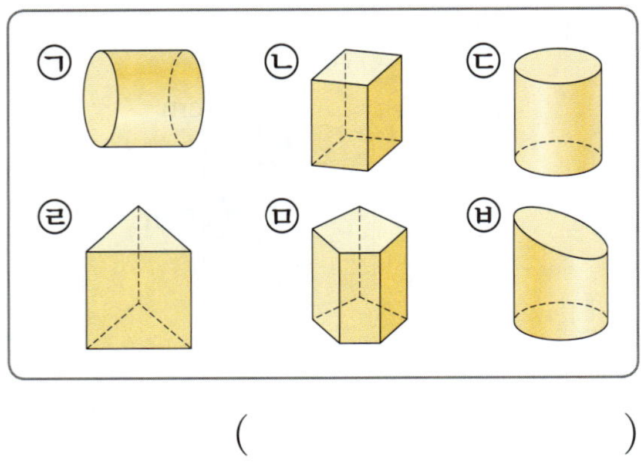

( )

2 원기둥의 구성 요소입니다. 관계있는 것끼리 이어 보세요.

밑면		두 밑면과 만나는 굽은 면
옆면		두 밑면에 수직인 선분의 길이
높이		서로 평행하고 합동인 두 면

3 원기둥과 각기둥을 비교하여 빈칸에 알맞게 써넣으세요.

도형		
밑면의 수(개)		
밑면의 모양		

4 오른쪽 원기둥에서 굽은 면을 찾아 기호를 쓰고, 무엇이라고 하는지 써 보세요.

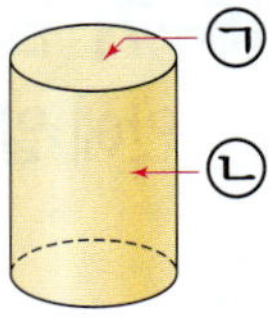

(,)

5 직사각형 모양의 종이를 한 바퀴 돌려 만든 입체도형의 높이를 구해 보세요.

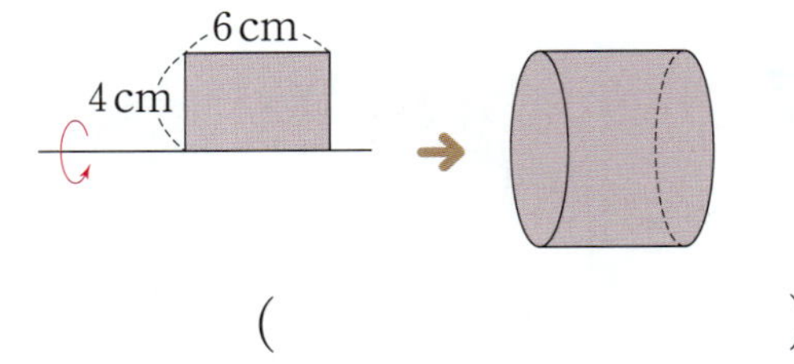

( )

6 두 원기둥의 높이의 합을 구해 보세요.

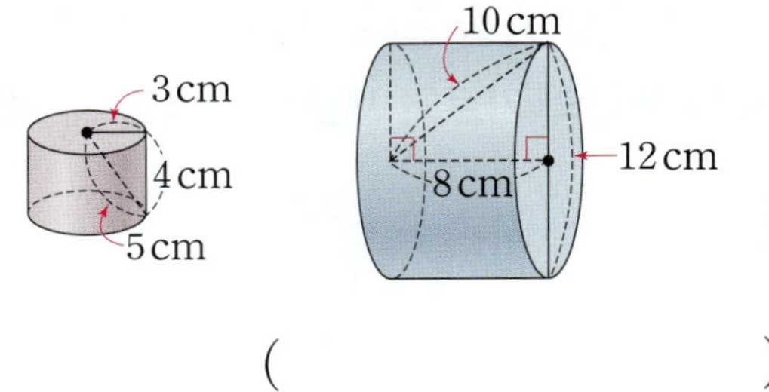

( )

7 원기둥에 대한 설명으로 <u>틀린</u> 것은 어느 것인가요? ( )

① 기둥 모양입니다.
② 밑면은 합동인 원으로 2개입니다.
③ 꼭짓점과 모서리가 각각 2개씩 있습니다.
④ 옆면은 굽은 면입니다.
⑤ 두 밑면에 수직인 선분의 길이를 높이라고 합니다.

개념 2 **원기둥의 전개도**

8 원기둥과 원기둥의 전개도를 보고 □ 안에 각 부분의 이름을 써넣으세요.

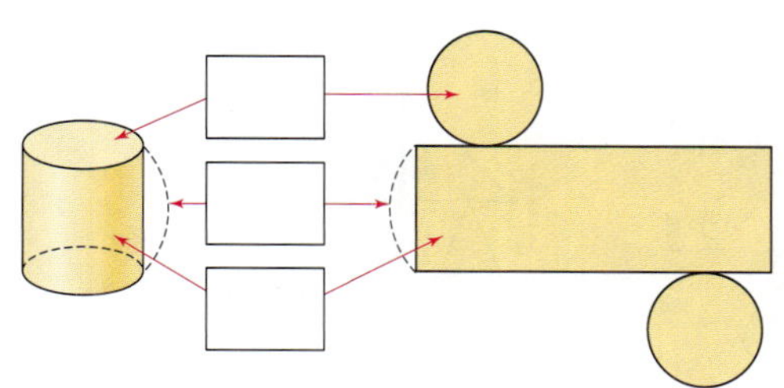

[9~10] 원기둥과 원기둥의 전개도를 보고 물음에 답하세요.

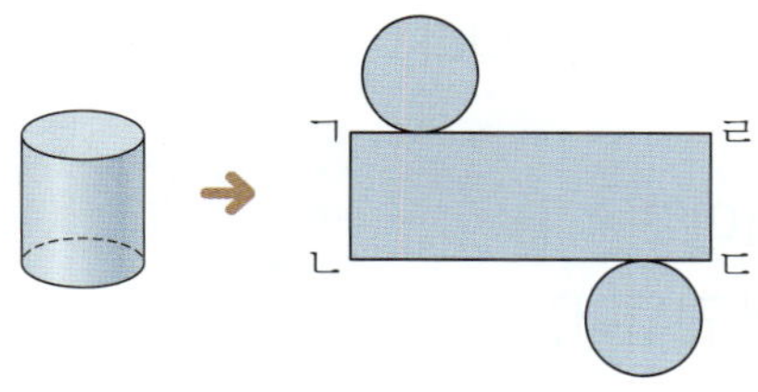

9 전개도에서 원기둥의 밑면의 둘레와 길이가 같은 선분을 모두 찾아 써 보세요.

( )

10 전개도에서 원기둥의 높이와 길이가 같은 선분을 모두 찾아 써 보세요.

( )

11 원기둥의 전개도를 완성해 보세요.

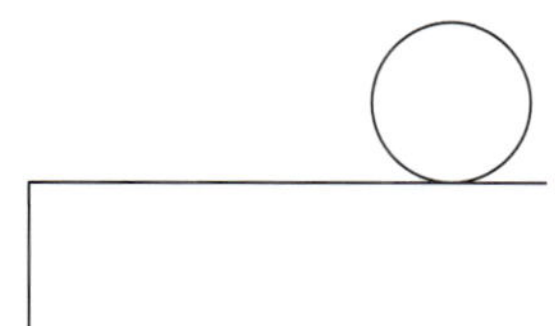

12 원기둥의 전개도에 대한 설명으로 <u>틀린</u> 것을 찾아 기호를 써 보세요.

> ⊙ 옆면의 모양은 직사각형입니다.
> ⓒ 밑면은 2개이고, 서로 합동인 원입니다.
> ⓒ 원기둥의 밑면의 둘레는 옆면의 세로와 같습니다.

( )

13 원기둥과 원기둥의 전개도를 보고 □ 안에 알맞은 수를 써넣으세요.

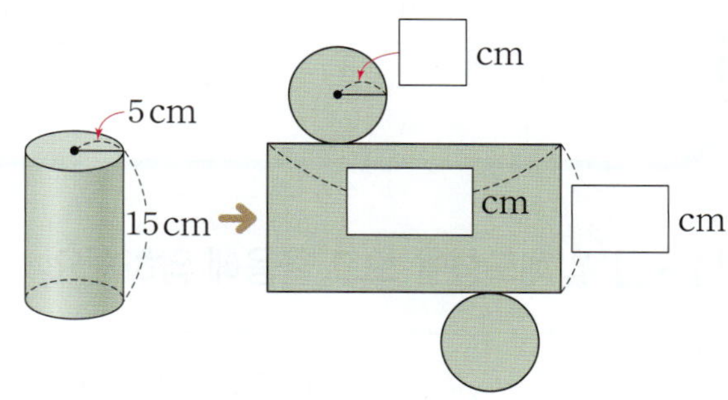

14 원기둥의 전개도가 <u>아닌</u> 이유를 써 보세요.

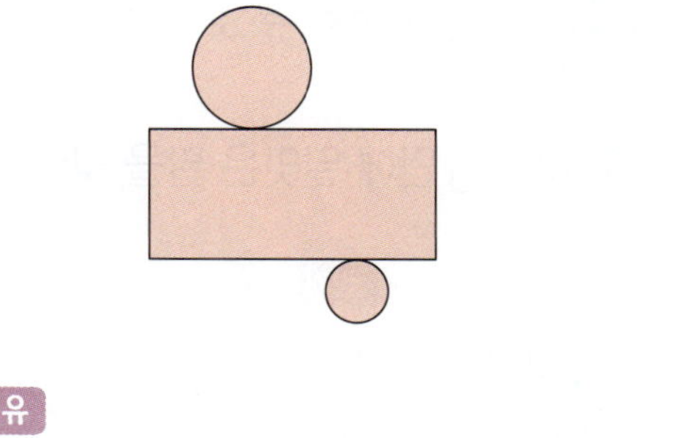

이유

개념 3 원뿔

⭐ **원뿔**: 한 면이 원인 뿔 모양의 입체도형

⭐ **원뿔의 구성 요소**

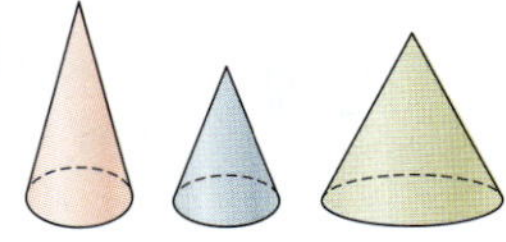

- **밑면**: 평평한 면
- **옆면**: 옆을 둘러싼 굽은 면
- **원뿔의 꼭짓점**: 뾰족한 부분의 점
- **모선**: 원뿔의 꼭짓점과 밑면인 원의 둘레의 한 점을 이은 선분
- **높이**: 원뿔의 꼭짓점에서 밑면에 수직으로 내린 선분의 길이

⭐ **원뿔 만들기**

직각삼각형 모양의 종이를 한 변을 기준으로 돌리면 원뿔이 만들어집니다.

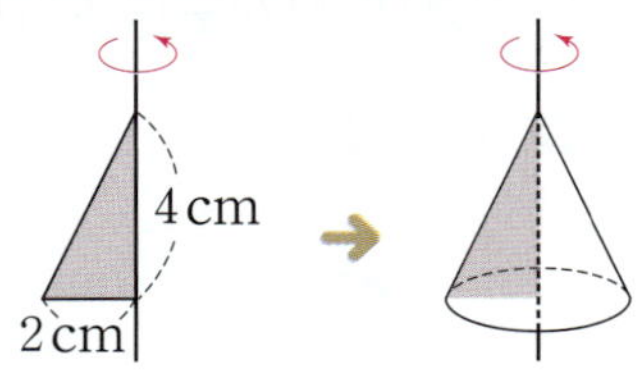

밑면의 반지름이 2 cm이고,
높이가 4 cm인 원뿔이 만들어집니다.

[1~2] 입체도형을 보고 물음에 답하세요.

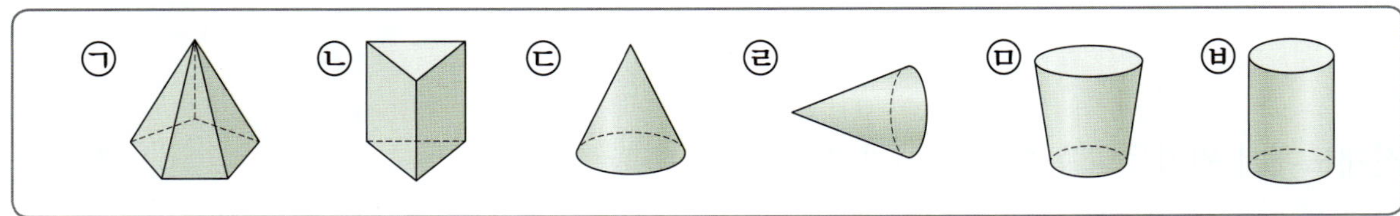

1 한 면이 원인 뿔 모양의 입체도형을 모두 찾아 기호를 써 보세요. (   )

2 위 **1**과 같은 도형을 무엇이라고 하는지 써 보세요. (   )

3 보기 에서 ☐ 안에 알맞은 말을 찾아 써넣으세요.

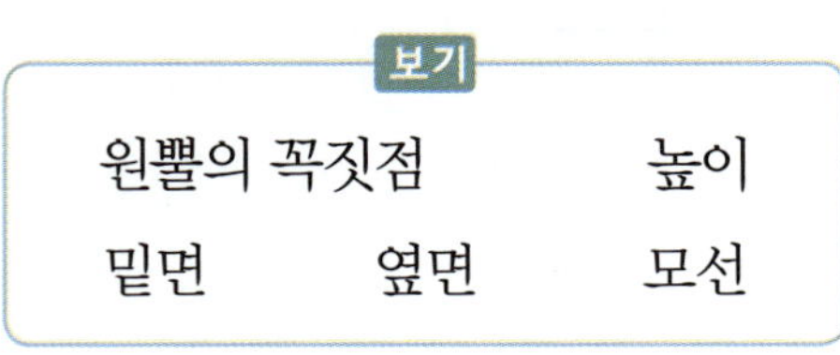

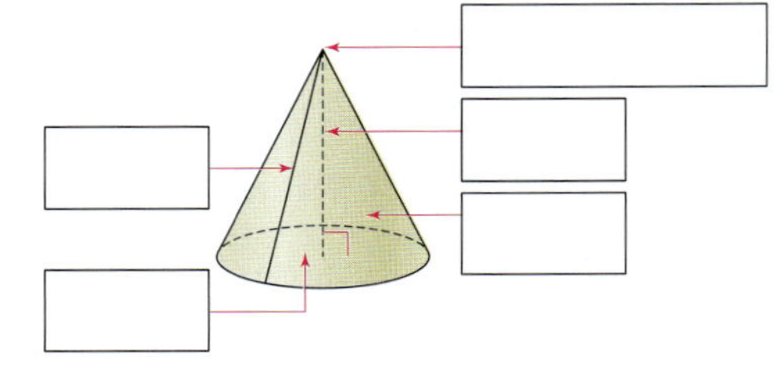

[4~6] □ 안에 알맞은 수를 써넣으세요.

4

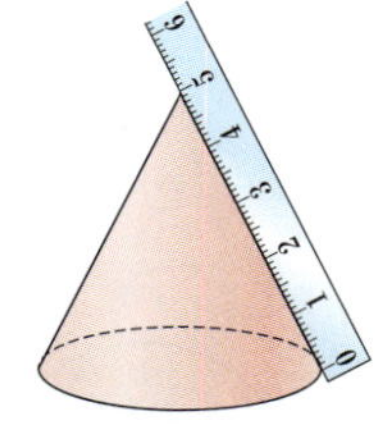

모선의 길이: □ cm

5

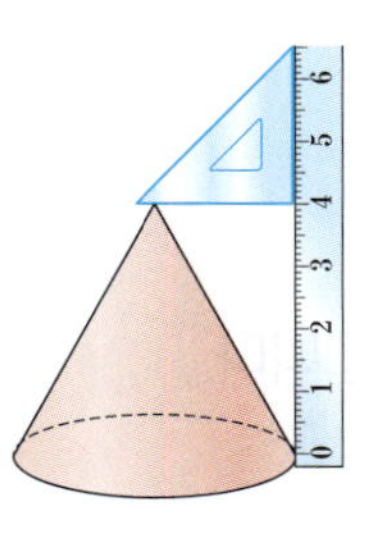

높이: □ cm

6

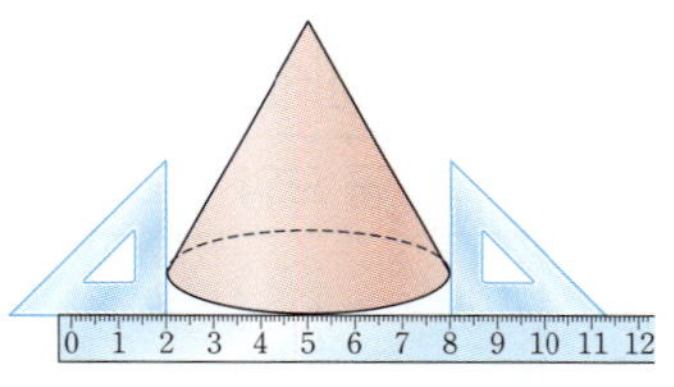

밑면의 지름: □ cm

7 원뿔을 보고 모선의 길이, 밑면의 반지름, 높이를 각각 구해 보세요.

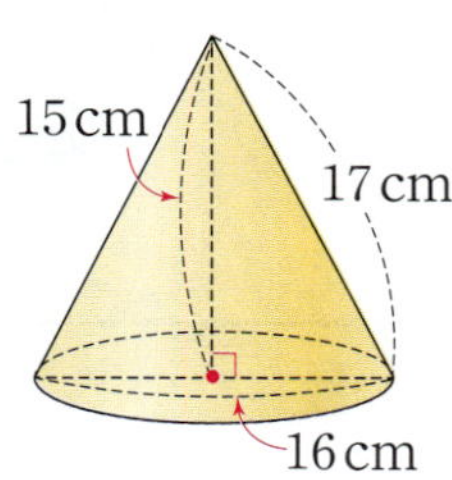

모선의 길이 (　　　　　　　　)

밑면의 반지름 (　　　　　　　　)

높이 (　　　　　　　　)

[8~9] 직각삼각형 모양의 종이를 한 변을 기준으로 한 바퀴 돌려 입체도형을 만들었습니다. 물음에 답하세요.

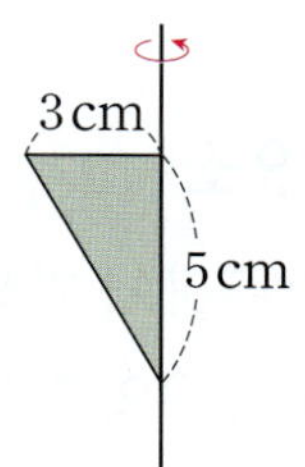

8 만들어진 입체도형의 이름은 무엇인가요?

(　　　　　　　　　　　　)

9 만들어진 입체도형의 밑면의 지름과 높이를 각각 구해 보세요.

밑면의 지름 (　　　　　　　　)

높이 (　　　　　　　　)

10 개념 체크 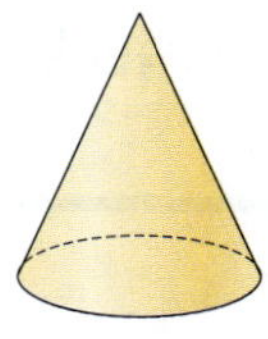

원뿔을 보고 □ 안에 알맞은 말을 써넣으세요.

(1) 원뿔의 밑면의 모양은 □이고, □의 모양은 굽은 면입니다.

(2) 원뿔에서 뾰족한 부분의 점을 □(이)라고 합니다.

(3) 원뿔의 꼭짓점과 밑면인 원의 둘레의 한 점을 이은 선분을 □(이)라 하고, 원뿔의 꼭짓점에서 밑면에 수직으로 내린 선분의 길이를 □(이)라고 합니다.

개념 4 구

✿ **구**: 공 모양의 입체도형

✿ **구의 구성 요소**

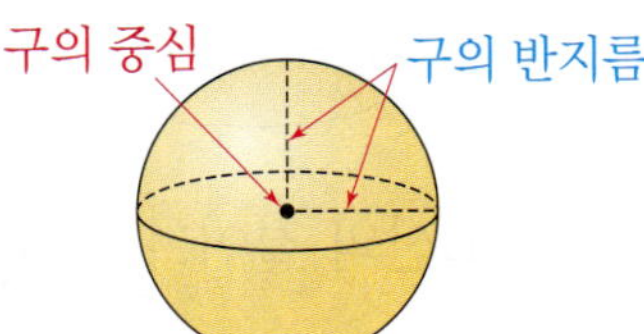

• **구의 중심**: 구에서 가장 안쪽에 있는 점
• **구의 반지름**: 구의 중심에서 구의 겉면의 한 점을 이은 선분

✿ **구 만들기**

반원 모양의 종이를 지름을 기준으로 돌리면 구가 만들어집니다.

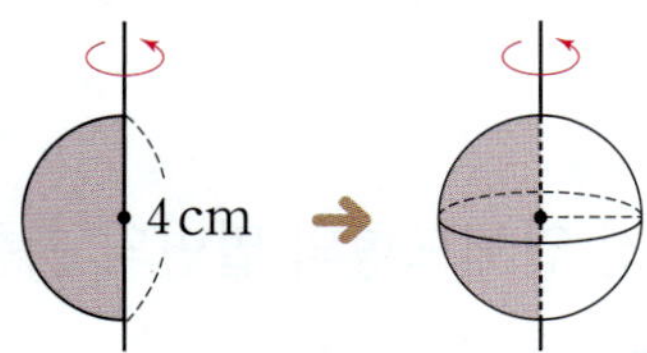

지름이 4 cm인 구가 만들어집니다.

참고 원기둥, 원뿔, 구의 공통점과 차이점

도형	원기둥	원뿔	구
공통점	• 곡면으로 둘러싸여 있음. • 위에서 본 모양이 원임.		
공통점	밑면의 모양이 원임.		밑면 없음.
차이점 전체 모양	기둥 모양	뿔 모양	공 모양
차이점 앞과 옆에서 본 모양	직사각형	이등변삼각형	원
차이점 뾰족한 부분	없음.	있음.	없음.

[1~2] 입체도형을 보고 물음에 답하세요.

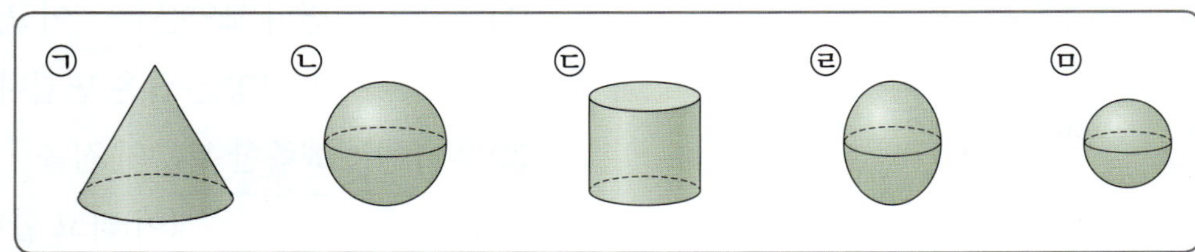

1 공 모양의 입체도형을 모두 찾아 기호를 써 보세요.　　　　　(　　　　　　)

2 위 **1**과 같은 도형을 무엇이라고 하는지 써 보세요.　　　　　(　　　　　　)

3 ☐ 안에 알맞은 말을 써넣으세요.

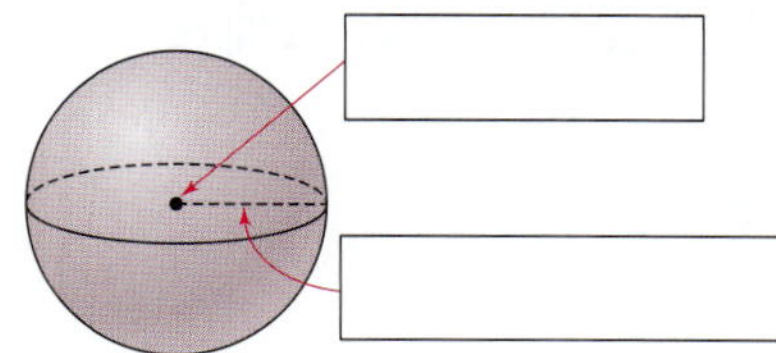

[4~5] 반원 모양의 종이를 지름을 기준으로 한 바퀴 돌려 입체도형을 만들었습니다. 물음에 답하세요.

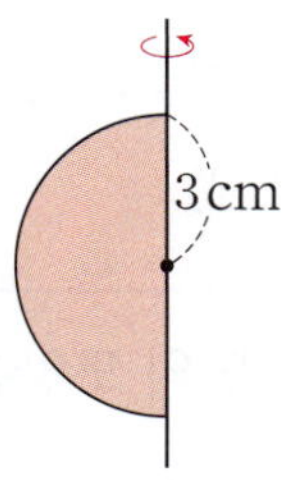

4 만들어진 입체도형의 이름은 무엇인가요?

( )

5 만들어진 입체도형의 지름을 구해 보세요.

( )

6 구에서 반지름을 나타내는 선분을 찾아 기호를 써 보세요.

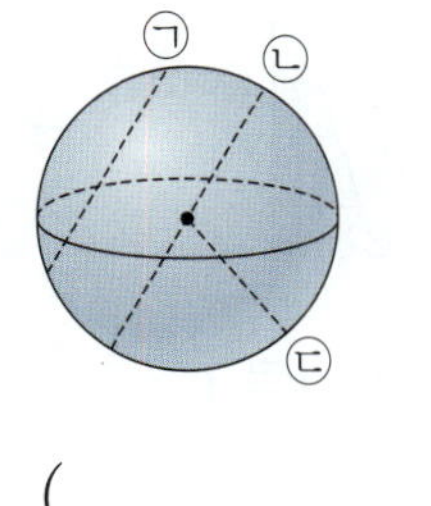

( )

[7~11] 원기둥, 원뿔, 구에 대한 설명이 맞으면 ○표, 틀리면 ✕표 하세요.

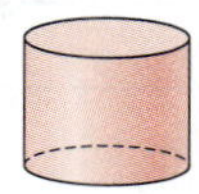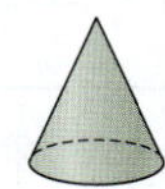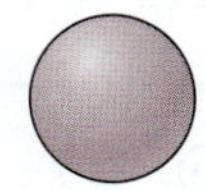

7 원뿔은 뿔 모양이고, 구는 공 모양입니다.

( )

8 위에서 본 모양은 모두 원입니다.

( )

9 원기둥과 구에는 밑면이 있지만 원뿔에는 밑면이 없습니다. ( )

10 서로 평행한 면이 있는 것은 원기둥뿐입니다.

( )

11 원뿔과 원기둥에는 꼭짓점이 있습니다.

( )

12 개념 체크

알맞은 말에 ○표 하고, ☐ 안에 알맞은 말을 써넣으세요.

(1) 구는 (뿔 , 공) 모양의 입체도형입니다.

(2) 구에서 가장 안쪽에 있는 점을 ☐☐☐(이)라고 합니다.

(3) 구의 중심에서 구의 겉면의 한 점을 이은 선분을 ☐☐☐(이)라고 합니다.

개념 유형 익히기

개념 3 원뿔

1 원뿔을 모두 찾아 기호를 써 보세요.

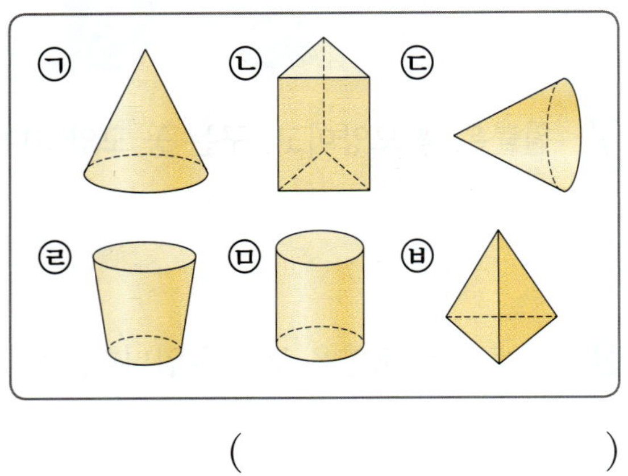

(   )

[2~4] 원뿔을 보고 물음에 답하세요.

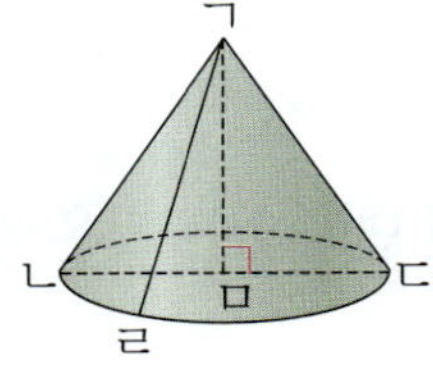

2 원뿔의 높이를 나타내는 선분을 찾아 써 보세요.

(   )

3 원뿔의 모선을 나타내는 선분을 모두 고르세요. (   )

① 선분 ㄱㄴ 　② 선분 ㄴㄷ
③ 선분 ㄱㄷ 　④ 선분 ㄱㄹ
⑤ 선분 ㄱㅁ

4 밑면의 지름을 나타내는 선분을 찾아 써 보세요.

(   )

5 원뿔에서 각 부분의 길이를 재는 방법입니다. 알맞은 것끼리 이어 보세요.

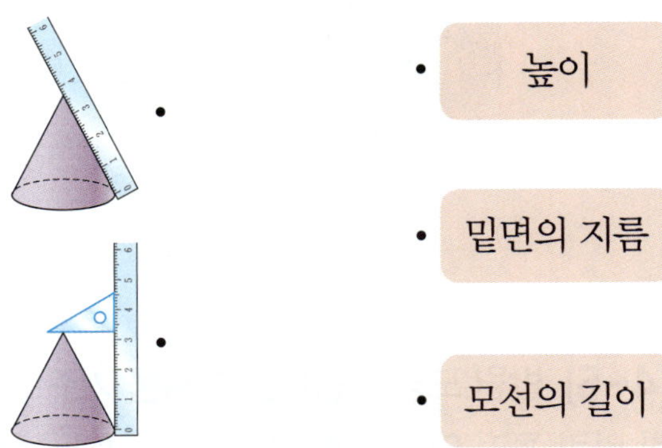

- 높이
- 밑면의 지름
- 모선의 길이

6 원뿔에 대한 설명으로 옳은 것을 모두 찾아 기호를 써 보세요.

> ㉠ 원뿔의 밑면의 모양은 원이고, 2개입니다.
> ㉡ 원뿔의 꼭짓점은 1개입니다.
> ㉢ 원뿔의 모선의 길이를 잴 수 있는 선분은 1개 있습니다.
> ㉣ 위에서 본 모양은 원입니다.

(   )

7 직각삼각형 모양의 종이를 한 변을 기준으로 한 바퀴 돌려 만든 입체도형을 보고 밑면의 지름과 높이를 구해 보세요.

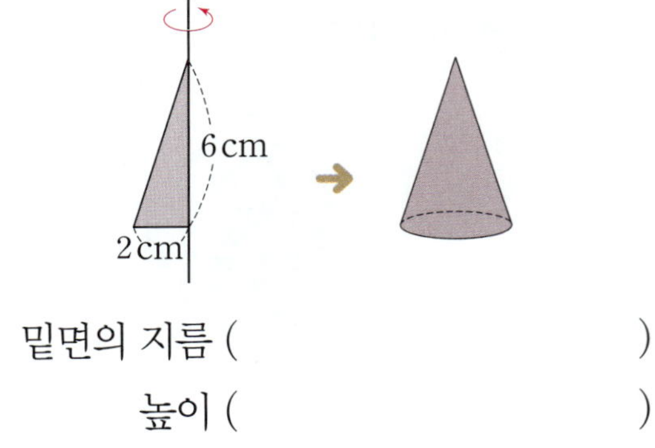

밑면의 지름 (   )
높이 (   )

개념 4 구

8 구 모양의 물건을 모두 고르세요.

(　　　　)

 ①  ②  ③

 ④  ⑤

9 구의 반지름은 몇 cm인지 구해 보세요.

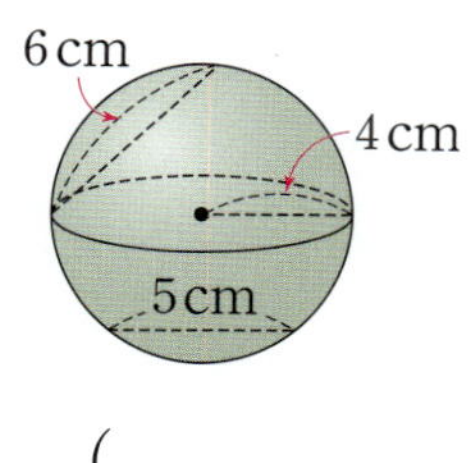

(　　　　)

10 반원 모양의 종이를 지름을 기준으로 한 바퀴 돌려 만든 두 입체도형의 지름의 차를 구해 보세요.

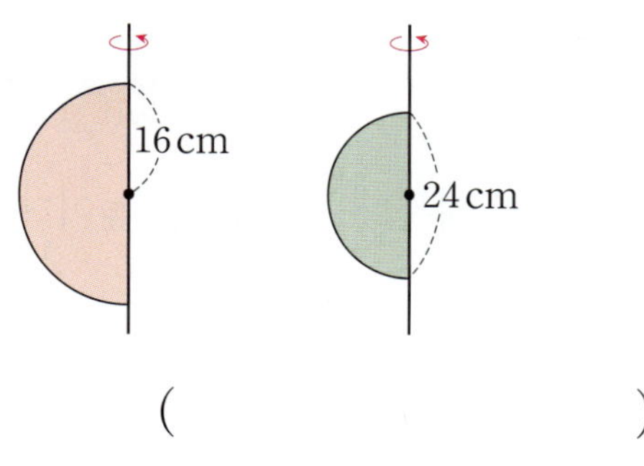

(　　　　)

11 구에 대한 설명으로 옳은 것을 모두 찾아 기호를 써 보세요.

> ㉠ 구의 중심은 1개입니다.
> ㉡ 구는 밑면이 2개 있습니다.
> ㉢ 구의 반지름은 2개입니다.
> ㉣ 구는 어느 방향에서 보아도 모양이 같습니다.

(　　　　)

12 입체도형을 위, 앞, 옆에서 본 모양을 각각 그려 보세요.

입체도형	위에서 본 모양	앞에서 본 모양	옆에서 본 모양
(원기둥)			
(원뿔)			
(구)			

13 원기둥, 원뿔, 구에 대한 설명으로 옳은 것에 ○표, 틀린 것에 ×표 하세요.

(1) 원기둥과 원뿔은 모두 뾰족한 부분이 있습니다.　　　　(　　　　)

(2) 원뿔과 구는 모두 보는 방향에 따라 모양이 다릅니다.　　　　(　　　　)

(3) 원기둥과 구는 위에서 본 모양이 같습니다.　　　　(　　　　)

실생활 문제 다잡기

유형 ❶ 위, 앞에서 본 모양으로 길이 구하기

예지가 쓰고 있는 고깔모자의 높이를 구해 보세요.

🔎 핵심 체크

고깔모자의 모양은 원뿔이므로 원뿔을 위, 앞에서 본 모양을 알아봅니다.

입체도형	위에서 본 모양	앞에서 본 모양
	○	△

풀이

1단계 앞에서 본 모양의 밑변의 길이 구하기

(앞에서 본 이등변삼각형의 밑변의 길이)

= (원뿔의 밑면의 지름)

= ☐ × ☐ = ☐ (cm)

2단계 앞에서 본 모양의 높이 구하기

(앞에서 본 이등변삼각형의 높이)

= (앞에서 본 이등변삼각형의 밑변의 길이)

= ☐ cm

3단계 고깔모자의 높이 구하기

(고깔모자의 높이)

= (앞에서 본 이등변삼각형의 높이)

= ☐ cm

답 

유형 ❶-1

원뿔 모양의 종이컵을 위에서 본 모양은 반지름이 4 cm인 원이고, 앞에서 본 모양은 정삼각형일 때, 종이컵의 모선의 길이를 구해 보세요.

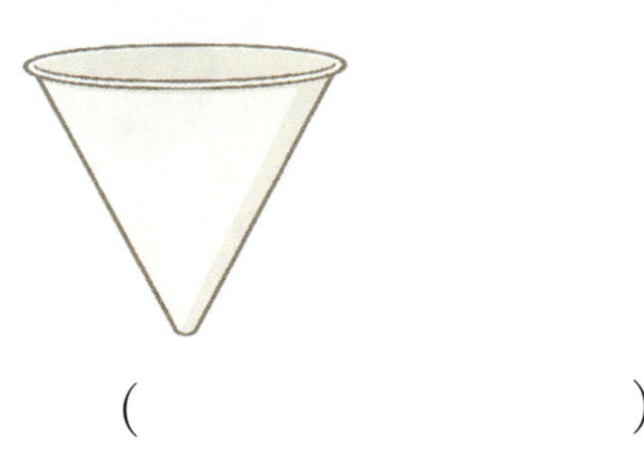

(   )

유형 ❶-2

탁자 위에 놓인 원기둥 모양 스피커의 밑면의 지름과 높이를 구해 보세요.

밑면의 지름: ☐ cm, 높이: ☐ cm

유형 ② 원기둥의 전개도에서 길이, 넓이 구하기

원기둥 모양의 과자 상자를 잘라 보았더니 옆면이 가로, 세로가 각각 18.84 cm, 26 cm인 직사각형이었습니다. 과자 상자의 밑면의 반지름은 몇 cm인지 구해 보세요.

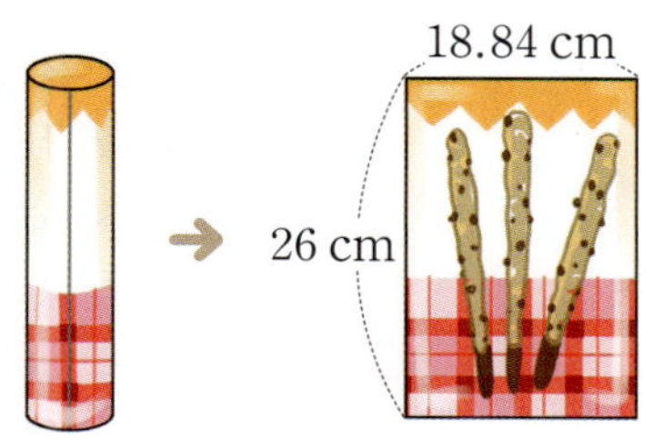

🖐 핵심 체크

(원기둥의 전개도에서 옆면의 가로)
＝(원기둥의 밑면의 둘레)
＝(밑면의 지름)×(원주율)
＝(밑면의 반지름)×2×(원주율)

풀이

1단계 밑면의 둘레 구하기

자른 직사각형 모양의 과자 상자에서 가로가 밑면의 둘레와 같으므로

(밑면의 둘레)＝ □ cm입니다.

2단계 밑면의 반지름 구하기

밑면의 반지름을 ■ cm라 하면

(밑면의 둘레)＝■× □ ×3.14

＝ □ 에서

■× □ ＝ □ 이므로

■＝ □ 입니다.

답 ___________

유형 ②-1

원기둥 모양의 과자 상자를 잘라 보았더니 옆면이 가로, 세로가 각각 31.4 cm, 20 cm인 직사각형이었습니다. 과자 상자의 밑면의 반지름은 몇 cm인지 구해 보세요.

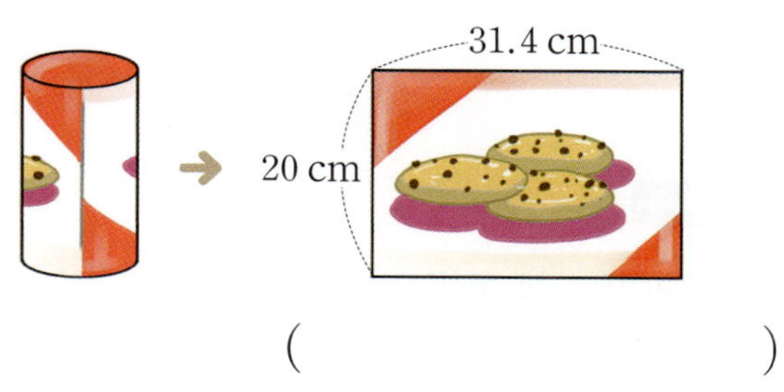

(   )

유형 ②-2

원기둥 모양의 롤러에 페인트를 묻혀 한 바퀴 굴렸습니다. 페인트가 칠해진 부분의 넓이를 구해 보세요.

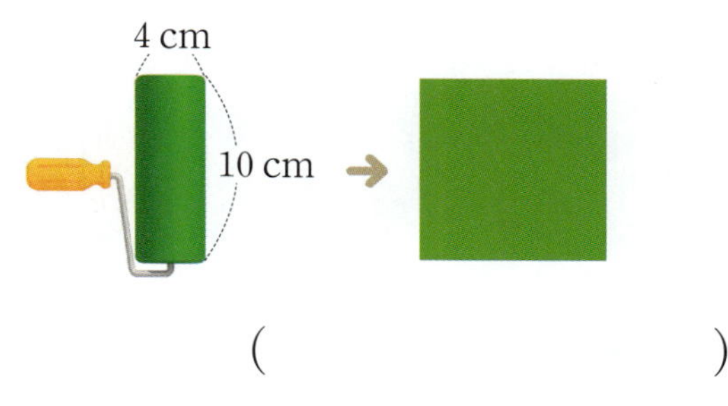

(   )

❶ 대표 문제

한 변을 기준으로 어떤 평면도형을 한 바퀴 돌려서 만든 입체도형입니다. 돌리기 전의 평면도형의 넓이는 몇 cm^2인지 풀이 과정을 쓰고, 답을 구해 보세요.

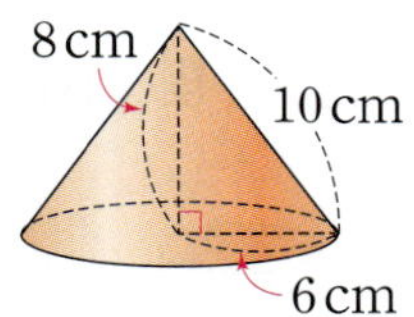

풀이

돌리기 전의 평면도형은

밑변의 길이가 ☐ cm, 높이가 ☐ cm인 직각삼각형입니다.

(돌리기 전의 평면도형의 넓이)＝(직각삼각형의 넓이)

＝(밑변의 길이)×(높이)÷2

＝☐×☐÷2＝☐ (cm^2)

답 ________________________

❂ 힌트 체크

❶ 어떤 평면도형을 한 바퀴 돌려
➡ 원뿔은 직각삼각형의 한 변을 기준으로 한 바퀴 돌려 만든 입체도형입니다.

❷ 돌리기 전의 평면도형의 넓이
➡ (돌리기 전 직각삼각형의 밑변)
＝(원뿔의 밑면의 반지름)
(돌리기 전 직각삼각형의 높이)
＝(원뿔의 높이)

❶ 연습 문제

한 변을 기준으로 어떤 평면도형을 한 바퀴 돌려서 만든 입체도형입니다. 돌리기 전의 평면도형의 넓이는 몇 cm^2인지 풀이 과정을 쓰고, 답을 구해 보세요.

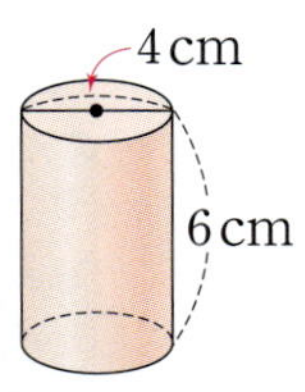

❂ 힌트 체크

★ 힌트가 되는 부분에 ◯표 하세요!

풀이

____

____

____

답 ________________________

② 대표 문제

원기둥과 원뿔의 공통점과 차이점을 써 보세요.

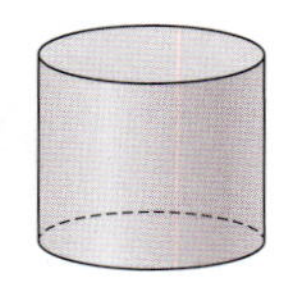 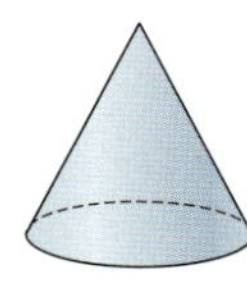

공통점

- 밑면의 모양이 모두 ☐ 입니다.
- 옆면이 모두 (굽은 , 평평한) 면입니다.
- 위에서 본 모양이 모두 ☐ 입니다.

차이점

- 원기둥의 밑면은 ☐ 개이고, 원뿔의 밑면은 ☐ 개입니다.
- 원기둥은 꼭짓점이 (있고 , 없고),
  원뿔은 꼭짓점이 (있습니다 , 없습니다).
- 앞에서 본 모양이 원기둥은 ☐ 이고, 원뿔은 ☐ 입니다.

◐ 힌트 체크

❶ 원기둥과 원뿔의 공통점과 차이점 ➡ 밑면의 수, 밑면과 옆면의 모양, 각 방향에서 본 모양 등을 비교합니다.

② 연습 문제

원기둥, 원뿔, 구의 공통점과 차이점을 각각 한 개씩 써 보세요.

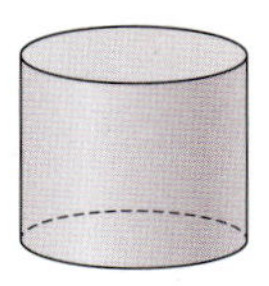 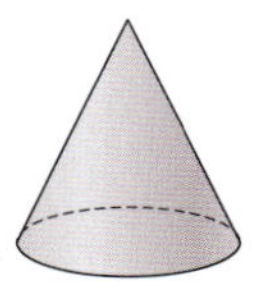 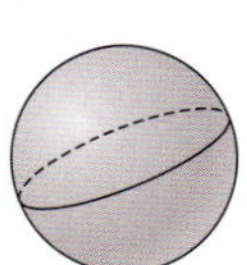

공통점

차이점

◐ 힌트 체크

★ 힌트가 되는 부분에 ○표 하세요!

단원 평가

점수	점

(문제당 5점)

1 시험에 꼭!

도형을 보고 빈칸에 알맞은 기호를 써넣으세요.

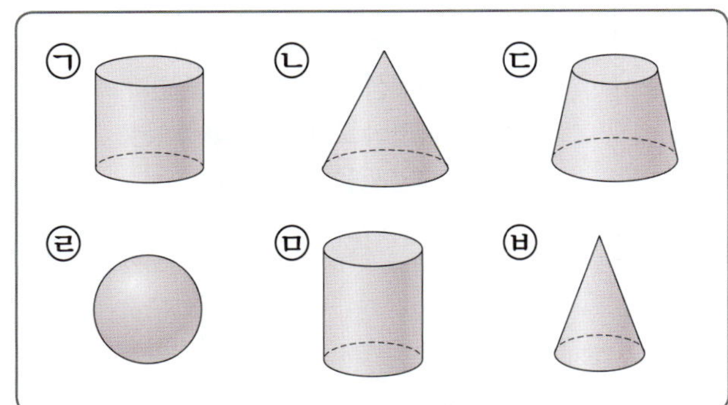

원기둥	원뿔	구

2

원뿔에서 무엇을 재는 그림인지 써 보세요.

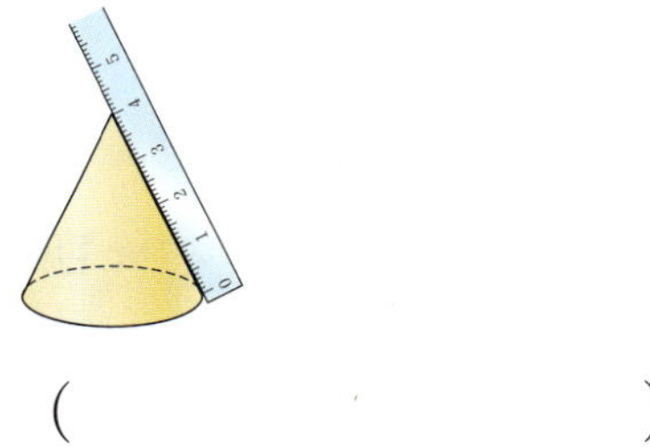

(   )

3

원기둥의 전개도는 어느 것인가요? (   )

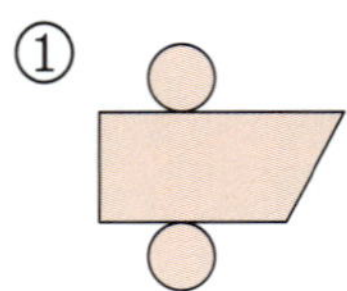 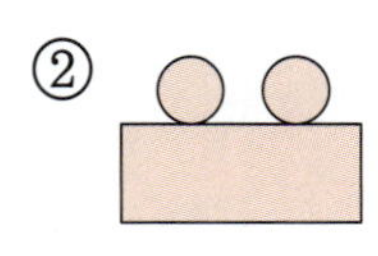 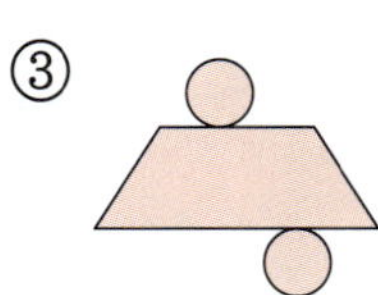

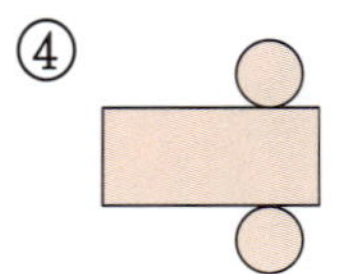 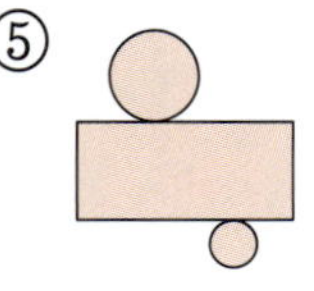

4

원뿔에서 관계있는 것끼리 이어 보세요.

높이 •　　　• 뾰족한 부분의 점

밑면 •　　　• 원뿔의 꼭짓점에서 밑면에 수직으로 내린 선분의 길이

원뿔의 꼭짓점 •　　　• 평평한 면

5

혜진이가 만든 케이크와 같은 입체도형을 무엇이라고 하는지 써 보세요.

(   )

6

반원과 직각삼각형을 한 변을 기준으로 한 바퀴 돌렸을 때 만들어지는 입체도형의 이름을 각각 써 보세요.

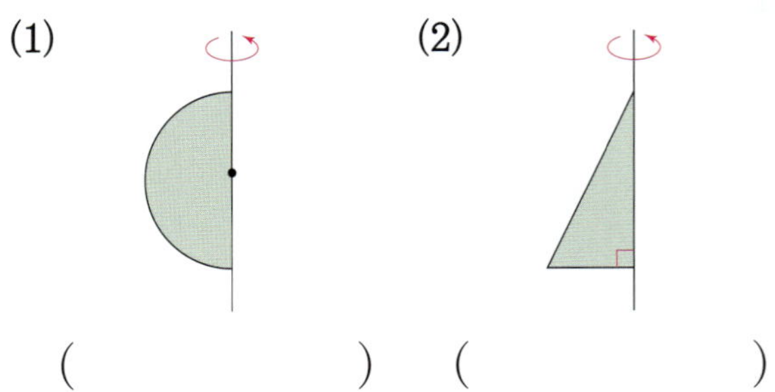

(   ) (   )

7 시험에 꼭!

구를 똑같이 반으로 잘랐을 때 나오는 단면의 넓이는 몇 cm^2인지 구해 보세요.

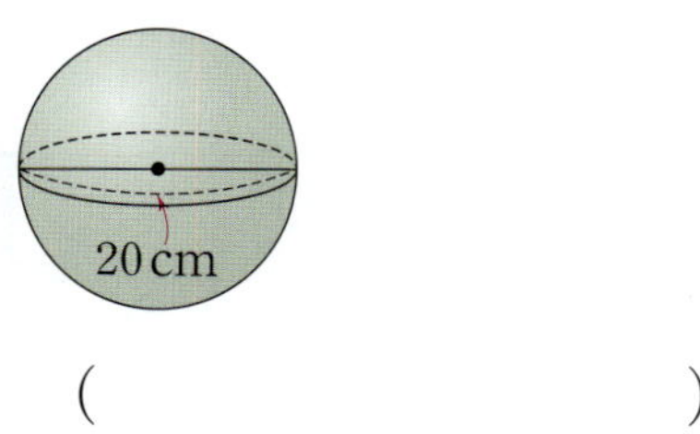

(   )

8

원기둥과 원뿔의 높이의 합을 구해 보세요.

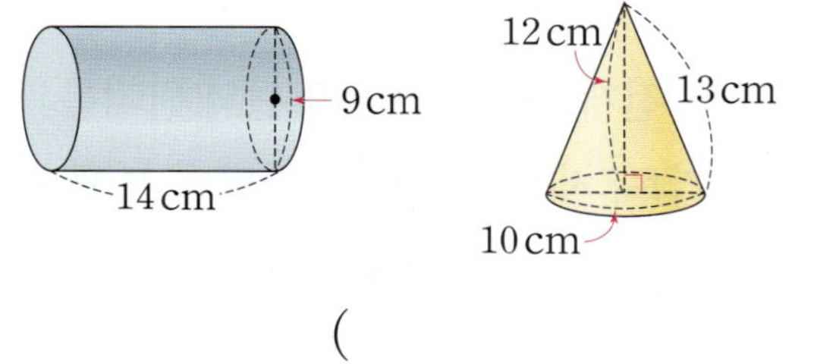

(   )

9

위, 앞, 옆에서 본 모양이 같은 입체도형을 찾아 기호를 써 보세요.

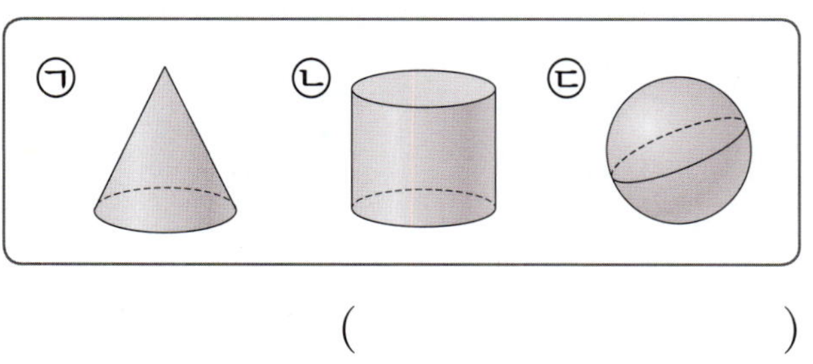

(   )

10

구에 대해 잘못 말한 사람은 누구인지 이름을 써 보세요.

(   )

11

원기둥의 전개도에 대한 설명으로 옳은 것은 어느 것인가요? (   )

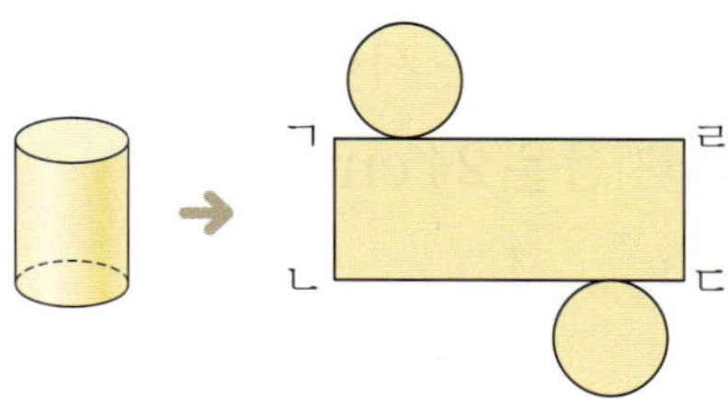

① 두 밑면의 지름은 다릅니다.
② 직사각형 ㄱㄴㄷㄹ은 밑면입니다.
③ 밑면의 모양은 원이고 1개입니다.
④ 선분 ㄱㄹ의 길이는 원기둥의 높이와 같습니다.
⑤ 선분 ㄴㄷ의 길이는 원기둥의 밑면의 둘레와 같습니다.

12

직사각형 모양의 종이를 한 변을 기준으로 한 바퀴 돌렸을 때 만들어지는 입체도형의 이름을 쓰고, 높이를 구해 보세요.

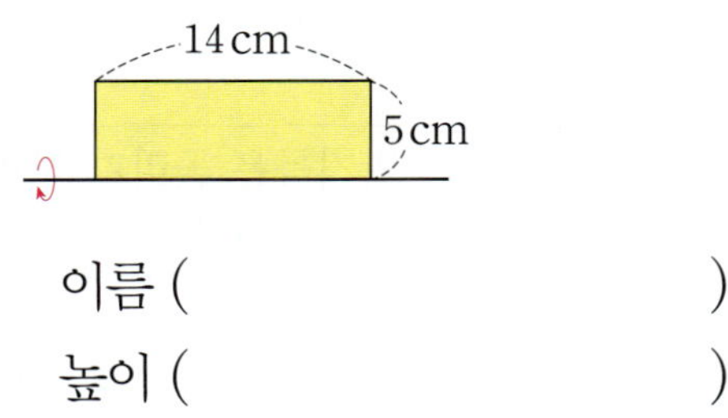

이름 (　　　　　　　　　　)

높이 (　　　　　　　　　　)

13

오른쪽 원뿔에 대한 설명으로 옳은 것을 모두 고르세요.

(　　　　　　　)

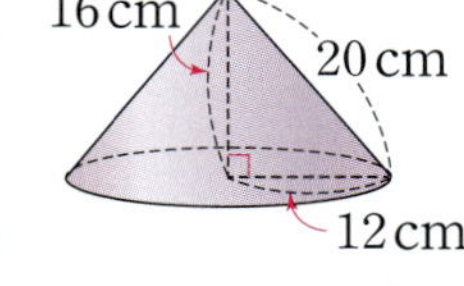

① 높이는 20 cm입니다.

② 위에서 본 모양은 원입니다.

③ 모선의 길이는 16 cm입니다.

④ 앞에서 본 모양은 사각형입니다.

⑤ 밑면의 지름은 24 cm입니다.

14 시험에 꼭!

원기둥과 원뿔의 공통점을 바르게 설명한 것은 어느 것인가요? (　　　　)

① 기둥 모양입니다.

② 뾰족한 부분이 있습니다.

③ 밑면이 2개입니다.

④ 옆면은 굽은 면입니다.

⑤ 밑면의 모양은 다각형입니다.

15

원기둥과 원기둥의 전개도를 보고, □ 안에 알맞은 수를 써넣으세요.

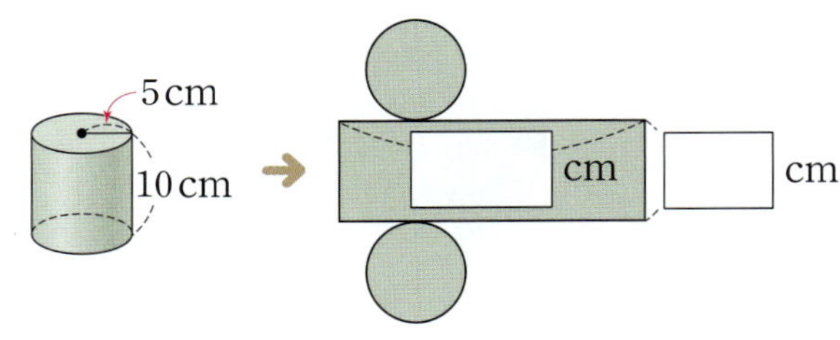

16

원기둥의 전개도를 그리고 밑면의 반지름과 옆면의 가로, 세로의 길이를 나타내 보세요. (단, 옆면의 가로는 반올림하여 일의 자리까지 나타냅니다.)

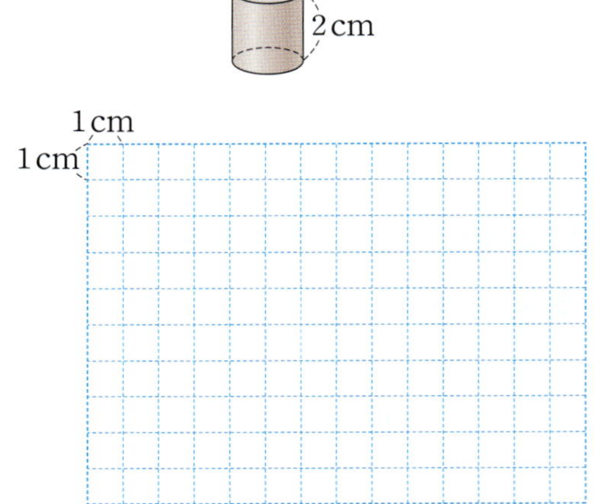

17 도전해 얍!

원기둥 안에 꼭 맞게 들어가는 구가 있습니다.
구의 반지름이 10 cm일 때 원기둥의 높이를
구해 보세요.

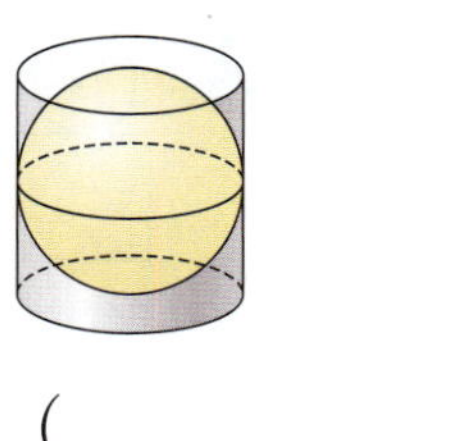

(   )

18 도전해 얍!

영욱이가 말하는 조건을 만족하는 원기둥의
높이를 구해 보세요.

(   )

서술형 문제

19

원기둥을 펼쳐 전개도를 만들었을 때 옆면의
가로와 세로의 차를 구해 보세요.

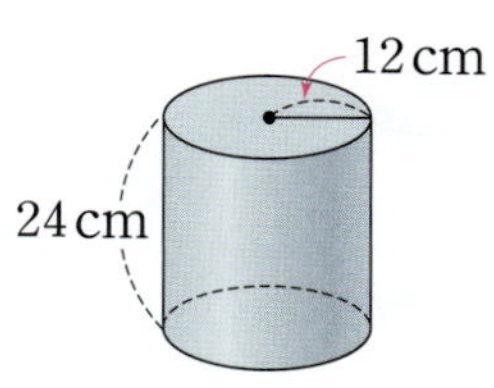

풀이

답

20

주어진 입체도형이 원기둥이 아닌 이유를 써
보세요.

이유

❻ 원기둥, 원뿔, 구

[1~4] 원기둥이면 ◯표, 원기둥이 아니면 ✕표 하세요.

1 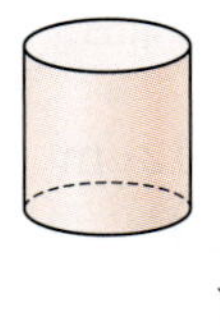

(   )

2 

(   )

3

(   )

4

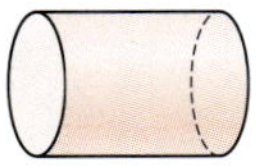

(   )

[5~6] 원기둥에서 밑면의 지름과 높이를 각각 구해 보세요.

5 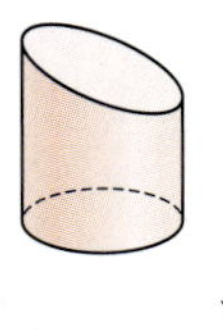

3 cm

5 cm

밑면의 지름 (   )

높이 (   )

6 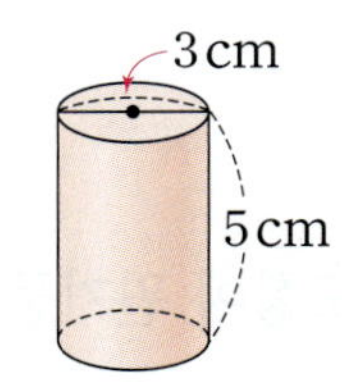

4 cm

16 cm

밑면의 지름 (   )

높이 (   )

[7~10] 원기둥의 전개도이면 ◯표, 원기둥의 전개도가 아니면 ✕표 하세요.

7 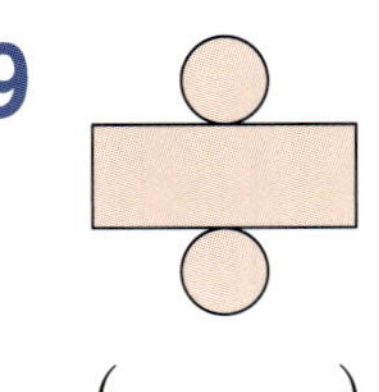

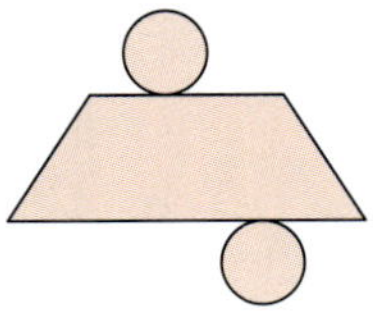

(   )

8 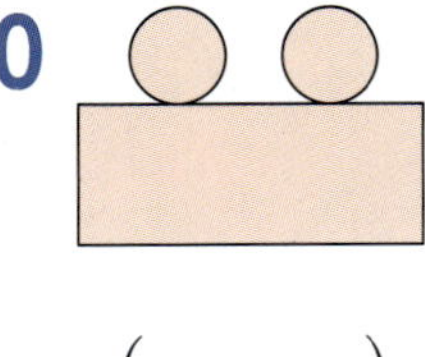

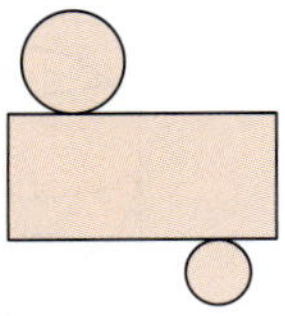

(   )

9

(   )

10

(   )

[11~12] ☐ 안에 알맞은 수를 써넣으세요.

11 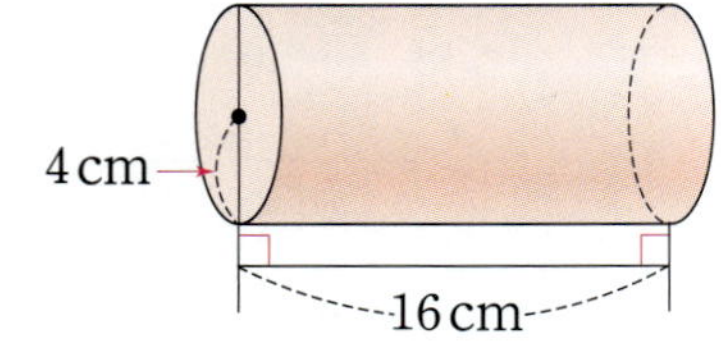

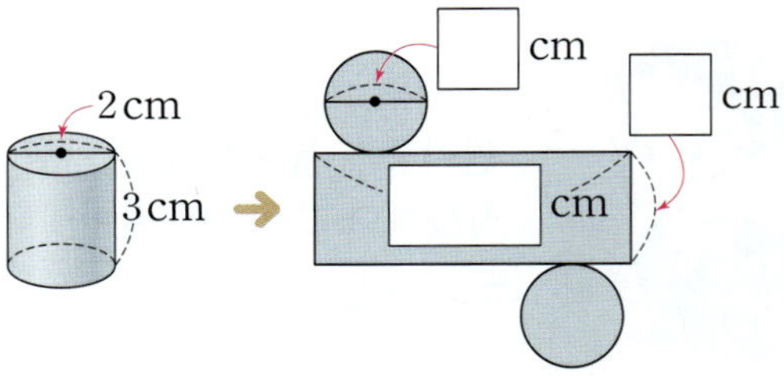

2 cm

3 cm

☐ cm

☐ cm

☐ cm

12 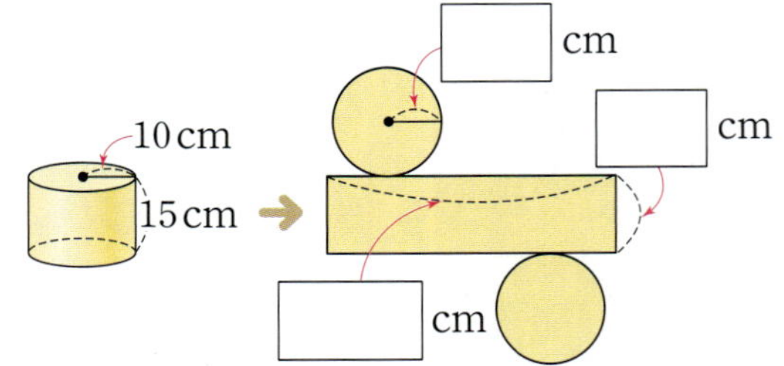

10 cm

15 cm

☐ cm

☐ cm

☐ cm

[13~16] 원뿔이면 ◯표, 원뿔이 아니면 ✕표 하세요.

13 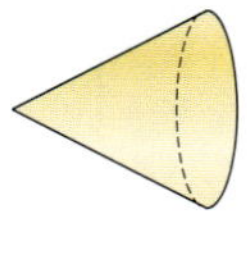　**14** 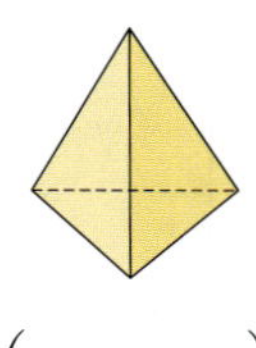

（　　　）　　　（　　　）

15 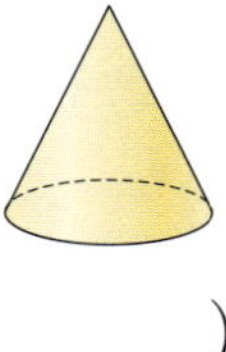　**16** 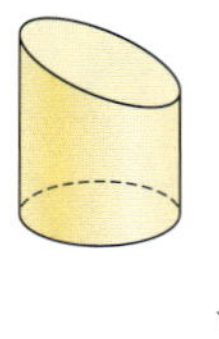

（　　　）　　　（　　　）

[17~18] 원뿔에서 모선의 길이, 밑면의 반지름, 높이를 각각 구해 보세요.

17 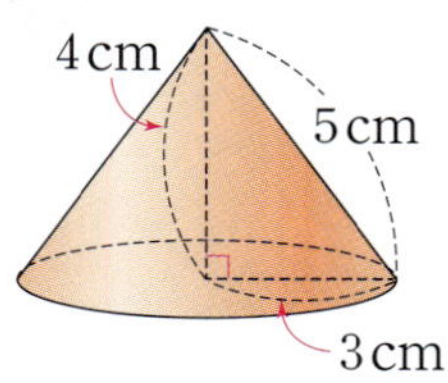

모선의 길이 （　　　　　）
밑면의 반지름 （　　　　　）
높이 （　　　　　）

18 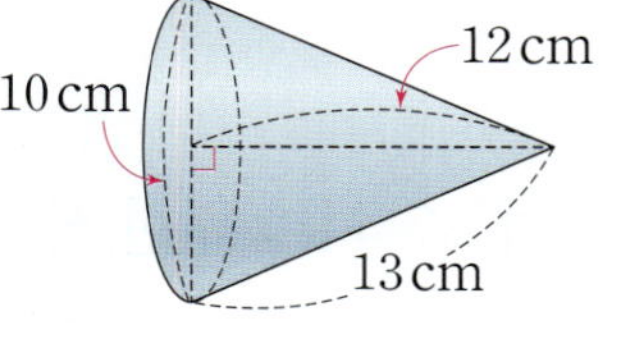

모선의 길이 （　　　　　）
밑면의 반지름 （　　　　　）
높이 （　　　　　）

[19~22] 구이면 ◯표, 구가 아니면 ✕표 하세요.

19 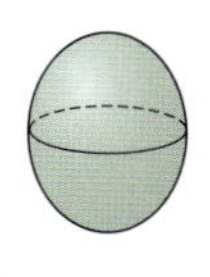　**20** 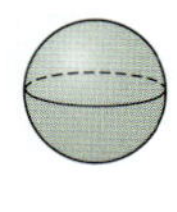

（　　　）　　　（　　　）

21 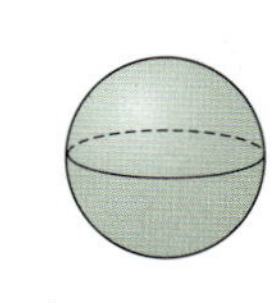　**22** 

（　　　）　　　（　　　）

[23~24] 구에서 반지름의 길이를 구해 보세요.

23 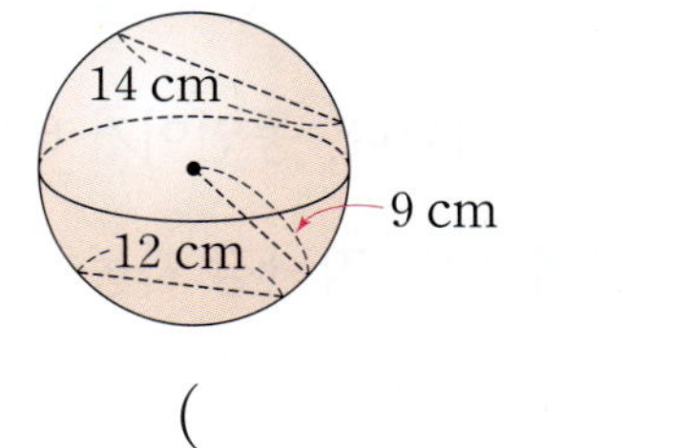

（　　　　　　　　　）

24 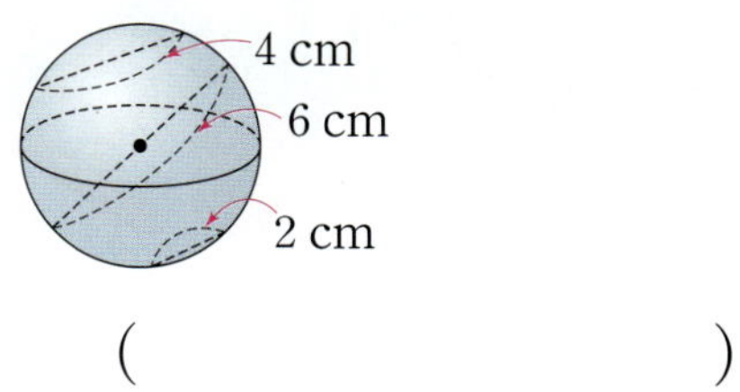

（　　　　　　　　　）

1 □ 안에 알맞은 수를 써넣으세요.

$$\frac{6}{11} \div \frac{7}{22} = \frac{\boxed{}}{22} \div \frac{7}{22} = \boxed{} \div 7$$

$$= \frac{\boxed{}}{7} = \boxed{}$$

2 보기 와 같이 계산해 보세요.

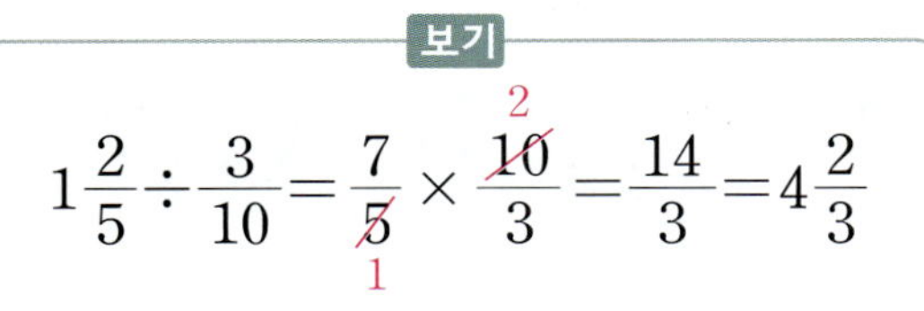

보기

$$1\frac{2}{5} \div \frac{3}{10} = \frac{7}{5} \times \frac{\overset{2}{\cancel{10}}}{3} = \frac{14}{3} = 4\frac{2}{3}$$

$$2\frac{2}{3} \div \frac{6}{7}$$

3 동연이가 장난감 자동차 한 대를 조립하는 데 $\frac{3}{5}$ 시간이 걸립니다. 동연이가 6시간 동안 조립할 수 있는 장난감 자동차는 모두 몇 대인지 구해 보세요. (단, 중간에 쉬는 시간은 생각하지 않습니다.)

(　　　　　　　)

4 잘못 계산한 곳을 찾아 바르게 계산하고, 그 이유를 써 보세요.

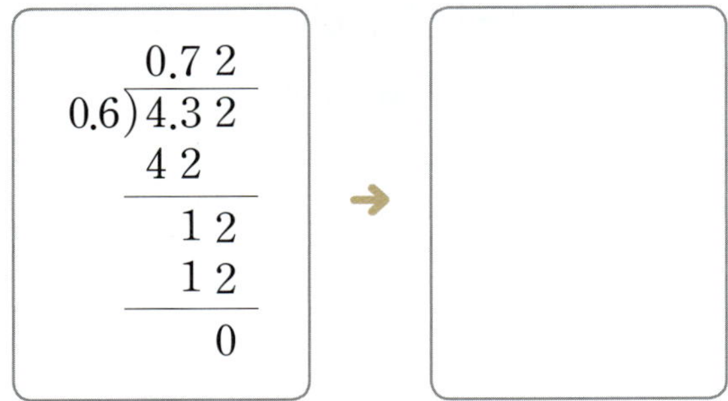

이유

5 빈칸에 알맞은 수를 써넣으세요.

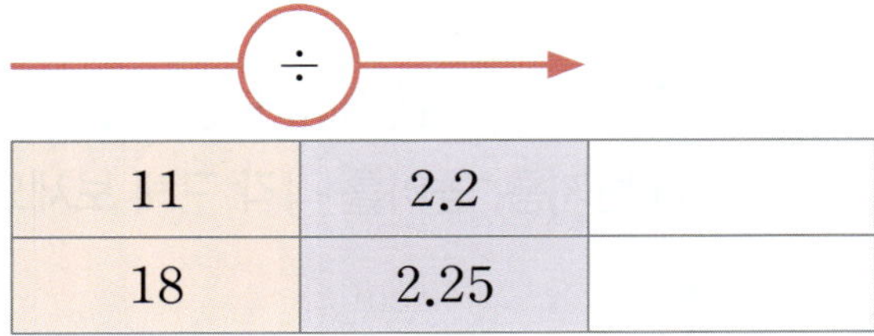

| 11 | 2.2 | |
| 18 | 2.25 | |

6 나눗셈의 몫을 반올림하여 소수 첫째 자리 까지 나타내 보세요.

$$26.3 \div 7$$

(　　　　　　　)

7 고구마 37.4 kg을 한 상자에 5 kg씩 담아 팔려고 합니다. 고구마를 몇 상자까지 담을 수 있고, 남는 고구마는 몇 kg인지 구해 보세요.

(　　　　 ,　　　　)

8 주어진 모양과 똑같이 쌓는 데 필요한 쌓기나무의 개수가 될 수 있는 것을 모두 써 보세요.

(   )

9 쌓기나무로 쌓은 모양을 보고 위에서 본 모양에 수를 써 보세요.

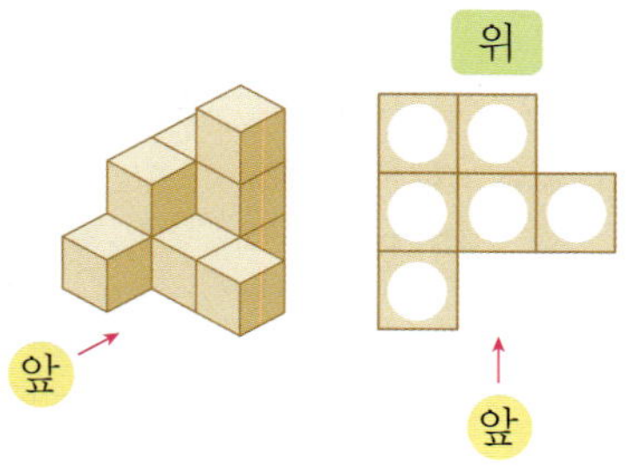

10 쌓기나무로 쌓은 모양을 층별로 나타낸 모양입니다. 앞에서 본 모양을 그려 보세요.

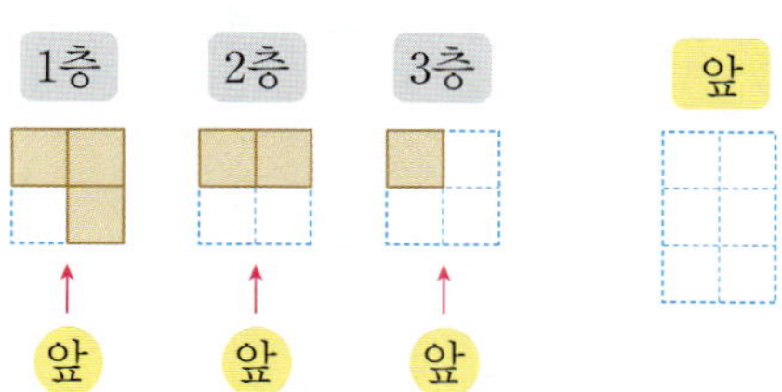

11 다음 중 옳지 <u>않은</u> 것을 찾아 기호를 써 보세요.

> ㉠ 12 : 5와 24 : 10의 비율은 $\dfrac{12}{5}$로 같습니다.
>
> ㉡ 2 : 7과 10 : 35의 비율은 $\dfrac{2}{7}$로 같습니다.
>
> ㉢ 12 : 5＝24 : 10에서 내항은 12, 24이고, 외항은 5, 10입니다.
>
> ㉣ 2 : 7＝10 : 35에서 내항은 7, 10 이고, 외항은 2, 35입니다.

(   )

12 □ 안에 들어갈 수가 가장 큰 비례식은 어느 것인가요? (   )

① □ : 7＝9 : 21

② 2 : □＝6 : 15

③ □ : 3＝8 : 12

④ 5 : $\dfrac{1}{4}$＝20 : □

⑤ $\dfrac{1}{6}$: $\dfrac{1}{15}$＝□ : 6

13 가로와 세로의 비가 7 : 5이고 둘레가 96 cm인 직사각형의 세로는 몇 cm인가요? (   )

① 32 cm   ② 28 cm   ③ 25 cm

④ 20 cm   ⑤ 15 cm

14 <u>잘못</u> 말한 사람의 이름을 써 보세요.

( )

15 원주를 구해 보세요.

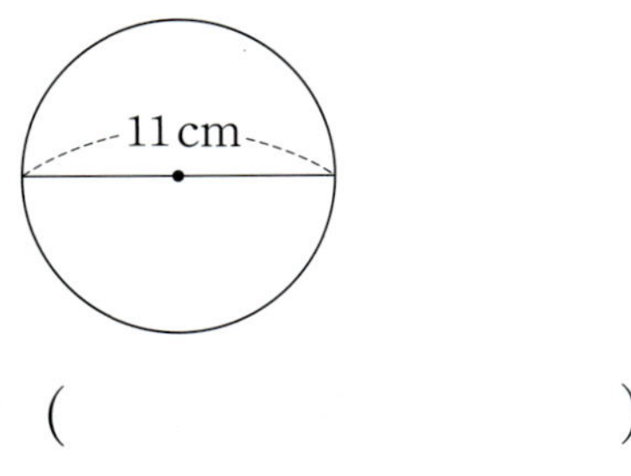

( )

16 원의 넓이를 구해 보세요.

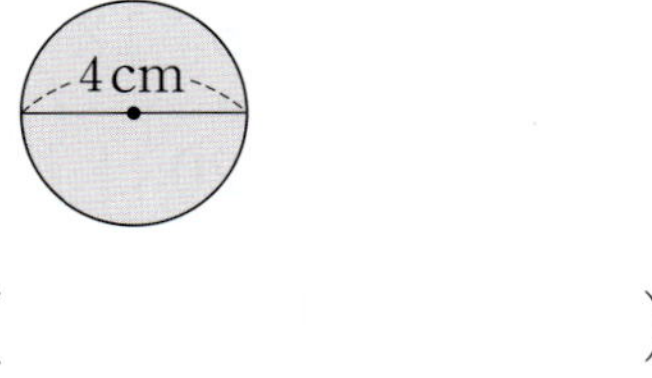

( )

17 색칠한 부분의 넓이를 구해 보세요.

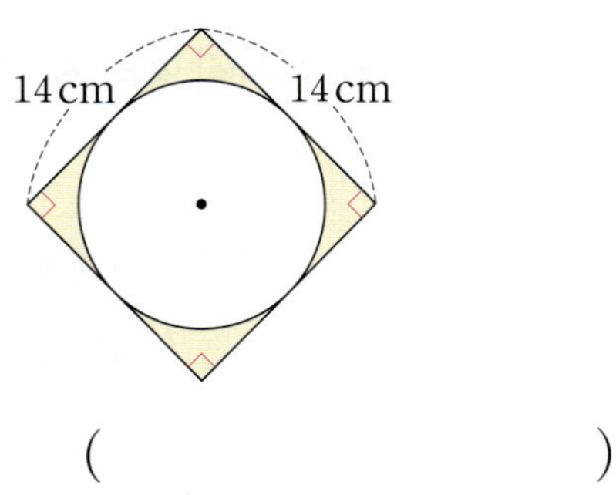

( )

18 원기둥의 전개도에서 옆면의 가로가 25.12 cm, 세로가 8 cm일 때 원기둥의 밑면의 반지름은 몇 cm인지 구해 보세요.

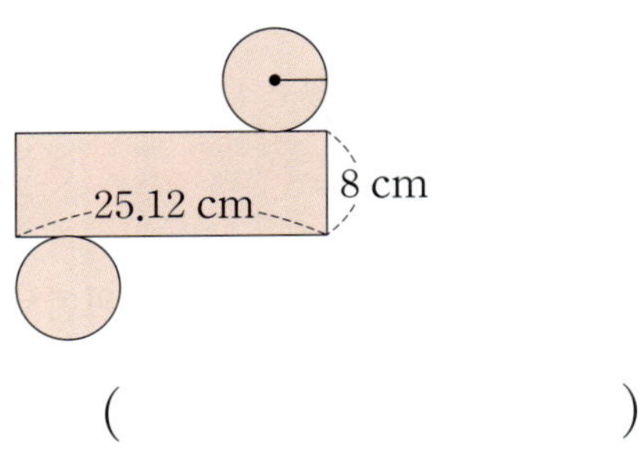

( )

19 원기둥과 원뿔 중 어느 도형의 높이가 몇 cm 더 높은지 구해 보세요.

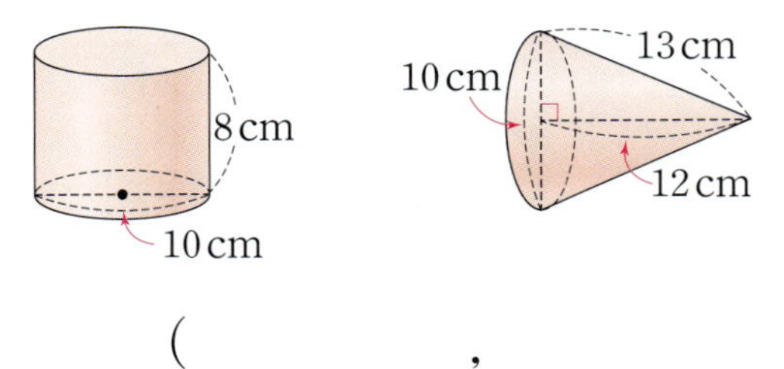

(,)

20 반원 모양의 종이를 지름을 기준으로 한 바퀴 돌려 만든 입체도형의 반지름은 몇 cm인지 구해 보세요.

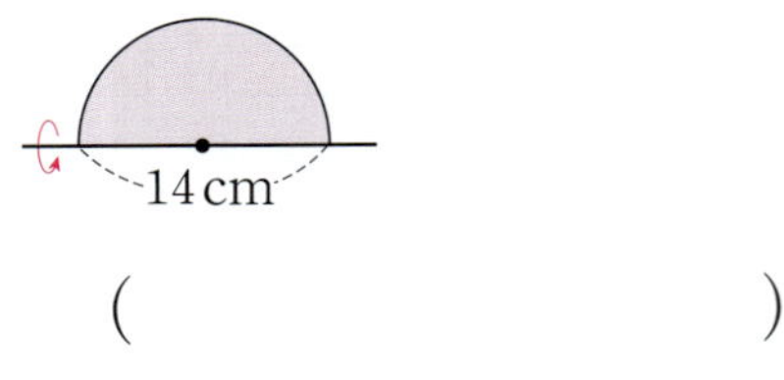

( )

메모장

메모장

나만의 학습 계획표를 작성하고, 사진을 찍어
인스타그램 또는 블로그에 올려 주세요.

★ 필수 해시태그 - #수경출판사 #자이스토리 #수능기출문제집
#학습 계획표

★ 참여해 주신 분께: 바나나우유 기프티콘 증정

QR코드를 스캔하여 개인 정보 및 작성한 게시물의 URL을 입력합니다.

인스타그램, 카페, 블로그 등에 수경출판사 교재로
공부하는 모습, 학습 후기, 교재 사진을 올려 주세요.

★ 참여해 주신 분께: 3,000원 편의점 기프티콘 증정
★ 우수 후기 작성자: 강남인강 1년 수강권 증정

QR코드를 스캔하여 개인 정보 및 작성한 게시물의 URL을 입력합니다.

수경출판사 교재 학습 후기, 교재 평가 설문지를 작성해 주세요.
[학생, 선생님 모두 가능]

★ 참여해 주신 분께: 2,000원 편의점 기프티콘 증정
★ 우수 후기 작성자: 강남인강 1년 수강권 증정

QR코드를 스캔하여 해당 링크에 들어가서 설문조사를 진행합니다.

선생님 전용
설문 조사

학생 전용
설문 조사

* 자세한 사항은 해당 QR코드를 스캔하거나, 홈페이지 이벤트 공지글을 참고해 주세요.
* 이벤트의 내용이나 상품이 변경될 수 있으며, 변경시 홈페이지에 공지됩니다.

재미있는 공부, 학교 시험 100점

자이스토리 초등 영어 시리즈

✏️ 영문법 [초 3, 4, 5, 6]

- 초등학생이 꼭 알아야 하는 문법을 매일매일 체계적으로 훈련
- 기초를 쌓아주는 쉽고 효과적인 개념 설명과 다양한 문제로 탄탄히 다지는 문법 실력
- 워크북을 통한 부족함 없는 완전한 복습
- 직접 쓰게 해서 반드시 외우게 하는 영단어 쓰기 노트
- 원어민의 발음으로 들려주는 mp3 파일과 언제 어디서나 들을 수 있는 QR코드 수록

🔊 영어 듣기 평가 [초3-1, 3-2, 4-1, 4-2, 5-1, 5-2, 6-1, 6-2]

- 듣기 평가 필수 유형 모의고사 10회
- 어려운 발음 현상을 훈련하는 '발음 체크＋받아쓰기'
- 통문장으로 연습하는 긴 문장 받아쓰기＋교과서 빈출 의사소통 표현
- 스크립트 해석과 정답이 되는 이유를 자세히 설명한 해설
- 휴대하기 편리하게 제작하여 언제 어디서든 단어 공부를 할 수 있는 미니 단어장

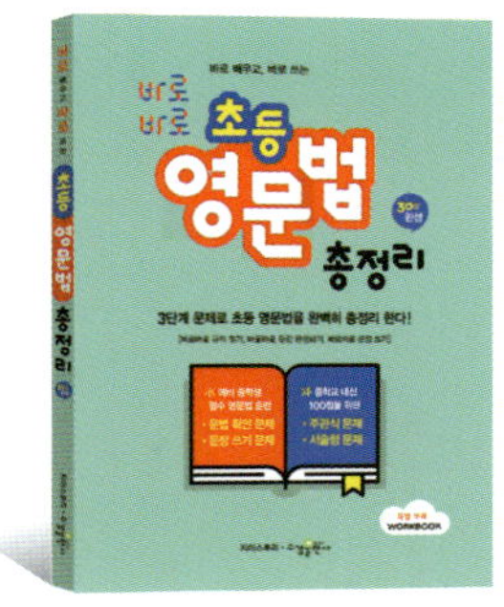

📝 바로바로 초등 영문법 총정리 [초4～예비 중1]

- 초등학교 영어 교과서 문법 필수 개념 30일 완성
- 바로바로 규칙 찾기, 바로바로 문장 완성하기, 바로바로 문장 쓰기의 3단계 개념 확인 문제
- 중학교 내신 만점을 위한 '바로바로 내신 대비 실력 테스트'
- 학습한 문법에 대한 충분한 연습 – Workbook 수록

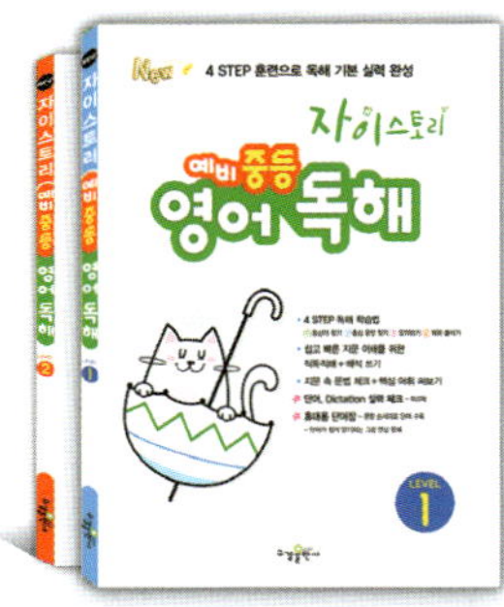

👥 예비 중등 영어 독해 [Level 1, 2]

- 수능까지 이어지는 독해력을 위한 독해력 훈련 교재
- 교과 과정과 연계된 다양한 주제의 지문
- '중심어 찾기, 중심 문장 찾기, 요약하기, 제목 붙이기'로 이루어진 단계별 독해 훈련
- 쉽고 빠른 지문 이해를 도와주는 직독직해＋해석 쓰기
- 독해 필수 문법을 알려주는 지문 속 문법 체크＋핵심 어휘 써보기

수학 실력 100% 충전

해설편

초등 수학 6·2

국어가 쉬워지면 모든 과목 성적이 쑥쑥 오릅니다!

1 단계별 독해 연습 : 독서 지문을 단계별로 기초부터 길러 줍니다.

STEP 1	STEP 2	STEP 3	STEP 4	STEP 5	STEP 6
중심 낱말 찾기	중심 문장 찾기	단락 요약하기	단락 간의 관계 이해하기	글의 구조 이해하기	주제 알아보기

2 쉽고 빠른 지문 접근법과 문제 풀이의 지름길을 알려 주는 지문 술술 이해＋정답 콕콕 특강

- STEP별 학습 내용을 적용하여 지문을 읽는 방법을 자세하게 알려 줍니다.
- 지문과 〈보기〉 등을 근거로 다양한 유형의 문제에 접근하는 방법을 익힐 수 있습니다.

3 다양한 유형의 낱말 쑥쑥 테스트와 낱말 쑥쑥 총정리 특별 부록

- 독해력을 밑받침할 풍부한 어휘력도 함께 키울 수 있습니다.
- 낱말 실력이 쑥쑥 오르면 독해력이 쑥쑥 오르고 모든 과목 성적이 쑥쑥 오릅니다.

4 글의 내용과 문제를 완벽히 이해시키는 입체 첨삭 해설

- 지문 전체를 이해하도록 중심 낱말, 중심 문장, 단락 요약, 글의 구조도, 주제 등 자세한 정보를 제공합니다.
- 문제 유형부터 어려운 문제 분석까지 문제를 입체적으로 분석합니다.

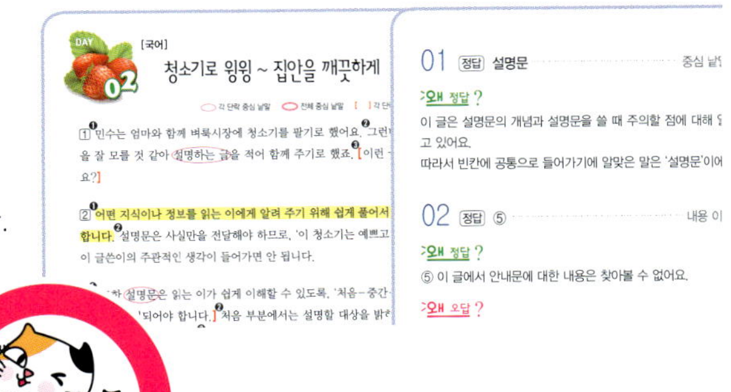

문제를 채점하고 스스로 평가하여 붙이는 4종의 붙임딱지!!

정답 및 풀이

개념 1 분모가 같은 (분수)÷(분수) (1)

10〜11쪽

1 4, 4

2 (1) 4, 4   (2) 8, 2, 2, 4

3 3, 3   **4** 5, 1, 5   **5** 4, 2, 2

6 9, 3, 3   **7** 7   **8** 11

9 3   **10** 8   **11** 8

12 7   **13** 5

개념 체크

14 15, 5, 15, 5, 15, 5, 3

1 $\dfrac{4}{7} - \dfrac{1}{7} - \dfrac{1}{7} - \dfrac{1}{7} - \dfrac{1}{7} = 0$

2 (1) $\dfrac{8}{9} - \dfrac{2}{9} - \dfrac{2}{9} - \dfrac{2}{9} - \dfrac{2}{9} = 0$

7 $\dfrac{7}{9} \div \dfrac{1}{9} = 7 \div 1 = 7$

8 $\dfrac{11}{15} \div \dfrac{1}{15} = 11 \div 1 = 11$

9 $\dfrac{12}{13} \div \dfrac{4}{13} = 12 \div 4 = 3$

10 $\dfrac{16}{25} \div \dfrac{2}{25} = 16 \div 2 = 8$

11 $\dfrac{8}{11} \div \dfrac{1}{11} = 8 \div 1 = 8$

12 $\dfrac{14}{15} \div \dfrac{2}{15} = 14 \div 2 = 7$

13 $\dfrac{10}{21} \div \dfrac{2}{21} = 10 \div 2 = 5$

개념 2 분모가 같은 (분수)÷(분수) (2)

12〜13쪽

1 1, 1 / 1 $\dfrac{1}{3}$

2 5, 2, 5, 2 / 2, $\dfrac{5}{2}$, 2 $\dfrac{1}{2}$

3 4, 5, $\dfrac{4}{5}$ **4** 8, 5, $\dfrac{8}{5}$, 1 $\dfrac{3}{5}$

5 9, 4, $\dfrac{9}{4}$, 2 $\dfrac{1}{4}$ **6** 1 $\dfrac{2}{3}$

7 1 $\dfrac{4}{7}$ **8** 2 $\dfrac{4}{5}$

9 $\dfrac{15}{17}$ **10** $\dfrac{2}{3}$

11 1 $\dfrac{2}{5}$ **12** 1 $\dfrac{2}{7}$

개념 체크

13 3, 5, 3, 5 / 3, 5, $\dfrac{3}{5}$

6 $\dfrac{5}{6} \div \dfrac{3}{6} = 5 \div 3 = \dfrac{5}{3} = 1 \dfrac{2}{3}$

7 $\dfrac{11}{12} \div \dfrac{7}{12} = 11 \div 7 = \dfrac{11}{7} = 1 \dfrac{4}{7}$

8 $\dfrac{14}{19} \div \dfrac{5}{19} = 14 \div 5 = \dfrac{14}{5} = 2 \dfrac{4}{5}$

9 $\dfrac{15}{20} \div \dfrac{17}{20} = 15 \div 17 = \dfrac{15}{17}$

10 $\dfrac{2}{5} \div \dfrac{3}{5} = 2 \div 3 = \dfrac{2}{3}$

11 $\dfrac{7}{9} \div \dfrac{5}{9} = 7 \div 5 = \dfrac{7}{5} = 1 \dfrac{2}{5}$

12 $\dfrac{9}{10} \div \dfrac{7}{10} = 9 \div 7 = \dfrac{9}{7} = 1 \dfrac{2}{7}$

14~15쪽

1 (1) 7, 1, 7 (2) 16, 4, 4

2 6, 3

3

4 ㉡, 2

5 <

6 5

7 식 $\dfrac{4}{5} \div \dfrac{2}{5}$ 답 2

8 3배

9 (1) 9, 11, $\dfrac{9}{11}$ (2) 11, 5, $\dfrac{11}{5}$, $2\dfrac{1}{5}$

10 $=10 \div 9 = \dfrac{10}{9} = 1\dfrac{1}{9}$

11 $1\dfrac{3}{5}$

12 $2\dfrac{2}{5}$배

13 (　)
   (○)

14 $4\dfrac{1}{3}$

15 $1\dfrac{2}{3}$배

---

2 $\dfrac{18}{19} \div \dfrac{6}{19} = 18 \div 6 = 3$

따라서 ㉠은 6, ㉡은 3입니다.

3 ・$\dfrac{5}{6} \div \dfrac{1}{6} = 5 \div 1 = 5$

・$\dfrac{20}{21} \div \dfrac{5}{21} = 20 \div 5 = 4$

・$\dfrac{6}{17} \div \dfrac{2}{17} = 6 \div 2 = 3$

4 ㉠ $\dfrac{4}{9} \div \dfrac{1}{9} = 4 \div 1 = 4$

㉡ $\dfrac{6}{14} \div \dfrac{3}{14} = 6 \div 3 = 2$

5 $\dfrac{3}{10} \div \dfrac{1}{10} = 3 \div 1 = 3$,

$\dfrac{8}{21} \div \dfrac{2}{21} = 8 \div 2 = 4$

$\Rightarrow \dfrac{3}{10} \div \dfrac{1}{10} < \dfrac{8}{21} \div \dfrac{2}{21}$

---

6 $\dfrac{25}{26} > \dfrac{15}{26} > \dfrac{5}{26}$

$\Rightarrow$ (가장 큰 수)÷(가장 작은 수)

$= \dfrac{25}{26} \div \dfrac{5}{26} = 25 \div 5 = 5$

7 $\dfrac{4}{5} \div \dfrac{2}{5} = 4 \div 2 = 2$

8 (감자의 무게)÷(버섯의 무게)

$= \dfrac{24}{25} \div \dfrac{8}{25} = 24 \div 8 = 3$(배)

11 $\dfrac{1}{9}$이 8개인 수는 $\dfrac{8}{9}$입니다.

$\dfrac{8}{9} \div \dfrac{5}{9} = 8 \div 5 = \dfrac{8}{5} = 1\dfrac{3}{5}$

12 (가로)÷(세로)$= \dfrac{12}{17} \div \dfrac{5}{17} = 12 \div 5$

$= \dfrac{12}{5} = 2\dfrac{2}{5}$(배)

13 $\dfrac{7}{13} \div \dfrac{2}{13} = 7 \div 2 = \dfrac{7}{2} = 3\dfrac{1}{2}$

$\dfrac{12}{15} \div \dfrac{11}{15} = 12 \div 11 = \dfrac{12}{11} = 1\dfrac{1}{11}$

14 $\square \times \dfrac{3}{16} = \dfrac{13}{16}$에서

$\square = \dfrac{13}{16} \div \dfrac{3}{16} = 13 \div 3 = \dfrac{13}{3} = 4\dfrac{1}{3}$

15 (현지가 먹은 피자의 양)
   ÷(진성이가 먹은 피자의 양)

$= \dfrac{5}{8} \div \dfrac{3}{8} = 5 \div 3 = \dfrac{5}{3} = 1\dfrac{2}{3}$(배)

개념3 **분모가 다른 (분수)÷(분수)** 16~17쪽

1 6, 6, 2

2 2, 2, 8, 8, 8, $1\dfrac{3}{5}$

3 2, 2, 7, 7, 10, 10, 10, $1\dfrac{3}{7}$

4 6, 6, 3, 2

5 $9, 10, 9, \dfrac{10}{9}, 1\dfrac{1}{9}$

6 $9, 14, 9, \dfrac{14}{9}, 1\dfrac{5}{9}$

7 4 **8** $1\dfrac{1}{2}$ **9** $4\dfrac{4}{5}$

10 $1\dfrac{13}{14}$ **11** 2 **12** 12

13 $1\dfrac{5}{21}$ **14** $2\dfrac{1}{24}$

 개념 체크

15 통분

7 $\dfrac{1}{9} \div \dfrac{1}{36} = \dfrac{4}{36} \div \dfrac{1}{36} = 4 \div 1 = 4$

8 $\dfrac{3}{4} \div \dfrac{1}{2} = \dfrac{3}{4} \div \dfrac{2}{4} = 3 \div 2 = \dfrac{3}{2} = 1\dfrac{1}{2}$

9 $\dfrac{4}{5} \div \dfrac{1}{6} = \dfrac{24}{30} \div \dfrac{5}{30} = 24 \div 5 = \dfrac{24}{5} = 4\dfrac{4}{5}$

10 $\dfrac{9}{10} \div \dfrac{7}{15} = \dfrac{27}{30} \div \dfrac{14}{30} = 27 \div 14 = \dfrac{27}{14}$
$= 1\dfrac{13}{14}$

11 $\dfrac{1}{10} \div \dfrac{1}{20} = \dfrac{2}{20} \div \dfrac{1}{20} = 2 \div 1 = 2$

12 $\dfrac{8}{9} \div \dfrac{2}{27} = \dfrac{24}{27} \div \dfrac{2}{27} = 24 \div 2 = 12$

13 $\dfrac{2}{3} \div \dfrac{7}{13} = \dfrac{26}{39} \div \dfrac{21}{39} = 26 \div 21 = \dfrac{26}{21} = 1\dfrac{5}{21}$

14 $\dfrac{7}{8} \div \dfrac{3}{7} = \dfrac{49}{56} \div \dfrac{24}{56} = 49 \div 24 = \dfrac{49}{24} = 2\dfrac{1}{24}$

개념 4 (자연수)÷(분수)   18~19쪽

1 $12 / 4, 12$ **2** $2 / 3, 2$

3 $2, 10 / 2, 5, 10$ **4** $5, 5, \dfrac{5}{3}, 10$

---

5 $6, 8, 48$ **6** $20, \dfrac{9}{4}, 45$

7 40 **8** 80

9 $11\dfrac{3}{7}$ **10** $31\dfrac{1}{2}$

11 30 **12** 60

 개념 체크

13 분자, 분모, $\dfrac{분모}{분자}$

7 $8 \div \dfrac{1}{5} = 8 \times 5 = 40$

8 $16 \div \dfrac{1}{5} = 16 \times 5 = 80$

9 $10 \div \dfrac{7}{8} = 10 \times \dfrac{8}{7} = \dfrac{80}{7} = 11\dfrac{3}{7}$

10 $18 \div \dfrac{4}{7} = 18 \times \dfrac{7}{4} = \dfrac{63}{2} = 31\dfrac{1}{2}$

11 $25 \div \dfrac{5}{6} = 25 \times \dfrac{6}{5} = 30$

12 $35 \div \dfrac{7}{12} = 35 \times \dfrac{12}{7} = 60$

 개념 유형 익히기   20~21쪽

1 (1) $12, 12, 4$ (2) $18, 18, 18, 1\dfrac{1}{18}$

2 $= \dfrac{4}{32} \div \dfrac{1}{32} = 4 \div 1 = 4$

3 $1\dfrac{11}{45}$ **4** $>$

5 ㉠, ㉣ **6** $\dfrac{15}{16}$ cm

7 식 $\dfrac{7}{10} \div \dfrac{1}{15} = 10\dfrac{1}{2}$ 답 $10\dfrac{1}{2}$ m

8 $22\dfrac{1}{2}$

9 $=\overset{7}{\cancel{14}}\times\dfrac{7}{\underset{2}{\cancel{4}}}=\dfrac{49}{2}=24\dfrac{1}{2}$

10 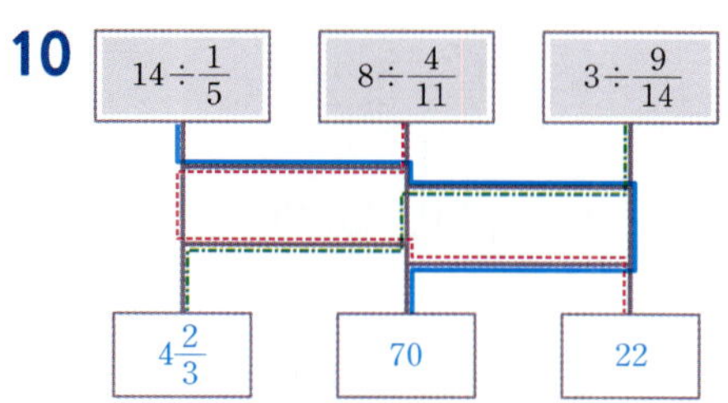

11 54, 60 　　**12** 6

13 ㉡, ㉢, ㉠

14 식 $9\div\dfrac{3}{10}=30$ 　 답 30개

3 $\dfrac{7}{9}\left(=\dfrac{56}{72}\right)>\dfrac{5}{8}\left(=\dfrac{45}{72}\right)$ 이므로

$\dfrac{7}{9}\div\dfrac{5}{8}=\dfrac{56}{72}\div\dfrac{45}{72}=56\div45=\dfrac{56}{45}=1\dfrac{11}{45}$

4 $\dfrac{14}{18}\div\dfrac{1}{9}=\dfrac{14}{18}\div\dfrac{2}{18}=14\div2=7$

$\dfrac{20}{28}\div\dfrac{1}{7}=\dfrac{20}{28}\div\dfrac{4}{28}=20\div4=5$

$\Rightarrow 7>5$

5 ㉠ $\dfrac{5}{14}\div\dfrac{1}{2}=\dfrac{5}{14}\div\dfrac{7}{14}=5\div7=\dfrac{5}{7}(<1)$

㉡ $\dfrac{16}{35}\div\dfrac{2}{5}=\dfrac{16}{35}\div\dfrac{14}{35}=16\div14=\dfrac{\overset{8}{\cancel{16}}}{\underset{7}{\cancel{14}}}$

$\qquad =\dfrac{8}{7}=1\dfrac{1}{7}(>1)$

㉢ $\dfrac{5}{6}\div\dfrac{9}{20}=\dfrac{50}{60}\div\dfrac{27}{60}=50\div27=\dfrac{50}{27}$

$\qquad =1\dfrac{23}{27}(>1)$

㉣ $\dfrac{11}{16}\div\dfrac{3}{4}=\dfrac{11}{16}\div\dfrac{12}{16}=11\div12=\dfrac{11}{12}(<1)$

6 (높이)=(평행사변형의 넓이)÷(밑변의 길이)

$\qquad =\dfrac{5}{12}\div\dfrac{4}{9}=\dfrac{15}{36}\div\dfrac{16}{36}=15\div16$

$\qquad =\dfrac{15}{16}\,(\text{cm})$

7 (1시간 동안 갈 수 있는 거리)

$=$(기어간 거리)÷(걸린 시간)

$=\dfrac{7}{10}\div\dfrac{1}{15}=\dfrac{21}{30}\div\dfrac{2}{30}=21\div2=\dfrac{21}{2}$

$=10\dfrac{1}{2}\,(\text{m})$

8 $15\div\dfrac{2}{3}=15\times\dfrac{3}{2}=\dfrac{45}{2}=22\dfrac{1}{2}$

10 $14\div\dfrac{1}{5}=14\times5=70$

$8\div\dfrac{4}{11}=\overset{2}{\cancel{8}}\times\dfrac{11}{\underset{1}{\cancel{4}}}=22$

$3\div\dfrac{9}{14}=\overset{1}{\cancel{3}}\times\dfrac{14}{\underset{3}{\cancel{9}}}=\dfrac{14}{3}=4\dfrac{2}{3}$

11 $18\div\dfrac{1}{3}=18\times3=54$

$54\div\dfrac{9}{10}=\overset{6}{\cancel{54}}\times\dfrac{10}{\underset{1}{\cancel{9}}}=60$

12 $6\div\dfrac{1}{7}=6\times7=42$

$8\div\dfrac{2}{9}=\overset{4}{\cancel{8}}\times\dfrac{9}{\underset{1}{\cancel{2}}}=36$

$\Rightarrow 42-36=6$

13 ㉠ $15\div\dfrac{9}{10}=\overset{5}{\cancel{15}}\times\dfrac{10}{\underset{3}{\cancel{9}}}=\dfrac{50}{3}=16\dfrac{2}{3}$

㉡ $24\div\dfrac{3}{8}=24\times\dfrac{\overset{8}{\cancel{8}}}{\underset{1}{\cancel{3}}}=64$

㉢ $30\div\dfrac{7}{8}=30\times\dfrac{8}{7}=\dfrac{240}{7}=34\dfrac{2}{7}$

$\Rightarrow 64>34\dfrac{2}{7}>16\dfrac{2}{3}$ 이므로 ㉡>㉢>㉠

입니다.

14 (만들 수 있는 리본의 개수)

$=$(전체 끈의 길이)

$\quad\div$(리본 1개를 만드는 데 필요한 끈의 길이)

$=9\div\dfrac{3}{10}=\overset{3}{\cancel{9}}\times\dfrac{10}{\underset{1}{\cancel{3}}}=30(\text{개})$

1 $3, 5, \dfrac{5}{3}, \dfrac{5}{27}$

2 $7, 8, 7, 8, \dfrac{8}{7}, \dfrac{48}{49}$

3 ( ) (○)   **4** (○) ( )

5 $\dfrac{7}{6}, \dfrac{7}{18}$ **6** $\dfrac{5}{3}, \dfrac{20}{21}$

7 $\dfrac{\cancel{6}^{\,1}}{5}, \dfrac{7}{10}$ **8** $2\dfrac{13}{16}$

9 $\dfrac{21}{50}$ **10** $\dfrac{32}{91}$

11 $3\dfrac{7}{9}$ **12** $1\dfrac{1}{20}$

13 $1\dfrac{5}{16}$ **14** $\dfrac{45}{56}$

개념 체크 

15 $\dfrac{\text{분모}}{\text{분자}}$

8 $\dfrac{5}{8} \div \dfrac{2}{9} = \dfrac{5}{8} \times \dfrac{9}{2} = \dfrac{45}{16} = 2\dfrac{13}{16}$

9 $\dfrac{3}{10} \div \dfrac{5}{7} = \dfrac{3}{10} \times \dfrac{7}{5} = \dfrac{21}{50}$

10 $\dfrac{4}{13} \div \dfrac{7}{8} = \dfrac{4}{13} \times \dfrac{8}{7} = \dfrac{32}{91}$

11 $\dfrac{4}{9} \div \dfrac{2}{17} = \dfrac{\cancel{4}^{\,2}}{9} \times \dfrac{17}{\cancel{2}_{\,1}} = \dfrac{34}{9} = 3\dfrac{7}{9}$

12 $\dfrac{7}{10} \div \dfrac{2}{3} = \dfrac{7}{10} \times \dfrac{3}{2} = \dfrac{21}{20} = 1\dfrac{1}{20}$

13 $\dfrac{15}{16} \div \dfrac{5}{7} = \dfrac{\cancel{15}^{\,3}}{16} \times \dfrac{7}{\cancel{5}_{\,1}} = \dfrac{21}{16} = 1\dfrac{5}{16}$

14 $\dfrac{5}{14} \div \dfrac{4}{9} = \dfrac{5}{14} \times \dfrac{9}{4} = \dfrac{45}{56}$

1 방법 1 $8, 72, 35, 72, 35, \dfrac{72}{35}, 2, 2$

방법 2 $8, 8, \dfrac{9}{5}, \dfrac{72}{35}, 2, 2$

2 방법 1 $11, 4, 33, 20, 33, 20, \dfrac{33}{20}, 1, 13$

방법 2 $11, 4, 11, \dfrac{3}{4}, \dfrac{33}{20}, 1, 13$

3 $= 8 \div \dfrac{6}{4} = 8 \times \dfrac{\cancel{4}^{\,4}}{\cancel{6}_{\,3}} = \dfrac{16}{3} = 5\dfrac{1}{3}$

4 $= 9 \div \dfrac{15}{13} = \cancel{9}^{\,3} \times \dfrac{13}{\cancel{15}_{\,5}} = \dfrac{39}{5} = 7\dfrac{4}{5}$

5 $3\dfrac{3}{10}$ **6** $4\dfrac{13}{20}$ **7** $\dfrac{7}{18}$

8 $2\dfrac{16}{55}$ **9** $3\dfrac{7}{11}$ **10** $2\dfrac{10}{49}$

11 $1\dfrac{1}{3}$

개념 체크 

12 가분수

5 $2\dfrac{3}{4} \div \dfrac{5}{6} = \dfrac{11}{4} \div \dfrac{5}{6} = \dfrac{11}{\cancel{4}_{\,2}} \times \dfrac{\cancel{6}^{\,3}}{5}$
$= \dfrac{33}{10} = 3\dfrac{3}{10}$

6 $3\dfrac{1}{10} \div \dfrac{2}{3} = \dfrac{31}{10} \div \dfrac{2}{3} = \dfrac{31}{10} \times \dfrac{3}{2} = \dfrac{93}{20}$
$= 4\dfrac{13}{20}$

7 $\dfrac{7}{8} \div 2\dfrac{1}{4} = \dfrac{7}{8} \div \dfrac{9}{4} = \dfrac{7}{\cancel{8}_{\,2}} \times \dfrac{\cancel{4}^{\,1}}{9} = \dfrac{7}{18}$

8 $2\dfrac{4}{5} \div 1\dfrac{2}{9} = \dfrac{14}{5} \div \dfrac{11}{9} = \dfrac{14}{5} \times \dfrac{9}{11}$
$= \dfrac{126}{55} = 2\dfrac{16}{55}$

9 $5 \div 1\dfrac{3}{8} = 5 \div \dfrac{11}{8} = 5 \times \dfrac{8}{11} = \dfrac{40}{11} = 3\dfrac{7}{11}$

10 $1\dfrac{5}{7} \div \dfrac{7}{9} = \dfrac{12}{7} \div \dfrac{7}{9} = \dfrac{12}{7} \times \dfrac{9}{7} = \dfrac{108}{49}$
$$= 2\dfrac{10}{49}$$

11 $3\dfrac{2}{3} \div 2\dfrac{3}{4} = \dfrac{11}{3} \div \dfrac{11}{4} = \dfrac{\overset{1}{\cancel{11}}}{3} \times \dfrac{4}{\underset{1}{\cancel{11}}} = \dfrac{4}{3}$
$$= 1\dfrac{1}{3}$$

개념 유형 익히기 26~27쪽

1   (1) $\dfrac{11}{6}$, $\dfrac{11}{42}$ (2) 5, 7, $\dfrac{20}{49}$

2 $= \dfrac{3}{4} \times \dfrac{7}{2} = \dfrac{21}{8} = 2\dfrac{5}{8}$

3   49   **4**   보영

5   [식] $\dfrac{5}{16} \div \dfrac{3}{4} = \dfrac{5}{12}$ [답] $\dfrac{5}{12}$ kg

6   (◯) (   )   **7** $\dfrac{21}{40}$

8 $3\dfrac{5}{9}$배

9   [방법 1] 8, 72, 35, $\dfrac{72}{35}$, $2\dfrac{2}{35}$

     [방법 2] 8, 8, $\dfrac{9}{7}$, $\dfrac{72}{35}$, $2\dfrac{2}{35}$

10

11 $= \dfrac{9}{2} \div \dfrac{5}{7} = \dfrac{9}{2} \times \dfrac{7}{5} = \dfrac{63}{10} = 6\dfrac{3}{10}$

12 $<$ **13** $4\dfrac{1}{11}$ **14**   9명

3 $\dfrac{3}{8} \div \dfrac{5}{11} = \dfrac{3}{8} \times \dfrac{11}{5} = \dfrac{33}{40}$
   ⇨ ㉠$= 11$, ㉡$= 5$, ㉢$= 33$이므로
     ㉠$+$㉡$+$㉢$= 11 + 5 + 33 = 49$입니다.

4   경수: $\dfrac{7}{10} \div \dfrac{2}{9} = \dfrac{7}{10} \times \dfrac{9}{2} = \dfrac{63}{20} = 3\dfrac{3}{20}$

5   (고무관 1 m의 무게)
   $=$ (고무관의 무게) $\div$ (고무관의 길이)
$$= \dfrac{5}{16} \div \dfrac{3}{4} = \dfrac{5}{\underset{4}{\cancel{16}}} \times \dfrac{\overset{1}{\cancel{4}}}{3} = \dfrac{5}{12} \,(\text{kg})$$

6 $\dfrac{13}{18} \div \dfrac{5}{6} = \dfrac{13}{\underset{3}{\cancel{18}}} \times \dfrac{\overset{1}{\cancel{6}}}{5} = \dfrac{13}{15} (< 1)$
   $\dfrac{5}{14} \div \dfrac{1}{8} = \dfrac{5}{\underset{7}{\cancel{14}}} \times \overset{4}{\cancel{8}} = \dfrac{20}{7} = 2\dfrac{6}{7} (> 1)$

7   어떤 수를 $\square$라 하면 $\square \times \dfrac{6}{7} = \dfrac{9}{20}$이므로
   $\square = \dfrac{9}{20} \div \dfrac{6}{7} = \dfrac{\overset{3}{\cancel{9}}}{20} \times \dfrac{7}{\underset{2}{\cancel{6}}} = \dfrac{21}{40}$입니다.

8   (윤호가 만든 치즈의 양)
   $\div$ (진서가 만든 치즈의 양)
$$= \dfrac{8}{9} \div \dfrac{1}{4} = \dfrac{8}{9} \times 4 = \dfrac{32}{9} = 3\dfrac{5}{9}(\text{배})$$

10 $\cdot\, 1\dfrac{3}{4} \div \dfrac{2}{3} = \dfrac{7}{4} \div \dfrac{2}{3} = \dfrac{7}{4} \times \dfrac{3}{2}$
   $\cdot\, 2\dfrac{1}{4} \div 1\dfrac{2}{5} = \dfrac{9}{4} \div \dfrac{7}{5} = \dfrac{9}{4} \times \dfrac{5}{7}$
   $\cdot\, \dfrac{1}{4} \div 2\dfrac{2}{7} = \dfrac{1}{4} \div \dfrac{16}{7} = \dfrac{1}{4} \times \dfrac{7}{16}$

12 $2\dfrac{1}{3} \div 1\dfrac{2}{7} = \dfrac{7}{3} \div \dfrac{9}{7} = \dfrac{7}{3} \times \dfrac{7}{9}$
$$= \dfrac{49}{27} = 1\dfrac{22}{27}$$
   $2\dfrac{1}{7} \div \dfrac{7}{10} = \dfrac{15}{7} \div \dfrac{7}{10} = \dfrac{15}{7} \times \dfrac{10}{7}$
$$= \dfrac{150}{49} = 3\dfrac{3}{49}$$

13 $5 > 3\frac{1}{10} > 1\frac{2}{9}$ 이므로

$$5 \div 1\frac{2}{9} = 5 \div \frac{11}{9} = 5 \times \frac{9}{11} = \frac{45}{11} = 4\frac{1}{11}$$

14 (나누어 줄 수 있는 사람 수)
= (전체 색 테이프의 길이) ÷ (한 사람에게 나누어 주는 색 테이프의 길이)

$$= 5\frac{2}{5} \div \frac{3}{5} = \frac{27}{5} \div \frac{3}{5} = \frac{\overset{9}{\cancel{27}}}{\cancel{5}_{1}} \times \frac{\cancel{5}^{1}}{\cancel{3}_{1}} = 9(명)$$

실생활 문제 다잡기　　28~29쪽

유형 **1** 1단계 $1\frac{1}{5}$, $2\frac{1}{5}$

　　　　2단계 $1\frac{1}{5}$, $2\frac{1}{5}$, 6, 11, 6, 11, $\frac{6}{11}$

　　　　답 $\frac{6}{11}$ cm

유형 **1**-1 $4\frac{4}{7}$ km

유형 **1**-2 $1\frac{1}{14}$ kg

유형 **2** 1단계 $2\frac{4}{5}$, $\frac{2}{3}$, 14, $\frac{2}{3}$, $\overset{7}{\cancel{14}}$, $\frac{3}{\underset{1}{\cancel{2}}}$, 21, 4, 1

　　　　2단계 4

　　　　답 4명

유형 **2**-1 7명

유형 **2**-2 33개

유형 **1**

풀이

1단계 **분수의 나눗셈식 세우기**

(1분 동안 줄어든 양초의 길이)
= (줄어든 양초의 길이) ÷ (걸린 시간)

$$= \boxed{1}\frac{\boxed{1}}{\boxed{5}} \div \boxed{2}\frac{\boxed{1}}{\boxed{5}}$$

2단계 **1분 동안 줄어든 양초의 길이 구하기**

$$\boxed{1}\frac{\boxed{1}}{\boxed{5}} \div \boxed{2}\frac{\boxed{1}}{\boxed{5}} = \frac{\boxed{6}}{5} \div \frac{\boxed{11}}{5}$$
$$= \boxed{6} \div \boxed{11}$$
$$= \frac{\boxed{6}}{\boxed{11}} \text{ (cm)}$$

답 $\frac{6}{11}$ cm

유형 **1**-1

핵심 체크

■시간 동안 걸은 거리 ★ km
↓ ÷■　　　　↓ ÷■
1시간 동안걸은 거리 ★ ÷ ■ (km)

(1시간 동안 걷는 거리)
= (걸은 거리) ÷ (걸은 시간)
$$= 1\frac{1}{7} \div \frac{1}{4} = \frac{8}{7} \div \frac{1}{4} = \frac{8}{7} \times 4 = \frac{32}{7} = 4\frac{4}{7} \text{ (km)}$$

유형 **1**-2

핵심 체크

오렌지주스 ▼ L일 때, 오렌지 ♥ kg
↓ ÷▼　　　　↓ ÷▼
오렌지주스 1 L일 때, 오렌지 ♥ ÷ ▼ kg

(오렌지주스 1 L를 만드는 데 필요한 오렌지 양)
= (오렌지 양) ÷ (오렌지주스 양)
$$= \frac{5}{6} \div \frac{7}{9} = \frac{5}{\underset{2}{\cancel{6}}} \times \frac{\overset{3}{\cancel{9}}}{7} = \frac{15}{14} = 1\frac{1}{14} \text{ (kg)}$$

유형 **2**

풀이

1단계 **분수의 나눗셈식 세워 계산하기**

(나누어 마실 수 있는 사람 수)
= (전체 물의 양) ÷ (한 명이 마시는 물의 양)

$$= \boxed{2}\frac{\boxed{4}}{5} \div \frac{\boxed{2}}{3} = \frac{\boxed{14}}{5} \div \frac{\boxed{2}}{3}$$

$$= \frac{\overset{\boxed{7}}{\boxed{14}}}{5} \times \frac{3}{\underset{\boxed{1}}{\boxed{2}}} = \frac{\boxed{21}}{5} = \boxed{4}\frac{\boxed{1}}{5}$$

2단계 나누어 마실 수 있는 사람 수 구하기

사람 수는 자연수가 되어야 하므로 1보다 작은 분수 부분은 버립니다.

따라서 물을 $\boxed{4}$ 명까지 나누어 마실 수 있습니다.

답 4명

유형 ❷-1

(나누어 줄 수 있는 사람 수)

$=$(전체 젤리의 양)

$\div$(한 명에게 나누어 줄 젤리의 양)

$$= \frac{9}{8} \div \frac{3}{20} = \frac{\overset{3}{\cancel{9}}}{\underset{2}{\cancel{8}}} \times \frac{\overset{5}{\cancel{20}}}{\underset{1}{\cancel{3}}} = \frac{15}{2} = 7\frac{1}{2}$$

사람 수는 자연수가 되어야 하므로 1보다 작은 분수 부분은 버립니다. 따라서 젤리를 7명까지 나누어 줄 수 있습니다.

유형 ❷-2

핵심 체크

컵케이크의 개수는 자연수가 되어야 합니다.

(만들 수 있는 컵케이크의 수)

$=$(전체 설탕의 양)

$\div$(컵케이크 한 개 만드는 데 필요한 설탕의 양)

$$= 2 \div \frac{3}{50} = 2 \times \frac{50}{3} = \frac{100}{3} = 33\frac{1}{3}$$

컵케이크 수는 자연수가 되어야 하므로 1보다 작은 분수 부분은 버립니다. 따라서 컵케이크를 33개까지 만들 수 있습니다.

❶ **대표** 가분수 / 11, 11, $\frac{7}{3}$, $\frac{77}{30}$, $2\frac{17}{30}$

❶ **연습** 풀이 참조

❷ **대표** 21, $2\overset{7}{\cancel{1}}$, $\frac{\overset{2}{\cancel{10}}}{\underset{3}{\cancel{9}}}$, 14, 4, 2, $4\frac{2}{3}$, 5 / 5

❷ **연습** 풀이 참조, 53

❶ 대표 문제

잘못된 이유

대분수를 $\boxed{\text{가분수}}$(으)로 바꾸지 않았습니다.

$\cdots$㉠

바른 계산

$$1\frac{1}{10} \div \frac{3}{7} = \frac{\boxed{11}}{10} \div \frac{3}{7} = \frac{\boxed{11}}{10} \times \frac{7}{\boxed{3}}$$

$$= \frac{\boxed{77}}{\boxed{30}} = \boxed{2}\frac{\boxed{17}}{\boxed{30}} \cdots ㉡$$

〈평가 기준〉

㉠ 잘못 계산한 이유를 씁니다.
㉡ 바르게 계산합니다.

❶ 연습 문제

힌트 체크

다음은 분수의 나눗셈을 잘못 계산한 것입니다. 계산이 <u>잘못된</u> 이유를 쓰고, 바르게 계산해 보세요.

$$\frac{3}{10} \div \frac{5}{9} = \frac{\overset{1}{\cancel{3}}}{\underset{2}{\cancel{10}}} \times \frac{\overset{1}{\cancel{5}}}{\underset{3}{\cancel{9}}} = \frac{1}{6}$$

❶ $\div \frac{5}{9}$ ➡ 나누는 분수의 분모와 분자를 바꿔서 곱해야 합니다.

잘못된 이유

예 나누는 분수의 분모와 분자를 바꾸지 않았습니다.

$\cdots$㉠

㉐ $\dfrac{3}{10} \div \dfrac{5}{9} = \dfrac{3}{10} \times \dfrac{9}{5} = \dfrac{27}{50}$ …㉠

〈평가 기준〉

| ㉠ 잘못 계산한 이유를 씁니다. |
| ㉡ 바르게 계산합니다. |

❷ 대표 문제

풀이

$$4\dfrac{1}{5} \div \dfrac{9}{10} = \dfrac{\boxed{21}}{5} \div \dfrac{9}{10} = \dfrac{\overset{7}{\cancel{\boxed{21}}}}{\underset{1}{\cancel{5}}} \times \dfrac{\overset{2}{\cancel{\boxed{10}}}}{\underset{3}{\cancel{9}}}$$

$$= \dfrac{\boxed{14}}{3} = \boxed{4}\dfrac{\boxed{2}}{3} \text{ …㉠}$$

따라서 ■ $>$ $\boxed{4}\dfrac{\boxed{2}}{3}$ 이므로 ■ 안에 들어갈 수 있는

가장 작은 자연수는 $\boxed{5}$ 입니다. …㉡

답 5

〈평가 기준〉

| ㉠ $4\dfrac{1}{5} \div \dfrac{9}{10}$ 를 계산합니다. |
| ㉡ ■ 안에 들어갈 가장 작은 자연수를 구합니다. |

❷ 연습 문제

✿ 힌트 체크

□ 안에 들어갈 수 있는 가장 큰 자연수는 얼마
인지 풀이 과정을 쓰고, 답을 구해 보세요.

$$48 \div \dfrac{8}{9} > □$$

❶ $48 \div \dfrac{8}{9} > □$ ➡ $48 \div \dfrac{8}{9}$ 을 먼저 계산한 다음 □ 안에
들어갈 가장 큰 자연수를 생각합니다.

풀이

㉐ $48 \div \dfrac{8}{9} = \overset{6}{\cancel{48}} \times \dfrac{9}{\underset{1}{\cancel{8}}} = 54$ …㉠

따라서 $54 > □$ 이므로 □ 안에 들어갈 수 있는 가장
큰 자연수는 53입니다. …㉡

답 53

〈평가 기준〉

| ㉠ $48 \div \dfrac{8}{9}$ 을 계산합니다. |
| ㉡ □에 들어갈 가장 큰 자연수를 구합니다. |

단원 평가 32~35쪽

1 6, 2, 3 **2** $2\dfrac{1}{4}$

3 $= \dfrac{16}{24} \div \dfrac{15}{24} = 16 \div 15 = \dfrac{16}{15} = 1\dfrac{1}{15}$

4 18 **5** (선 잇기)

6 $<$ **7** 4배 **8** $1\dfrac{37}{48}$

9 3명 **10** ㉡ **11** $1\dfrac{1}{15}$ m

12 식 $3 \div \dfrac{4}{7} = 5\dfrac{1}{4}$ 답 $5\dfrac{1}{4}$

13 2배 **14** ㉠

15 식 $8000 \div \dfrac{4}{5} = 10000$ 답 10000원

16 14

17 식 $\dfrac{7}{8} \div \dfrac{5}{8} = 1\dfrac{2}{5}$ 답 $1\dfrac{2}{5}$

18 13번

19 풀이 참조, 8봉지

20 풀이 참조, $2\dfrac{11}{12}$

2 $\dfrac{9}{11} \div \dfrac{4}{11} = 9 \div 4 = \dfrac{9}{4} = 2\dfrac{1}{4}$

4 $10 \div \dfrac{5}{9} = \overset{2}{\cancel{10}} \times \dfrac{9}{\underset{1}{\cancel{5}}} = 18$

5 • $\dfrac{2}{3} \div \dfrac{3}{5} = \dfrac{2}{3} \times \dfrac{5}{3} = \dfrac{10}{9} = 1\dfrac{1}{9}$

• $\dfrac{1}{7} \div \dfrac{3}{4} = \dfrac{1}{7} \times \dfrac{4}{3} = \dfrac{4}{21}$

6
$$\frac{12}{18} \div \frac{1}{6} = \frac{12}{18} \div \frac{3}{18} = 12 \div 3 = 4$$
$$\frac{18}{27} \div \frac{1}{9} = \frac{18}{27} \div \frac{3}{27} = 18 \div 3 = 6$$
$$\Rightarrow 4 < 6$$

7 (밀가루의 양)÷(설탕의 양)
$$= \frac{8}{15} \div \frac{2}{15} = 8 \div 2 = 4(배)$$

8 $1\frac{1}{5} < 2\frac{1}{8}$
$$\Rightarrow 2\frac{1}{8} \div 1\frac{1}{5} = \frac{17}{8} \div \frac{6}{5} = \frac{17}{8} \times \frac{5}{6} = \frac{85}{48}$$
$$= 1\frac{37}{48}$$

9 (나누어 줄 수 있는 사람 수)
　＝(전체 배의 양)
　　÷(한 사람에게 나누어 주는 배의 양)
$$= \frac{6}{7} \div \frac{6}{21} = \frac{18}{21} \div \frac{6}{21} = 18 \div 6 = 3(명)$$

10 ㉠ $\frac{9}{13} \div \frac{11}{13} = 9 \div 11 = \frac{9}{11}(<1)$
㉡ $\frac{4}{5} \div \frac{7}{15} = \frac{12}{15} \div \frac{7}{15} = 12 \div 7$
$$= \frac{12}{7} = 1\frac{5}{7}(>1)$$

11 (가로)＝(직사각형의 넓이)÷(세로)
$$= \frac{14}{15} \div \frac{7}{8} = \frac{14}{15} \times \frac{8}{7} = \frac{16}{15}$$
$$= 1\frac{1}{15}(\text{m})$$

12 나눗셈에서 나누어지는 수가 작을수록 나누는 수가 클수록 몫이 작아집니다.

13 (수족관의 가로)÷(수족관의 세로)
$$= 1\frac{3}{7} \div \frac{5}{7} = \frac{10}{7} \div \frac{5}{7} = 10 \div 5 = 2(배)$$

14 ㉠ $2 \div \frac{8}{17} = 2 \times \frac{17}{8} = \frac{17}{4} = 4\frac{1}{4}$
㉡ $\frac{5}{8} \div \frac{1}{6} = \frac{5}{8} \times 6 = \frac{15}{4} = 3\frac{3}{4}$

㉢ $\frac{8}{9} \div \frac{4}{5} = \frac{8}{9} \times \frac{5}{4} = \frac{10}{9} = 1\frac{1}{9}$

$\Rightarrow 4\frac{1}{4} > 3\frac{3}{4} > 1\frac{1}{9}$ 이므로 계산 결과가 가장 큰 것은 ㉠입니다.

15 (체리 1 kg의 가격)
$$= 8000 \div \frac{4}{5} = 8000 \times \frac{5}{4} = 10000(원)$$

16 $\frac{7}{8} \div \frac{\square}{16} = \frac{14}{16} \div \frac{\square}{16} = 14 \div \square$ 에서
나눗셈식의 몫이 자연수이므로 □에는 14의 약수가 들어가야 합니다. 14의 약수는 1, 2, 7, 14이므로 □에 들어갈 수 있는 가장 큰 수는 14입니다.

17 분모가 같은 분수의 나눗셈식은
$$\frac{\blacktriangle}{\blacksquare} \div \frac{\bullet}{\blacksquare} = \blacktriangle \div \bullet \text{입니다.}$$
분자끼리의 나눗셈식은 $7 \div 5$이므로 진분수의 분모 $\blacksquare$는 7보다 크고 9보다 작은 수입니다. 따라서 조건을 만족하는 분수의 나눗셈식은
$\frac{7}{8} \div \frac{5}{8}$이고, 계산하면
$$\frac{7}{8} \div \frac{5}{8} = 7 \div 5 = \frac{7}{5} = 1\frac{2}{5} \text{입니다.}$$

18 $6\frac{1}{5} \div \frac{1}{2} = \frac{31}{5} \div \frac{1}{2} = \frac{31}{5} \times 2 = \frac{62}{5} = 12\frac{2}{5}$

이므로 물통을 가득 채우려면 들이가 $\frac{1}{2}$ L인 양동이로 물을 적어도 13번 부어야 합니다.

19

쌀 $\frac{6}{7}$ kg을 한 봉지에 $\frac{3}{28}$ kg씩 나누어 담으려고 합니다. 쌀을 몇 봉지에 나누어 담을 수 있는지 풀이 과정을 쓰고, 답을 구해 보세요.

❶ 한 봉지에 $\frac{3}{28}$ kg씩 나누어 ➡ 전체 쌀의 양을 $\frac{3}{28}$ kg 으로 나누는 나눗셈식을 세워서 봉지 수를 구합니다.

풀이

예 (봉지 수)

＝(전체 쌀의 양)÷(한 봉지에 담는 쌀의 양)

$=\dfrac{6}{7}÷\dfrac{3}{28}$ …㉠

$=\dfrac{24}{28}÷\dfrac{3}{28}=24÷3=8$(봉지)

따라서 쌀을 8봉지에 나누어 담을 수 있습니다.

…㉡

답 8봉지

〈평가 기준〉

㉠ 쌀을 나누어 담을 수 있는 봉지 수를 구하는 식을 세웁니다.
㉡ 쌀을 나누어 담을 수 있는 봉지 수를 구합니다.

20

힌트 체크

어떤 수에 $\dfrac{3}{5}$ 을 곱했더니 $1\dfrac{1}{4}$ 이 되었습니다.

어떤 수를 $\dfrac{5}{7}$ 로 나눈 몫은 얼마인지 풀이 과정을 쓰고, 답을 구해 보세요.

❶ 어떤 수에 $\dfrac{3}{5}$ 을 곱했더니 $1\dfrac{1}{4}$ 이 되었습니다.

➡ 어떤 수를 □라 하여 식을 세운 후 어떤 수를 구합니다.

❷ 어떤 수를 $\dfrac{5}{7}$ 로 나눈 몫 ➡ (어떤 수)÷$\dfrac{5}{7}$ 를 계산합니다.

풀이

예 어떤 수를 □라 하면 $□×\dfrac{3}{5}=1\dfrac{1}{4}$ 이므로

$□=1\dfrac{1}{4}÷\dfrac{3}{5}=\dfrac{5}{4}÷\dfrac{3}{5}=\dfrac{5}{4}×\dfrac{5}{3}=\dfrac{25}{12}=2\dfrac{1}{12}$

입니다. …㉠

따라서 어떤 수를 $\dfrac{5}{7}$ 로 나눈 몫은

$2\dfrac{1}{12}÷\dfrac{5}{7}=\dfrac{25}{12}÷\dfrac{5}{7}=\dfrac{\overset{5}{\cancel{25}}}{12}×\dfrac{7}{\underset{1}{\cancel{5}}}=\dfrac{35}{12}=2\dfrac{11}{12}$

입니다. …㉡

답 $2\dfrac{11}{12}$

〈평가 기준〉

㉠ 어떤 수를 구합니다.
㉡ 어떤 수를 $\dfrac{5}{7}$ 로 나눈 몫을 구합니다.

SPECIAL 연산 다지기

❶ **분수의 나눗셈**

1 11	**2** 3	**3** 3
4 5	**5** $1\dfrac{1}{3}$	**6** $3\dfrac{2}{3}$
7 $3\dfrac{2}{5}$	**8** 10	**9** $6\dfrac{1}{2}$
10 $5\dfrac{3}{4}$	**11** $\dfrac{8}{27}$	**12** $\dfrac{6}{7}$
13 $\dfrac{20}{21}$	**14** $1\dfrac{1}{8}$	**15** $10\dfrac{1}{2}$
16 $16\dfrac{2}{3}$	**17** 40	**18** 18
19 $\dfrac{35}{36}$	**20** $\dfrac{21}{32}$	**21** $1\dfrac{5}{6}$
22 $2\dfrac{2}{3}$	**23** $2\dfrac{37}{40}$	**24** $12\dfrac{3}{4}$
25 $\dfrac{5}{23}$	**26** $\dfrac{13}{80}$	**27** $5\dfrac{1}{4}$
28 $\dfrac{11}{20}$		

개념 1 (소수 한 자리 수) ÷ (소수 한 자리 수)　40~41쪽

1 32, 8, 32, 8, 8, 4

2 45, 3, 3, 15

3 176, 4, 4, 44

4 7, 6, 6

5 (위에서부터) 5, 9, 10, 9

6 (위에서부터) 10, 11, 7, 7

7 (위에서부터) 24, 8, 16, 16

8 (위에서부터) 3, 72

9 9　　　**10** 7

11 11　　　**12** 14

개념 체크

13 14, 14, 3 / 3 / 3, 42

---

1 1 cm＝10 mm이므로
3.2 cm÷0.8 cm＝32 mm÷8 mm＝4

[4~6] 나누어지는 수와 나누는 수를 똑같이 10배 하여 자연수의 나눗셈으로 계산합니다.

9
$$0.4)\overline{3.6}$$
9; 3 6; 0

10
$$0.7)\overline{4.9}$$
7; 4 9; 0

11
$$1.2)\overline{13.2}$$
1 1; 1 2; 1 2; 1 2; 0

12
$$3.4)\overline{47.6}$$
1 4; 3 4; 1 3 6; 1 3 6; 0

개념 2 (소수 두 자리 수) ÷ (소수 두 자리 수)　42~43쪽

1 42, 2, 2, 21　　　**2** 125, 25, 25, 5

3 832, 208, 208, 4

4 551, 19, 551, 19, 29

5 8, 9, 9

6 (위에서부터) 49, 2, 100, 2

7 (위에서부터) 100, 13, 65, 65

8 (위에서부터) 4, 588

9 (위에서부터) 12, 12, 24, 24

10 7　　　**11** 6

12 12　　　**13** 17

개념 체크

14 63, 63, 4 / 4 / 4, 252

[5~7] 나누어지는 수와 나누는 수를 똑같이 100배 하여 자연수의 나눗셈으로 계산합니다.

10
$$0.48)\overline{3.36}$$
7; 3 3 6; 0

11
$$1.24)\overline{7.44}$$
6; 7 4 4; 0

12
$$0.67)\overline{8.04}$$
1 2; 6 7; 1 3 4; 1 3 4; 0

13
$$2.74)\overline{46.58}$$
1 7; 2 7 4; 1 9 1 8; 1 9 1 8; 0

개념 유형 익히기　44~45쪽

1 (위에서부터) 10, 10 / 25, 5, 5 / 5

2 72, 9, 72, 9, 8　　　**3** 18, 15

4 >　　　**5** 6분

6 152.4÷50.8＝3 / 3장

7 식 $59.4 \div 0.2 = 297$

이유 ⑩ 594와 2를 각각 $\dfrac{1}{10}$ 배 하면 59.4
와 0.2가 됩니다.

8 $= \dfrac{245}{100} \div \dfrac{35}{100} = 245 \div 35 = 7$

9 23, 74, 111, 111 **10** ④

11 ( )(○) **12** 1, 2, 3, 4

13 8배 **14** 어머니

---

3 $5.4 \div 0.3 = \dfrac{54}{10} \div \dfrac{3}{10} = 54 \div 3 = 18$

$34.5 \div 2.3 = \dfrac{345}{10} \div \dfrac{23}{10} = 345 \div 23 = 15$

4 $83.7 \div 2.7 = 31$ ⟩ $173.6 \div 6.2 = 28$

5 (물을 받는 데 걸리는 시간)
$=$(받아야 하는 물의 양)
$\div$(1분 동안 나오는 물의 양)
$= 10.2 \div 1.7 = 6$(분)

6 (만들 수 있는 팬케이크의 수)
$=$(전체 밀가루의 양)
$\div$(팬케이크 한 장을 만드는 데 필요한 밀가
루의 양)
$= 152.4 \div 50.8 = 3$(장)

7 나눗셈에서 나누는 수와 나누어지는 수에 같은
수를 곱하면 몫은 변하지 않습니다.

10 $50.82 \div 8.47 = 5082 \div 847$

11 $78.54 \div 1.54 = 51$ ⟨ $19.08 \div 0.36 = 53$

12 $3.25 \div 0.65 = 5$
따라서 $5 > \square$이므로 $\square$ 안에 들어갈 수 있는
수는 1, 2, 3, 4입니다.

13 ㉮ 0.01이 984개인 수: 9.84
㉯ 1이 1개, 0.1이 2개, 0.01이 3개인 수: 1.23
⇨ ㉮÷㉯ $= 9.84 \div 1.23 = 8$(배)

14 $1.96 \div 0.28 = 7$이므로 수호는 주스를 컵 7개
에 담았고, $2.48 \div 0.31 = 8$이므로 어머니는
주스를 컵 8개에 담았습니다.

개념**3** 자릿수가 다른 **46~47쪽**
(소수)÷(소수)

1 90, 5.3 **2** 47.7, 9, 5.3

3 5.3, 5.3, 같습니다.

4 4.6, 120, 180, 180

5 2.7, 86, 301, 301

6 5.7 **7** 4.3

8 3.9 **9** 9.1

10 3.2, 2.6 **11** 1.2, 6.9

개념 체크 

12 8.2, 30, 8.2 / 8.2, 3, 8.2

6
$$0.9\,0\,)\,\overline{5.1\,3\,0}\quad(몫\ 5.7)$$
$$\begin{array}{r} 4\ 5\ 0 \\ \hline 6\ 3\ 0 \\ 6\ 3\ 0 \\ \hline 0 \end{array}$$

7
$$6.1\,)\,\overline{2\,6.2\,3}\quad(몫\ 4.3)$$
$$\begin{array}{r} 2\ 4\ 4 \\ \hline 1\ 8\ 3 \\ 1\ 8\ 3 \\ \hline 0 \end{array}$$

8
$$2.4\,0\,)\,\overline{9.3\,6\,0}\quad(몫\ 3.9)$$
$$\begin{array}{r} 7\ 2\ 0 \\ \hline 2\ 1\ 6\ 0 \\ 2\ 1\ 6\ 0 \\ \hline 0 \end{array}$$

9
$$0.4\,)\,\overline{3.6\,4}\quad(몫\ 9.1)$$
$$\begin{array}{r} 3\ 6 \\ \hline 4 \\ 4 \\ \hline 0 \end{array}$$

10 $8.64 \div 2.7 = 864 \div 270 = 3.2$
$13.78 \div 5.3 = 1378 \div 530 = 2.6$

11 $4.56 \div 3.8 = 45.6 \div 38 = 1.2$
$28.98 \div 4.2 = 289.8 \div 42 = 6.9$

개념**4** (자연수)÷(소수) **48~49쪽**

1 70, 70, 14, 5 **2** 90, 90, 15, 6

3 600, 600, 75, 8 **4** 500, 500, 125, 4

5 (1) 120, 5 (2) 1200, 50

---

6 (1) 320, 80 (2) 3200, 800

7 (1) 1360, 170 (2) 13600, 1700

8 4, 180

9 12, 375, 750, 750

10 8 **11** 4

12 15 **13** 25

14 40, 40, 5 / 5, 8, 5 / 5, 40

10
$$\begin{array}{r} 8 \\ 0.5\overline{)4.0} \\ 4\,0 \\ \hline 0 \end{array}$$

11
$$\begin{array}{r} 4 \\ 1.75\overline{)7.00} \\ 7\,00 \\ \hline 0 \end{array}$$

12
$$\begin{array}{r} 1\,5 \\ 1.8\overline{)2\,7.0} \\ 1\,8 \\ \hline 9\,0 \\ 9\,0 \\ \hline 0 \end{array}$$

13
$$\begin{array}{r} 2\,5 \\ 0.92\overline{)2\,3.00} \\ 1\,84 \\ \hline 4\,6\,0 \\ 4\,6\,0 \\ \hline 0 \end{array}$$

1 10, 53, 1.6, 1.6

2 방법 1 2.7, 680, 2380, 2380
　　방법 2 2.7, 68, 238, 238

3 ㉡, ㉢ **4** 1.4

5 1.2 **6** 6.2 kg

7 $= \dfrac{420}{10} \div \dfrac{84}{10} = 420 \div 84 = 5$

8 ④ **9** (1) 32 (2) 75

10 **11** >

12 9, 0.36, 25 **13** 16

14 4분

3
㉡ 5.28÷1.1 → 52.8÷11 (10배)
㉢ 5.28÷1.1 → 528÷110 (100배)

4 2.8<3.92 ⇨ 3.92÷2.8=39.2÷28=1.4

5 어떤 수를 □라 하면 □×8.3=9.96에서
□=9.96÷8.3=99.6÷83=1.2입니다.

6 아버지가 캔 고구마의 무게를 □ kg이라 하면
□×1.3=8.06에서
□=8.06÷1.3=806÷130=6.2입니다.

8 105.0÷2.5=1050÷25

9 (1)
$$\begin{array}{r} 3\,2 \\ 2.5\overline{)8\,0.0} \\ 7\,5 \\ \hline 5\,0 \\ 5\,0 \\ \hline 0 \end{array}$$
(2)
$$\begin{array}{r} 7\,5 \\ 5.44\overline{)4\,0\,8.00} \\ 3\,8\,0\,8 \\ \hline 2\,7\,2\,0 \\ 2\,7\,2\,0 \\ \hline 0 \end{array}$$

10
$$\begin{array}{r} 1\,5 \\ 1.2\overline{)1\,8.0} \\ 1\,2 \\ \hline 6\,0 \\ 6\,0 \\ \hline 0 \end{array}$$
$$\begin{array}{r} 1\,4 \\ 3.5\overline{)4\,9.0} \\ 3\,5 \\ \hline 1\,4\,0 \\ 1\,4\,0 \\ \hline 0 \end{array}$$
$$\begin{array}{r} 1\,6 \\ 4.5\overline{)7\,2.0} \\ 4\,5 \\ \hline 2\,7\,0 \\ 2\,7\,0 \\ \hline 0 \end{array}$$

11 56÷1.75=32, 93÷3.72=25
⇨ 32>25이므로 56÷1.75 > 93÷3.72

12 몫이 가장 크려면 나누어지는 수인 자연수는
가장 크고, 나누는 수인 소수는 가장 작아야
합니다.
9>6이고 0.75>0.36이므로
9÷0.36=25

13 어떤 수를 □라 하면 □×2.25=81에서
□=81÷2.25=36입니다.
따라서 바르게 계산하면 36÷2.25=16입니다.

14 (1 km를 달리는 데 걸린 시간)
=(걸린 시간)÷(달린 거리)
=50÷12.5=4(분)

1 첫째, 5   **2** 둘째, 5.3   **3** 셋째, 5.29

4 1.428 / 1, 1.4, 1.43

5 3.344 / 3, 3.3, 3.34

6 6.345 / 6, 6.3, 6.35

7 3.1   **8** 0.97

9 (1) 1   (2) 1.21

4
$$7 \overline{)1\,0} \quad 1.428$$
1.428… ⇨ 1
1.428… ⇨ 1.4
1.428… ⇨ 1.43

5
3.344
9)30.1
1.428
3.344… ⇨ 3
3.344… ⇨ 3.3
3.344… ⇨ 3.34

6
6.345
8.4)53.3
6.345… ⇨ 6
6.345… ⇨ 6.3
6.345… ⇨ 6.35

7
$$5.1 \overline{)1\,5.7} \quad 3.07 ⇨ 3.1$$

8
$$6 \overline{)5.8} \quad 0.966 ⇨ 0.97$$

개념 6 **나누어 주고 남는 양 알아보기**   54~55쪽

1 방법1 1.4 / 4, 1.4
　　방법2 4, 1.4 / 4, 1.4

2 4, 4, 2.5 / 2, 2.5

3 8, 48, 0.3 / 8, 0.3

4 5, 0.4   **5** 7, 4.5

6 2, 0.5

7

4
5 ← 나누어 줄 수 있는 사람 수
3)15.4
1 5
0.4 ← 남는 귤의 양

5
7 ← 나누어 담을 수 있는 접시 수
8)60.5
5 6
4.5 ← 남는 소스의 양

6
2 ← 나누어 담을 수 있는 상자의 수
1.5)3.5
3 0
0.5 ← 남는 딸기의 양

개념 유형 익히기

1 5, 4.9, 4.88 **2** ㉢

3 (1) 0.57 (2) 0.6 **4** >

5 식 예 $42.2 \div 2.3 = 18.3\cdots$
답 18 km

6 1.8배

7 방법 1 4, 4, 4, 4, 2.3 / 4, 2.3
방법 2 4, 2.3 / 4, 2.3

8 ㉢

9
$$5\overline{)26.5}$$ / 5, 1.5
$$25$$
$$1.5$$

10 8, 4.6

---

1 일의 자리: $4.\underline{8}\cdots \Rightarrow 5$
소수 첫째 자리: $4.8\underline{8}\cdots \Rightarrow 4.9$
소수 둘째 자리: $4.88\underline{3}\cdots \Rightarrow 4.88$

2 ㉠ $15.4 \div 3 = 5.13\underline{3}\cdots \Rightarrow 5.13$
㉡ $35.9 \div 7 = 5.12\underline{8}\cdots \Rightarrow 5.13$
㉢ $46.22 \div 9 = 5.13\underline{5}\cdots \Rightarrow 5.14$

3 (1)
$$7\overline{)4.00}$$
$$0.57$$
$$35$$
$$50$$
$$49$$
$$1$$
(2) $0.5\underline{7} \Rightarrow 0.6$

4 $64 \div 3 = 21.3\cdots$
몫의 소수 첫째 자리 숫자가 3이므로 버림합니다.
따라서 $64 \div 3$의 몫을 반올림하여 일의 자리까지
나타낸 수는 21이므로 $64 \div 3$보다 작습니다.

5 $42.2 \div 2.3 = 18.\underline{3}\cdots \Rightarrow 18$ km

6 (삼촌 몸무게) ÷ (호동이의 몸무게)
$= 74.8 \div 41 = 1.82\cdots \Rightarrow 1.8$배

8 ㉠ $17.5 \div 4 = 4\cdots1.5$
㉡ $33.8 \div 8 = 4\cdots1.8$

10 $52.6 \div 6 = 8\cdots4.6$이므로 별 모양을 8개까지
만들 수 있고, 남는 철사는 4.6 cm입니다.

실생활 문제 다잡기

유형 **1** 1단계 2520, 0.9, 2800 /
5750, 2.3, 2500
2단계 2800, 2500, ㉡
답 ㉡ 우유

유형 **1**-1 ㉡ 마트

유형 **1**-2 ㉠ 자동차

유형 **2** 1단계 94, 45, 24, 20, 0.4 /
94, 0.4
2단계 0.4, 0.1
답 0.1 kg

유형 **2**-1 0.3 L

유형 **2**-2 3.8 kg

유형 **1**

풀이

1단계 우유 1 L의 가격 구하기

(㉠ 우유 1 L의 가격) = $\boxed{2520}$ ÷ $\boxed{0.9}$
= $\boxed{2800}$ (원)

(㉡ 우유 1 L의 가격) = $\boxed{5750}$ ÷ $\boxed{2.3}$
= $\boxed{2500}$ (원)

2단계 같은 양을 살 때 더 저렴한 우유 구하기

$\boxed{2800}$ > $\boxed{2500}$ 이므로 같은 양을 살 때 더
저렴한 것은 $\boxed{㉡}$ 우유입니다.

답 ㉡ 우유

유형 **1**-1

 핵심 체크

㉠ 마트와 ㉡ 마트에서 파는 블루베리 1 kg의
가격을 각각 구한 후 비교하여 더 저렴한 블루베
리를 구합니다.
(블루베리 1 kg의 가격)
= (블루베리 ▲ kg일 때의 가격) ÷ ▲

(㉠ 마트 블루베리 1 kg의 가격)
$= 24500 \div 0.7 = 35000$(원)
(㉡ 마트 블루베리 1 kg의 가격)
$= 12400 \div 0.4 = 31000$(원)
$35000 > 31000$이므로 같은 양을 살 때 더 저렴한 곳은 ㉡ 마트입니다.

유형 ❶-2

 **핵심 체크**

연비가 더 좋은 자동차는 연료 1 L로 더 멀리 갈 수 있는 자동차입니다. ㉠ 자동차와 ㉡ 자동차가 연료 1 L로 갈 수 있는 거리를 각각 구한 후 비교하여 더 멀리 갈 수 있는 자동차를 구합니다.
(연료 1 L로 갈 수 있는 거리)
$=$ (연료 ◆L로 갈 수 있는 거리)$\div$◆

(㉠ 자동차의 연비)$= 279.5 \div 21.5 = 13 \text{ (km)}$
(㉡ 자동차의 연비)$= 221.25 \div 17.7 = 12.5 \text{ (km)}$
$13 > 12.5$이므로 연비가 더 좋은 자동차는 ㉠입니다.

유형 ❷

풀이

1단계 **나누어 담고 남은 딸기의 양 구하기**

$47.4 \div 0.5$의 몫을 자연수까지만 계산하면

$$
\begin{array}{r}
9\ 4 \\
0.5\,)\overline{4\ 7.4} \\
\underline{4\ 5} \\
2\ 4 \\
\underline{2\ 0} \\
0\ .\ 4
\end{array}
$$

이므로 딸기를 $\boxed{94}$ 상자에 나누어 담을 수 있고, 남는 딸기의 양은 $\boxed{0.4} \text{ kg}$입니다.

2단계 **더 필요한 딸기의 양 구하기**

딸기를 남김없이 모두 판매하려면 딸기는 적어도
$0.5 - \boxed{0.4} = \boxed{0.1} \text{ (kg)}$이 더 필요합니다.

답 0.1 kg

유형 ❷-1

 **핵심 체크**

(전체 포도주스의 양)$\div$(한 병에 담는 포도주스의 양)
$=$ (병 개수)$\cdots$(남는 포도주스의 양)
에서 포도주스 병의 개수는 자연수이므로 몫을 자연수까지만 계산한 후 나머지를 구합니다.

$5.2 \div 0.5$의 몫을 자연수까지만 계산하면

$$
\begin{array}{r}
1\ 0 \\
0.5\,)\overline{5.2} \\
\underline{5} \\
0.2
\end{array}
$$

포도주스를 10병에 나누어 담을 수 있고, 남는 포도주스는 0.2 L입니다. 따라서 포도주스를 남김없이 모두 담으려면 포도주스는 적어도
$0.5 - 0.2 = 0.3 \text{ (L)}$가 더 필요합니다.

유형 ❷-2

 **핵심 체크**

(전체 쌀의 양)$\div$(한 사람에게 나누어 주는 쌀의 양)
$=$ (사람 수)$\cdots$(남는 쌀의 양)
에서 사람 수는 자연수이므로 몫을 자연수까지만 계산한 후 나머지를 구합니다.

$164.2 \div 7$의 몫을 자연수까지만 계산하면

$$
\begin{array}{r}
2\ 3 \\
7\,)\overline{1\ 6\ 4.2} \\
\underline{1\ 4} \\
2\ 4 \\
\underline{2\ 1} \\
3.2
\end{array}
$$

쌀을 23명에게 나누어 줄 수 있고, 남는 쌀은 3.2 kg입니다. 따라서 쌀을 남김없이 모두 나누어 주려면 쌀은 적어도 $7 - 3.2 = 3.8 \text{ (kg)}$이 더 필요합니다.

서술형 대비 문제

❶ 대표 45, 48, 60, 60, 0 / 옮긴

❶ 연습 풀이 참조

❷ 대표 크게, 작게, 7.6, 0.3, 7.6, 0.3,
　　　　 25.333, 25.33 / 7.6÷0.3, 25.33

❷ 연습 풀이 참조 / 4÷7.65, 0.5

---

❶ 대표 문제

바른 계산

$$1.2) \overline{5\,4\,.\,0}$$

몫: 4 5
4 8
6 0
6 0
0 …㉠

이유

소수점을 옮겨서 계산하는 경우, 몫의 소수점은
(옮기기 전의 , (옮긴)) 소수점의 위치에 맞추어 찍어
야 합니다. …㉡

〈평가 기준〉

㉠ 바르게 계산합니다.
㉡ 잘못 계산한 이유를 씁니다.

❶ 연습 문제

✚ 힌트 체크

잘못 계산한 곳을 찾아 바르게 계산하고,
그 이유를 써 보세요.

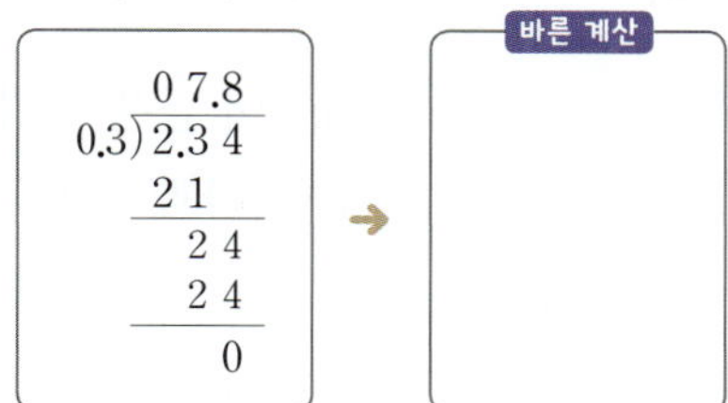

바른 계산

❶ 잘못 계산한 곳 ➡ 몫의 소수점의 위치를 바르게 찍었는지
　확인합니다.

❷ 자릿수가 다른 (소수)÷(소수)는 나누어지는 수 또는 나누는
　수가 자연수가 되도록 나누어지는 수와 나누는 수를 똑같이
　10배 또는 100배 하여 계산합니다.

바른 계산

예　$0.3) \overline{2.3\,4}$ = 7.8　또는　$0.30) \overline{2.3\,4}$ = 7.8

（왼쪽）
2 1
2 4
2 4
0

（오른쪽）
2 1 0
2 4 0
2 4 0
0 …㉠

이유

㉡ 소수점을 옮겨서 계산하는 경우, 몫의 소수점은
옮긴 소수점의 위치에 맞추어 찍어야 합니다. …㉡

〈평가 기준〉

㉠ 바르게 계산합니다.
㉡ 잘못 계산한 이유를 씁니다.

❷ 대표 문제

풀이

몫이 가장 크려면
나누어지는 수는 가장 ((크게) , 작게),
나누는 수는 가장 (크게 , (작게)) 만듭니다.
$0 < 3 < 6 < 7$이므로 나누어지는 수는 7.6 ,
나누는 수는 0.3 입니다. …㉠
따라서 나눗셈식을 만들어 몫을 소수 셋째 자리까지
구하면 7.6 ÷ 0.3 = 25.333
이므로 몫을 반올림하여 소수 둘째 자리까지 나타내면
25.33 입니다. …㉡

식 7.6÷0.3　**몫** 25.33

〈평가 기준〉

㉠ 나누어지는 수와 나누는 수를 정합니다.
㉡ 나눗셈식을 만들어 어림한 몫을 구합니다.

❷ 연습 문제

✚ 힌트 체크

수 카드 4 , 5 , 6 , 7 4장을 모두 사용하여
몫이 가장 작은 (자연수)÷(소수 두 자리 수)를
만들고 몫을 반올림하여 소수 첫째 자리까지
나타내려고 합니다. 풀이 과정을 쓰고, 답을 구해
보세요.

□÷□.□□

❶ 몫이 가장 작은 나눗셈식 ➡ (가장 작은 수)÷(가장 큰 수)

예 몫이 가장 작으려면 나누어지는 수는 가장 작게, 나누는 수는 가장 크게 만듭니다. $4<5<6<7$이 므로 나누어지는 수는 4, 나누는 수는 7.65입니다.

…㉠

따라서 나눗셈식을 만들어 몫을 소수 둘째 자리까지 구하면 $4\div7.65=0.52$이므로 반올림하여 소수 첫째 자리까지 나타내면 0.5입니다. …㉡

식 $4\div7.65$ 몫 0.5

〈평가 기준〉

㉠ 나누어지는 수와 나누는 수를 정합니다.
㉡ 나눗셈식을 만들어 어림한 몫을 구합니다.

단원 평가
62~65쪽

1 100, 100 / 238, 7, 34 / 34

2 $=\dfrac{2100}{100}\div\dfrac{525}{100}=2100\div525=4$

3 ②, ④

4 372, 372, 372, 3 / 372, 372, 3 / 3, 1116

5 9, 72, 4.2 / 9, 4.2

6 $<$ **7** 5, 75

8 ㉢, ㉣, ㉡, ㉠   **9**

$$3.4)\overline{1\,7\,0.0}$$ 몫 5, $1\,7\,0$, 0

10 ㉢   **11** 21.33

12 4배   **13** (○) (　)

14 ㉠   **15** 7, 2.4   **16** 선규

17 5, 3, 35, 63, 63

18 더블컵   **19** 풀이 참조, 3.4배

20 풀이 참조, 6상자, 0.7 m

3 ② $19.53\div2.1$ $1953\div210$ (100배, 100배)

④ $19.53\div2.1$ $195.3\div21$ (10배, 10배)

---

6 $42.5\div1.7=425\div17=25$
$3.78\div0.14=378\div14=27$

7 $8\div1.6=\dfrac{80}{10}\div\dfrac{16}{10}=80\div16=5$
$9\div0.12=\dfrac{900}{100}\div\dfrac{12}{100}=900\div12=75$

8 ㉠ $8.64\div3.2=864\div320=2.7$
㉡ $9.96\div2.49=996\div249=4$
㉢ $12.6\div0.9=126\div9=14$
㉣ $15\div1.25=1500\div125=12$

10 $9.5\div3=3.166\cdots$
㉠ $3.166\cdots \Rightarrow 3.17$
㉡ $3.16\cdots \Rightarrow 3.2$
㉢

$$3)\overline{9.5}$$ ← 몫 3, 9, 0.5 ← 나머지

몫을 자연수까지 구하면 3이고 나머지는 0.5입니다.

11 $6.4>5>2.9>0.3$이므로 가장 큰 수는 6.4이고 가장 작은 수는 0.3입니다.
$6.4\div0.3=21.333\cdots \Rightarrow 21.33$

12 $85.2\div21.3=4$(배)

13 • $29\div6=4.8\cdots \Rightarrow 5$
• $38.4\div9=4.2\cdots \Rightarrow 4$

14 ㉠ $4.6\div3=1.53\cdots \Rightarrow 1.5$
㉡ $11\div7=1.57\cdots \Rightarrow 1.6$
㉢ $14.5\div9=1.61\cdots \Rightarrow 1.6$

15

$$4)\overline{3\,0.4}$$ 몫 7, $2\,8$, 2.4

⇨ 금은보화를 담은 주머니 수: 7개
남는 금은보화의 양: 2.4 kg

16 승아:

$$2)\overline{1\,5.3}$$ 몫 7, $1\,4$, 1.3

⇨ 나누어 담은 봉지 수: 7개
남는 사과의 양: 1.3 kg

선규:

$$3)\overline{1\,6.4}$$ 몫 5, $1\,5$, 1.4

⇨ 나누어 담은 봉지 수: 5개
남는 사과의 양: 1.4 kg

$1.3\,\text{kg}<1.4\,\text{kg}$이므로 남는 사과의 양은 선규가 더 많습니다.

17

$$0.7 \overline{)\, 4.1\,\text{©}}$$

- $7 \times 5 = 35$이므로
  ㉠$=5$, ㉢$=3$, ㉣$=5$
- $41 - 35 = 6$이므로 ㉤$=6$
- $7 \times 9 = 63$이므로
  ㉥$=6$, ㉦$=3$
- ㉢$=$㉦$=$㉦$=3$

18 (싱글콘 1 kg의 가격)$=2000 \div 0.25 = 8000$(원)

(싱글컵 1 kg의 가격)$=3000 \div 0.4 = 7500$(원)

(더블컵 1 kg의 가격)$=5500 \div 0.8 = 6875$(원)

따라서 아이스크림 1 kg의 가격을 비교하면 $8000 > 7500 > 6875$이므로 더블컵 아이스크림이 가장 저렴합니다.

19

재홍이는 자전거를 타고 집에서 $12.76\,\text{km}$ 떨어진 할머니 댁에 가고 있습니다. $2.9\,\text{km}$ 까지 왔다면 남은 거리는 지금까지 온 거리의 몇 배인지 풀이 과정을 쓰고, 답을 구해 보세요.

❶ 남은 거리
➡ (집에서 할머니 댁까지의 거리)$-$(지금까지 온 거리)
❷ 남은 거리는 지금까지 온 거리의 몇 배
➡ (남은 거리)$=$(지금까지 온 거리)$\times \square$
→ $\square =$(남은 거리)$\div$(지금까지 온 거리)

풀이

㉠ (남은 거리)$=12.76 - 2.9 = 9.86\,(\text{km})$ …㉠

➪ (남은 거리)$\div$(지금까지 온 거리)
$=9.86 \div 2.9 = 98.6 \div 29 = 3.4$(배) …㉡

답 3.4배

〈평가 기준〉

㉠ 남은 거리를 구합니다.

㉡ 남은 거리는 지금까지 온 거리의 몇 배인지 구합니다.

20

리본 $2\,\text{m}$로 상자 하나를 묶을 수 있습니다. 똑같은 모양의 상자를 리본으로 묶을 때 리본 $12.7\,\text{m}$로 묶을 수 있는 상자 수와 남는 리본의 길이를 구하려고 합니다. 풀이 과정을 쓰고, 답을 구해 보세요.

❶ 묶을 수 있는 상자 수와 남는 리본의 길이
➡ (리본 전체의 길이)$\div$(상자 하나를 묶을 때 필요한 리본의 길이)
$=$(묶을 수 있는 상자 수)$\cdots$(남는 리본의 길이)

풀이

㉠ 묶을 수 있는 상자 수와 남는 리본의 길이를 구하는 식은 $12.7 \div 2$입니다. …㉠

$12.7 \div 2$의 몫을 자연수까지만 구하면 6이고, 이때 나머지는 0.7입니다. 따라서 묶을 수 있는 상자는 6상자이고, 남는 리본은 $0.7\,\text{m}$입니다. …㉡

답 6상자, $0.7\,\text{m}$

〈평가 기준〉

㉠ 묶을 수 있는 상자 수와 남는 리본의 길이를 구하는 나눗셈식을 세웁니다.

㉡ 묶을 수 있는 상자 수와 남는 리본의 길이를 구합니다.

66~67쪽

❷ 소수의 나눗셈

1 3	**2** 15	**3** 6
4 13	**5** 16	**6** 1.7
7 1.9	**8** 2.7	**9** 0.9
10 9.7	**11** 6	**12** 5
13 15	**14** 4	**15** 25
16 2	**17** 0.4	**18** 1.5
19 4.31	**20** 13.67	**21** 2, 1.3
22 7, 1.3	**23** 6, 3.7	**24** 7, 4.5
25 24, 3.1		

개념 1 **바라본 방향에 따라 보이는 모습 알아보기**   70~71쪽

1 ①	**2** ③
3 ④, ②	**4** 연준
5 ( ) (○)	**6** (나), (다)
7 ②	**8** (나)
9 (나)	**10** ⑤

4 고인돌이 정면으로 보이므로 연준이가 찍은 사진입니다.

5 예서가 찍은 사진은 정면에서 본 것과 왼쪽, 오른쪽이 바뀌어진 사진입니다.

6 (나) 고인돌의 윗부분만 보이므로 주원이가 드론으로 찍은 사진입니다.
(다) 고인돌의 다리가 하나만 보이므로 진아가 찍은 사진입니다.

7 초록색 컵이 왼쪽에 있고, 주황색 컵이 오른쪽에 있으며 주황색 컵의 손잡이가 왼쪽에 보이므로 ②에서 찍은 것입니다.

8 ①에서 찍으면 주황색 컵이 왼쪽에 있고, 초록색 컵이 오른쪽에 있으며 초록색 컵의 손잡이가 오른쪽에 보여야 합니다.

9 (가) 사진은 ④에서 찍은 사진입니다.

10 주황색, 노란색, 보라색 컵의 순서로 놓이고, 주황색 컵의 손잡이가 앞쪽으로 보이고, 나머지 컵의 손잡이가 모두 보이지 않으므로 ⑤에서 찍은 것입니다.

개념 2 **여러 방향에서 본 모양 알아보기**   72~73쪽

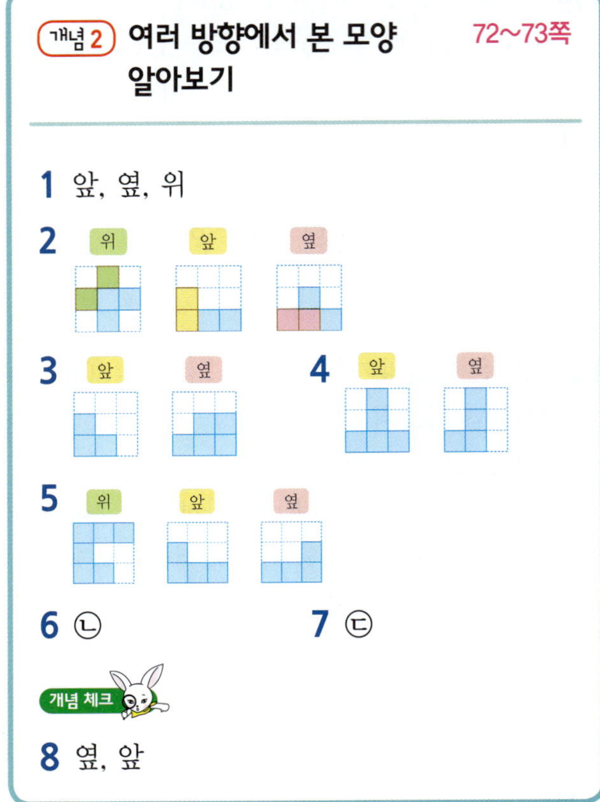

1 앞, 옆, 위

6 ⓒ

7 ⓒ

개념 체크

8 옆, 앞

6 ㉠ 옆에서 본 모양이 다릅니다.
ⓒ 위에서 본 모양이 다릅니다.

7 ㉠ 위에서 본 모양이 다릅니다.
ⓒ 앞에서 본 모양이 다릅니다.

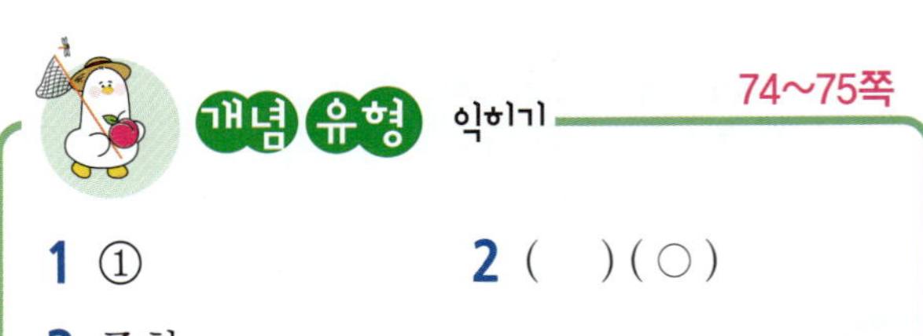

개념 유형 익히기   74~75쪽

1 ①   **2** ( ) (○)
3 주희
4 (1) ③   (2) ⑤   (3) ①   (4) ④
5 ② / 예 리듬체조 선수의 뒷모습이 보이고, ④번 카메라로 촬영하고 있는 사람의 다리가 보이기 때문입니다.
6 ㉠, ⓒ   **7**
8 ⓒ

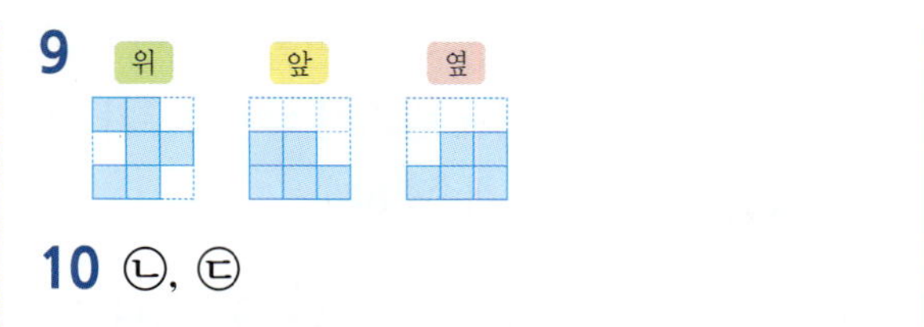

9

10 ㉡, ㉢

---

1 나무가 오른쪽에 있고, 건물이 나무 뒤에 보이므로 ①에서 찍은 사진입니다.

2 ③에서 찍으면 나무가 왼쪽에 있고, 나무 뒤에 건물이 보여야 합니다.

3 나은: 사진을 찍는 방향에 따라 건물이 보이는 모습이 다릅니다.

8 앞에서 본 모양은 각각 다음과 같습니다.

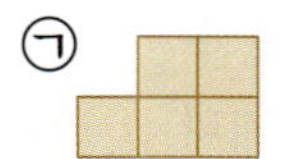 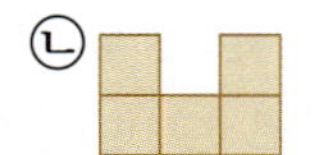 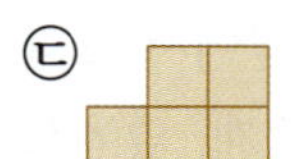

따라서 앞에서 본 모양이 다른 것은 ㉡입니다.

10 ㉠은 앞에서 본 모양이 다릅니다.

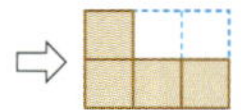

개념 3 **쌓기나무의 개수 구하기 (1)**　**76쪽**
　　　　쌓은 모양과 위에서 본 모양

1 같으므로, 없습니다, 5

2 다르므로, 있습니다, 6

3 5개　　　　**4** 7개

3 쌓은 모양에서 보이는 위의 면들과 위에서 본 모양이 같으므로 뒤에 숨겨진 쌓기나무가 없습니다.
⇨ 쌓기나무 개수: 5개

4 쌓은 모양에서 보이는 위의 면들과 위에서 본 모양이 다르므로 뒤에 숨겨진 쌓기나무가 있습니다.
⇨ 쌓기나무 개수: 7개

개념 4 **쌓기나무의 개수 구하기 (2)**　**77쪽**
　　　　위, 앞, 옆에서 본 모양

1 1　　　　　　　**2** 2

3 1　　　　　　　**4** 2, 1, 1, 4

5 5개　　　　　　**6** 8개

7 9개

4 위, 앞, 옆에서 본 모양을 보고 쌓은 모양을 만들면 오른쪽과 같습니다. 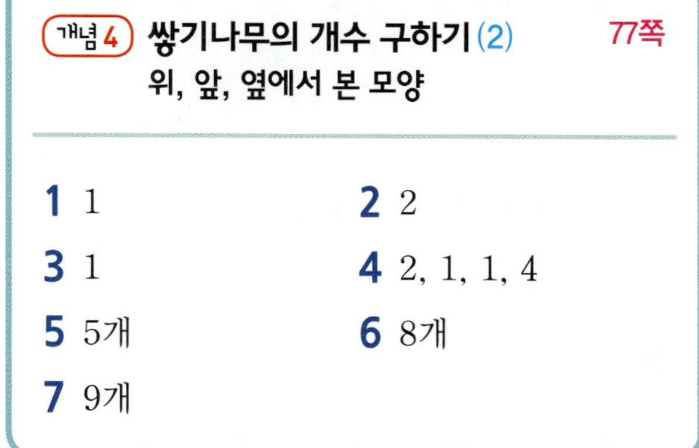

5 앞에서 보면 ㉡ 부분은 쌓기나무가 1개, 옆에서 보면 ㉣ 부분은 쌓기나무가 1개, ㉢ 부분은 쌓기나무가 2개, ㉠ 부분은 쌓기나무가 1개입니다.
⇨ (쌓기나무의 개수)＝1＋1＋2＋1＝5(개)

6 앞에서 보면 ㉡과 ㉣ 부분은 쌓기나무가 각각 1개, 옆에서 보면 ㉤ 부분은 쌓기나무가 3개, ㉠ 부분은 쌓기나무가 1개, 앞, 옆에서 보면 ㉢ 부분은 쌓기나무가 2개입니다.
⇨ (쌓기나무의 개수)
　＝1＋1＋2＋1＋3＝8(개)

7 앞에서 보면 ㉠ 부분은 쌓기나무가 3개, ㉡, ㉢, ㉤ 부분은 쌓기나무가 각각 1개, 옆에서 보면 ㉣ 부분은 쌓기나무가 1개, 앞, 옆에서 보면 ㉥ 부분은 쌓기나무가 2개입니다.
⇨ (쌓기나무의 개수)
　＝3＋1＋1＋1＋1＋2＝9(개)

개념 5 **위에서 본 모양에 수 쓰기**　**78~79쪽**

1 2개, 1개 / 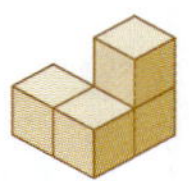 / 2, 1, 6

2 (　)(○) / (○)(　)

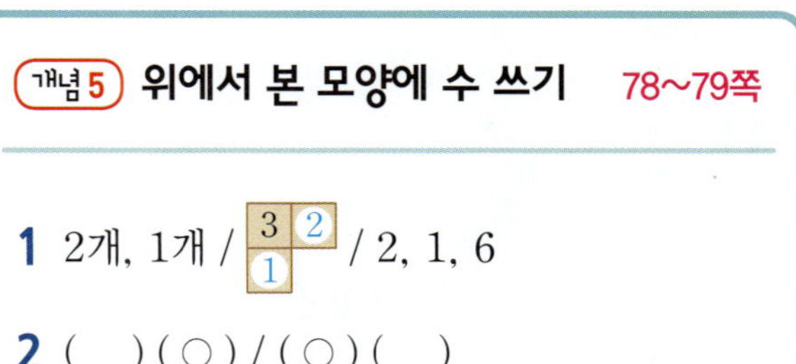

3 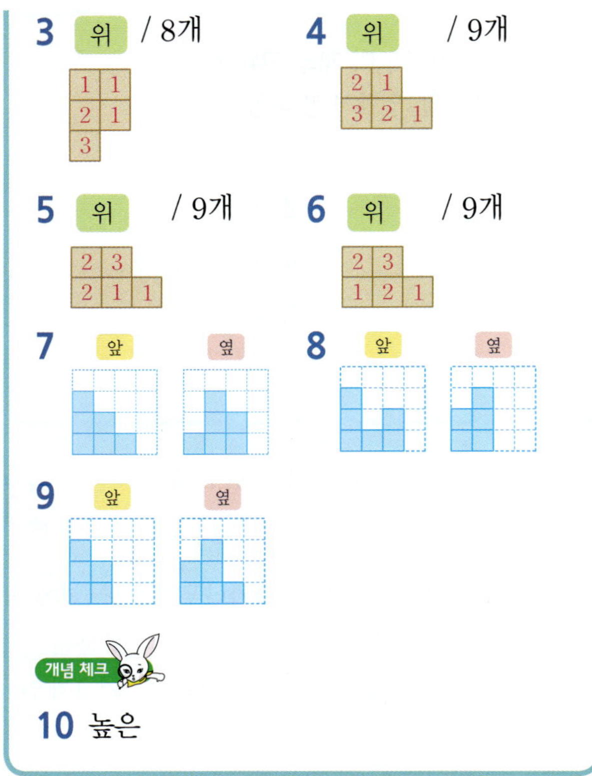 위 / 8개

1	1	
2	1	
3		

4 위 / 9개

2	1	
3	2	1

5 위 / 9개

2	3	
2	1	1

6 위 / 9개

2	3	
1	2	1

7 앞 옆

8 앞 옆

9 앞 옆

개념 체크

10 높은

3 $1+1+2+1+3=8$(개)

4 $2+1+3+2+1=9$(개)

5 $2+3+2+1+1=9$(개)

6 $2+3+1+2+1=9$(개)

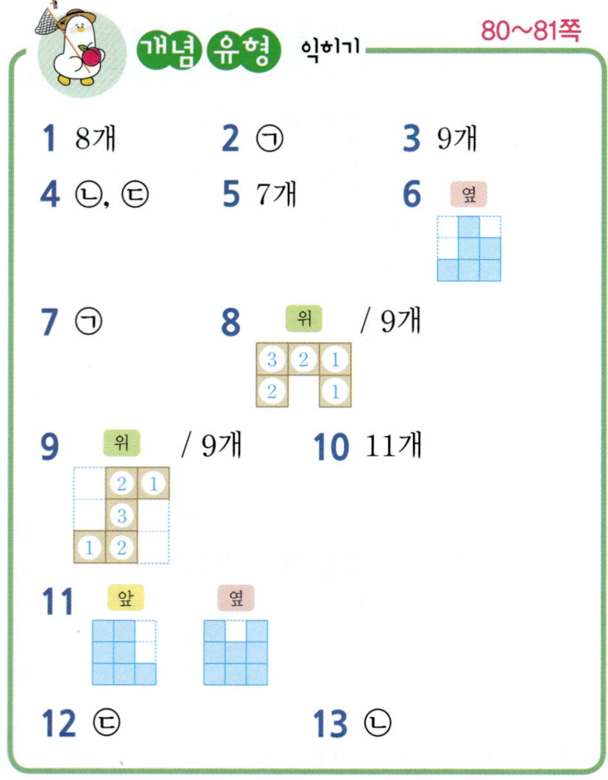

개념 유형 익히기 80~81쪽

1 8개 **2** ㉠ **3** 9개

4 ㉡, ㉢ **5** 7개 **6** 옆

7 ㉠ **8** 위 / 9개

3	2	1
2		1

9 위 / 9개

2	1	
3		
1	2	

10 11개

11 앞 옆

12 ㉢ **13** ㉡

---

1 쌓은 모양에서 보이는 위의 면들과 위에서 본 모양이 같으므로 뒤에 숨겨진 쌓기나무가 없습니다. ⇨ 쌓기나무 개수: 8개

2 ㉠ 숨겨진 쌓기나무가 없으므로 9개입니다.
㉡ 숨겨진 쌓기나무가 없으므로 8개입니다.

3 숨겨진 쌓기나무가 있으므로 쌓기나무 9개가 필요합니다.
따라서 남는 쌓기나무는 $18-9=9$(개)입니다.

4 ㉡과 ㉢에서 ○표 한 쌓기나무가 보이게 됩니다.

㉡ 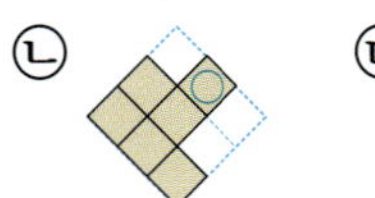 ㉢ 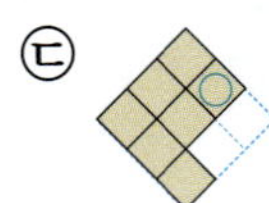

5 앞에서 보면 ㉣, ㉤은 쌓기나무가 1개, 옆에서 보면 ㉢, ㉡은 쌓기나무가 1개, ㉠은 쌓기나무가 3개입니다.

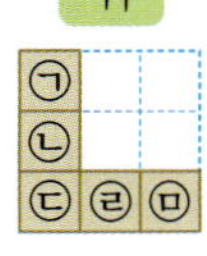

⇨ (쌓기나무의 개수)
$=㉠+㉡+㉢+㉣+㉤$
$=3+1+1+1+1=7$(개)

6  위 앞

앞에서 본 모양을 보면 ○ 부분은 쌓기나무가 3개, △ 부분은 쌓기나무가 1개, ▽ 부분은 쌓기나무가 2개입니다.
따라서 쌓기나무로 쌓은 모양을 옆에서 보면 왼쪽부터 1층, 3층, 2층으로 보입니다.

8 $3+2+1+2+1=9$(개)

9 $2+1+3+1+2=9$(개)

10 $3+2+1+3+1+1=11$(개)

11 앞에서 보면 왼쪽부터 3층, 3층, 1층으로 보이고, 옆에서 보면 왼쪽부터 3층, 2층, 3층으로 보입니다.

13 앞에서 보면 왼쪽부터 2층, 3층, 2층으로 보이고, 옆에서 보면 왼쪽부터 1층, 2층, 3층으로 보이는 모양은 ㉡입니다.

개념 6 층별로 나누어 보기 82~83쪽

1 3, 5, 6 / 6, 5, 3, 14

2 (○) (　) / (　) (○)

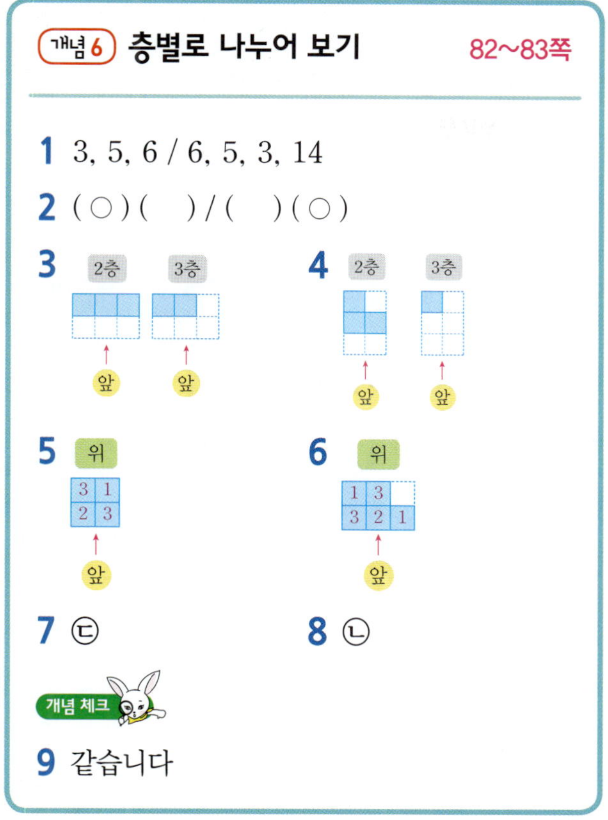

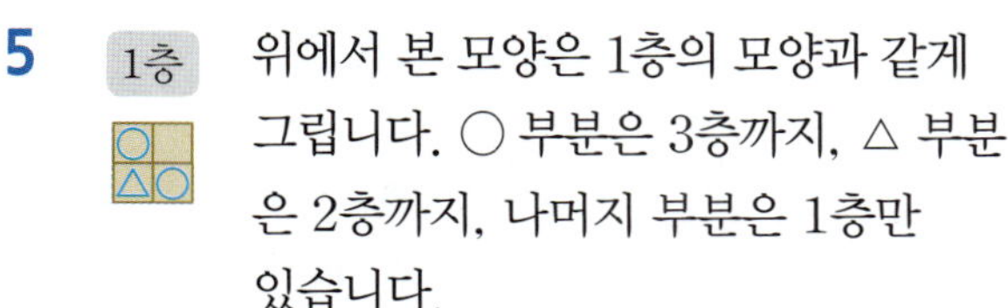

7 ㉢

8 ㉡

개념 체크

9 같습니다

개념 7 여러 가지 모양 만들기 84~85쪽

1 ㉢ 　　**2** ㉡

3 (○) (　) 　　**4** (　) (○)

5 ㉠, ㉡ 　　**6** ㉠, ㉢

7 ㉠, ㉢ 　　**8** 예 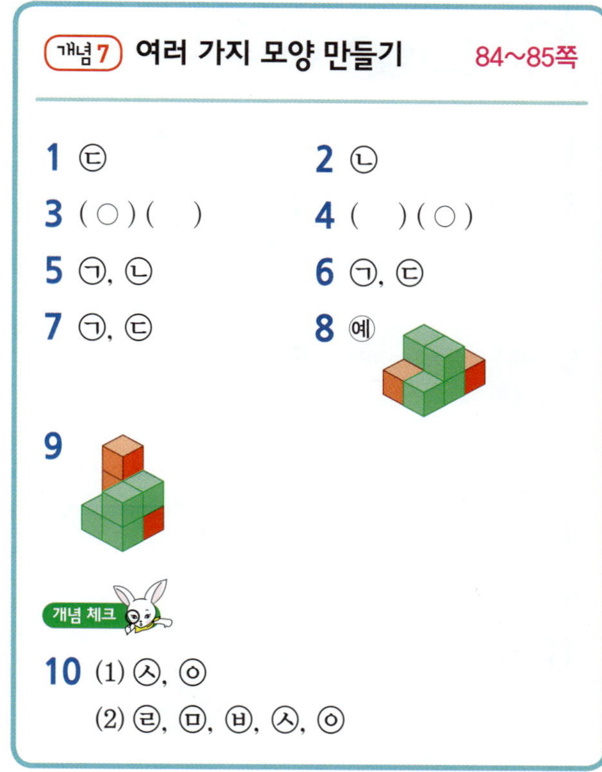

9

개념 체크

10 (1) ㉧, ㉨

　　(2) ㉣, ㉤, ㉥, ㉧, ㉨

---

5 위에서 본 모양은 1층의 모양과 같게 그립니다. ○ 부분은 3층까지, △ 부분은 2층까지, 나머지 부분은 1층만 있습니다.

6 위에서 본 모양은 1층의 모양과 같게 그립니다. ○ 부분은 3층까지, △ 부분은 2층까지, 나머지 부분은 1층만 있습니다.

7 1층 모양으로 가능한 모양을 찾아보면 ㉠, ㉢입니다. ㉠은 3층 모양이 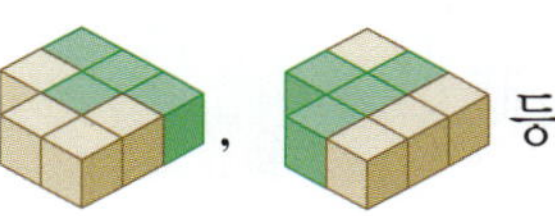이므로 쌓은 모양은 ㉢입니다.

8 1층 모양으로 가능한 모양을 찾아보면 ㉠, ㉡입니다. ㉠은 3층 모양이 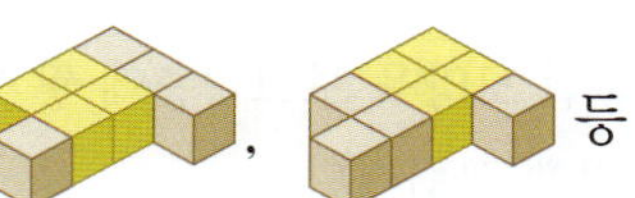이므로 쌓은 모양은 ㉡입니다.

---

5 새로운 모양에 먼저 ㉢이 들어갈 수 있는 위치를 찾아봅니다. ㉢으로 인해서 다음과 같이 모양이 둘로 나누어지므로 ㉢은 사용한 모양이 아닙니다.

，　등

6 새로운 모양에 먼저 ㉡이 들어갈 수 있는 위치를 찾아봅니다. ㉡으로 인해서 다음과 같이 모양이 둘로 나누어지므로 ㉡은 사용한 모양이 아닙니다.

，　등

7

㉠과 ㉢ 두 가지 모양을 사용하여 새로운 모양 2개를 만들었습니다.

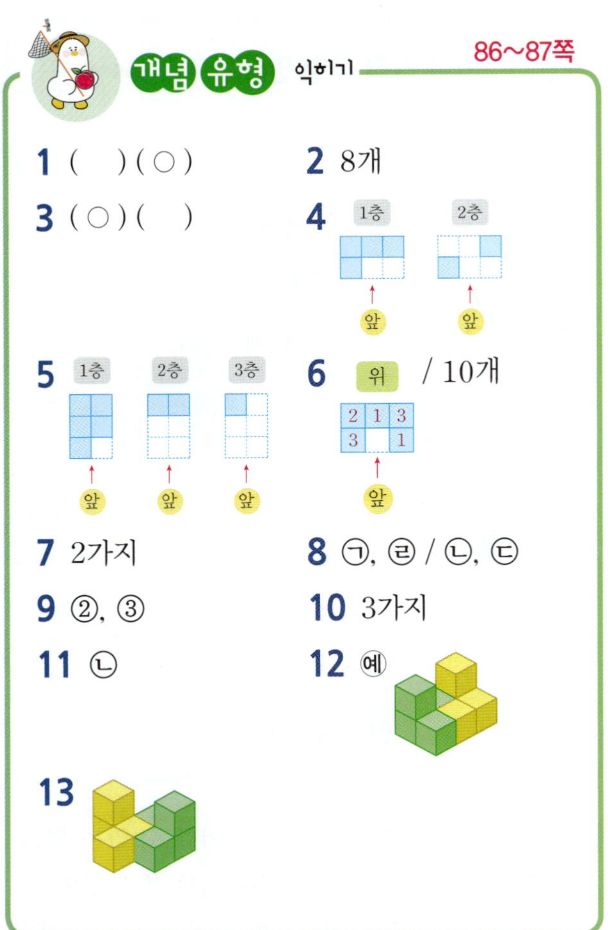

1 (　) (○)　　**2** 8개

3 (○) (　)

4 [1층] [2층] / 앞 앞

5 [1층] [2층] [3층] / 앞 앞 앞

6 [위] / 10개

7 2가지

8 ㉠, ㉣ / ㉡, ㉢

9 ②, ③

10 3가지

11 ㉡

12 ㉘

13

---

2 1층: 4개, 2층: 3개, 3층: 1개
　⇨ 4+3+1=8(개)

3 [1층] 1층의 △ 부분은 3층까지,
　○ 부분은 2층까지,
　나머지 부분은 1층까지 있습니다.

4 1층에는 쌓기나무 4개가 와 같은 모양으
로 있습니다. 쌓인 모양을 보고 2층에 쌓기나무
2개를 위치에 맞게 그립니다.

5 위에서 본 모양과 1층 모양은 서로 같고 2층에
는 쌓기나무 2개, 3층에는 쌓기나무 1개가
있습니다.

6 [1층] ○ 부분은 쌓기나무가 3층까지,
　△ 부분은 쌓기나무가 2층까지,
　나머지 부분은 쌓기나무가 1층만
있습니다.
따라서 똑같은 모양으로 쌓는 데 필요한 쌓기
나무는 2+1+3+3+1=10(개)입니다.

---

7 쌓기나무 3개로 만들 수 있는 모양은
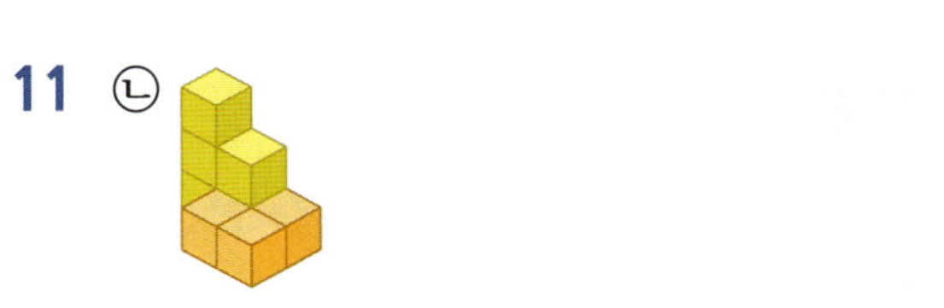
, 의 2가지입니다.

9 쌓기나무 1개를 더 붙여서 , 와
같이 만들 수 있습니다.

10 쌓기나무 1개를 붙여서 만들 수 있는 모양은
, , 로 모두 3가지
입니다.

11 ㉡

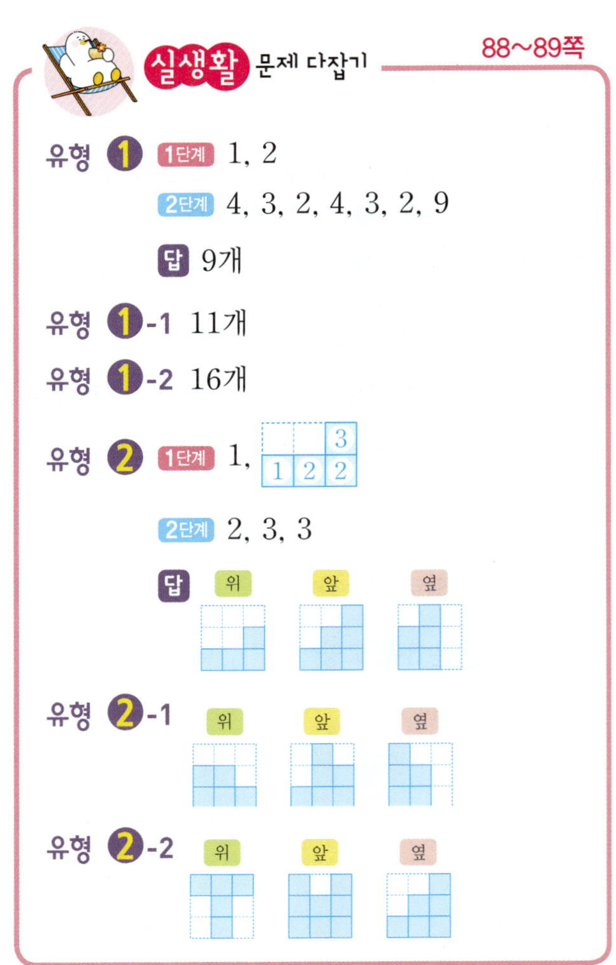

유형 **1** [1단계] 1, 2
　　　[2단계] 4, 3, 2, 4, 3, 2, 9
　　　[답] 9개

유형 **1**-1　11개

유형 **1**-2　16개

유형 **2** [1단계] 1,

		3
1	2	2

　　　[2단계] 2, 3, 3
　　　[답] 위　앞　옆

유형 **2**-1　위　앞　옆

유형 **2**-2　위　앞　옆

유형 ①

풀이

1단계 보이지 않는 부분의 최대 개수 구하기

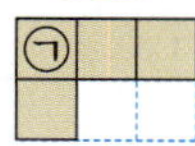

위에서 본 모양을 보면 ㉠ 자리에 숨겨진 쌓기나무는
$\boxed{1}$ 개 또는 $\boxed{2}$ 개 있을 수 있습니다.

2단계 쌓기나무를 최대한 많이 사용한 경우 쌓기나무의
개수 구하기

쌓기나무를 최대한 많이 사용하여 쌓으면
1층에 $\boxed{4}$ 개, 2층에 $\boxed{3}$ 개, 3층에 $\boxed{2}$ 개
이므로 필요한 쌓기나무의 개수는
$\boxed{4} + \boxed{3} + \boxed{2} = \boxed{9}$ (개)입니다.

답 9개

유형 ①-1

핵심 체크
보이지 않는 부분에 쌓기나무가 최대 몇 개까지
있을 수 있는지 확인합니다.

위에서 본 모양을 보면 ㉠ 자리에 숨겨진
쌓기나무가 1개 또는 2개 있을 수 있습니
다. 따라서 쌓기나무를 최대한 많이 사용
하여 쌓으면 1층에 6개, 2층에 3개, 3층
에 2개이므로 필요한 쌓기나무의 개수는
$6+3+2=11$(개)입니다.

유형 ①-2

위에서 본 모양을 보면 숨겨진 쌓기나무가
㉠ 자리에 1개 또는 2개, ㉡ 자리에 1개
또는 2개 있을 수 있습니다.
따라서 쌓기나무를 최대한 많이 사용할
때는 1층에 6개, 2층에 6개, 3층에 4개이므로
$6+6+4=16$(개)입니다.

유형 ②

풀이

1단계 위에서 본 모양에 수를 쓰는 방법으로 나타내기

위에서 본 모양은 $\boxed{1}$ 층 모양과 같고,
위에서 본 모양의 각 자리에 쌓기나무의 개수를 써
넣으면 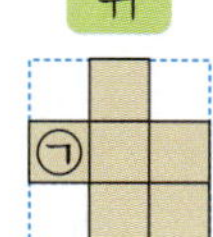과 같습니다.

2단계 앞과 옆에서 본 모양 각각 그리기

앞에서 본 모양은 왼쪽부터 1층, $\boxed{2}$ 층, $\boxed{3}$ 층으로
그리고, 옆에서 본 모양은 왼쪽부터 2층, $\boxed{3}$ 층으로
그립니다.

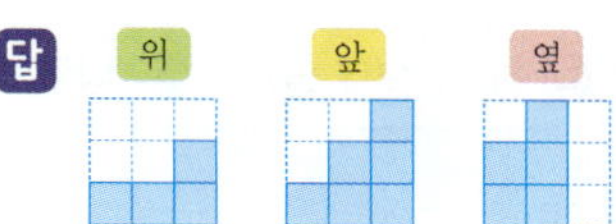

유형 ②-1

위에서 본 모양은 1층과 같고, 위에서 본 모양의 각
자리에 쌓기나무 개수를 써 넣으면 과 같습니다.
앞에서 본 모양은 왼쪽부터 1층, 3층, 2층으로 그리고,
옆에서 본 모양은 왼쪽부터 3층, 2층으로 그립니다.

유형 ②-2

위에서 본 모양은 1층과 같고, 위에서 본 모양의 각

자리에 쌓기나무 개수를 써 넣으면 과 같습
니다.
앞에서 본 모양은 왼쪽부터 3층, 2층, 3층으로 그리고,
옆에서 본 모양은 왼쪽부터 1층, 2층, 3층으로 그립
니다.

서술형 대비 문제 **90~91쪽**

① 대표 1, 2, 1, 1, 2, 1, 2, 7 / 7개

① 연습 풀이 참조, 8개

② 대표 2, 2, 2, 2, 8, 4, 8, 4, 4 / 4개

② 연습 풀이 참조, 22개

❶ 대표 문제

풀이

위에서 본 모양에 쌓기나무의 개수가
확실한 자리에 수를 쓰면 오른쪽과 같고,
빈 곳에 쌓을 수 있는 쌓기나무는 $\boxed{1}$ 개
또는 $\boxed{2}$ 개입니다. …㉠

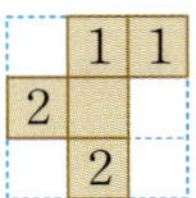

따라서 똑같은 모양으로 쌓는데 필요한 쌓기나무는
최소 $\boxed{1}+\boxed{1}+\boxed{2}+\boxed{1}+\boxed{2}=\boxed{7}$ (개)
입니다. …㉡

답 7개

〈평가 기준〉

> ㉠ 위에서 본 모양에 쌓기나무의 개수가 확실한 자리에 수를 쓰고, 빈 곳에 들어갈 수 있는 수를 모두 구합니다.

> ㉡ 최소한으로 필요한 쌓기나무의 개수를 구합니다.

❶ 연습 문제

❂ 힌트 체크

쌓기나무로 쌓은 모양을 위, 앞, 옆에서 본 모양
입니다. 똑같은 모양으로 쌓는데 필요한 쌓기나
무는 최대 몇 개인지 풀이 과정을 쓰고, 답을
구해 보세요.

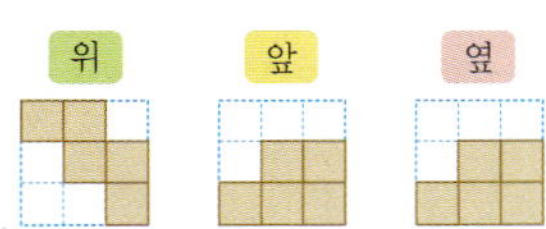

❶ 쌓기나무는 최대 몇 개 ➡ 위에서 본 모양에 쌓기나무의
개수가 확실한 자리에 수를 먼저 쓰고, 빈 곳에 쌓기나무가
몇 개까지 들어갈 수 있는지 구합니다.

풀이

㉠ 위에서 본 모양에 쌓기나무의 개수가
확실한 자리에 수를 쓰면 오른쪽과 같고,
빈 곳에 쌓을 수 있는 쌓기나무는 1개
또는 2개입니다. …㉠

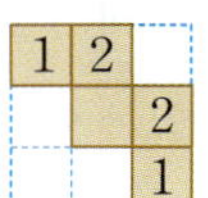

따라서 똑같은 모양으로 쌓는데 필요한 쌓기나무는
최대 $1+2+2+2+1=8$(개)입니다. …㉡

답 8개

〈평가 기준〉

> ㉠ 위에서 본 모양에 쌓기나무의 개수가 확실한 자리에 수를 쓰고, 빈 곳에 들어갈 수 있는 수를 모두 구합니다.

> ㉡ 최대한으로 필요한 쌓기나무의 개수를 구합니다.

❷ 대표 문제

풀이

만들 수 있는 가장 작은 정육면체 모양은 한 모서리
에 쌓기나무가 $\boxed{2}$ 개일 때이므로 정육면체 모양을
만들 때 필요한 쌓기나무는 $\boxed{2}\times\boxed{2}\times\boxed{2}=\boxed{8}$
(개)입니다. …㉠

따라서 주어진 모양의 쌓기나무는 $\boxed{4}$ 개이므로
더 필요한 쌓기나무는 $\boxed{8}-\boxed{4}=\boxed{4}$ (개)입니다.
…㉡

답 4개

〈평가 기준〉

> ㉠ 가장 작은 정육면체를 만들 때 필요한 쌓기나무의 개수를 구합니다.

> ㉡ 더 필요한 쌓기나무의 개수를 구합니다.

❷ 연습 문제

❂ 힌트 체크

쌓기나무로 쌓은 모양에 쌓기나무를 더 쌓아서
가장 작은 정육면체를 만들려고 합니다. 쌓기나무
가 몇 개 더 있어야 하는지 풀이 과정을 쓰고,
답을 구해 보세요.

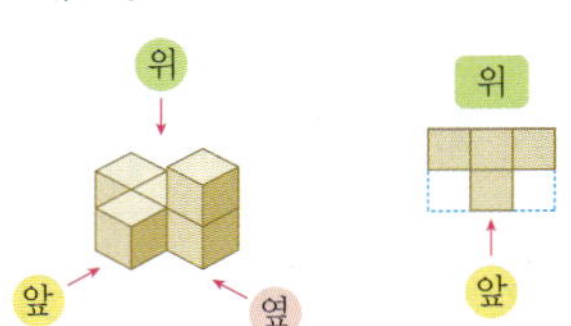

❶ 가장 작은 정육면체 ➡ 쌓기나무로 쌓은 모양의 가로, 세로,
높이 중 가장 많은 쌓기나무의 개수가 가장 작은 정육면체
의 한 모서리가 됩니다.

풀이

㉠ 만들 수 있는 가장 작은 정육면체 모양은 한 모서
리에 쌓기나무가 3개일 때이므로 정육면체 모양을
만들 때 필요한 쌓기나무는 $3\times3\times3=27$(개)
입니다. …㉠

따라서 주어진 모양의 쌓기나무는 5개이므로 더
필요한 쌓기나무는 $27-5=22$(개)입니다. …㉡

답 22개

〈평가 기준〉

> ㉠ 가장 작은 정육면체를 만들 때 필요한 쌓기나무의 개수를 구합니다.

> ㉡ 더 필요한 쌓기나무의 개수를 구합니다.

1 ③   **2** ②   **3** 5, 3, 1, 9
4 (   ) (×)   **5** 9개

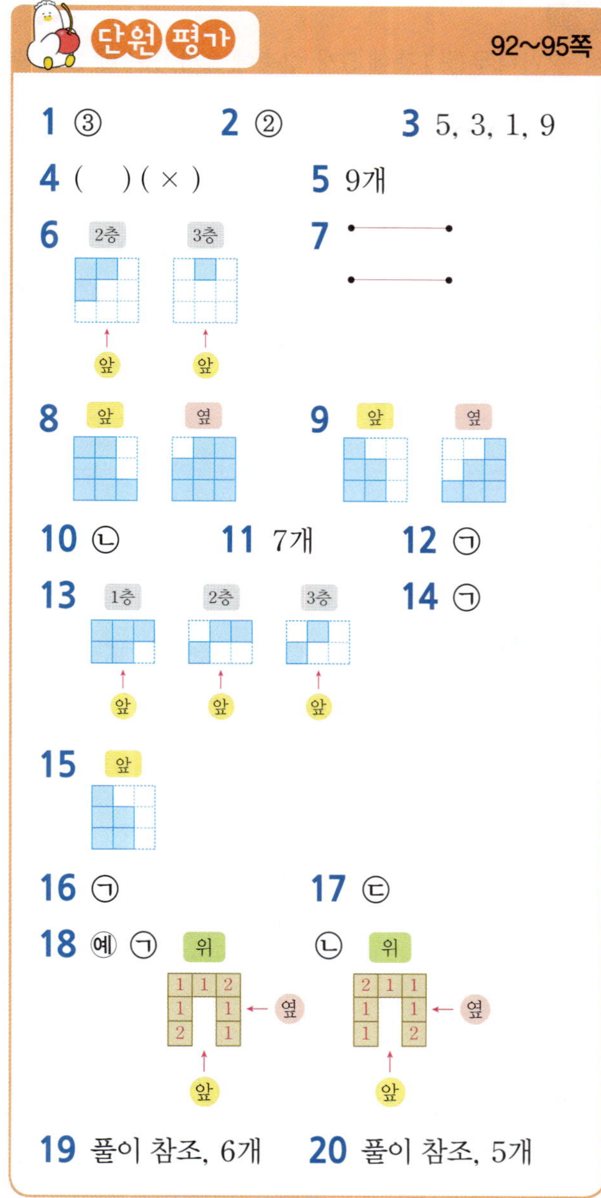

6   **7**
8   **9**
10 ㉡   **11** 7개   **12** ㉠
13   **14** ㉠
15
16 ㉠   **17** ㉢
18 예 ㉠   ㉡
19 풀이 참조, 6개   **20** 풀이 참조, 5개

3 1층에 5개, 2층에 3개, 3층에 1개이므로 똑같이 쌓는 데 필요한 쌓기나무의 개수는 9개입니다.

4 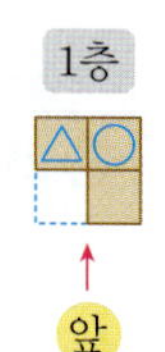   **5** $1+3+2+1+2=9$(개)

6 1층 모양을 보면 쌓기나무로 쌓은 모양의 뒤에 숨겨진 쌓기나무가 없다는 것을 알 수 있습니다. 2층에는 쌓기나무 3개, 3층에는 쌓기나무 1개가 있습니다.

8 위에서 본 모양을 보면 숨겨진 쌓기나무가 없다는 것을 알 수 있습니다. 앞에서 보면 왼쪽부터 3층, 3층, 1층으로 보이고 옆에서 보면 왼쪽부터 2층, 3층, 3층으로 보입니다.

9 앞에서 보면 왼쪽부터 3층, 2층으로 보이고, 옆에서 보면 왼쪽부터 1층, 2층, 3층으로 보입니다.

10 위에서 본 모양을 보면 숨겨진 쌓기나무가 없다는 것을 알 수 있습니다.
1층에 5개, 2층에 2개. 3층에 1개
$\Rightarrow 5+2+1=8$(개)

11 위에서 본 모양을 보면 숨겨진 쌓기나무가 없다는 것을 알 수 있습니다.
1층에 6개, 2층에 2개, 3층에 2개 $\Rightarrow$ 10개
(남은 쌓기나무)$=17-10=7$(개)

12 ㉠ 1층에 5개, 2층에 4개, 3층에 2개 $\Rightarrow$ 11개
㉡ 1층에 6개, 2층에 3개, 3층에 1개 $\Rightarrow$ 10개

14 ㉡과 ㉢ 두 가지 모양을 사용하여 다음과 같이 새로운 모양 2개를 만들 수 있습니다.

15 쌓기나무를 층별로 나타낸 모양에서 1층 모양의 ○ 부분은 2층까지, △ 부분은 3층까지 있습니다. 앞에서 본 모양은 왼쪽부터 3층, 2층으로 그립니다.

16 옆에서 본 모양은 각각 다음과 같습니다.

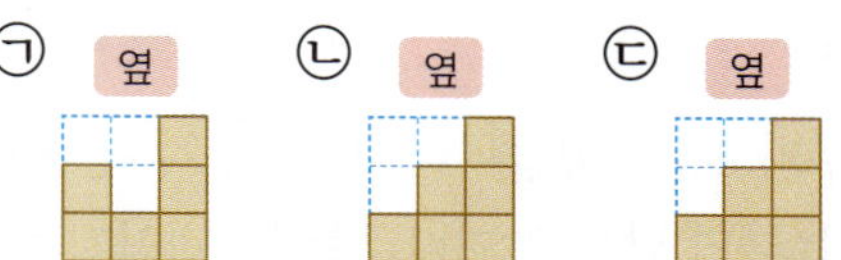

따라서 옆에서 본 모양이 다른 것은 ㉠입니다.

17 ㉢을 앞에서 본 모양은 오른쪽과 같습니다.
따라서 가능하지 않은 모양은 ㉢입니다.

18 쌓기나무 9개를 사용해야 하는 조건과 위에서 본 모양을 보면 2층 이상에 쌓인 쌓기나무는 2개입니다.
1층에 7개의 쌓기나무를 위에서 본 모양과 같이 놓고 나머지 2개의 위치를 이동하면서 위, 앞, 옆에서 본 모양이 서로 같은 두 모양을 만들어 봅니다.

19

쌓기나무로 쌓은 모양을 보고 위에서
본 모양의 각 자리에 수를 썼습니다. 2층
이상에 쌓인 쌓기나무는 몇 개인지
풀이 과정을 쓰고, 답을 구해 보세요.

❶ 위에서 본 모양의 각 자리에 수를 썼습니다.
➡ 똑같은 모양으로 쌓는 데 필요한 쌓기나무의 개수를
구할 수 있습니다.
❷ 2층 이상에 쌓인 쌓기나무는 몇 개
➡ (똑같은 모양으로 쌓는 데 필요한 쌓기나무의 개수)
−(1층에 있는 쌓기나무의 개수)

풀이

㉠ 전체 쌓기나무의 수는 모두
$2+3+3+2+1+1=12$(개)입니다. …㉠
1층에 쌓인 쌓기나무의 수는 위에서 본 모양의 사각
형의 수와 같으므로 6개입니다. 따라서 2층 이상에
쌓인 쌓기나무는 $12-6=6$(개)입니다. …㉡

답 6개

〈평가 기준〉

㉠ 전체 쌓기나무의 개수를 구합니다.

㉡ 2층 이상에 쌓인 쌓기나무의 개수를 구합니다.

20

쌓기나무가 15개 있습니다. 다음과 같이 쌓기나
무를 쌓는다면 남는 쌓기나무는 몇 개인지 풀이
과정을 쓰고, 답을 구해 보세요.

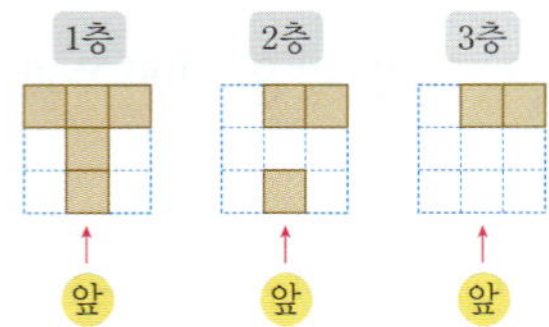

❶ 층별로 나타낸 모양을 보고 각 층에 쌓은 쌓기나무의 개수
의 합을 구해 쌓는 데 필요한 쌓기나무의 개수를 구합니다.
❷ 남는 쌓기나무
➡ (남는 쌓기나무의 개수)
＝(전체 쌓기나무의 개수)−(필요한 쌓기나무의 개수)

풀이

㉠ 쌓기나무를 1층에 5개, 2층에 3개, 3층에 2개 쌓
아야 합니다.
(필요한 쌓기나무의 개수)＝$5+3+2=10$(개)
…㉠
(남는 쌓기나무의 개수)＝$15-10=5$(개) …㉡

답 5개

〈평가 기준〉

㉠ 필요한 쌓기나무의 개수를 구합니다.

㉡ 남는 쌓기나무의 개수를 구합니다.

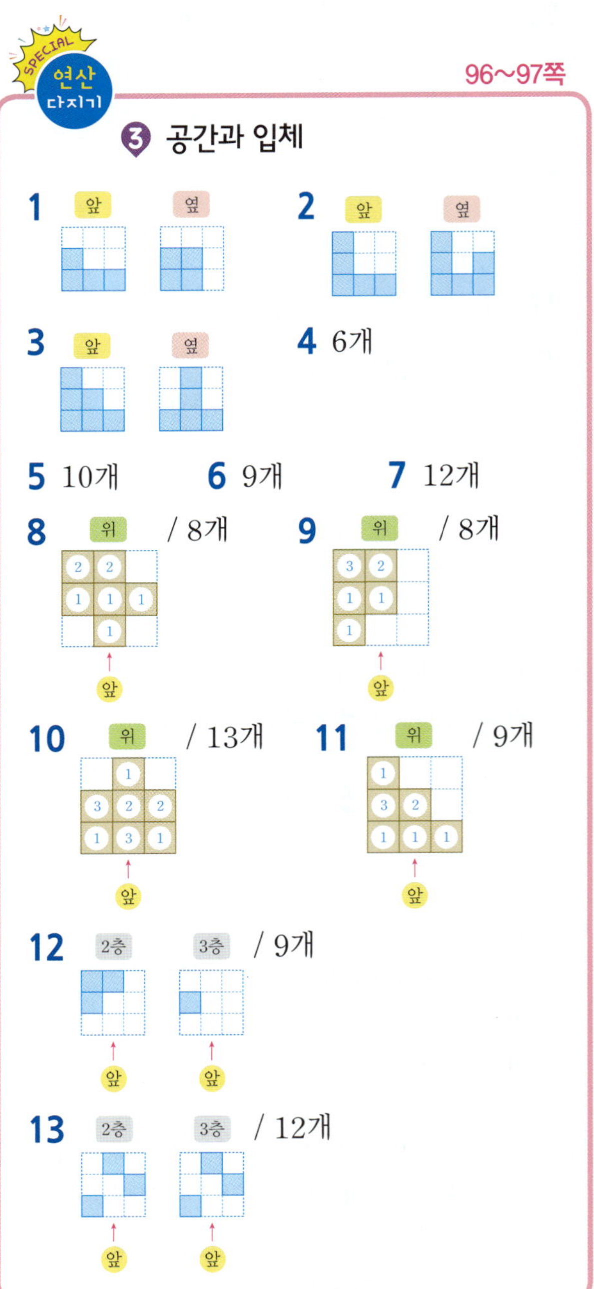

개념 1 비의 성질　　　　　　　　　　100~101쪽

1 1, 5　　　　　　　**2** 8, 3

3 12, 20　　　　　　**4** 2, 3

5 (위에서부터) 27, 3

6 (위에서부터) 7, 84

7 (위에서부터) 8, 20, 4

8 (위에서부터) 2, 3

9 (위에서부터) 6, 2

10 (위에서부터) 15, 6, 5

11 12 : 16　　**12** 12 : 28　　**13** 4 : 1

14 42 : 21

 개념 체크

15 (1) 곱하여도　(2) 나누어도

11
$$6 : 8 \Rightarrow 12 : 16 \quad (\times 2)$$

12
$$3 : 7 \Rightarrow 12 : 28 \quad (\times 4)$$

13
$$32 : 8 \Rightarrow 4 : 1 \quad (\div 8)$$

14
$$84 : 42 \Rightarrow 42 : 21 \quad (\div 2)$$

개념 2 간단한 자연수의 비로　　　　102~103쪽
　　　　　나타내기

1 (위에서부터) 8, 10

2 (위에서부터) 100, 25, 100

3 (위에서부터) 15, 24

4 (위에서부터) 40, 25

5 방법 1 (위에서부터) 0.2, 2, 10
　 방법 2 (위에서부터) 7, 7, 10

---

6 5, 3　　　　　　　**7** 18, 5

8 3, 12　　　　　　　**9** 1.8, 18

10 예 4 : 7　　　　　**11** 예 4 : 3

12 예 3 : 5　　　　　**13** 예 5 : 7

 개념 체크

14 (1) 10, 100, 1000　(2) 분모

10 $1.6 : 2.8 \Rightarrow (1.6 \times 10) : (2.8 \times 10)$
$$\Rightarrow 16 : 28$$
$$\Rightarrow (16 \div 4) : (28 \div 4) \Rightarrow 4 : 7$$

11 $\dfrac{4}{9} : \dfrac{1}{3} \Rightarrow \left(\dfrac{4}{9} \times 9\right) : \left(\dfrac{1}{3} \times 9\right) \Rightarrow 4 : 3$

12 $1\dfrac{1}{2} = 1.5$이므로
$$0.9 : 1.5 \Rightarrow (0.9 \times 10) : (1.5 \times 10)$$
$$\Rightarrow 9 : 15$$
$$\Rightarrow (9 \div 3) : (15 \div 3) \Rightarrow 3 : 5$$

13 $0.8 = \dfrac{8}{10}$이므로
$$\dfrac{4}{7} : \dfrac{8}{10} \Rightarrow \left(\dfrac{4}{7} \times 70\right) : \left(\dfrac{8}{10} \times 70\right)$$
$$\Rightarrow 40 : 56$$
$$\Rightarrow (40 \div 8) : (56 \div 8) \Rightarrow 5 : 7$$

 개념 유형 익히기　　　　104~105쪽

1 7, 11　　**2** 8 : 14　　**3** $\dfrac{1}{4}$

4 (위에서부터) (1) 16, 96　(2) 10, 12

5 ㄹ

6 

7 (　) (○)

8 (위에서부터) (1) 36, 1000　(2) 6, 20

9 방법 1 1.4, 1.4, 14
　 방법 2 11, 7, 11, 7, 11, 14

10 나윤　　　　　　**11** 예 24 : 19

12 예 16 : 15

3 비의 후항은 각각 5, 9, 4, 15이고
$4<5<9<15$이므로 후항이 가장 작은 비는
$1:4$이고 비율은 $\dfrac{1}{4}$입니다.

5 비의 전항과 후항에 0이 아닌 같은 수를 곱해야
비율이 같습니다.

7 $7:4$의 전항과 후항에 2를 곱하면 $14:8$입니다.

10 $\dfrac{2}{5}:\dfrac{3}{4} \Rightarrow 8:15$ (×20) $1.7:1.2 \Rightarrow 17:12$ (×10)

11 (승현) : (유라) $\Rightarrow 2.4:1.9 \Rightarrow 24:19$

12 (가로) : (세로) $\Rightarrow 0.8:\dfrac{3}{4} \Rightarrow \dfrac{8}{10}:\dfrac{3}{4} \Rightarrow 16:15$

개념 3 비례식   106~107쪽

1 15, 12 / 15, 3, 12, 2
2 같습니다   **3** 10, 18, 12
4 12, 18, 내항
5 2, 16 / 4, 8   **6** 3, 24 / 8, 9
7 5, 14 / 7, 10   **8** 20, 12
9 8, 5   **10** 2, 3
11 $6:8=3:4$ 또는 $3:4=6:8$
12 $38:24=19:12$ 또는 $19:12=38:24$
13 $5:2=35:14$ 또는 $35:14=5:2$
14 $2.8:4.9=4:7$ 또는 $4:7=2.8:4.9$

개념 체크

15 (1) 비례식   (2) 외항, 내항

---

11 $1:7 \Rightarrow \dfrac{1}{7}$, $6:8 \Rightarrow \dfrac{6}{8}=\dfrac{3}{4}$, $3:4 \Rightarrow \dfrac{3}{4}$

비율이 같은 비가 $6:8$과 $3:4$이므로 비례식을
세우면 $6:8=3:4$ 또는 $3:4=6:8$입니다.

---

12 $38:24 \Rightarrow \dfrac{38}{24}=\dfrac{19}{12}$, $76:58 \Rightarrow \dfrac{76}{58}=\dfrac{38}{29}$,
$19:12 \Rightarrow \dfrac{19}{12}$

비율이 같은 비가 $38:24$와 $19:12$이므로
비례식을 세우면 $38:24=19:12$ 또는
$19:12=38:24$입니다.

13 $15:9 \Rightarrow \dfrac{15}{9}=\dfrac{5}{3}$, $5:2 \Rightarrow \dfrac{5}{2}$,
$35:14 \Rightarrow \dfrac{35}{14}=\dfrac{5}{2}$

비율이 같은 비가 $5:2$와 $35:14$이므로 비례
식을 세우면 $5:2=35:14$ 또는
$35:14=5:2$입니다.

14 $2.8:4.9 \Rightarrow 28:49 \Rightarrow \dfrac{28}{49}=\dfrac{4}{7}$,
$24:35 \Rightarrow \dfrac{24}{35}$, $4:7 \Rightarrow \dfrac{4}{7}$

비율이 같은 비는 $2.8:4.9$와 $4:7$이므로
비례식을 세우면 $2.8:4.9=4:7$ 또는
$4:7=2.8:4.9$입니다.

개념 4 비례식의 성질   108~109쪽

1 10, 50, 25, 50, $=$
2 1, 52, 4, 52, $=$
3 (위에서부터) 84, 84, ○
4 (위에서부터) 40, 50, ×
5 (위에서부터) 48, 48, ○
6 ×   **7** ○   **8** ○
9 ○   **10** 10, 40, 8
11 27, 189, 9   **12** 52, 312, 24
13 38   **14** 14   **15** 18
16 1

개념 체크

17 (1) $11×5=55$, $55×1=55$
　　 (2) 같습니다.

6 $(외항의 곱)=16\times6=96$

$(내항의 곱)=7\times8=56$

⇨ 외항의 곱과 내항의 곱이 다르므로 비례식이 아닙니다.

7 $(외항의 곱)=6\times6=36$

$(내항의 곱)=3\times12=36$

⇨ 외항의 곱과 내항의 곱이 같으므로 비례식 입니다.

8 $(외항의 곱)=10\times\dfrac{3}{5}=6$

$(내항의 곱)=12\times\dfrac{1}{2}=6$

⇨ 외항의 곱과 내항의 곱이 같으므로 비례식 입니다.

9 $(외항의 곱)=0.3\times32=9.6$

$(내항의 곱)=0.8\times12=9.6$

⇨ 외항의 곱과 내항의 곱이 같으므로 비례식 입니다.

13 $20\times19=\square\times10,\ 380=\square\times10,\ \square=38$

14 $8\times\square=7\times16,\ 8\times\square=112,\ \square=14$

15 $6\times\dfrac{1}{6}=\square\times\dfrac{1}{18},\ 1=\square\times\dfrac{1}{18},\ \square=18$

16 $5\times0.4=2\times\square,\ 2=2\times\square,\ \square=1$

개념 유형 익히기

110~111쪽

1 16, 6 / 4, 24 **2** ㉢, ㉣

3 18, 24

4

5 ㉢ **6** ㉠, ㉣

7 4, 12, 4, 36, 9 **8** 200

9 **10** ㉣

11 9, 12

1

$16 : 4 = 24 : 6$

3 주어진 비의 비율을 각각 구하면 $3:4 \Rightarrow \dfrac{3}{4}$,

$5:20 \Rightarrow \dfrac{5}{20}=\dfrac{1}{4}$, $6:12 \Rightarrow \dfrac{6}{12}=\dfrac{1}{2}$,

$18:24 \Rightarrow \dfrac{18}{24}=\dfrac{3}{4}$입니다.

따라서 $3:4$와 비율이 같은 비는 $18:24$이므로 비례식으로 나타내면 $3:4=18:24$입니다.

5

㉠, ㉡ $4:3=20:15$

㉣ $4:3$의 비율 $\Rightarrow \dfrac{4}{3}$

$20:15$의 비율 $\Rightarrow \dfrac{20}{15}=\dfrac{4}{3}$

6 주어진 비례식의 외항의 곱과 내항의 곱을 차례로 구해 봅니다.

㉠ $1.5\times5=7.5,\ 2.5\times3=7.5$

㉡ $4\times10=40,\ 7\times8=56$

㉢ $\dfrac{5}{9}\times\overset{1}{\cancel{9}}=5,\ \dfrac{1}{\cancel{9}}\times\overset{2}{\cancel{18}}=2$

㉣ $15\times10=150,\ 30\times5=150$

외항의 곱과 내항의 곱이 같으면 비례식이므로 비례식을 모두 찾으면 ㉠, ㉣입니다.

8 비례식에서 외항의 곱과 내항의 곱이 같으므로 $10\times20=㉠\times㉡,\ ㉠\times㉡=200$입니다.

9 • $\square\times8=16\times1,\ \square\times8=16,\ \square=2$

• $2.4\times\square=0.6\times4,\ 2.4\times\square=2.4,$ $\square=1$

• $15\times\dfrac{4}{5}=\square\times\dfrac{2}{3},\ 12=\square\times\dfrac{2}{3},$ $\square=12\div\dfrac{2}{3}=18$

10 ㉠ $3 \times \square = 4 \times 15$, $3 \times \square = 60$, $\square = 20$

㉡ $9 \times 8 = \square \times 6$, $72 = \square \times 6$, $\square = 12$

㉢ $0.5 \times 4 = 0.2 \times \square$, $2 = 0.2 \times \square$, $\square = 10$

㉣ $\square \times 20 = 5 \times 36$, $\square \times 20 = 180$, $\square = 9$

⇨ ㉣ $9 <$ ㉢ $10 <$ ㉡ $12 <$ ㉠ 20

11 $18 \times \text{㉡} = 216$, ㉡ $= 12$

외항의 곱이 216이므로 내항의 곱도 216입니다.

$24 \times \text{㉠} = 216$, ㉠ $= 9$

개념 5 비례식의 활용   112~113쪽

1 (   ) (○)

2 방법 1   60, 60, 360000, 24000

    방법 2   4, 60, 4, 4, 24000

3 24000원   **4** 12

5 12, 2520, 36

6 36개   **7** 24, 56

8 7분   **9** 6, 20

10 (위에서부터) 4, 6, 20, 4, 4, 24

11 24 cm   **12** $8 : 1 = 200 : \square$

13 25 g

8 $3 : 24 = \blacksquare : 56$, $3 \times 56 = 24 \times \blacksquare$,

$168 = 24 \times \blacksquare$, $\blacksquare = 7$

따라서 56 L 들이의 물통에 물을 가득 채우려면 7분 동안 물을 받아야 합니다.

13

$8 : 1 = 200 : \square$ ⇨ $\square = 1 \times 25 = 25$

($\times 25$)

따라서 콩을 25 g 넣어야 합니다.

개념 6 비례배분   114~115쪽

1 4, 4, 3 / 4, 4, 8 / 4, 3, 7, 6

2 1, 4, 5 / 3, 4, 15

---

3 $40 \times \dfrac{\boxed{3}}{\boxed{3} + \boxed{5}} = 40 \times \dfrac{\boxed{3}}{\boxed{8}} = \boxed{15}$ (개)

$40 \times \dfrac{\boxed{5}}{\boxed{3} + \boxed{5}} = 40 \times \dfrac{\boxed{5}}{\boxed{8}} = \boxed{25}$ (개)

4 $420 \times \dfrac{\boxed{5}}{\boxed{5} + \boxed{2}} = 420 \times \dfrac{\boxed{5}}{\boxed{7}}$

$= \boxed{300}$ (cm)

$420 \times \dfrac{\boxed{2}}{\boxed{5} + \boxed{2}} = 420 \times \dfrac{\boxed{2}}{\boxed{7}}$

$= \boxed{120}$ (cm)

5 28, 8   **6** 18, 24

7 200개, 240개   **8** 532 g, 228 g

9 비례배분

5 $36 \times \dfrac{7}{7 + 2} = \overset{4}{\cancel{36}} \times \dfrac{7}{\underset{1}{\cancel{9}}} = 28$

$36 \times \dfrac{2}{7 + 2} = \overset{4}{\cancel{36}} \times \dfrac{2}{\underset{1}{\cancel{9}}} = 8$

6 $42 \times \dfrac{3}{3 + 4} = \overset{6}{\cancel{42}} \times \dfrac{3}{\underset{1}{\cancel{7}}} = 18$

$42 \times \dfrac{4}{3 + 4} = \overset{6}{\cancel{42}} \times \dfrac{4}{\underset{1}{\cancel{7}}} = 24$

7 $440 \times \dfrac{5}{5 + 6} = \overset{40}{\cancel{440}} \times \dfrac{5}{\underset{1}{\cancel{11}}} = 200$(개)

$440 \times \dfrac{6}{5 + 6} = \overset{40}{\cancel{440}} \times \dfrac{6}{\underset{1}{\cancel{11}}} = 240$(개)

8 밀가루: $760 \times \dfrac{7}{7 + 3} = \overset{76}{\cancel{760}} \times \dfrac{7}{\underset{1}{\cancel{10}}} = 532$ (g)

우유: $760 \times \dfrac{3}{7 + 3} = \overset{76}{\cancel{760}} \times \dfrac{3}{\underset{1}{\cancel{10}}} = 228$ (g)

개념 유형 익히기 116~117쪽

1 20

2 20, 40, 8, 8

3 8 : 6＝120 : □

4 90분

5 6컵

6 6줄

7 90바퀴

8 $\dfrac{5}{5+4}=\dfrac{5}{9}$, $\dfrac{4}{5+4}=\dfrac{4}{9}$

9 $\dfrac{5}{9}$, 25 / $\dfrac{4}{9}$, 20

10 7, 7, 28 / 8, 8, 32

11 6×7에 ○표 /

예 $390\times\dfrac{7}{6+7}=390\times\dfrac{7}{13}=210$(명)

12 32개, 24개

13 10시간

---

4 8 : 6＝120 : □, 8×□＝6×120,
8×□＝720, □＝90

5 넣어야 할 새우젓을 □컵이라 하고 비례식을
세우면 8 : 3＝16 : □입니다.
8×□＝3×16, 8×□＝48, □＝6
이므로 새우젓은 6컵을 넣어야 합니다.

6 김밥 수를 □줄이라 하고 비례식을 세우면
2 : 350＝□ : 1050입니다.
2×1050＝350×□, 2100＝350×□,
□＝6이므로 김밥을 6줄 만들 수 있습니다.

7 톱니바퀴 ㉮가 54바퀴 도는 동안 톱니바퀴
㉯가 도는 회전 수를 □바퀴라 하고 비례식을
세우면 3 : 5＝54 : □입니다.
3×□＝5×54, 3×□＝270, □＝90
이므로 톱니바퀴 ㉯는 90바퀴 돕니다.

12 빨간색 바구니: $56\times\dfrac{4}{4+3}=\overset{8}{56}\times\dfrac{4}{\underset{1}{7}}=32$(개)

파란색 바구니: $56\times\dfrac{3}{4+3}=\overset{8}{56}\times\dfrac{3}{\underset{1}{7}}=24$(개)

---

13 하루는 24시간이므로 낮은

$24\times\dfrac{5}{5+7}=24\times\dfrac{\overset{2}{5}}{\underset{1}{12}}=10$(시간)입니다.

실생활 문제 다잡기 118~119쪽

유형 1
- 1단계 27
- 2단계 27, 54, 18, 18
- 3단계 27, 18, 9
- 답 9 cm

유형 1-1 18 cm

유형 1-2 150 cm²

유형 2
- 1단계 (위에서부터) 11, 10, 2
- 2단계 11, 10, $\dfrac{11}{11+10}$, $\dfrac{11}{21}$, 121
- 답 121권

유형 2-1 7400원, 11100원

유형 2-2 20000원, 28000원

유형 1

풀이

1단계 비례식 세우기

태극기의 세로를 ■ cm라 하고 비례식을 세우면

3 : 2＝ 27 : ■입니다.

2단계 세로의 길이 구하기

외항의 곱은 내항의 곱과 같으므로

3×■＝2× 27

3×■＝ 54

■＝ 18

따라서 세로는 18 cm입니다.

3단계 가로와 세로의 차 구하기

가로의 길이는 세로의 길이보다

27 － 18 ＝ 9 (cm) 더 깁니다.

답 9 cm

세로의 길이를 □ cm라 하면 $5 : 3 = 45 : □$에서
$5 \times □ = 3 \times 45$, $5 \times □ = 135$, $□ = 27$이므로
세로는 27 cm입니다.
따라서 가로는 세로보다 $45 - 27 = 18$ (cm) 더
깁니다.

 핵심 체크

삼각형의 높이를 □ cm라 하여 비례식을 세워
높이를 구한 후 삼각형의 넓이를 구합니다.
(삼각형의 넓이) = (밑변의 길이) × (높이) ÷ 2

삼각형의 높이를 □ cm라 하면 $4 : 3 = 20 : □$에서
$4 \times □ = 3 \times 20$, $4 \times □ = 60$, $□ = 15$이므로
높이는 15 cm입니다.
따라서 삼각형의 넓이는 $20 \times 15 \div 2 = 150$ (cm^2)
입니다.

풀이

1단계 두 반의 학생 수의 비 구하기

1반 학생 수와 2반 학생 수의 비를 가장 간단한
자연수의 비로 나타냅니다.

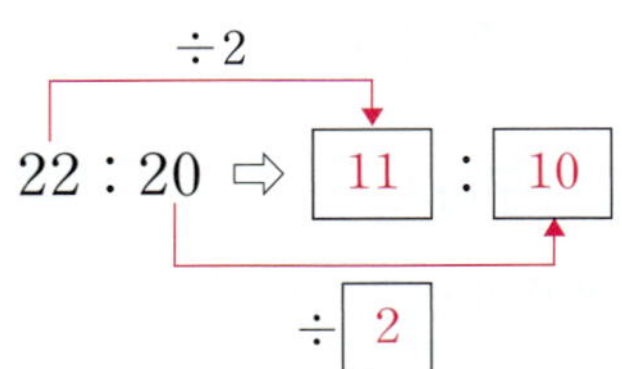

$$22 : 20 \;\Rightarrow\; \boxed{11} : \boxed{10}$$

$\div \boxed{2}$

2단계 1반에 나누어 주려는 공책 수 구하기

1반과 2반에 나누어 주려는 공책 수의 비는
$\boxed{11} : \boxed{10}$이므로
(1반에 나누어 주려는 공책 수)
$$= 231 \times \frac{\boxed{11}}{\boxed{11} + \boxed{10}} = 231 \times \frac{\boxed{11}}{\boxed{21}}$$
$$= \boxed{121} \text{(권)}$$

답 121권

 핵심 체크

모둠 인원 수에 따라 돈을 낸다는 것은 모둠 인원 수로
비례배분 하자는 의미이므로 두 모둠의 인원
수의 비를 가장 간단한 자연수의 비로 나타내어
계산합니다.

(유리네 모둠) : (준우네 모둠) $\Rightarrow 6 : 9 \Rightarrow 2 : 3$
따라서 두 모둠이 내야 할 돈은 각각

유리네 모둠: $18500 \times \dfrac{2}{2+3} = 18500 \times \dfrac{2}{5}$
$$= 7400\text{(원)}$$

준우네 모둠: $18500 \times \dfrac{3}{2+3} = 18500 \times \dfrac{3}{5}$
$$= 11100\text{(원)}$$

(은서) : (현우) $\Rightarrow$ 5만 : 7만 $\Rightarrow 5 : 7$

은서: $48000 \times \dfrac{5}{5+7}$
$$= 48000 \times \dfrac{5}{12} = 20000\text{(원)}$$

현우: $48000 \times \dfrac{7}{5+7}$
$$= 48000 \times \dfrac{7}{12} = 28000\text{(원)}$$

서술형 대비 문제 120~121쪽

❶ **대표** 0.8, 8, 8, 같으므로, 같습니다 /
두 꿀물의 진하기는 같습니다.

❶ **연습** 풀이 참조 /
두 초코우유의 진하기는 같습니다.

❷ **대표** 내항, 8, 8, 4, 8, 8, 4, 4, 8 /
$1 : 2 = 4 : 8$

❷ **연습** 풀이 참조 / 예 $3 : 4 = 6 : 8$

① **대표 문제**

풀이

두 사람이 사용한 꿀의 양과 물의 양의 비를 간단한
자연수의 비로 각각 나타내면

성호의 꿀물은 $0.3 : \boxed{0.8} \Rightarrow 3 : \boxed{8}$

명은이의 꿀물은 $\dfrac{3}{10} : \dfrac{4}{5} \Rightarrow 3 : \boxed{8}$ 입니다. …㉠

따라서 두 비가 (같으므로 , 다르므로)
두 꿀물의 진하기는 (같습니다 , 다릅니다). …㉡

답 두 꿀물의 진하기는 같습니다.

〈평가 기준〉

㉠ 두 사람이 사용한 꿀과 물의 양의 비를 간단한 자연수의 비로 각각 나타냅니다.
㉡ 두 꿀물의 진하기를 비교합니다.

---

① **연습 문제**

❂ **힌트 체크**

시준이와 선화가 만든 두 초코우유의 진하기를
비교하려고 합니다. 풀이 과정을 쓰고, 답을 구해
보세요.

시준: 나는 초코 시럽 $0.05\,L$, 우유 $0.2\,L$를 넣었어.
선화: 나는 같은 컵으로 초코 시럽 $\dfrac{1}{6}$컵, 우유 $\dfrac{2}{3}$컵을 넣었어.

❶ 초코우유의 진하기를 비교 ➡
　두 사람이 사용한 초코 시럽의 양과 우유의 양의 비를 간단
　한 자연수의 비로 각각 나타내 비교합니다.

풀이

㉠ 두 사람이 사용한 초코 시럽의 양과 우유의 양의
비를 간단한 자연수의 비로 각각 나타내면

시준이의 초코우유는 $0.05 : 0.2 \Rightarrow 5 : 20 \Rightarrow 1 : 4$

선화의 초코우유는 $\dfrac{1}{6} : \dfrac{2}{3} \Rightarrow 1 : 4$입니다. …㉠

따라서 두 비가 같으므로 두 초코우유의 진하기는
같습니다. …㉡

답 두 초코우유의 진하기는 같습니다.

〈평가 기준〉

㉠ 두 사람이 사용한 초코 시럽과 우유의 양의 비를 간단한 자연수의 비로 각각 나타냅니다.
㉡ 두 초코우유의 진하기를 비교합니다.

---

② **대표 문제**

풀이

비례식에서 외항의 곱과 $\boxed{\text{내항}}$ 의 곱이 같으므로
두 수의 곱이 같은 수 카드를 찾으면

$1 \times \boxed{8} = \boxed{8}$, $2 \times \boxed{4} = \boxed{8}$ 입니다. …㉠

따라서 1과 $\boxed{8}$ 을 외항으로, 2와 $\boxed{4}$ 를 내항으로
하는 비례식을 세우면 $1 : 2 = \boxed{4} : \boxed{8}$ 입니다.
…㉡

답 $1 : 2 = 4 : 8$

〈평가 기준〉

㉠ 곱이 같은 두 수의 짝을 찾습니다.
㉡ 비례식을 세웁니다.

---

② **연습 문제**

❂ **힌트 체크**

수 카드 중에서 4장을 골라 비례식을 세우려고
합니다. 풀이 과정을 쓰고, 답을 구해 보세요.

❶ 수 카드 중에서 4장을 골라 ➡ 두 수의 곱이 같은 수 카드
　를 2장씩 짝지어 봅니다.
❷ 비례식을 세우려고 ➡ 외항의 곱과 내항의 곱이 같다는
　비례식의 성질을 이용하여 비례식을 세웁니다.

풀이

㉠ 비례식에서 외항의 곱과 내항의 곱이 같으므로
두 수의 곱이 같은 수 카드를 찾으면 $3 \times 8 = 24$,
$4 \times 6 = 24$입니다. …㉠

따라서 3과 8을 외항으로 4와 6을 내항으로 하는
비례식을 세우면

$3 : 4 = 6 : 8$ (또는 $3 : 6 = 4 : 8$)입니다. …㉡

답 $3 : 4 = 6 : 8$ (또는 $3 : 6 = 4 : 8$, $4 : 3 = 8 : 6$,
　　　$6 : 3 = 8 : 4$ 등)

〈평가 기준〉

㉠ 곱이 같은 두 수의 짝을 찾습니다.
㉡ 비례식을 세웁니다.

1 3, 8   **2** 2, 15 / 5, 6

3 (위에서부터) (1) 6, 24, 6   (2) 9, 5, 9

4 (예) 5 : 7   **5** (1) 65   (2) 66

6 36, 20

7 (선 잇기)

8 (예) $3 : 7 = \dfrac{1}{7} : \dfrac{1}{3}$

9 324   **10** 6 : 7

11 180g

12 (1) 84, 48   (2) 22, 110

13 60번   **14** 75분

15 40   **16** 16000원

17 2, 4, 10   **18** 16 km

19 풀이 참조, ㉢

20 풀이 참조, 21 cm

4 $\dfrac{1}{2}$을 소수로 바꾸면 0.5이므로

$$0.5 : 0.7 = 5 : 7 \quad (\times 10)$$

5 (1) $8 : 5 = 104 : \square$, $8 \times \square = 5 \times 104$,
   $8 \times \square = 520$, $\square = 65$
   (2) $11 : 9 = \square : 54$, $11 \times 54 = 9 \times \square$,
   $594 = 9 \times \square$, $\square = 66$

6 $56 \times \dfrac{9}{9+5} = \overset{4}{56} \times \dfrac{9}{\underset{1}{14}} = 36$

$56 \times \dfrac{5}{9+5} = \overset{4}{56} \times \dfrac{5}{\underset{1}{14}} = 20$

7
- $2.1 : 2.7 \Rightarrow 21 : 27 \Rightarrow 7 : 9$ ($\times 10$, $\div 3$)

- $\dfrac{2}{5} : \dfrac{5}{7} \Rightarrow 14 : 25$ ($\times 35$)

- $90 : 165 \Rightarrow 6 : 11$ ($\div 15$)

8
- $3 : 7$의 비율은 $\dfrac{3}{7}$이고, $4 : 9$의 비율은 $\dfrac{4}{9}$입니다.
- $\dfrac{1}{7} : \dfrac{1}{3}$의 전항과 후항에 21을 곱하면
   $3 : 7$이므로 비율은 $\dfrac{3}{7}$입니다.
- $0.7 : 0.3$의 전항과 후항에 10을 곱하면
   $7 : 3$이므로 비율은 $\dfrac{7}{3}$입니다.

따라서 비율이 같은 $3 : 7$과 $\dfrac{1}{7} : \dfrac{1}{3}$을

비례식으로 나타내면 $3 : 7 = \dfrac{1}{7} : \dfrac{1}{3}$입니다.

9
- $㉠ : 36 = \dfrac{1}{6} : \dfrac{1}{9}$, $㉠ \times \dfrac{1}{9} = 36 \times \dfrac{1}{6}$,
   $㉠ \times \dfrac{1}{9} = 6$, $㉠ = 54$입니다.
- $10 : ㉡ = 50 : 30$, $10 \times 30 = ㉡ \times 50$,
   $300 = ㉡ \times 50$, $㉡ = 6$입니다.

따라서 $㉠ \times ㉡ = 54 \times 6 = 324$입니다.

10 (은정) : (민기) $\Rightarrow 45 : 52.5$
   $\Rightarrow (45 \times 10) : (52.5 \times 10)$
   $\Rightarrow 450 : 525$
   $\Rightarrow (450 \div 75) : (525 \div 75)$
   $\Rightarrow 6 : 7$

따라서 은정이와 민기의 몸무게의 비는
$6 : 7$입니다.

11 사용한 버터의 양을 $\square$g이라 하면
   $7 : 2 = 630 : \square$입니다.
   외항의 곱은 내항의 곱과 같으므로
   $7 \times \square = 2 \times 630$, $7 \times \square = 1260$, $\square = 180$
   따라서 버터는 180 g 사용했습니다.

12 (1) $132 \times \dfrac{7}{7+4} = \overset{12}{\cancel{132}} \times \dfrac{7}{\underset{1}{\cancel{11}}} = 84 \,(\text{cm})$

$132 \times \dfrac{4}{7+4} = \overset{12}{\cancel{132}} \times \dfrac{4}{\underset{1}{\cancel{11}}} = 48 \,(\text{cm})$

(2) $132 \times \dfrac{1}{1+5} = \overset{22}{\cancel{132}} \times \dfrac{1}{\underset{1}{\cancel{6}}} = 22 \,(\text{cm})$

$132 \times \dfrac{5}{1+5} = \overset{22}{\cancel{132}} \times \dfrac{5}{\underset{1}{\cancel{6}}} = 110 \,(\text{cm})$

13 야구 선수가 안타를 칠 것으로 예상되는 횟수를 $\square$번이라 하면 $10 : 3 = 200 : \square$입니다.
$10 \times \square = 3 \times 200$, $10 \times \square = 600$, $\square = 60$
이므로 야구 선수가 200타수 중에서 안타를 칠 것으로 예상되는 횟수는 60번입니다.

14 욕조에 물을 가득 채우는 데 걸리는 시간을 $\square$분이라 하면 $5 : 20 = \square : 300$입니다.
$5 \times 300 = 20 \times \square$, $1500 = 20 \times \square$, $\square = 75$
이므로 75분 동안 물을 받아야 합니다.

15 외항의 곱은 $6 \times \text{ⓛ} = 96$이므로 $\text{ⓛ} = 16$입니다.
비례식에서 외항의 곱과 내항의 곱은 같으므로
$4 \times \text{㉠} = 96$, $\text{㉠} = 24$입니다.
따라서 $\text{㉠} + \text{ⓛ} = 24 + 16 = 40$입니다.

16 연우: $40000 \times \dfrac{7}{7+3} = 40000 \times \dfrac{7}{10}$
$= 28000(\text{원})$

동생: $40000 \times \dfrac{3}{7+3} = 40000 \times \dfrac{3}{10}$
$= 12000(\text{원})$

따라서 연우는 동생보다 용돈을
$28000 - 12000 = 16000(\text{원})$ 더 받습니다.

17 $\text{㉠} : \text{ⓛ} = 5 : \text{ⓒ}$이라 할 때 $5 : \text{ⓒ}$의 비율이 $\dfrac{1}{2}$
이므로 $\dfrac{5}{\text{ⓒ}} = \dfrac{1}{2}$, $\text{ⓒ} = 10$입니다.
$\text{㉠} : \text{ⓛ} = 5 : 10$에서 내항의 곱이 20이므로
$\text{ⓛ} \times 5 = 20$, $\text{ⓛ} = 4$입니다.
$\text{㉠} : 4$의 비율이 $\dfrac{1}{2}$이므로 $\dfrac{\text{㉠}}{4} = \dfrac{1}{2}$,
$\text{㉠} = 2$입니다.

18 $\dfrac{1}{9} : \dfrac{1}{8}$의 전항과 후항에 분모의 최소공배수
72를 곱하면 $8 : 9$이므로
(진우네 집에서 도서관까지의 거리)
$= 34 \times \dfrac{8}{8+9} = \overset{2}{\cancel{34}} \times \dfrac{8}{\underset{1}{\cancel{17}}} = 16 \,(\text{km})$

19

비례식이 <u>아닌</u> 것을 찾아 기호를 쓰려고 합니다. 풀이 과정을 쓰고, 답을 구하세요.

> ㉠ $0.6 : 0.7 = 12 : 14$
> ㉡ $1.5 : 1.25 = 6 : 5$
> ㉢ $\dfrac{5}{9} : \dfrac{1}{4} = 18 : 9$

❶ 비례식 ➡ 비례식은 외항의 곱과 내항의 곱이 같습니다.

풀이

ⓔ ㉠ 외항의 곱: $0.6 \times 14 = 8.4$
　　 내항의 곱: $0.7 \times 12 = 8.4$
㉡ 외항의 곱: $1.5 \times 5 = 7.5$
　 내항의 곱: $1.25 \times 6 = 7.5$
㉢ 외항의 곱: $\dfrac{5}{9} \times 9 = 5$

　 내항의 곱: $\dfrac{1}{4} \times 18 = 4.5$ ⋯㉮

㉢은 외항의 곱과 내항의 곱이 같지 않기 때문에
비례식이 아닙니다. ⋯㉯　　　　　**답** ㉢

〈평가 기준〉

㉮ 각 비례식의 외항의 곱과 내항의 곱을 구합니다.

㉯ 비례식이 아닌 것을 찾습니다.

20

길이가 $182\,\text{cm}$인 종이 끈을 모두 사용하여 가로와 세로의 비가 $8 : 5$인 직사각형 모양을 만들었습니다. 직사각형의 가로는 세로보다 몇 cm 더 긴지 풀이 과정을 쓰고, 답을 구해 보세요.

❶ 길이가 $182\,\text{cm}$인 종이 끈을 모두 사용하여 직사각형 모양을 만들었습니다. ➡ 직사각형의 둘레가 $182\,\text{cm}$임을 알 수 있습니다.

❷ 가로와 세로의 비가 $8 : 5$ ➡ 비례배분을 이용하여 가로와 세로의 길이를 각각 구할 수 있습니다.

⑩ 직사각형의 둘레가 182 cm이므로 직사각형의 가로와 세로의 합은 182÷2=91 (cm)입니다.

$$(\text{가로})=91\times\frac{8}{8+5}=\overset{7}{91}\times\frac{8}{\underset{1}{13}}=56\text{ (cm)}$$

$$(\text{세로})=91\times\frac{5}{8+5}=\overset{7}{91}\times\frac{5}{\underset{1}{13}}=35\text{ (cm)}\cdots\textcircled{\tiny ㄱ}$$

따라서 직사각형의 가로는 세로보다
56−35=21 (cm) 더 깁니다. …ⓛ

답 21 cm

〈평가 기준〉

㉠ 직사각형의 가로와 세로를 각각 구합니다.
㉡ 직사각형의 가로는 세로보다 몇 cm 더 긴지 구합니다.

126~127쪽

❹ 비례식과 비례배분

1 ⑩ 13 : 7 **2** ⑩ 58 : 9 **3** ⑩ 6 : 5
4 ⑩ 9 : 10 **5** ⑩ 25 : 9 **6** ⑩ 2 : 9
7 8, 12 **8** 15, 12 **9** 2, 3
10 21, 15 **11** 15, 9 **12** 60
13 4 **14** 5 **15** 30
16 6 **17** 10 **18** 8
19 9
20 42, 54 / 52, 44
21 48, 72 / 50, 70
22 78, 39 / 54, 63
23 320, 440 / 608, 152

5 원의 둘레와 넓이 정답 및 풀이

개념 1 원주	**130~131쪽**

1 ⑩ 

2 (1) ○
(2) ×
(3) ○

3 > **4** >
5 6, 3 **6** >
7 4 **8** <
9 3, 4 **10** 2, 12
11 4, 16 **12** 12, 16

개념 체크

13 (1) 원주
(2) (위에서부터) 원주, 지름, 중심
(3) 3, 4

3 원 ㉮의 지름이 원 ㉯의 지름보다 더 깁니다.

4 원 ㉮의 둘레가 원 ㉯의 둘레보다 더 깁니다.
원의 지름이 더 긴 원의 원주가 더 깁니다.

개념 2 원주율	**132~133쪽**

1 3.14, 3.14, 3.14
(1) 길어집니다 (2) 일정합니다

2 3.14배 **3** 원주율
4 3.14 **5** 3.14
6 3.14 **7** 3.14
8 3.14, 3.14 **9** =

개념 체크

10 (1) 원주율 (2) 원주 (3) 3.14

4 (원주율)=(원주)÷(지름)=15.7÷5=3.14

5 28.26÷9=3.14

8 ㉮: 40.82÷13=3.14
㉯: 56.52÷18=3.14

9 원의 크기와 관계없이 원주율은 항상 같습니다.

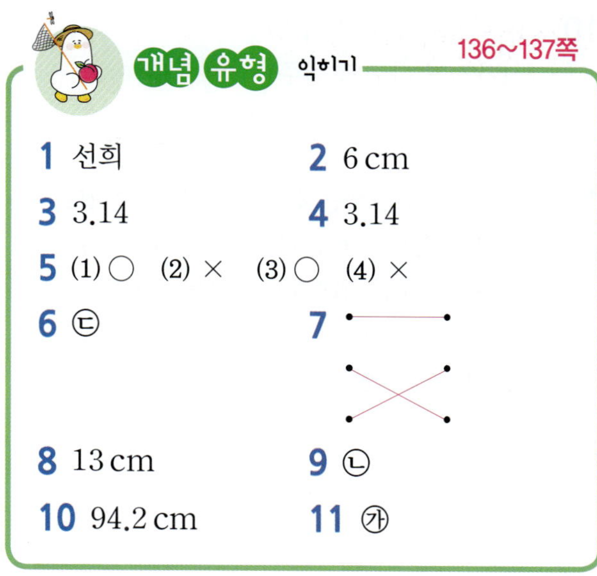

개념3 원주와 지름 구하기　　134~135쪽

1 9, 3.14, 28.26

2 6, 3.14, 37.68

3 18, 3.14, 56.52

4 4, 3.14, 25.12

5 9.42, 3.14, 3

6 31.4, 3.14, 5

7 21.98, 3.14, 7

8 37.68, 3.14, 6

9 40.82 cm　　**10** 43.96 cm

11 6　　**12** 2

개념 체크

13 지름, 원주율 / 원주, 원주율

9 (원주)=(지름)×(원주율)=13×3.14
　　=40.82 (cm)

10 (원주)=(반지름)×2×(원주율)
　　=7×2×3.14=43.96 (cm)

11 (지름)=(원주)÷(원주율)
　　=18.84÷3.14=6 (cm)

12 (반지름)=(원주)÷(원주율)÷2
　　=12.56÷3.14÷2=2 (cm)

---

1 선희: 시계의 지름이 길어지면 원주도
　　길어집니다.

2 원주는 원의 지름의 3배보다 길고 4배보다
짧으므로 지름이 2 cm인 원의 원주와 가장
비슷한 길이는 2×3=6 (cm)입니다.

3 (원주율)=(원주)÷(지름)=25.12÷8=3.14

4 (지름)=7×2=14 (cm)
⇨ (원주율)=43.96÷14=3.14

5 (2) 팽이 윗면의 둘레를 초록색 선분의 길이로
　　나누면 약 3.14입니다.
(4) 원주율은 항상 일정합니다. 따라서 파란색
　　원의 원주율과 빨간색 원의 원주율은 같습
　　니다.

6 ㉠ (원주율)=(원주)÷(지름)
㉡ 원주율은 원의 크기와 관계없이 항상 일정
　　합니다.

7 • (원주)=5×3.14=15.7 (cm)
• (원주)=14×3.14=43.96 (cm)
• (원주)=6×2×3.14=37.68 (cm)

8 40.82÷3.14=13 (cm)

9 ㉠ (지름)=50.24÷3.14=16 (cm)
㉡ (지름)=7×2=14 (cm)
㉢ (지름)=62.8÷3.14=20 (cm)
따라서 지름이 가장 짧은 원은 ㉡입니다.

10 (자전거 모형이 간 거리)
＝(자전거 바퀴의 원주)×(바퀴 수)
＝3×3.14×10＝94.2 (cm)

11 튜브 안쪽의 원주는 각각 다음과 같습니다.
㉮ 21×3.14＝65.94 ⇨ 약 66 cm
㉯ 18×3.14＝56.52 ⇨ 약 57 cm
㉰ 24×3.14＝75.36 ⇨ 약 75 cm
따라서 규현이의 몸에 맞는 튜브는 ㉮입니다.

 원의 넓이 어림하기　　138~139쪽

1 <, <

2 12, 12, 72 / 12, 12, 144

3 72, 144

4 (1) 6, 6, 18　(2) 6, 6, 36　(3) 18, 36

5 200, 400　　　　**6** 50, 100

7 (1) 60, 88　(2) 60, 88

8 45, 77　　　　**9** 88, 132

---

5 (원 안에 있는 정사각형의 넓이)
＝20×20÷2＝200 (cm^2)
(원 밖에 있는 정사각형의 넓이)
＝20×20＝400 (cm^2)

6 (원 안에 있는 정사각형의 넓이)
＝10×10÷2＝50 (cm^2)
(원 밖에 있는 정사각형의 넓이)
＝10×10＝100 (cm^2)

8 노란색 모눈은 45칸이고, 빨간색 선 안쪽 모눈
은 77칸입니다.

9 보라색 모눈은 88칸이고,
빨간색 선 안쪽 모눈은 132칸입니다.

 원의 넓이 구하기　　140~141쪽

1 (왼쪽에서부터) 반지름, 원주
(위에서부터) 원주, 반지름, 지름, 반지름,
반지름, 반지름

2 (왼쪽에서부터) 4, 12.56 / 12.56, 4, 50.24

3 (왼쪽에서부터) 2, 6.28 / 6.28, 2, 12.56

4 3, 3, 28.26

5 8, 8, 3.14, 200.96

6 1, 1, 3.14　　　**7** 4, 4, 3.14, 50.24

8 113.04 cm^2　　**9** 78.5 cm^2

10 153.86 cm^2　　**11** 615.44 cm^2

12 반지름, 반지름, 원주율

---

8 (원의 넓이)＝6×6×3.14＝113.04 (cm^2)

9 (원의 넓이)＝5×5×3.14＝78.5 (cm^2)

10 (원의 넓이)＝7×7×3.14＝153.86 (cm^2)

11 (원의 넓이)＝14×14×3.14＝615.44 (cm^2)

 원의 둘레와 넓이 활용하기 142~143쪽

1 (1) 8, 4, 32　(2) 8, 25.12
(3) 32, 25.12, 57.12

2 (1) 8, 8, 64　(2) 4, 4, 50.24
(3) 64, 50.24, 13.76

3 12, 12, 18.84, 12, 30.84 / 6, 6, 56.52

4 20, 20, 62.8, 40, 102.8 /
20, 20, 10, 10, 400, 314, 86

5 106.76 cm, 160.14 cm^2

6 37.68 cm, 30.96 cm^2

7 75.36 cm, 150.72 cm^2

8 57.12 cm, 100.48 cm^2

5 (둘레)$=10\times2\times3.14+7\times2\times3.14$
$\qquad=62.8+43.96$
$\qquad=106.76\,(\text{cm})$
(넓이)$=10\times10\times3.14-7\times7\times3.14$
$\qquad=314-153.86$
$\qquad=160.14\,(\text{cm}^2)$

6 (둘레)$=12\times3.14=37.68\,(\text{cm})$
(넓이)$=12\times12-6\times6\times3.14$
$\qquad=144-113.04$
$\qquad=30.96\,(\text{cm}^2)$

7 (둘레)$=8\times3.14+16\times3.14$
$\qquad=25.12+50.24$
$\qquad=75.36\,(\text{cm})$
(넓이)$=8\times8\times3.14-4\times4\times3.14$
$\qquad=200.96-50.24$
$\qquad=150.72\,(\text{cm}^2)$

8 (둘레)$=8\times2\times3.14\div2+8\times4$
$\qquad=25.12+32$
$\qquad=57.12\,(\text{cm})$
(넓이)$=8\times8\times3.14\div2$
$\qquad=100.48\,(\text{cm}^2)$

144~145쪽

1 ( ) ( ) (○)

2 ㉡, ㉢ **3** 234, 312

4 (왼쪽에서부터) 7, 21.98 / 153.86 cm^2

5 254.34 cm^2 **6** ㉠, ㉢

7 78.5 cm^2 **8** ㉡, ㉢, ㉠

9 71.4 cm

10 28.26 cm^2, 84.78 cm^2, 141.3 cm^2

11 정사각형, 6, 6, 36

1 (원 안에 있는 정사각형의 넓이)
$\qquad=18\times18\div2=162\,(\text{cm}^2)$
(원 밖에 있는 정사각형의 넓이)
$\qquad=18\times18=324\,(\text{cm}^2)$
$\Rightarrow 162\,\text{cm}^2<$ (원의 넓이),
$\qquad\qquad$ (원의 넓이)$<324\,\text{cm}^2$
이므로 원의 넓이를 바르게 어림한 것은
240 cm^{2}입니다.

2 분홍색 모눈은 216칸이므로 216 cm^{2}이고
초록색 선 안쪽 모눈은 276칸이므로 276 cm^2
입니다.
$\Rightarrow 216\,\text{cm}^2<$ (원의 넓이),
$\qquad\qquad$ (원의 넓이)$<276\,\text{cm}^2$
이므로 원의 넓이를 바르게 어림한 것은
㉡, ㉢입니다.

3 (원 안에 있는 정육각형의 넓이)
$\qquad=39\times6=234\,(\text{cm}^2)$
(원 밖에 있는 정육각형의 넓이)
$\qquad=52\times6=312\,(\text{cm}^2)$

4 (직사각형의 가로)$=$(원주)$\times\dfrac{1}{2}$

$\qquad=7\times2\times3.14\times\dfrac{1}{2}=21.98\,(\text{cm})$
(직사각형의 세로)$=$(원의 반지름)$=7\,\text{cm}$
(원의 넓이)$=21.98\times7=153.86\,(\text{cm}^2)$

5 (반지름)$=18\div2=9\,(\text{cm})$
(원의 넓이)$=9\times9\times3.14=254.34\,(\text{cm}^2)$

7 그린 원의 반지름은 5 cm입니다.
$\Rightarrow$ (원의 넓이)$=5\times5\times3.14=78.5\,(\text{cm}^2)$

8 ㉠ (반지름)$=12\div2=6\,(\text{cm})$
$\qquad$ (넓이)$=6\times6\times3.14=113.04\,(\text{cm}^2)$
㉡ (넓이)$=8\times8\times3.14=200.96\,(\text{cm}^2)$

9 (곡선 부분의 길이)
$\qquad=$(지름이 10 cm인 원의 원주)
$\qquad=10\times3.14=31.4\,(\text{cm})$
(직선 부분의 길이)$=10\times4=40\,(\text{cm})$
(색칠한 부분의 둘레)$=31.4+40$
$\qquad\qquad\qquad=71.4\,(\text{cm})$

10 (노란색 원의 넓이)$=3\times3\times3.14$
$\qquad\qquad\qquad=28.26\,(\text{cm}^2)$
(빨간색 부분의 넓이)
$\quad=(6\times6\times3.14)-(3\times3\times3.14)$
$\quad=113.04-28.26=84.78\,(\text{cm}^2)$
(초록색 부분의 넓이)
$\quad=(9\times9\times3.14)-(6\times6\times3.14)$
$\quad=254.34-113.04=141.3\,(\text{cm}^2)$

실생활 문제 다잡기　　146~147쪽

유형 **1** 1단계 75.36, 24
　　　　 2단계 24
　　　　 답 24 cm 이상
유형 **1**-1　18 cm 이상
유형 **1**-2　20 cm 이상
유형 **2** 1단계 25, 50, 1250 / 40, 20 /
　　　　　　　20, 20, 1256
　　　　 2단계 1250, 1256, 원
　　　　 답 원 모양 거울
유형 **2**-1　㉯, 11.16 cm²
유형 **2**-2　= / 200.96, 200.96

유형 **1**

풀이

1단계 **접시의 지름 구하기**

(접시의 지름)=(접시의 둘레)÷(원주율)
$\qquad\qquad= \boxed{75.36} \div 3.14$
$\qquad\qquad= \boxed{24}\,(\text{cm})$

2단계 **상자 밑면의 한 변의 길이 구하기**

따라서 상자 밑면의 한 변의 길이는 $\boxed{24}$ cm
이상이어야 합니다.

답 24 cm 이상

유형 **1**-1

상자 밑면의 한 변의 길이가 피자 지름의 길이 이상이
되어야 합니다.
(피자의 지름)$=56.52\div3.14=18\,(\text{cm})$
이므로 상자 밑면의 한 변의 길이는 18 cm 이상이
어야 합니다.

유형 **1**-2

상자의 가로의 길이는 도너츠 지름의 길이의 2배
이상이 되어야 합니다.
(도너츠의 지름)$=31.4\div3.14=10\,(\text{cm})$
이므로 상자의 가로의 길이는 $10\times2=20\,(\text{cm})$
이상이어야 합니다.

유형 **2**

풀이

1단계 **두 거울의 넓이 각각 구하기**

(직사각형 모양 거울의 넓이)
$= \boxed{25} \times \boxed{50} = \boxed{1250}\,(\text{cm}^2)$
(원 모양 거울의 반지름)
$= \boxed{40} \div 2 = \boxed{20}\,(\text{cm})$
(원 모양 거울의 넓이)
$= \boxed{20} \times \boxed{20} \times 3.14$
$= \boxed{1256}\,(\text{cm}^2)$

2단계 **거울의 넓이 비교하기**

$\boxed{1250} < \boxed{1256}$ 이므로
(직사각형 , ⑧) 모양의 거울이 더 넓습니다.

답 원 모양 거울

유형 **2**-1

(㉮ 피자의 넓이)$=21\times21=441\,(\text{cm}^2)$
(㉯ 피자의 넓이)$=12\times12\times3.14$
$\qquad\qquad\qquad=452.16\,(\text{cm}^2)$
따라서 ㉯ 피자의 넓이가
$452.16-441=11.16\,(\text{cm}^2)$
만큼 더 넓습니다.

(왼쪽 꽃밭의 넓이)

$=$ (반지름이 16 m인 원의 넓이) $\times \dfrac{1}{4}$

$=16 \times 16 \times 3.14 \times \dfrac{1}{4}$

$=200.96 \,(\text{m}^2)$

(오른쪽 꽃밭의 넓이)

$=$ (지름이 16 m인 원의 넓이)

$=8 \times 8 \times 3.14$

$=200.96 \,(\text{m}^2)$

따라서 두 꽃밭의 넓이는 같습니다.

서술형 대비 문제　**148~149쪽**

❶ **대표**　62.8, 62.8, 20, 20, 10,
　　　　10, 10, 3.14, 314 / 314 cm²

❶ **연습**　풀이 참조, 706.5 cm²

❷ **대표**　8, 8, 8, 8, 100.48 / 100.48 cm²

❷ **연습**　풀이 참조, 401.92 cm²

---

❶ **대표 문제**

풀이

(원주) $=$ (종이 띠의 길이) $=\boxed{62.8}$ cm이므로

(지름) $=\boxed{62.8} \div 3.14 = \boxed{20}$ (cm)이고,

(반지름) $=\boxed{20} \div 2 = \boxed{10}$ (cm)입니다. …㉠

$\Rightarrow$ (원의 넓이) $=\boxed{10} \times \boxed{10} \times \boxed{3.14}$

$\qquad\qquad = \boxed{314}\ (\text{cm}^2)$ …㉡

답　314 cm^2

〈평가 기준〉

㉠ 반지름의 길이를 구합니다.
㉡ 원의 넓이를 구합니다.

---

❶ **연습 문제**

✪ **힌트 체크**

길이가 94.2 cm인 종이 띠를 겹치지 않게 붙여서
원을 만들었습니다. 만들어진 원의 넓이는 몇 cm^2
인지 풀이 과정을 쓰고, 답을 구해 보세요.

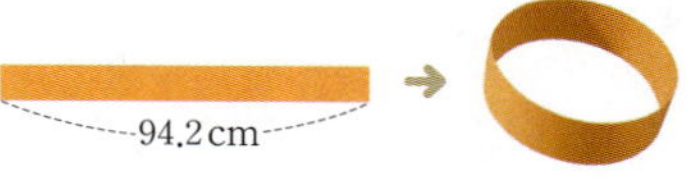

❶ 종이 띠를 겹치지 않게 붙여서 원을 만들었습니다.
　➡ 원의 둘레가 종이 띠의 길이와 같음을 알 수 있습니다.
❷ (원의 넓이) $=$ (반지름) $\times$ (반지름) $\times$ (원주율)

풀이

㉠ (원주) $=$ (종이 띠의 길이) $=94.2$ cm이므로

(지름) $=94.2 \div 3.14 = 30$ (cm)이고,

(반지름) $=30 \div 2 = 15$ (cm)입니다. …㉠

$\Rightarrow$ (원의 넓이) $=15 \times 15 \times 3.14$

$\qquad\qquad = 706.5\ (\text{cm}^2)$ …㉡

답　706.5 cm^2

〈평가 기준〉

㉠ 반지름의 길이를 구합니다.
㉡ 원의 넓이를 구합니다.

---

❷ **대표 문제**

풀이

색칠한 부분 중 작은 반원을 옮기면 반지름이

$\boxed{8}$ cm인 반원이 됩니다.

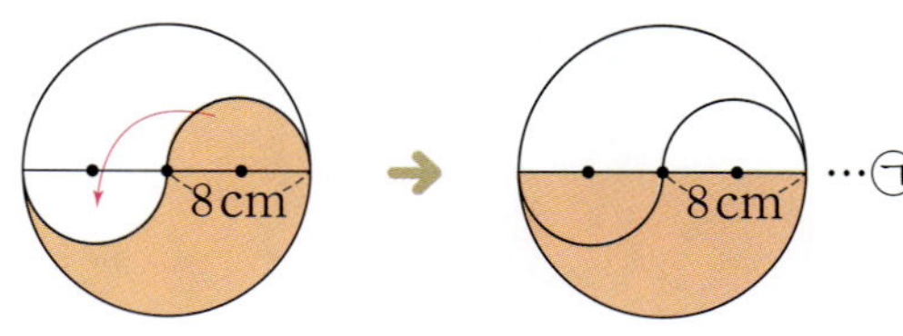

(색칠한 부분의 넓이)

$=$ (반지름이 $\boxed{8}$ cm인 반원의 넓이)

$=\boxed{8} \times \boxed{8} \times 3.14 \div 2$

$=\boxed{100.48}\ (\text{cm}^2)$ …㉡

답　100.48 cm^2

⑦ 도형을 옮겨 색칠한 부분의 넓이를 간단하게 구하는 방법을 찾습니다.

ⓛ 색칠한 부분의 넓이를 구합니다.

② 연습 문제

✪ 힌트 체크

초록색 부분의 넓이는 몇 cm^2인지 풀이 과정을 쓰고, 답을 구해 보세요.

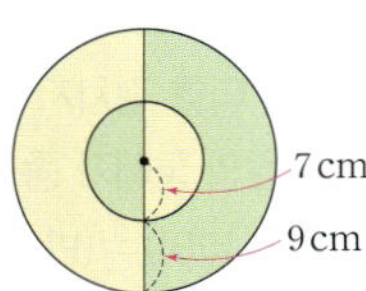

❶ 초록색 부분의 넓이 ➡ 전체 넓이에서 노란색 부분의 넓이를 빼서 구할 수도 있지만, 도형을 옮기면 간단하게 구할 수 있습니다.

풀이

㉐ 초록색 작은 반원을 옮기면 반지름이 $16\,cm$인 반원이 됩니다.

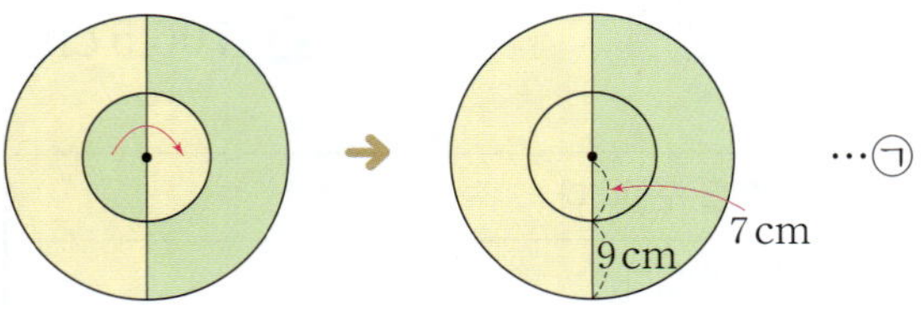

(초록색 부분의 넓이)
$=$(반지름이 $16\,cm$인 반원의 넓이)
$=16 \times 16 \times 3.14 \div 2 = 401.92\,(cm^2)$ …ⓛ

답 $401.92\,cm^2$

⑦ 도형을 옮겨 초록색 부분의 넓이를 간단하게 구하는 방법을 찾습니다.

ⓛ 초록색 부분의 넓이를 구합니다.

단원 평가
150~153쪽

1 3, 4		**2** $=$	
3 ④		**4** 9, 56.52	
5 200, 400		**6** 32, 60	

---

7 14 **8** $200.96\,cm^2$

9 $18.84\,m$

10 3.14, 12.56, 28.26 / 4, 9

11 2.4 **12** $125.6\,cm^2$

13 10 **14** $376.8\,cm$

15 $84.78\,cm^2$ **16** ④

17 $75.36\,cm$, $150.72\,cm^2$

18 $12\,cm$

19 풀이 참조, $706.5\,cm^2$

20 풀이 참조, $43.96\,cm$

---

2 왼쪽 접시의 원주율: $28.26 \div 9 = 3.14$
오른쪽 접시의 원주율: $37.68 \div 12 = 3.14$

3 ④ 원주율은 (원주)$\div$(지름)입니다.

5 (원 안에 있는 정사각형의 넓이)
$=20 \times 20 \div 2 = 200\,(cm^2)$
(원 밖에 있는 정사각형의 넓이)
$=20 \times 20 = 400\,(cm^2)$

6 초록색 모눈은 32칸이므로 $32\,cm^2$이고, 빨간색 선 안쪽 모눈은 60칸이므로 $60\,cm^2$입니다.

7 (지름)$=43.96 \div 3.14 = 14\,(cm)$

8 (원의 넓이)$=8 \times 8 \times 3.14 = 200.96\,(cm^2)$

9 밧줄의 길이는 원의 반지름입니다.
⇨ (원주)$=3 \times 2 \times 3.14 = 18.84\,(m)$

10 ㉠ $1 \times 1 \times 3.14 = 3.14\,(cm^2)$
ⓛ $2 \times 2 \times 3.14 = 12.56\,(cm^2)$
ⓒ $3 \times 3 \times 3.14 = 28.26\,(cm^2)$

11 동전을 넣을 수 있도록 구멍을 내려면 구멍의 길이는 100원짜리 동전의 지름과 같거나 길어야 합니다.
⇨ (100원짜리 동전의 지름)
$=7.536 \div 3.14 = 2.4\,(cm)$

12 (색칠한 부분의 넓이)
$= $ (큰 원의 넓이) $-$ (작은 원의 넓이)
$= 11 \times 11 \times 3.14 - 9 \times 9 \times 3.14$
$= 379.94 - 254.34$
$= 125.6 \,(\text{cm}^2)$

13 $\square \times \square \times 3.14 = 314,$
$\square \times \square = 100, \ \square = 10$

14 (굴렁쇠가 한 바퀴 굴러간 거리)
$= 40 \times 3.14 = 125.6 \,(\text{cm})$
(굴렁쇠가 3바퀴 굴러간 거리)
$= 125.6 \times 3 = 376.8 \,(\text{cm})$

15 (색칠한 부분의 넓이)
$= 6 \times 6 \times 3.14 \div 2 + 3 \times 3 \times 3.14$
$= 56.52 + 28.26$
$= 84.78 \,(\text{cm}^2)$

16 작은 반원을 옮기면 다음과 같습니다.

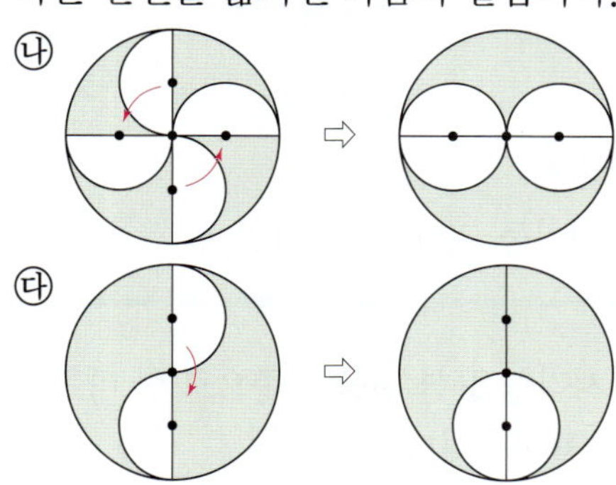

따라서 색칠한 부분의 넓이가 다른 하나는
㉴입니다.

17 도형을 옮겨 모양을 바꾸면 다음과 같습니다.

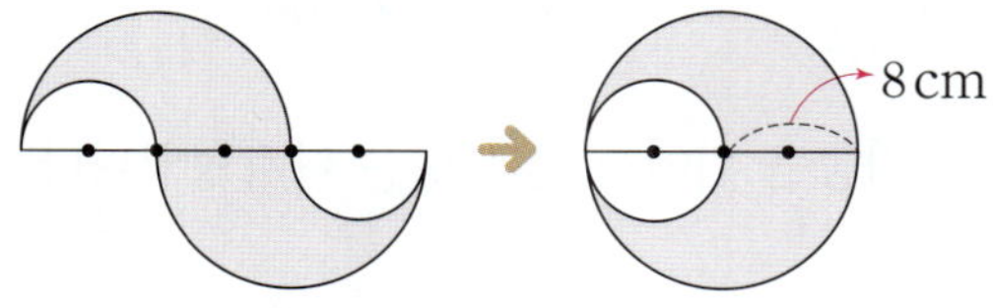

• (색칠한 부분의 둘레)
$= $ (지름이 16 cm인 원의 원주)
$\quad + $ (지름이 8 cm인 원의 원주)
$= 16 \times 3.14 + 8 \times 3.14$
$= 50.24 + 25.12$
$= 75.36 \,(\text{cm})$

• (색칠한 부분의 넓이)
$= $ (반지름이 8 cm인 원의 넓이)
$\quad - $ (반지름이 4 cm인 원의 넓이)
$= 8 \times 8 \times 3.14 - 4 \times 4 \times 3.14$
$= 200.96 - 50.24$
$= 150.72 \,(\text{cm}^2)$

18 (앞바퀴의 원주) $= $ (뒷바퀴의 원주) $\times 2$
$= 18.84 \times 2$
$= 37.68 \,(\text{cm})$
(앞바퀴의 지름) $= 37.68 \div 3.14 = 12 \,(\text{cm})$

19

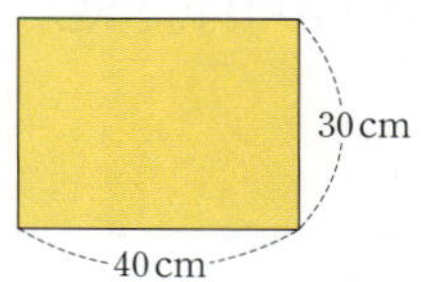

풀이

㉩ 직사각형의 가로가 40 cm, 세로가 30 cm일 때
만들 수 있는 가장 큰 원의 지름은 직사각형의 짧은
변의 길이와 같으므로 30 cm입니다. …㉠
지름이 30 cm인 원의 반지름은 15 cm이므로
(원의 넓이) $= 15 \times 15 \times 3.14$
$= 706.5 \,(\text{cm}^2)$입니다. …㉡

답 $706.5 \,\text{cm}^2$

〈평가 기준〉

㉠ 만들 수 있는 가장 큰 원의 지름의 길이를 구합니다.
㉡ 원의 넓이를 구합니다.

힌트 체크

넓이가 $153.86\,cm^2$인 원의 원주는 몇 cm인지 풀이 과정을 쓰고, 답을 구해 보세요.

❶ 넓이가 $153.86\,cm^2$인 원의 원주
➡ 원의 넓이를 이용하여 반지름의 길이를 구한 후 원주를 구합니다.
• (원의 넓이)＝(반지름)×(반지름)×(원주율)
• (원주)＝(반지름)×2×(원주율)

풀이

㉎ 원의 반지름을 □ cm라 하면
□×□×3.14＝153.86,
□×□＝49, □＝7
이므로
원의 반지름은 7 cm입니다. ⋯㉠
따라서
(원주)＝7×2×3.14
＝43.96 (cm)입니다. ⋯㉡

답 43.96 cm

⟨평가 기준⟩

㉠ 원의 반지름을 구합니다.
㉡ 원주를 구합니다.

SPECIAL 연산 다지기 154~155쪽

❺ 원의 둘레와 넓이

1 9.42 cm **2** 15.7 cm
3 31.4 cm **4** 69.08 cm
5 8 cm **6** 13 cm
7 7 cm **8** 15 cm
9 $12.56\,cm^2$ **10** $50.24\,cm^2$
11 $254.34\,cm^2$ **12** $379.94\,cm^2$
13 $78.5\,cm^2$ **14** $113.04\,cm^2$
15 $314\,cm^2$ **16** $1256\,cm^2$

---

6 **원기둥, 원뿔, 구** 정답 및 풀이

개념1 **원기둥** 158~159쪽

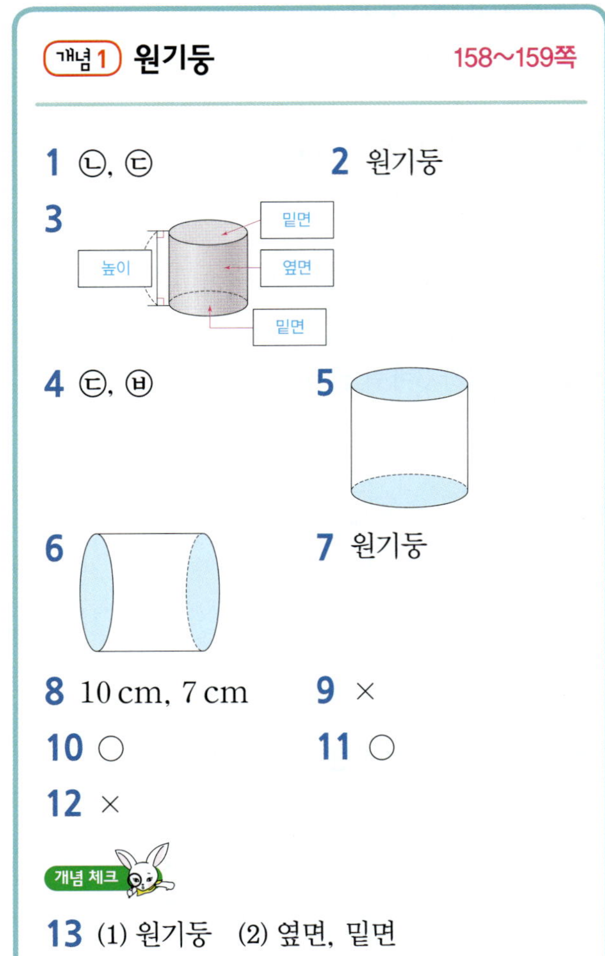

1 ㉡, ㉢ **2** 원기둥
3
4 ㉢, ㉢ **5**
6 **7** 원기둥
8 10 cm, 7 cm **9** ×
10 ○ **11** ○
12 ×

개념 체크

13 (1) 원기둥 (2) 옆면, 밑면

[7~8] 직사각형을 한 변을 기준으로 한 바퀴 돌리면 원기둥이 만들어집니다.

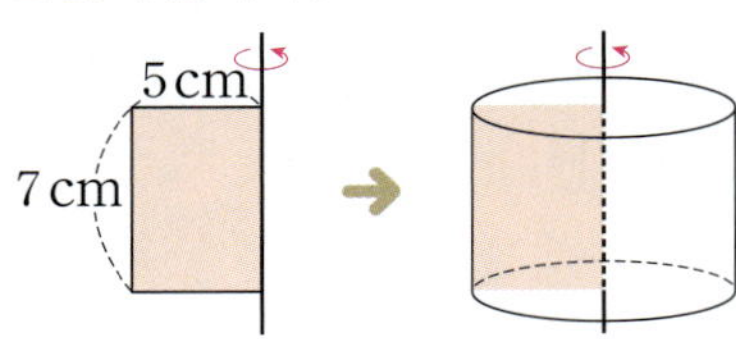

9 각기둥에는 굽은 면이 없습니다.

12 각기둥을 위에서 본 모양은 다각형입니다.

개념2 **원기둥의 전개도** 160~161쪽

1 원, 2 **2** 직사각형, 1
3 둘레 **4** 높이

5 ㉠, ㉤

6 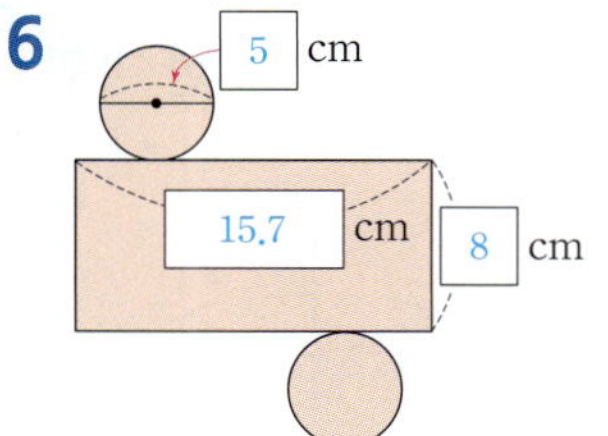

7 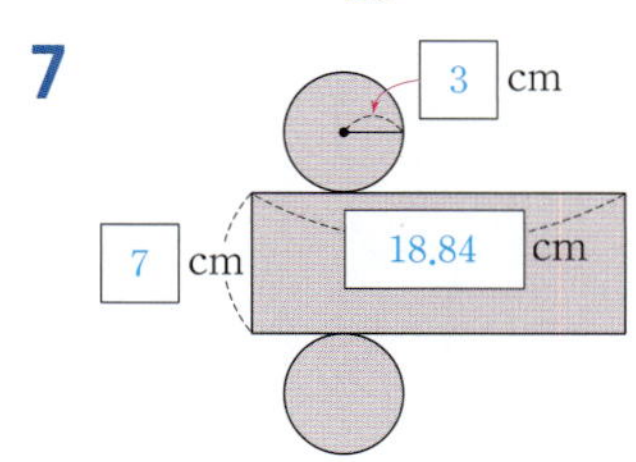

8 12.56 cm, 9 cm

9 43.96 cm, 18 cm

10 (예) 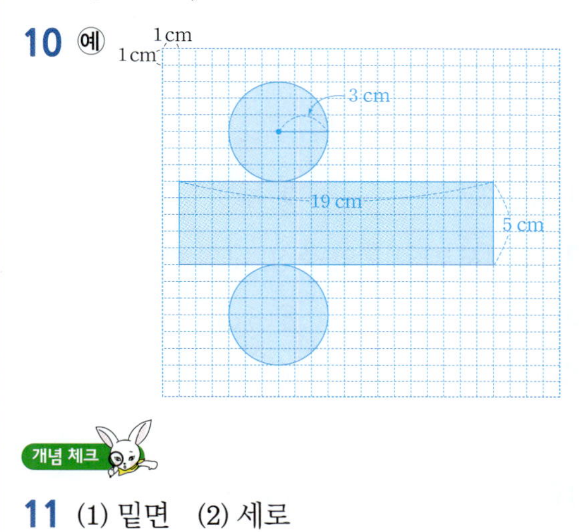

개념 체크

11 (1) 밑면　(2) 세로

5 ㉡ 옆면이 직사각형이 아니기 때문에 원기둥의 전개도가 아닙니다.
㉢ 두 밑면이 합동이 아니기 때문에 원기둥의 전개도가 아닙니다.
㉣ 밑면이 옆면과 겹쳐지므로 원기둥의 전개도가 아닙니다.

6 (원기둥의 전개도에서 옆면의 가로)
$=$(밑면의 둘레)$=5 \times 3.14=15.7$ (cm)
(원기둥의 전개도에서 옆면의 세로)
$=$(원기둥의 높이)$=8$ cm

7 (원기둥의 전개도에서 옆면의 가로)
$=$(밑면의 둘레)$=3 \times 2 \times 3.14=18.84$ (cm)
(원기둥의 전개도에서 옆면의 세로)
$=$(원기둥의 높이)$=7$ cm

8 (원기둥의 전개도에서 옆면의 가로)
$=$(밑면의 둘레)$=2 \times 2 \times 3.14=12.56$ (cm)
(원기둥의 전개도에서 옆면의 세로)
$=$(원기둥의 높이)$=9$ cm

9 (원기둥의 전개도에서 옆면의 가로)
$=$(밑면의 둘레)$=7 \times 2 \times 3.14=43.96$ (cm)
(원기둥의 전개도에서 옆면의 세로)
$=$(원기둥의 높이)$=18$ cm

10 (밑면의 반지름)$=3$ cm
(전개도에서 옆면의 가로)
$=3 \times 2 \times 3.14=18.84$ (cm) $\Rightarrow$ 19 (cm)
(전개도에서 옆면의 세로)$=5$ cm

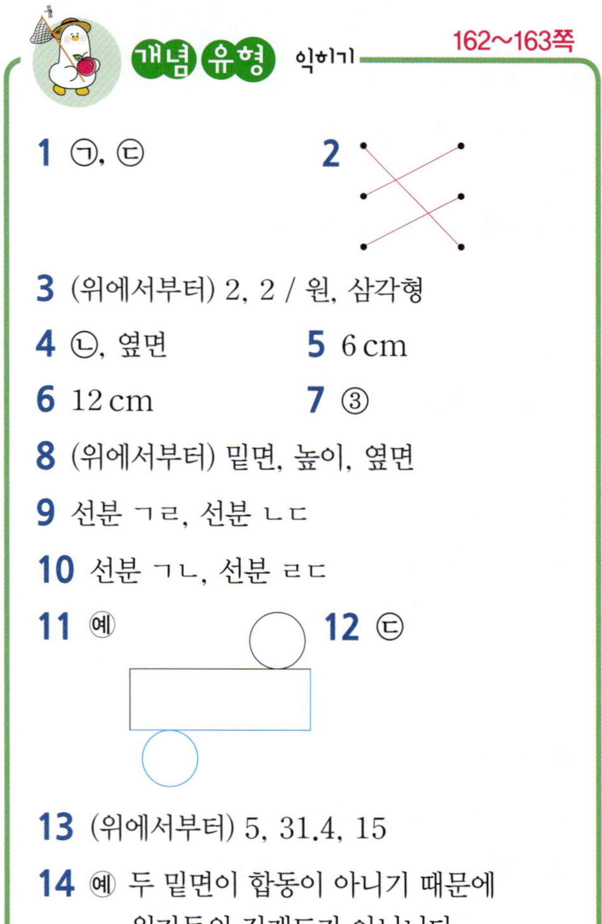

3 원기둥과 삼각기둥의 밑면의 모양은 원과 삼각형으로 다르지만 밑면의 수는 2개로 같습니다.

4 원기둥에서 두 밑면과 만나는 굽은 면을 옆면이라고 합니다.

6 왼쪽 원기둥의 높이는 4 cm이고, 오른쪽 원기둥의 높이는 8 cm입니다.
따라서 두 원기둥의 높이의 합은
$4+8=12$ (cm)입니다.

7 ③ 원기둥은 꼭짓점과 모서리가 없습니다.

9 밑면의 둘레는 전개도에서 옆면(직사각형)의 가로와 같습니다.

10 원기둥의 높이는 전개도에서 옆면(직사각형)의 세로와 같습니다.

11 두 밑면은 합동인 원이 되도록 그리고 옆면은 직사각형이 되도록 그립니다.

12 ㉢ 원기둥의 밑면의 둘레는 옆면의 가로와 같고, 원기둥의 높이는 옆면의 세로와 같습니다.

13 (밑면의 반지름)$=5$ cm
(전개도에서 옆면의 가로)$=5\times2\times3.14$
$\qquad\qquad\qquad\qquad\quad=31.4$ (cm)
(전개도에서 옆면의 세로)$=15$ cm

개념 3 원뿔　　　164~165쪽

1 ㉢, ㉣　　　**2** 원뿔

3 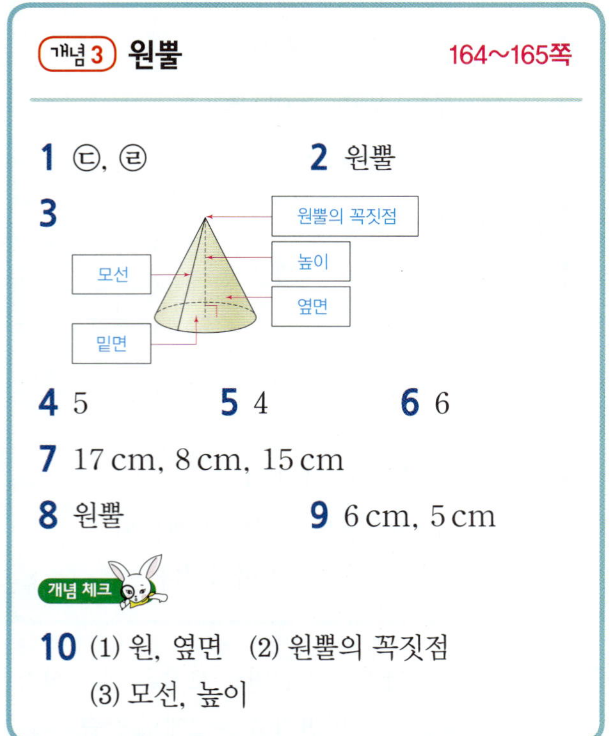

4 5　　　**5** 4　　　**6** 6

7 17 cm, 8 cm, 15 cm

8 원뿔　　　**9** 6 cm, 5 cm

개념 체크

10 (1) 원, 옆면　(2) 원뿔의 꼭짓점
(3) 모선, 높이

---

6 $8-2=6$ (cm)

[8~9] 직각삼각형을 한 변을 기준으로 한 바퀴 돌리면 원뿔이 만들어집니다.

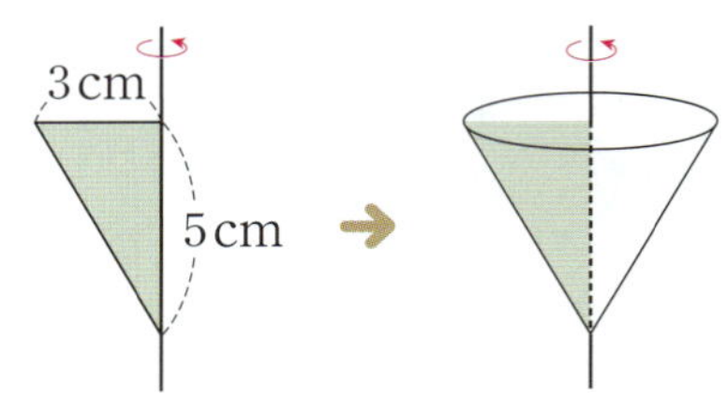

개념 4 구　　　166~167쪽

1 ㉡, ㉤　　　**2** 구
3 (위에서부터) 구의 중심, 구의 반지름
4 구　　　**5** 6 cm
6 ㉢　　　**7** ○
8 ○　　　**9** ×
10 ○　　　**11** ×

개념 체크

12 (1) 공　(2) 구의 중심　(3) 구의 반지름

[4~5] 반원을 지름을 기준으로 한 바퀴 돌리면 구가 만들어집니다.

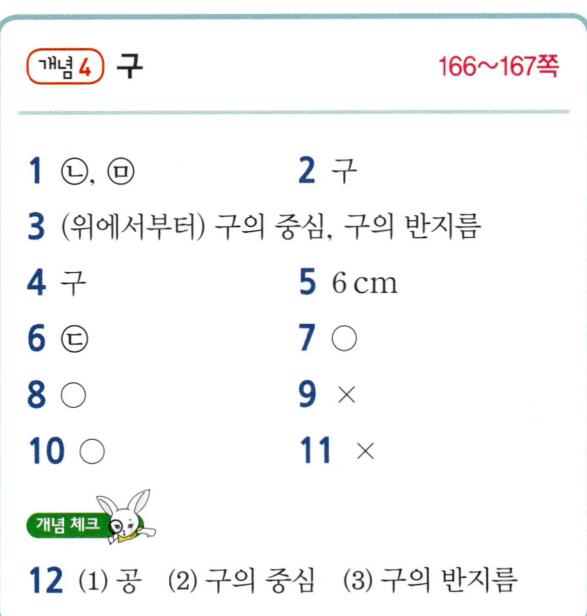

6 구의 반지름을 나타내는 선분은 ㉢입니다.
㉡은 구의 지름을 나타내는 선분입니다.

9 원기둥과 원뿔에는 밑면이 있지만 구에는 밑면이 없습니다.

11 원기둥에는 꼭짓점이 없습니다.

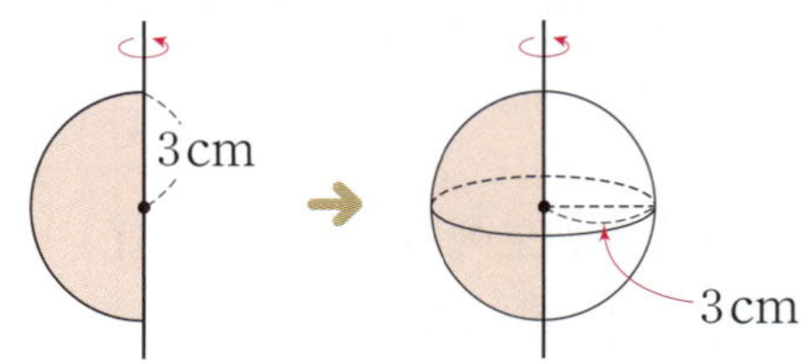

개념 유형 익히기

1 ㉠, ㉢   **2** 선분 ㄱㅁ

3 ①, ③, ④   **4** 선분 ㄴㄷ

5 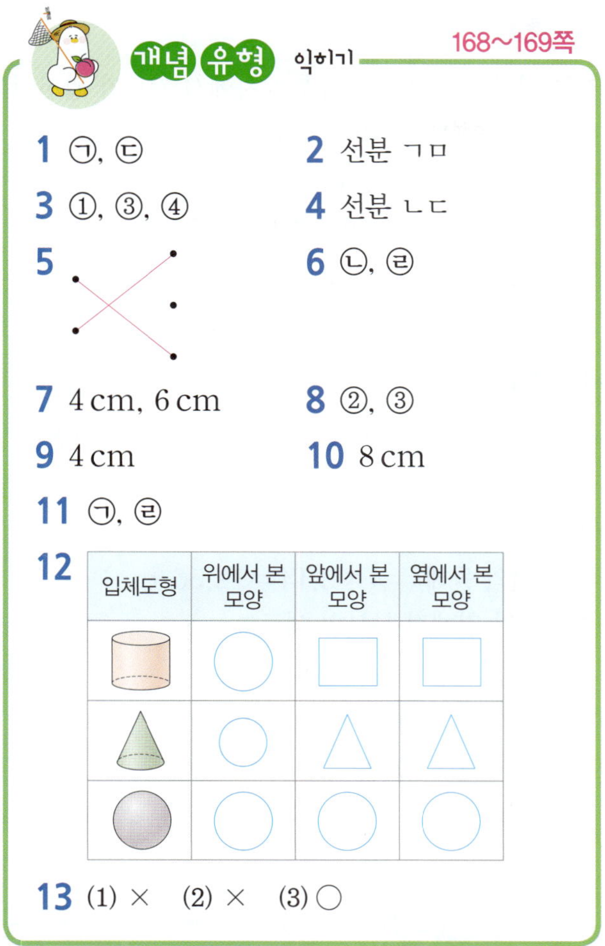

6 ㉡, ㉢

7 4 cm, 6 cm   **8** ②, ③

9 4 cm   **10** 8 cm

11 ㉠, ㉢

12

입체도형	위에서 본 모양	앞에서 본 모양	옆에서 본 모양
	○	□	□
	○	△	△
	○	○	○

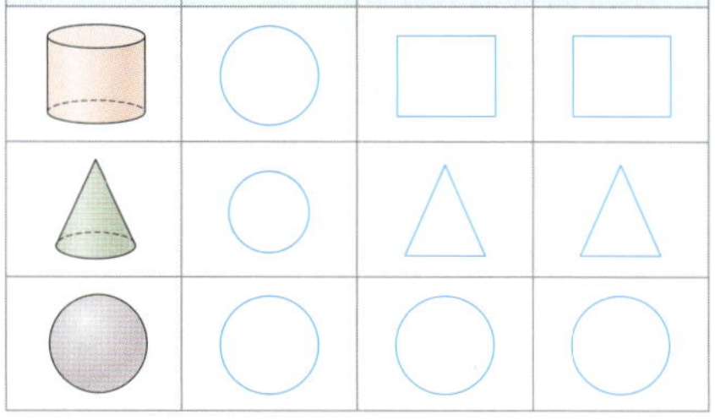

13 (1) ×   (2) ×   (3) ○

2 원뿔의 꼭짓점에서 밑면에 수직인 선분의 길이
가 높이이므로 선분 ㄱㅁ이 높이를 나타냅니다.

3 모선은 원뿔의 꼭짓점과 밑면인 원의 둘레의
한 점을 이은 선분입니다.

5 • 원뿔의 꼭짓점과 밑면인 원의 둘레의 한 점을
이은 선분의 길이를 재는 그림입니다.
⇨ 모선의 길이
• 원뿔의 꼭짓점에서 밑면에 수직으로 내린
선분의 길이를 재는 그림입니다. ⇨ 높이

6 ㉠ 원뿔의 밑면의 모양은 원이고, 1개입니다.
㉢ 모선은 원뿔의 꼭짓점과 밑면인 원의 둘레의
한 점을 이은 선분이므로 무수히 많습니다.

7 직각삼각형을 한 변을 기준으로 한 바퀴 돌리면
원뿔이 만들어집니다.

8 ①, ④는 원기둥 모양이고 ⑤는 원뿔 모양입니다.

9 구의 중심에서 구의 겉면의 한 점을 이은 선분이
구의 반지름이고, 그 길이는 4 cm입니다.

10 왼쪽 구의 지름은 $16 \times 2 = 32$ (cm)이고,
오른쪽 구의 지름은 24 cm입니다.
따라서 두 구의 지름의 차는
$32 - 24 = 8$ (cm)입니다.

11 ㉡ 구는 밑면이 없습니다.
㉢ 구의 반지름은 무수히 많습니다.

13 (1) 원기둥에는 뾰족한 부분이 없습니다.
(2) 구는 어느 방향에서 보아도 원 모양입니다.
(3) 원기둥과 구는 위에서 본 모양이 원으로
같습니다.

실생활 문제 다잡기

유형 **1** 1단계 8, 2, 16

2단계 16

3단계 16

답 16 cm

유형 **1**-1 8 cm

유형 **1**-2 10, 10

유형 **2** 1단계 18.84

2단계 2, 18.84, 6.28, 18.84, 3

답 3 cm

유형 **2**-1 5 cm

유형 **2**-2 125.6 cm²

유형 **1**

풀이

1단계 앞에서 본 모양의 밑변의 길이 구하기

(앞에서 본 이등변삼각형의 밑변의 길이)
= (원뿔의 밑면의 지름)
= $\boxed{8} \times \boxed{2} = \boxed{16}$ (cm)

2단계 앞에서 본 모양의 높이 구하기

(앞에서 본 이등변삼각형의 높이)
= (앞에서 본 이등변삼각형의 밑변의 길이)
= $\boxed{16}$ cm

(고깔모자의 높이)

= (앞에서 본 이등변삼각형의 높이)

= $\boxed{16}$ cm

답 16 cm

유형 ①-1

(앞에서 본 정삼각형의 한 변의 길이)

= (원뿔의 밑면의 지름) = $4 \times 2 = 8$ (cm)

(모선의 길이)

= (앞에서 본 정삼각형의 한 변의 길이) = 8 cm

유형 ①-2

(밑면의 지름) = (밑면의 반지름) $\times 2$

$\qquad\qquad = 5 \times 2 = 10$ (cm)

앞에서 본 모양이 정사각형이므로 높이와 밑면의 지름은 같습니다.

⇨ (원기둥의 높이) = 10 cm

유형 ②

풀이

1단계 **밑면의 둘레 구하기**

자른 직사각형 모양의 과자 상자에서 가로가 밑면의 둘레와 같으므로

(밑면의 둘레) = $\boxed{18.84}$ cm입니다.

2단계 **밑면의 반지름 구하기**

밑면의 반지름을 ■ cm라 하면

(밑면의 둘레) = ■ $\times \boxed{2} \times 3.14$

$\qquad\qquad\quad = \boxed{18.84}$ 에서

■ $\times \boxed{6.28} = \boxed{18.84}$ 이므로

■ = $\boxed{3}$ 입니다.

답 3 cm

유형 ②-1

자른 직사각형 모양의 과자 상자에서 가로가 밑면의 둘레와 같으므로 (밑면의 둘레) = 31.4 cm입니다.

밑면의 반지름을 □ cm라 하면

(밑면의 둘레) = □ $\times 2 \times 3.14 = 31.4$ 에서

□ $\times 6.28 = 31.4$ 이므로 □ = 5입니다.

유형 ②-2

페인트가 칠해진 부분은 원기둥의 전개도의 옆면과 같습니다.

(페인트가 칠해진 부분의 가로)

= (밑면의 둘레) = $4 \times 3.14 = 12.56$ (cm)

(페인트가 칠해진 부분의 세로)

= (원기둥의 높이) = 10 cm

⇨ (페인트가 칠해진 부분의 넓이)

$\qquad = 12.56 \times 10 = 125.6$ (cm^2)

서술형 대비 문제 172~173쪽

❶ 대표 6, 8, 6, 8, 24 / 24 cm^2

❶ 연습 풀이 참조, 12 cm^2

❷ 대표 원, 굽은, 원 /

$\qquad$ 2, 1, 없고, 있습니다, 사각형, 삼각형

❷ 연습 풀이 참조

❶ 대표 문제

풀이

돌리기 전의 평면도형은

밑변의 길이가 $\boxed{6}$ cm, 높이가 $\boxed{8}$ cm인

직각삼각형입니다. …㉠

(돌리기 전의 평면도형의 넓이)

= (직각삼각형의 넓이)

= (밑변의 길이) $\times$ (높이) $\div 2$

= $\boxed{6} \times \boxed{8} \div 2$

= $\boxed{24}$ (cm^2) …㉡

답 24 cm^2

❶ **연습 문제**

✚ **힌트 체크**

한 변을 기준으로 어떤 평면도형을 한 바퀴 돌려서
만든 입체도형입니다. 돌리기 전의 평면도형의
넓이는 몇 cm^2인지 풀이 과정을 쓰고, 답을
구해 보세요.

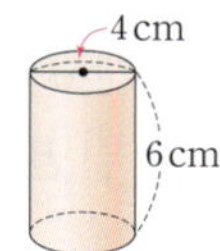

❶ 어떤 평면도형을 한 바퀴 돌려 ➡ 원기둥은 직사각형의 한
변을 기준으로 한 바퀴 돌려 만든 입체도형입니다.
❷ 돌리기 전의 평면도형의 넓이
➡ (돌리기 전 직사각형의 가로)=(원기둥의 밑면의 반지름)
(돌리기 전 직사각형의 세로)=(원기둥의 높이)

풀이

㉠ 돌리기 전의 평면도형은 가로가 $2\,cm$,
세로가 $6\,cm$인 직사각형입니다. …㉠
(돌리기 전의 평면도형의 넓이)
=(직사각형의 넓이)
=(가로)×(세로)=$2×6=12\,(cm^2)$ …㉡

답 $12\,cm^2$

❷ **대표 문제**

공통점
• 밑면의 모양이 모두 원 입니다.
• 옆면이 모두 (굽은 , 평평한) 면입니다.
• 위에서 본 모양이 모두 원 입니다. …㉠

차이점
• 원기둥의 밑면은 2 개이고,
원뿔의 밑면은 1 개입니다.
• 원기둥은 꼭짓점이 (있고 , 없고),

원뿔은 꼭짓점이 (있습니다 , 없습니다).
• 앞에서 본 모양이 원기둥은 사각형 이고,
원뿔은 삼각형 입니다. …㉡

6

❷ **연습 문제**

✚ **힌트 체크**

원기둥, 원뿔, 구의 공통점과 차이점을 각각
한 개씩 써 보세요.

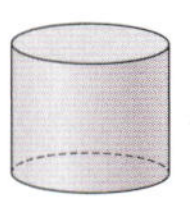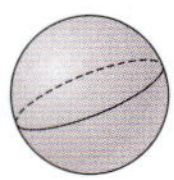

❶ 원기둥, 원뿔, 구의 공통점과 차이점 ➡ 밑면의 수,
밑면과 옆면의 모양, 각 방향에서 본 모양 등을 비교합니다.

공통점
㉠ • 굽은 면이 있습니다.
• 위에서 본 모양이 모두 원입니다. …㉠

차이점
㉠ • 원기둥의 밑면은 2개, 원뿔의 밑면은 1개 있고,
구는 밑면이 없습니다.
• 앞에서 본 모양이 원기둥은 사각형, 원뿔은 삼각형,
구는 원입니다. …㉡

단원 평가 174~177쪽

1 ㉠, ㉤ / ㉡, ㉣ / ㉢
2 모선의 길이
3 ④
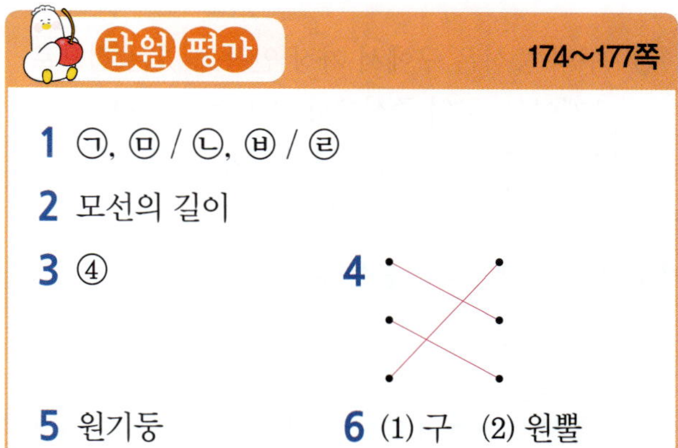
4
5 원기둥
6 (1) 구 (2) 원뿔

7 314 cm^2 **8** 26 cm

9 ㉢   **10** 은진

11 ⑤   **12** 원기둥, 14 cm

13 ②, ⑤   **14** ④

15 (왼쪽에서부터) 31.4, 10

16 예

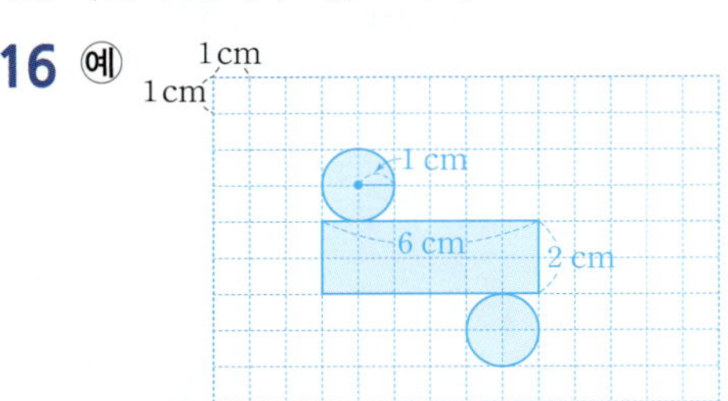

17 20 cm   **18** 9 cm

19 풀이 참조, 51.36 cm

20 풀이 참조

---

3 ①, ③ 옆면이 직사각형이 아닙니다.
②두 밑면이 서로 겹쳐지는 위치에 있습니다.
⑤두 밑면이 합동이 아닙니다.

7 구를 똑같이 반으로 잘랐을 때 나오는 단면은
반지름이 10 cm인 원입니다.
(단면의 넓이)$=10\times10\times3.14$
$\qquad\qquad\quad=314\,(\mathrm{cm}^2)$

8 원기둥의 높이는 14 cm이고,
원뿔의 높이는 12 cm이므로
높이의 합은 $14+12=26\,(\mathrm{cm})$입니다.

9 구는 위, 앞, 옆에서 본 모양이 원으로 모두
같습니다.

10 구의 중심은 구에서 가장 안쪽에 있는 점으로
1개이고, 구의 중심에서 구의 겉면의 한 점을
이은 선분인 구의 반지름의 길이는 모두 같습니다.

11 ① 두 밑면의 지름은 같습니다.
② 직사각형 ㄱㄴㄷㄹ은 옆면입니다.
③ 밑면의 모양은 원이고 2개입니다.
④ 선분 ㄱㄹ의 길이는 밑면의 둘레와 같습니다.

---

13 ① 높이는 16 cm입니다.
③ 모선의 길이는 20 cm입니다.
④ 앞에서 본 모양은 삼각형입니다.
⑤ 밑면의 반지름이 12 cm이므로 밑면의
지름은 $12\times2=24\,(\mathrm{cm})$입니다.

14 ① 원기둥은 기둥 모양이고,
원뿔은 뿔 모양입니다.
② 원기둥은 뾰족한 부분이 없고,
원뿔은 뾰족한 부분이 있습니다.
③ 원기둥은 밑면이 2개이고,
원뿔은 밑면이 1개입니다.
⑤ 원기둥과 원뿔의 밑면의 모양은 원입니다.

15 원기둥의 전개도에서
(옆면의 가로)$=$(밑면의 둘레)
$\qquad\qquad=5\times2\times3.14$
$\qquad\qquad=31.4\,(\mathrm{cm})$
(옆면의 세로)$=$(원기둥의 높이)$=10$ cm

16 (밑면의 반지름)$=1$ cm
(전개도에서 옆면의 가로)
$=1\times2\times3.14$
$=6.28\,(\mathrm{cm})$
➡ 6.28 cm를 반올림하여 일의 자리까지
나타내면 6 cm입니다.
(전개도에서 옆면의 세로)
$=$(원기둥의 높이)$=2$ cm

17 원기둥의 높이는 구의 지름과 같으므로
(원기둥의 높이)$=$(구의 반지름)$\times2$
$\qquad\qquad\quad=10\times2$
$\qquad\qquad\quad=20\,(\mathrm{cm})$

18 원기둥의 전개도에서
(옆면의 가로)$=$(밑면의 둘레)
$\qquad\qquad=$(밑면의 지름)$\times$(원주율)이므로
$25.12=$(밑면의 지름)$\times3.14$,
(밑면의 지름)$=25.12\div3.14=8\,(\mathrm{cm})$입니다.
따라서 원기둥의 높이는 밑면의 지름보다
1 cm 더 길므로 $8+1=9\,(\mathrm{cm})$입니다.

19

원기둥을 펼쳐 전개도를 만들었을 때 옆면의 가로와 세로의 차를 구해 보세요.

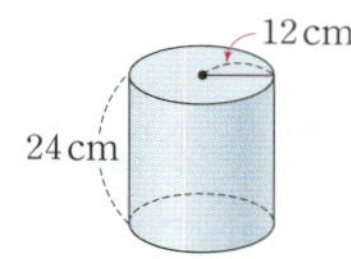

❶ 원기둥을 펼쳐 전개도를 만들었을 때 옆면
➡ 원기둥의 전개도에서 옆면은 직사각형입니다.
❷ 옆면의 가로와 세로의 차
➡ 전개도에서 옆면의 가로는 밑면의 둘레와 같고, 옆면의 세로는 원기둥의 높이와 같습니다.

풀이

⑩ (전개도에서 옆면의 가로)=(밑면의 둘레)
$$=12 \times 2 \times 3.14$$
$$=75.36 \, (cm)$$
(전개도에서 옆면의 세로)=(원기둥의 높이)
$$=24 \, cm \cdots ㉠$$
따라서 옆면의 가로와 세로의 차는
$75.36-24=51.36 \, (cm)$입니다. $\cdots ㉡$

답 51.36 cm

〈평가 기준〉

㉠ 전개도에서 옆면의 가로와 세로를 구합니다.

㉡ 전개도에서 옆면의 가로와 세로의 차를 구합니다.

20

주어진 입체도형이 원기둥이 <u>아닌</u> 이유를 써 보세요.

❶ '원기둥' ➡ 서로 평행하고 합동인 두 원을 밑면으로 하고 옆면은 굽은 면으로 되어 있습니다.

이유

⑩ 원기둥의 두 밑면은 서로 평행하고 합동이어야 합니다. $\cdots ㉠$
주어진 입체도형의 두 밑면은 평행하지만 합동이 아니므로 원기둥이 아닙니다. $\cdots ㉡$

〈평가 기준〉

㉠ 원기둥의 특징을 씁니다.

㉡ 주어진 입체도형이 원기둥이 아닌 이유를 씁니다.

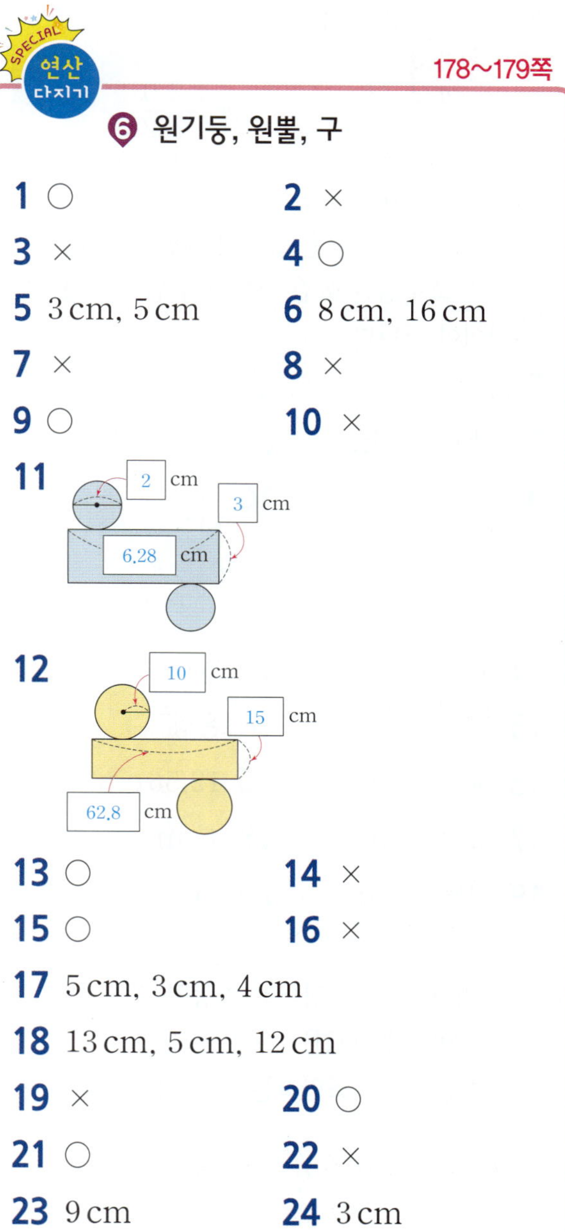

1 $12, 12, 12, 1\dfrac{5}{7}$

2 $= \dfrac{\overset{4}{8}}{3} \times \dfrac{7}{\underset{3}{6}} = \dfrac{28}{9} = 3\dfrac{1}{9}$

3 10대

4
$$0.6) \overline{4.3\,2} = 7.2$$
또는
$$0.60) \overline{4.3\,2} = 7.2$$

이유 예 소수점을 옮겨서 계산한 경우, 몫의 소수점은 옮긴 소수점의 위치에 맞추어 찍어야 합니다.

5 5, 8

6 3.8

7 7상자, 2.4 kg

8 10개, 11개

9 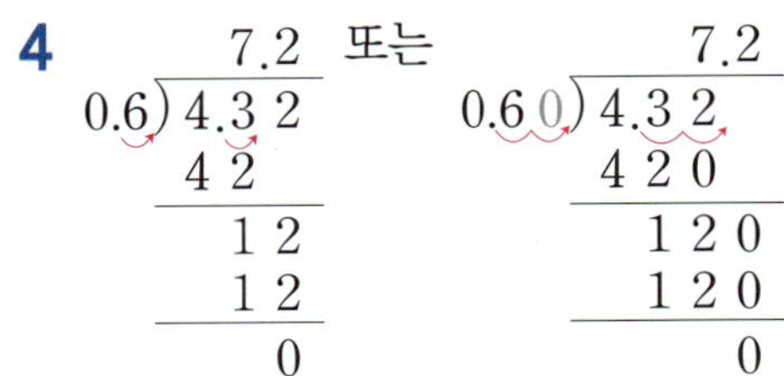

10 

11 ㉢

12 ⑤

13 ④

14 은영

15 34.54 cm

16 12.56 cm^2

17 42.14 cm^2

18 4 cm

19 원뿔, 4 cm

20 7 cm

---

3 (조립할 수 있는 장난감 자동차 수)
= (조립하는 시간)
÷ (한 대를 조립하는 데 걸리는 시간)
$= 6 \div \dfrac{3}{5} = \overset{2}{6} \times \dfrac{5}{\underset{1}{3}} = 10(대)$

6 $26.3 \div 7 = 3.75\cdots \Rightarrow 3.8$
몫의 소수 둘째 자리 숫자가 5이므로 반올림하여 소수 첫째 자리까지 나타내면 3.8입니다.

7 $37.4 \div 5 = 7 \cdots 2.4$이므로 고구마를 7상자까지 담을 수 있고, 남는 고구마는 2.4 kg입니다.

---

8 위에서 본 모양에서 ◯표 한 부분의 쌓기나무가 1개 또는 2개이므로 필요한 쌓기나무는
$5+3+2 = 10$(개) 또는
$5+4+2 = 11$(개)입니다.

10 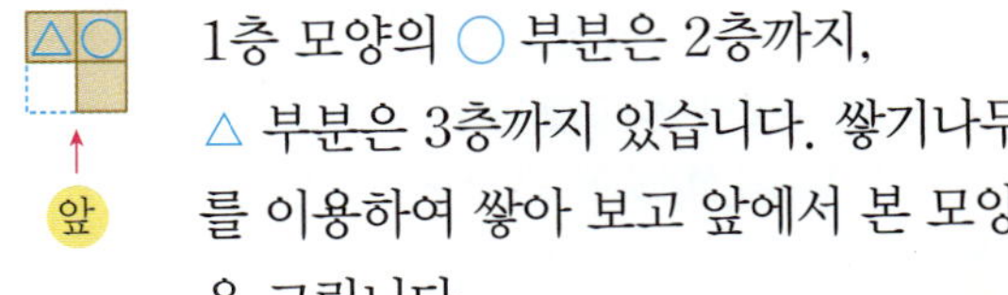 쌓기나무를 층별로 나타낸 모양에서 1층 모양의 ◯ 부분은 2층까지, △ 부분은 3층까지 있습니다. 쌓기나무를 이용하여 쌓아 보고 앞에서 본 모양을 그립니다.

11 ㉢ $12 : 5 = 24 : 10$에서 내항은 5, 24이고, 외항은 12, 10입니다.

12 ① $\square \times 21 = 7 \times 9$, $\square \times 21 = 63$, $\square = 3$
② $2 \times 15 = \square \times 6$, $30 = \square \times 6$, $\square = 5$
③ $\square \times 12 = 3 \times 8$, $\square \times 12 = 24$, $\square = 2$
④ $5 \times \square = \dfrac{1}{4} \times 20$, $5 \times \square = 5$, $\square = 1$
⑤ $\dfrac{1}{6} \times 6 = \dfrac{1}{15} \times \square$, $1 = \dfrac{1}{15} \times \square$, $\square = 15$

13 직사각형의 둘레가 96 cm이므로 가로와 세로의 합은 $96 \div 2 = 48$ (cm)입니다.
$\Rightarrow$ (세로) $= 48 \times \dfrac{5}{7+5} = 20$ (cm)

14 은영: 원의 지름이 길어져도 원주율은 같습니다.

15 (원주) $= 11 \times 3.14 = 34.54$ (cm)

16 (원의 넓이) $= 2 \times 2 \times 3.14 = 12.56$ (cm^2)

17 (색칠한 부분의 넓이)
= (정사각형의 넓이) − (원의 넓이)
$= 14 \times 14 - 7 \times 7 \times 3.14$
$= 196 - 153.86 = 42.14$ (cm^2)

18 원기둥의 밑면의 반지름을 $\square$ cm라 하면
$\square \times 2 \times 3.14 = 25.12$, $\square \times 6.28 = 25.12$, $\square = 4$입니다.

19 원기둥의 높이는 8 cm, 원뿔의 높이는 12 cm이므로 원뿔이 $12-8 = 4$ (cm) 더 높습니다.

20 반원 모양의 종이를 한 바퀴 돌리면 구가 만들어지며, 반원의 지름의 반이 구의 반지름이 되므로 $14 \div 2 = 7$ (cm)입니다.

학교 시험 유형 훈련과 단계별로 서술형 문제 완성!!

자이스토리 중등 수학

*** 2022 개정교육과정**에 꼭 맞춘 **자이스토리**

자이스토리와 함께 하면 수학 실력이 하루하루 달라지는
놀라운 경험을 하실 수 있습니다.

[자이스토리 중등 수학 시리즈]
중등 수학 1-1, 1-2
중등 수학 2-1, 2-2
중등 수학 3-1, 3-2

01 개념 다지기 + 개념 확인 문제

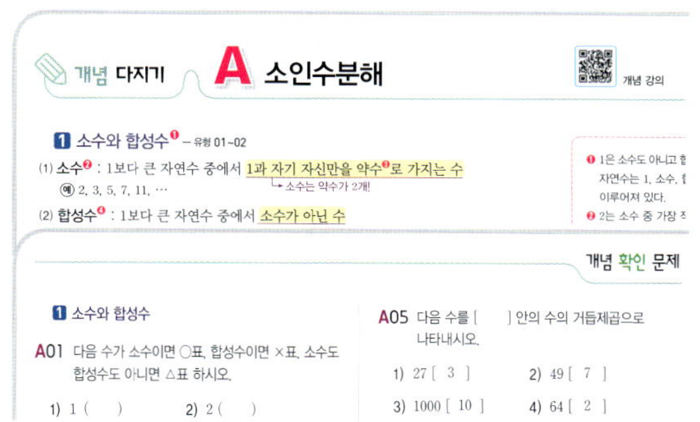

- 각 단원에서 꼭 알아야 하는 개념을 촘촘히 분류해 이해하기 쉽게 설명하였습니다.
- 개념 확인 문제를 풀어보며 개념을 다시 한 번 점검할 수 있습니다.

02 학교 시험 유형 익히기

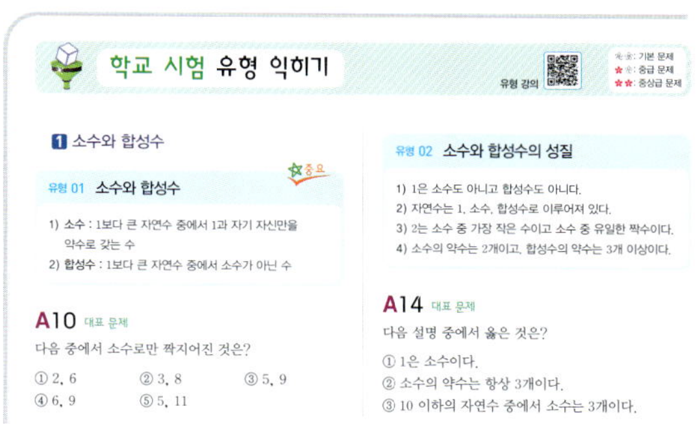

- 학교 시험에 출제되는 모든 유형을 정확히 파악할 수 있습니다.
- 최대 유형 훈련으로 개념을 확장시켜 문제를 쉽게 풀 수 있어 수학 실력이 쑥쑥 오릅니다.

03 서술형 다지기

- 어려워 하는 서술형 문제를 단계별로 익힐 수 있습니다.
- 스스로 서술하는 연습을 충분히 하면 학교 시험 서술형 문제가 쉽게 느껴질 것입니다.

04 고난도 도전 문제

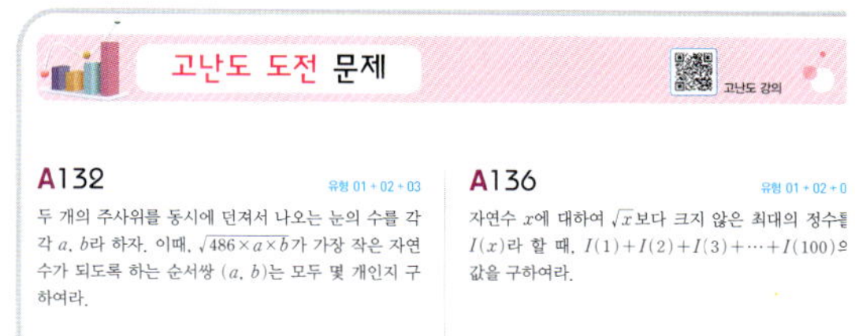

- 여러 개념이 복합된 고난도 문제의 접근 방법을 배우고 익힙니다.
- 수학적 사고력을 확장시켜 학교 시험에서 100점을 받을 수 있습니다.

판매량 **1**위, 만족도 **1**위, 추천도서 **1**위!!

쉬운 개념 이해와 정확한 연산력을 키운다!!

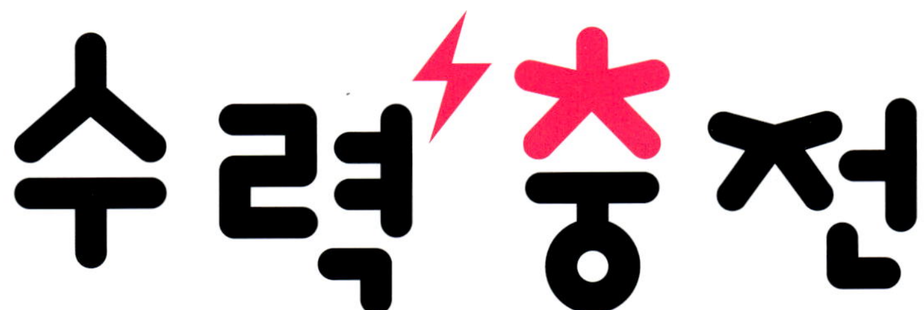

★ 수력충전이 꼭 필요한 학생들

- 계산력이 약해서 시험에서 실수가 잦은 학생
- 개념 이해가 어려워 자신감이 없는 학생
- 부족한 단원을 빠르게 보충하려는 학생
- 스스로 원리를 터득하기 원하는 학생
- 수학의 전체적인 흐름을 잡기 원하는 학생
- 선행 학습을 하고 싶은 학생

1 쉬운 개념 이해와 다양한 문제의 풀이를 따라가면서 수학의 연산 원리를 이해하는 교재!!

2 매일매일 반복하는 연산학습으로 기본 개념을 자연스럽고 완벽하게 이해하는 교재!!

3 단원별, 유형별 다양한 문제 접근 방법으로 부족한 부분의 문제를 집중 학습할 수 있는 교재!!

★ 수력충전 시리즈

초등 수력충전 [기본]

초등 수학 1-1, 2 / 초등 수학 2-1, 2
초등 수학 3-1, 2 / 초등 수학 4-1, 2
초등 수학 5-1, 2 / 초등 수학 6-1, 2

중등 수력충전

중등 수학 1-1, 2
중등 수학 2-1, 2
중등 수학 3-1, 2

고등 수력충전

공통수학 1, 공통수학 2
대수 / 미적분 I / 확률과 통계

교과서 개념 학습, 중요 유형 익히기

문제로 수학 실력 100% 충전!!

수력충전 기본

| 초등 수력충전 | 1-1, 1-2 / 2-1, 2-2 / 3-1, 3-2
4-1, 4-2 / 5-1, 5-2 / 6-1, 6-2 |

---

1 개념 학습, 중요 유형 문제로 실력 향상!

- 교과서 개념을 개념 연산 문제와 다양한 유형 문제로 쉽게 익힐 수 있습니다.
- 개념 체크 문제로 교과서 개념을 한 번 더 체크합니다.

2 실생활 · 서술형 대비 문제, 단원 평가로 실력 향상!

- 실생활 · 서술형 문제를 핵심 체크/힌트 체크를 이용해 풀이 박스를 채우며 차근차근 연습할 수 있습니다.
- 학교 시험을 100점 맞도록 단원 평가를 수록했습니다.

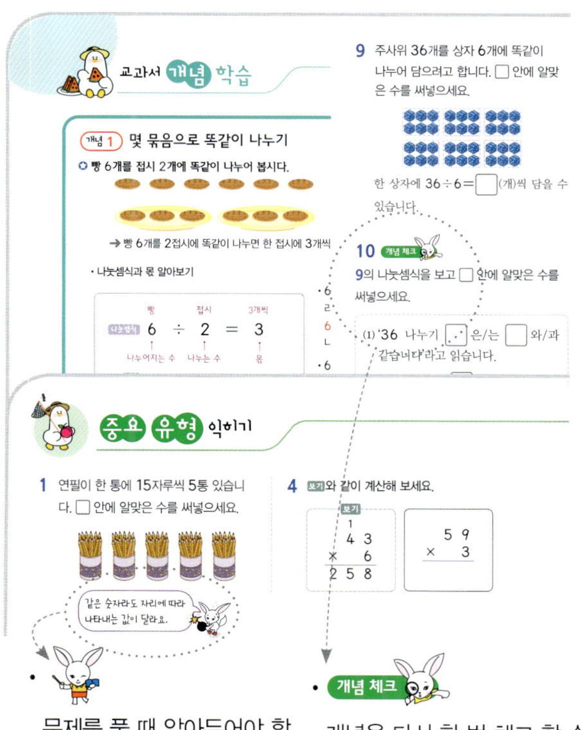

문제를 풀 때 알아두어야 할 내용을 설명하였습니다.

개념을 다시 한 번 체크 할 수 있는 문제입니다.

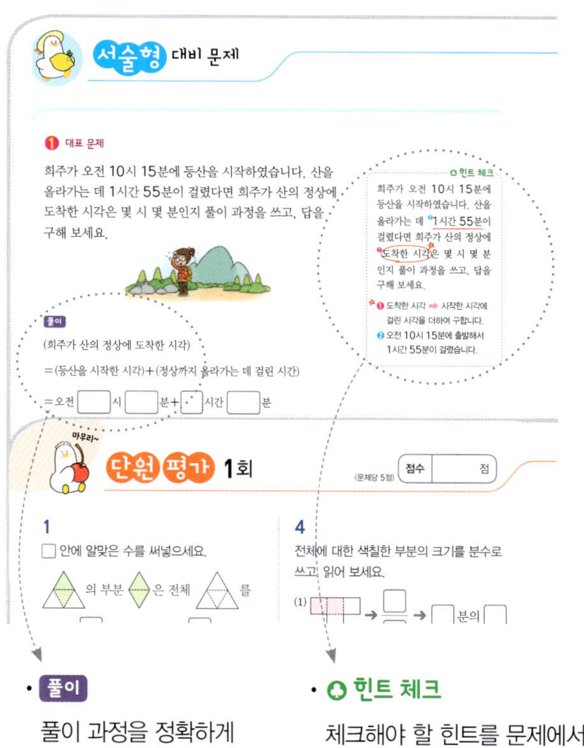

풀이 과정을 정확하게 쓸 수 있도록 도와줍니다.

체크해야 할 힌트를 문제에서 직접 찾는 방법을 익힙니다.

초·중등 자이스토리 국어 비문학, 문학, 문법 시리즈

초등

문해력 충전 (0~6단계)

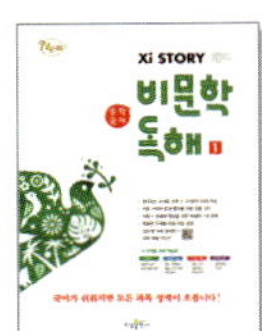

*** 독서 + 문학 + 생활문** – 다양한 지문으로 독해 훈련

[독서 계단] 중심 낱말 찾기, 중심 문장 찾기
→ 문단 요약하기 → 문단 간의 관계 파악하기, 글의 짜임 알기 → 주제 찾기, 제목 찾기

[문학 계단] 〈동시〉 말하는 이 찾기, 중심 대상 찾기 → 말하는 이의 상황, 정서, 태도 파악하기 → 표현상 특징 파악하기

〈동화〉 중심인물 찾기, 배경 찾기 → 중심 사건 찾기, 인물 간의 갈등 파악하기 → 서술상 특징 파악하기

독해력 쑥쑥 (1~6단계)

*** 독해 STEP에 따른 단계별 독해 훈련**

독해 지문을 바탕으로 효과적인 독해법 훈련

STEP ① 중심 낱말 찾기
STEP ② 중심 문장 찾기
STEP ③ 단락 요약하기
STEP ④ 단락 간의 관계 이해하기
STEP ⑤ 글의 구조 이해하기
STEP ⑥ 주제 알아보기

중등

비문학 독해 1, 2 예비 고등

*** 독해 STEP에 따른 단계별 독해 훈련**

STEP ① 핵심어 찾기, 중심 문장 찾기
STEP ② 문단 요약하기, 문단 간의 관계 파악하기
STEP ③ 글의 구조 파악하기, 주제 찾기
STEP ④ 실력 향상 TEST

· 문해력 + 어휘 체크 문제

독해력 완성 1, 2, 3

· 재미있게 독해력을 기를 수 있는 다양한 소재의 지문
· 독해 **STEP**에 따른 단계별 독해 훈련
· 지문과 문제 접근법을 알려 주는 지문 특강, 문제 특강
· 다양한 유형의 어휘 테스트와 배경지식
· 다시는 틀리지 않게 하는 꼼꼼한 입체 첨삭 해설

★강남구청 인터넷 수능방송 강의교재

문학 독해 + 문학 용어 1, 2, 3

*** 갈래별, 단계별 독해 훈련**

STEP
시
❶ 화자, 중심 대상 찾기
❷ 상황, 정서, 태도 파악하기
❸ 표현상 특징 파악하기

STEP
소설·극
❶ 중심인물, 배경 파악하기
❷ 중심 사건, 갈등 파악하기
❸ 서술상 특징 파악하기

★강남구청 인터넷 수능방송 강의교재

중등

국어 문법 기본 / 국어 문법 완성

· 쉬운 개념 설명과 확인 문제로 문법 개념 쏙쏙
· 풍부한 예문과 그림으로 한눈에 개념 학습
· 최다 내신 문제로 학교 시험 100점 완성
· 문법 개념 동영상 강의 QR코드

문해력을 키우는 어휘 1, 2

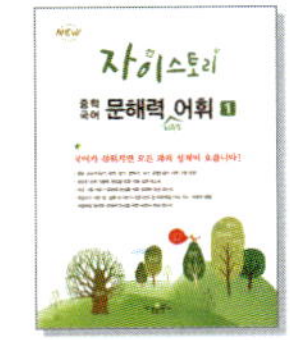

· 읽기, 듣기 · 말하기 · 쓰기 교과서의 어휘 + 용어 수록
· 문학 교과서 필수 작품의 어휘 + 개념어 수록
· 영역별 · 주제별 핵심 어휘 + 어휘 실력 테스트